Imigranci
polscy
w Kanadzie

Łukaszowi, Matusiowi i Idze

Imigranci
polscy
w Kanadzie

SOCJOLOGICZNA
ANALIZA PROCESÓW
ADAPTACJI

MAŁGORZATA
KRYWULT-ALBAŃSKA

impuls

Kraków 2015

Recenzenci:
prof. dr hab. Dorota Praszałowicz
prof. dr hab. Grzegorz Babiński

Redakcja wydawnicza:
Radosław Doboszewski

Projekt okładki:
Ewa Beniak-Haremska

Opracowanie typograficzne:
Alicja Kuźma

I wydanie zostało sfinansowane przez Uniwersytet Pedagogiczny
im. Komisji Edukacji Narodowej w Krakowie

ISBN 978-83-7850-954-7

Oficyna Wydawnicza „Impuls"
30-619 Kraków, ul. Turniejowa 59/5
tel./fax: (12) 422 41 80, 422 59 47, 506 624 220
www.impulsoficyna.com.pl, e-mail: impuls@impulsoficyna.com.pl
Wydanie II, Kraków 2015

Spis treści

Podziękowania

Książka ta nie powstałaby bez pomocy i życzliwości wielu osób. Słowa wdzięczności kieruję do profesor Krystyny Slany, która udzieliła mi ogromnego wsparcia jeszcze przed rozpoczęciem badań w Kanadzie i dzięki której znalazłam się w tym kraju. Dziękuję również recenzentom za krytyczne i konstruktywne uwagi, które pozwoliły mi ulepszyć wiele fragmentów książki; Eli, bez której monografia ta w ogóle by nie powstała; Łukaszowi – za wspieranie moich przedsięwzięć naukowych; mamie i Ani – za pomoc w trudnych chwilach; Nawojce, mojej „siostrzanej duszy".

Wprowadzenie

W połowie pierwszej dekady XXI wieku w Kanadzie mieszkało ponad 170 tys. imigrantów deklarujących Polskę jako kraj urodzenia. Większość spośród tych osób wyemigrowała z Polski (choć bardziej trafne byłoby prawdopodobnie określenie „uciekła") w latach 80. XX wieku i osiedliła się w Kanadzie w tej samej dekadzie oraz na początku lat 90., niejednokrotnie po kilkumiesięcznym lub kilkuletnim pobycie w krajach Europy Zachodniej i Południowej, w których uzyskali status uchodźców z komunistycznego kraju, jakim była w tym okresie Polska.

W powojennej historii Polski ta tzw. solidarnościowa fala migracyjna ustępuje pod względem wielkości jedynie tej, która miała miejsce po wejściu Polski do Unii Europejskiej w 2004 roku. Chociażby z tego względu losy jej przedstawicieli zasługują na uwagę. Książka ta traktuje o tych spośród nich, którzy ostatecznie znaleźli się w Kanadzie, i prezentuje wnioski z badań jakościowych przeprowadzonych przez autorkę na początku pierwszej dekady XXI wieku w aglomeracji Toronto.

W latach 80. oraz na początku lat 90. XX wieku do Kanady przyjechało prawie 100 tys. Polaków[1]. Stanowili oni stosunkowo niewielką część spośród prawie półtoramilionowej rzeszy osób opuszczających Polskę w ostatniej dekadzie funkcjonowania systemu komunistycznego na skutek pogarszania się warunków życia spowodowanego kryzysem społeczno-ekonomicznym oraz politycznym. Większość wyjeżdżających w tym okresie kierowała się do krajów Europy Zachodniej, jednak część spośród nich trafiła ostatecznie do Ameryki Północnej, często bezpośrednio ze znajdujących się w krajach europejskich obozów dla uchodźców. W Kanadzie osiedliło się ok. 3–4% ogółu wyjeżdżających z Polski w latach 80. (Okólski 1994:9). W odpowiedzi na wprowadzenie stanu wojennego kraj ten stworzył korzystne warunki dla polskich imigrantów, ułatwiając im przyjazd lub legalizując pobyt, także już po upadku ustroju komunistycznego, na początku lat 90.

---

[1] Dokładnie od 96 316 do 98 493 osób w okresie od 1980 do 1991 r., w zależności od tego, czy za podstawę przyjmuje się ostatni kraj stałego zamieszkania imigrantów, czy kraj urodzenia (*Immigration Statistics*, 1980–1991).

Warto zauważyć w tym miejscu, że dla Polaków emigrujących przez dziesięciolecia do krajów zamorskich Kanada nigdy nie stanowiła tak atrakcyjnego celu jak Stany Zjednoczone. Ameryka, a raczej Stany Zjednoczone (dla wielu tożsame pojęcia) działała przez lata i działa nadal jak magnes przyciągający rzesze imigrantów z całego świata. Chociaż funkcjonujące w potocznym języku polskim słowo „kanada" (pisane z małej litery), będące synonimem dobrobytu, ma równie pozytywny wydźwięk co słowo „Ameryka", to – jak zgodnie zauważają znawcy zagadnienia – przeciętna wiedza o Kanadzie jest w Polsce raczej niewielka. Z reguły nie posiadali jej także emigrujący do Kanady pod koniec XX wieku Polacy, z których wielu trafiło tam w mniej lub bardziej przypadkowy sposób, często z powodu trudności na drodze do legalnej imigracji do Stanów Zjednoczonych.

Większe zainteresowanie Stanami Zjednoczonymi widoczne jest także w literaturze naukowej dotyczącej polskiej diaspory w Ameryce Północnej. Dowodzą tego syntetyczne opracowania podsumowujące stan badań nad Polakami na świecie (m.in. Kubiak, Pilch 1976; Kubiak, Kusielewicz, Gromada 1988; Miodunka 1996, 1999). Polscy emigranci żyjący w Stanach Zjednoczonych cieszyli się przez długi czas dużym zainteresowaniem badaczy. To o nich traktuje klasyczna już praca Williama Thomasa i Floriana Znanieckiego *Chłop polski w Europie i Ameryce* (*The Polish Peasant in Europe and America*, 1918– –1920, pol. wyd. 1976). Tylko do końca lat 70. powstało ponad 6 tys. pozycji na temat historii emigracji z ziem polskich do Stanów Zjednoczonych (Paczyńska, Pilch 1979). Kolejne lata przyniosły liczne nowe opracowania. Znajduje się wśród nich m.in. wiele opisów skupisk polonijnych i analiz procesów przystosowania imigrantów do życia w kraju imigracji, koncentrujących się zwłaszcza na roli tworzonych przez imigrantów instytucji w procesach ich adaptacji społecznej, oraz opracowań o charakterze historycznym (np. Babiński 1977, 1988, 2002, 2009; Brożek 1977, 1980; Kantor 1990; Kocik 1990; Kubiak 1970; Leś 1981; Mucha 1996; Plewko 1995; Praszałowicz 1986; Radzik 1986; Rokicki 1992; Walaszek 1988, 1994; Wawrykiewicz 1991).

Bibliografia na temat emigracji do Kanady jest znacznie skromniejsza, mimo iż – począwszy od przełomu XIX i XX wieku – kraj ten stanowił punkt docelowy dla znacznej liczby emigrantów polskich[2]. Co więcej, zauważyć można wręcz tendencję do myślenia o Stanach Zjednoczonych oraz ich północnym sąsiedzie jako o jednej całości, tak jakby życie imigrantów oraz procesy ich adaptacji w tych krajach miały wspólny mianownik. Przymiotnik „amerykański", odnoszący się do Stanów Zjednoczonych, zdaje się rozciągać na wszystko, co dzieje się w Ameryce Północnej.

---

[2] Większym zainteresowaniem cieszyli się nawet polscy imigranci w Ameryce Łacińskiej. Syntezę dotyczących ich badań zawiera praca M. Kuli (1983). Nowszą bibliografię istniejących opracowań znaleźć można natomiast w artykule W. Miodunki (1999:89–90).

Tymczasem mimo wielu podobieństw oraz ogromnego wpływu, jaki w wielu dziedzinach życia społecznego wywierają Stany Zjednoczone na swojego sąsiada z północy, Kanada posiada dużo odmiennych cech społecznych, kulturowych i politycznych. Decyduje o tym m.in. istnienie od momentu powstania nowożytnego państwa silnej rywalizacji francusko-angielskiej, która wywiera wpływ na wiele aspektów jego funkcjonowania, np. na politykę wobec imigracji i wobec imigrantów. Ta ostatnia ulegała niejednokrotnie modyfikacji w następstwie rosnących dążeń do autonomii ze strony skupionych głównie w Quebecu frankofonów, stanowiących ok. 30% kanadyjskiego społeczeństwa. W samej anglojęzycznej części Kanady polityka wielokulturowości, niezwykła różnorodność etniczna społeczeństwa (zwłaszcza miejskiego), silne wpływy brytyjskie i inne specyficzne cechy kanadyjskiej kultury tworzą niepowtarzalny kontekst dla adaptacji społecznej imigrantów. Procesy te przebiegają pod wieloma względami odmiennie w Kanadzie i Stanach Zjednoczonych i nie powinny być z sobą utożsamiane.

Istniejące opracowania na temat polskiej diaspory w Kanadzie opisują jej historię od początku obecności Polaków w tym kraju (w większej liczbie od drugiej połowy XIX wieku), po okres po II wojnie światowej. Należą do nich przede wszystkim prace Anny Reczyńskiej (m.in. 1986, 1988, 1989, 1994, 1997, 2001, 2013) oraz wydawane w Kanadzie, ale dostępne także w Polsce liczne publikacje badaczy z Kanadyjsko-Polskiego Instytutu Badawczego w Toronto (m.in. Rudolfa Koglera oraz Benedykta Heydenkorna)[3]. O chłopskich imigrantach z przełomu wieku XIX i XX pisała m.in. Krystyna Romaniszyn (1991). Warto również wspomnieć o ich barwnym literackim portrecie ukazanym w *Tworzywie* Melchiora Wańkowicza (1998 [1954]).

Znacznie słabiej zbadana jest natomiast imigracja dwóch ostatnich dekad XX wieku, na temat której powstało stosunkowo niewiele prac. Do wyjątków należą m.in. artykuły Krystyny Slany (1992, 2002a), która analizuje imigrację lat 80. i 90. w Kanadzie w aspekcie demograficznym. Także niektóre spośród publikacji Kanadyjsko-Polskiego Instytutu Badawczego obejmują m.in. tzw. emigrację solidarnościową, są to jednak przede wszystkim pamiętniki imigrantów nadesłane na konkurs ogłoszony przez Instytut w 1980 roku i w późniejszych latach (Heydenkorn 1975, 1977, 1978, 1984, 1990)[4].

---

[3] Dokładniejszą bibliografię prac Kanadyjsko-Polskiego Instytutu Badawczego w Toronto znaleźć można w artykule A. Reczyńskiej (2006). Krytyczny przegląd polskiej literatury naukowej podejmującej problematykę kanadyjską zawierają artykuły M. Kijewskiej-Trembeckiej (1999) i A. Reczyńskiej (2003). O najważniejszych wydarzeniach związanych z rozwojem badań kanadyjskich w Polsce (ośrodkach akademickich, organizacjach oraz badaczach i problematyce będącej przedmiotem ich zainteresowania) zob. A. Branach-Kallas (2003).

[4] W okresie powojennym było kilka edycji konkursu na pamiętniki oraz ich publikacji (Heydenkorn 1975, 1977, 1978, 1984, 1990). Jeszcze przed II wojną światową konkurs na życiorysy

Przedmiot opracowania

Biorąc pod uwagę stosunkowo niewielką liczbę istniejących opracowań, celem badań, z których wnioski prezentowane są w niniejszej książce, była analiza procesów adaptacji w Kanadzie wśród cieszących się dotąd niewielkim zainteresowaniem badaczy emigrantów opuszczających Polskę w latach 80.[5] W dużym stopniu „niewidzialni" w badaniach imigranci z tego okresu stanowią znaczną część ogółu polskich imigrantów w Kanadzie – w 1991 roku aż 42% Polaków mieszkających w tym kraju znalazło się tutaj w latach 1981–1991 (Slany 2002a:155)[6]. Od czasu ich przyjazdu do Kanady upłynęło kilkanaście lub nawet kilkadziesiąt lat, co pozwala na prześledzenie charakterystycznych prawidłowości rządzących procesami przystosowania społecznego imigrantów w tym kraju.

Podstawowe pytania, na jakie staram się odpowiedzieć w książce, są następujące.

1. Jak przebiegały procesy adaptacji wśród polskich imigrantów z lat 80. XX wieku w Kanadzie?
2. Jaki jest stopień przystosowania badanych (w poszczególnych wymiarach procesów adaptacji) do życia w społeczeństwie kanadyjskim w chwili obecnej?

Pytanie o przebieg procesów adaptacji jest, mówiąc najogólniej, pytaniem o charakter zmian, jakich będą doświadczać imigranci na przestrzeni lat, żyjąc w nowym społeczeństwie, zmian obejmujących różne wymiary ich funkcjonowania społecznego, m.in. sferę kultury oraz stosunków społecznych. W ramach jednego ze sposobów konceptualizacji tej problematyki wyróżnia się zatem procesy akulturacji, obejmujące przyjmowanie przez imigrantów kultury (tzn. języka, a także wzorów zachowań, wartości, norm, symboli itp.) społeczeństwa przyjmującego, oraz procesy integracji społecznej, polegające na likwidowaniu barier utrudniających lub uniemożliwiających nawiązywanie kontaktów między jednostkami lub grupami społecznymi (Gans 1997:877)[7]. Dodatkowe dwa wymiary adaptacji opisywane w literaturze przedmiotu to satysfakcja (z warunków życia, ogólnie z decyzji

---

członków wychodźstwa ogłosił Instytut Gospodarstwa Społecznego w Warszawie. Zostały one wydane w 1971 r. (Ratyńska 1971).

[5] Imigranci z lat 80. pozostali w dużym stopniu niezauważeni przez badaczy migracji także w Stanach Zjednoczonych, zainteresowanych głównie napływem imigrantów z kontynentów pozaeuropejskich. Pisze o nich m.in. M.P. Erdmans (1995, 1998). Już po rozpoczęciu prezentowanych tu badań ukazały się także prace E. Morawskiej (2004) i B. Sakson (2005).

[6] W późniejszych latach wielkość emigracji z Polski do Kanady była nieporównywalnie mniejsza (Reczyńska, Soroka 2013).

[7] Przy czym integracja imigrantów odbywać się może nie tylko w ramach różnych klas i warstw społeczeństwa przyjmującego, ale także w ramach własnej grupy etnicznej, a w jej obrębie

o emigracji itp.), która może świadczyć o stopniu adaptacji psychologicznej, oraz identyfikacja. Ta ostatnia oznacza utożsamianie się imigrantów z elementami otaczającej ich rzeczywistości społecznej i wyraża się w przyjmowaniu obywatelstwa, zamiarze osiedlenia na stałe i w poczuciu przynależności do kraju osiedlenia (Goldlust, Richmond 1978:5).

Powyższe rozróżnienie wymiarów adaptacji, nawiązujące do klasycznego paradygmatu badań w ramach teorii asymilacji[8] i uzupełnione o koncepcje dotyczące wzorów powiązań imigrantów z krajami pochodzenia w ramach teorii transnarodowości[9], stanowiło szeroki kontekst teoretyczny, który nadawał kierunek procesowi projektowania badań i interpretacji danych empirycznych.

Wybór miejsca badań oraz źródła danych

Badania przeprowadzone zostały na przełomie 2003 i 2004 roku wśród 94 polskich imigrantów mieszkających w aglomeracji Toronto, z wykorzystaniem techniki wywiadu pogłębionego[10]. Wybór Toronto jako miejsca badań podyktowany został dużą liczebnością polskich imigrantów w tym mieście. W prowincji Ontario, którego Toronto jest stolicą, zamieszkuje największa w całej Kanadzie liczba osób deklarujących wyłącznie polskie pochodzenie (ponad 160 tys.). Dodatkowo prawie ćwierć miliona osób podawało w 2001 roku polskie pochodzenie jako jedno z wielu (w samym Toronto wielkości te wynoszą odpowiednio: 87 505 oraz 88 955 osób). W prowincji Alberta, drugiej po Ontario, mieszka aż pięciokrotnie mniejsza zbiorowość osób wyłącznie polskiego pochodzenia, choć tylko dwukrotnie mniej jest tam osób podających polskie pochodzenie jako jedno z wielu, co wskazuje, iż przedstawiciele wcześniejszych fal polskiej imigracji w Kanadzie osiedlali się liczniej właśnie w zachodniej części Kanady (zob. tabela 1, a także rozdział drugi, traktujący o historii polskiej emigracji do Kanady).

---

takze do różnych klas i warstw (Morawska 2004:1375). W tym ostatnim przypadku integracja wyprzedza akulturację.

[8] Na temat teorii asymilacji, jej zmian i otaczających ją kontrowersji zob. np. Kubiak (1976, 1980), Alba, Nee (1997), Rumbaut (1997a, b, c), Rokicki (2002), Zhou (1997), Gans (1997), Morawska (1994).

[9] Zob. np. Bauböck (2003), Eckstein, Barberia (2002), Faist (2000, 2004), Glick Schiller, Basch, Szanton Blanc (1995), Guarnizo (2003), Itzigsohn, Saucedo (2002), Levitt, DeWind, Vertovec (2003), Levitt, Schiller (2004), Morawska (2003, 2004), Olwig (2003), Østergaard-Nielsen (2003), Portes (1997, 2003), Portes, DeWind (2004), Smith (2003a, b), Vertovec (2003).

[10] Badania sfinansowane zostały ze środków przyznanych autorce przez International Council for Canadian Studies (Graduate Student Scholarship). Prezentowane w książce wnioski z badań stanowiły podstawę rozprawy doktorskiej obronionej w Instytucie Socjologii Uniwersytetu Jagiellońskiego w 2009 r.

W aglomeracji Toronto największa liczba osób polskiego pochodzenia mieszka w samym Toronto (38 775 osób) oraz w pobliskiej Mississaudze (28 915) – mieście-sypialni Toronto, gdzie nieruchomości i koszty życia są tańsze (zob. tabela 2). Liczba osób wyłącznie polskiego pochodzenia jest w tej drugiej miejscowości ponad dwa razy większa niż liczba osób podających polskie pochodzenie jako jedno z wielu. Oznacza to, że przeważają tam imigranci pierwszego pokolenia, podczas gdy w Toronto licznie reprezentowani są także przedstawiciele potomków poprzednich fal polskiej imigracji w Kanadzie.

Tabela 1. Ludność polskiego pochodzenia w Kanadzie według danych spisowych w poszczególnych prowincjach i terytoriach Kanady

Nazwa prowincji	Lata					
	2001			1996		
	deklarowane pochodzenie			deklarowane pochodzenie		
	wyłącznie polskie	m.in. polskie	ogółem	wyłącznie polskie	m.in. polskie	ogółem
Kanada	**260 400**	**556 670**	**817 090**	**265 920**	**520 800**	**786 725**
Nowa Fundlandia i Labrador	145	520	670	145	640	785
Wyspa Ks. Edwarda	150	465	620	55	435	490
Nowa Szkocja	1 865	6 895	8 765	1 630	6 535	8 165
Nowy Brunszwik	425	1 940	2 370	355	1 775	2 130
Quebec	19 950	27 045	46 990	20 360	25 980	46 345
Ontario	161 935	224 110	386 050	164 085	206 375	370 460
Manitoba	15 815	58 075	73 885	17 525	59 710	77 240
Saskatchewan	7 270	44 170	51 445	7 535	43 010	50 545
Alberta	29 070	108 555	137 625	29 460	97 215	126 675
Kolumbia Brytyjska	23 630	83 715	107 345	24 580	77 815	102 390
Jukon	50	525	575	65	560	630
Terytoria Płn.-Wsch.	80	570	650	125	750	870
Nunavut	15	85	100	–	–	–

Źródło: opracowanie własne na podstawie: *Census of Population*, 1996, 2001, http://estat.statcan.ca/cgi-win/CNSMCGI.EXE?Lang=E&DBSelect=SD15 [dostęp 4.07.2006].

Wśród przyczyn wyboru Toronto jako miejsca badań wymienić należy także tę związaną ze składem etnicznym populacji miasta. Otóż niemal połowę jego mieszkańców stanowią imigranci ze wszystkich niemal krajów świata, wśród których szczególnie liczni są zwłaszcza niedawni imigranci z krajów azjatyckich. To wielokulturowe środowisko stanowi niezwykle interesujący kontekst badania problematyki stosunków międzyetnicznych, powiązanych z zagadnieniami z zakresu analizy procesów przystosowania społecznego imigrantów.

Tabela 2. Ludność polskiego pochodzenia według danych spisu powszechnego
z 2001 roku w poszczególnych okręgach spisowych Toronto[11]

Nazwa okręgu	Deklarowane pochodzenie		
	wyłącznie polskie	m.in. polskie	ogółem
Ogółem	87 505	88 955	176 460
Ajax	525	1 175	1 700
Aurora	530	1 005	1 535
Brampton	4 145	3 905	8 050
Brock	50	185	235
Caledon	615	1 165	1 780
Chippewas of Georgina Island First Nation	–	–	–
Clarington	945	1 675	2 620
East Gwillimbury	220	475	695
Georgina	195	425	620
Halton Hills	470	1 120	1 590
King	160	425	585
Markham	890	3 095	3 985
Milton	170	665	835
Mississauga	28 915	13 095	42 010
Mississaugas of Scugog Island	0	0	0
Newmarket	745	1 535	2 280
Oakville	2 880	4 205	7 085
Oshawa	2 900	3 250	6 150
Pickering	750	1 185	1 935
Richmond Hill	985	2 575	3 560
Scugog	165	420	585
Toronto	38 775	40 440	79 215
Uxbridge	55	340	395
Vaughan	1 410	4 445	5 855
Whitby	920	1 800	2 720
Whitchurch-Stouffville	90	350	440

Źródło: opracowanie własne na podstawie: *Census of Population*, 2001, http://estat.statcan.ca/cqi-win/cnsmcqi.exe?Lang=E&ESTATFile=EStat\English\E-Main.htm [dostęp 11.12.2007].

Podstawowym źródłem danych analizowanych w opracowaniu są wspomniane wywiady pogłębione przeprowadzone przez autorkę z 94 osobami.

---

[11] Większość przywoływanych w pracy badań dotyczących Toronto odnosi się do obszaru, którego centrum stanowi miasto Toronto i który definiowany jest przez kanadyjski urząd statystyczny (Statistics Canada) jako *census metropolitan area* (CMA). W badaniach spotkać można się także z innym terytorialnym punktem odniesienia, jakim jest *Greater Toronto Area* (GTA) – jednostka administracyjna utworzona przez rząd prowincji Ontario, obejmująca City of Toronto oraz lokalne jednostki samorządowe (*regional municipalities*): Durham, York, Peel oraz Halton (Qadeer 2003:1).

Znalazło się wśród nich 72 imigrantów i imigrantek (38 kobiet i 34 mężczyzn), którzy wyjechali z Polski w latach 80. XX wieku, oraz 22 osoby (15 kobiet i 7 mężczyzn), które opuściły kraj w kolejnej dekadzie. Przedmiotem zainteresowania byli przede wszystkim Polacy wyjeżdżający z kraju w ostatniej dekadzie trwania komunizmu w Polsce. Część wyjechała jeszcze przed stanem wojennym, a jego wprowadzenie skłoniło ich do pozostania poza granicami kraju. Najwięcej osób przyjechało do Kanady na przełomie lat 80. i 90., kiedy w Polsce otworzyły się zablokowane dotąd możliwości swobodnego wyjazdu, a Kanada nie zniosła jeszcze przepisów ułatwiających Polakom pozostanie w tym kraju[12]. Na marginesie prezentowanej refleksji znajdują się emigranci z lat 90. Zostali oni potraktowani jako punkt odniesienia i dopełnienie zawartych tu refleksji. Ich włączenie do analizy służy także uwypukleniu pewnych prawidłowości procesów adaptacji imigrantów w społeczeństwie kanadyjskim w ogóle. Szczegółowy opis badanej próby (profil społeczno-demograficzny badanych) znajduje się w Aneksie 2.

Osoby badane dobierane były do próby z wykorzystaniem efektu kuli śniegowej (*snow-ball sample*) – poszczególne osoby proszone były o umożliwienie kontaktu z kolejnymi. Dobór ten uzupełniony został o dobór celowy, a jako źródło kontaktów wykorzystano tutaj przede wszystkim drukowany wykaz polskich przedsiębiorstw działających na terenie aglomeracji Toronto. Wszystkie wywiady zostały nagrane na dyktafon (z wyjątkiem jednego, kiedy badana osoba nie zgodziła się na nagrywanie), a po skończeniu badań dokonano ich transkrypcji. Większość polskich imigrantów odnosiła się życzliwie zarówno do mnie, jak i do prowadzonych przeze mnie badań, oraz chętnie udzielała odpowiedzi na zadawane pytania. Część traktowała mnie wręcz jak potencjalną imigrantkę, proponowała pomoc w znalezieniu pracy oraz udzielała użytecznych porad na temat możliwości pozostania w Kanadzie na stałe (m.in. przez małżeństwo). Zdarzało się jednak, że imigranci odnosili się do mnie nieufnie i niechętnie udzielali odpowiedzi na pytania (dotyczyło to zwłaszcza pytań o sytuację materialną, ale także na tak podstawowe kwestie, jak okoliczności wyjazdu z Polski czy zaangażowanie w organizacjach polskich imigrantów). Z uwagi na znikomą wartość uzyskanych informacji kilka wywiadów zostało odrzuconych na etapie analizy; w kilku innych przypadkach zawiódł sprzęt do nagrywania.

---

[12] Imigranci z Polski traktowani byli w Kanadzie w sposób szczególny do końca 1991 r., tak więc te osoby, które przyjeżdżały później, znalazły się w Kanadzie w dużej mierze na zasadzie łączenia rodzin (sponsorowane przez mężów/żony lub rodzica, który wyjechał do Kanady wcześniej) lub przyjeżdżały z innych krajów, do których wcześniej wyemigrowały (głównie ze Stanów Zjednoczonych) na zasadzie tzw. samosponsorowania, z powodu trudności z zalegalizowaniem pobytu w tych krajach.

Polecenie przez znajomego stanowiło najbardziej skuteczny sposób na uzyskanie zgody na udział w badaniu kolejnych respondentów. Poszukując badanych za pośrednictwem wykazu polskich przedsiębiorstw lub udając się do nich osobiście, często spotykałam się z odmową – pretekstem był najczęściej brak czasu. Gdy jednak udało się dotrzeć, czasem po kilku namowach, do interesujących mnie osób, kolejni badani wręcz sami zgłaszali się do udziału w badaniach.

W opracowaniu wykorzystałam także dane ilościowe pochodzące z dostępnych w Internecie kanadyjskich spisów powszechnych (z 1996 oraz 2001), dokumenty rządowe oraz istniejące opracowania ukazujące historię polskiej imigracji w Kanadzie. Cennym źródłem wiedzy na temat różnych grup etnicznych (w tym polskiej) w Toronto okazały się także badania prowadzone przez Joint Centre of Excellence for Research on Immigration and Settlement (CERIS), publikowane na stronie internetowej www.metropolis.net, na której zamieszczane są prace na temat zagadnień związanych z migracjami i integracją imigrantów w wielkich metropoliach w Kanadzie i na całym świecie.

Zawartość poszczególnych rozdziałów

Książka ukazuje polskich imigrantów z lat 80. XX wieku na tle poprzednich fal polskiej imigracji w Kanadzie. Opracowanie powinno także umożliwić porównanie migracji schyłkowego okresu komunizmu w ogóle z wzorami przemieszczeń końca XX i początku XXI wieku (zob. np. Grabowska-Lusińska, Okólski 2008; Fihel, Kaczmarczyk, Okólski 2006; Fihel, Piętka 2007; Iglicka 2008; Jaźwińska, Okólski 2001; Kępińska 2006, 2007; Klagge i in. 2007; Milewski, Ruszczak-Żbikowska 2008; Mioduszewska 2008; Stark, Fan 2006), a także z przebiegiem procesów adaptacji w innych krajach, także na kontynencie amerykańskim (np. w Stanach Zjednoczonych). Zawarte tu refleksje stanowią ilustrację tezy, iż emigracja z Polski do Kanady w latach 80. podobna była pod wieloma względami do klasycznych migracji osiedleńczych z przełomu XIX i XX wieku. Z kolei w odniesieniu do stanu przystosowania opracowanie ukazuje polskich imigrantów – na tle specyficznych uwarunkowań oddziałujących w społeczeństwie kanadyjskim – jako zbiorowość dość hermetyczną pod względem społecznym i kulturowym, jednak dobrze zintegrowaną z rynkiem pracy.

Pierwszy rozdział przedstawia w zarysie ewolucję kanadyjskiej polityki imigracyjnej w ciągu kolejnych dekad i będące jej konsekwencją zmiany składu etnicznego kanadyjskiego społeczeństwa. Odtworzone zostały tutaj główne czynniki wypychające oraz przyciągające do Kanady imigrantów z różnych części świata. Druga część rozdziału koncentruje się natomiast na polityce Kanady wobec integracji imigrantów, zwłaszcza na polityce wielokulturowości. Celem jest ukazanie w aspekcie historycznym szerokiego kontekstu społecznego imigracji dla kolejnych fal przybyszów, wśród których znajdowali się także imigranci z ziem polskich. Już w trakcie samej dekady lat 80. Kanada (w tym Toronto) ulegała przeobrażeniom istotnym z punktu widzenia przebiegu procesów adaptacji napływających w tym okresie imigrantów z Polski. Dotyczy to szeroko rozumianego kontekstu przyjmowania imigrantów, którego częścią jest m.in. obowiązujący system prawny, sytuacja ekonomiczna oraz panujące stosunki międzyetniczne (Reitz 2002).

Jak zauważył już twórca teorii podłoża historycznego i procedury badań historyczno-terenowych, Kazimierz Dobrowolski (1967, za: Kwaśniewicz 1990), w teraźniejszości stale obecna jest przeszłość, a zrozumienie obecnie rozgrywających się wydarzeń wymaga uwzględnienia ram historycznych. Polacy imigrujący do Kanady pod koniec XX wieku stanowili jedną z kolejnych fal polskiej imigracji w tym kraju, której początki na masową skalę datują się od połowy XIX wieku (nie licząc pojedynczych jednostek imigrujących znacznie wcześniej na obszar powstającego państwa kanadyjskiego). Obecność w Kanadzie wcześniejszych imigrantów i ich potomków, istnienie tworzonych przez nich instytucji, a także rozpowszechnione w społeczeństwie kanadyjskim wyobrażenia na temat imigrantów z Polski nie pozostawały bez wpływu na procesy adaptacji kolejnych przybyszów. Z uwagi na te czynniki rozdział drugi przedstawia zarys historii imigracji z terytorium Polski do Kanady, z uwzględnieniem szczególnych okoliczności leżących u podłoża każdej z fal imigracyjnych. Ukazano tutaj przebieg procesów adaptacji polskich imigrantów w zmieniającym się na przestrzeni lat społeczeństwie kanadyjskim.

Kolejne rozdziały, które tworzą zasadniczą część pracy, powstały na podstawie badań własnych autorki i traktują o imigrantach z lat 80. XX wieku. Rozdział trzeci naświetla motywy, jakie towarzyszyły emigracji z Polski w omawianym okresie. Ukazane zostało tutaj szerokie tło społeczno-ekonomiczne, na podłożu którego doszło do masowego exodusu w ostatniej dekadzie trwania komunizmu w Polsce. Pozwala ono na zrozumienie motywów emigracji także tych osób, które znalazły się ostatecznie w Kanadzie.

Analizę okoliczności imigracji do samej Kanady, a także liczbę i rozmieszczenie migrujących, zawiera pierwsza część rozdziału czwartego. W drugiej jego części analiza koncentruje się na pierwszym okresie pobytu polskich imigrantów w Kanadzie, doświadczanych przez nich trudnościach oraz czynnikach warunkujących określony przebieg procesu przystosowania w pierwszej fazie.

Kolejne rozdziały ukazują przebieg procesów przystosowania społecznego omawianej zbiorowości w Kanadzie w poszczególnych ich wymiarach: adaptacji ekonomicznej, integracji społecznej oraz akulturacji, z uwzględ-

nieniem identyfikacji i satysfakcji z życia w Kanadzie, a także więzi podtrzy-
mywanych z krajem pochodzenia i, ogólnie, z własnym obszarem kulturowym. Poszczególne rozdziały łączą perspektywę diachroniczną z ujęciem
przekrojowym – analiza stanu w momencie prowadzenia badań poprze-
dzona została ukazaniem mechanizmów rządzących procesami adaptacji
polskich imigrantów w kontekście kanadyjskiego społeczeństwa i kultury.
Część zawartych w kolejnych rozdziałach uwag odnosi się przy tym także
do innych imigrantów w tym kraju.

Rozdział piąty koncentruje się na przebiegu karier zawodowych imigrantów, rozdział szósty na procesach ich integracji społecznej[13], natomiast
rozdział siódmy ukazuje niektóre aspekty procesów akulturacji (uchwyco-
ne o tyle, o ile było to możliwe przy wykorzystaniu przyjętych metod i technik badawczych). Obraz stanu przystosowania polskich imigrantów z lat
80. XX wieku do warunków życia w Kanadzie uzupełnia analiza zagadnień
związanych z ich identyfikacją z kanadyjskim społeczeństwem oraz prawidłowości, jakie rządzą podtrzymywaniem przez nich więzi z krajem pochodzenia (rozdziały ósmy i dziewiąty). W odniesieniu do więzi celem jest
zarówno ukazanie więzi w perspektywie diachronicznej (ewolucja w czasie), jak i przekrojowej. W tym drugim przypadku analiza koncentruje się
na formach zaangażowania imigrantów w Polsce oraz znaczeniu tych powiązań z perspektywy procesów ich adaptacji w społeczeństwie kanadyjskim, a tym samym zmierza do odtworzenia charakterystycznych wzorów
zaangażowania.

W podsumowaniu streszczono najważniejsze wnioski z badań, natomiast Aneksy zawierają: pytania zadawane w trakcie wywiadów, profil
społeczno-demograficzny badanych oraz rozmieszczenie przestrzenne polskich imigrantów w Kanadzie na podstawie danych spisowych.

Metody jakościowe i techniki badawcze zastosowane w badaniach umożliwiają odtwarzanie kontekstu i mechanizmów rządzących badanymi zjawiskami oraz tworzenie teoretycznych uogólnień (Górny 1998, 2005).
Wyciągane z nich wnioski nie powinny być interpretowane jako repre-
zentatywne dla całych populacji (w tym przypadku dla całej zbiorowości
polskich imigrantów z lat 80. w Kanadzie). Dlatego większość wysuwa-
nych tutaj wniosków dotyczących stanu przystosowania badanych do życia
w kanadyjskim społeczeństwie ma w znacznym stopniu status hipotez, które powinny zostać zweryfikowane w trakcie badań o charakterze ilościowym. Wyniki takich badań, jeśli były dostępne, zostały w kilku miejscach
wykorzystane. Odnoszą się one do tego okresu, w którym były prowadzone

---

[13] Stosunkowo niewiele uwagi poświęcono życiu zorganizowanemu polskich imigrantów z lat 80.
w Kanadzie z uwagi na niewielką rolę organizacji etnicznych w procesach adaptacji społecznej badanych w porównaniu z wcześniejszymi falami polskiej imigracji w tym kraju.

referowane tutaj badania, a zatem do początku XXI wieku. Warto także zaznaczyć, że w trakcie analizy w centrum zainteresowania badawczego znajduje się jedynie anglojęzyczna część Kanady; procesy zachodzące we francuskojęzycznym Quebecu mają niewątpliwie swoją specyfikę i zasługują na odrębne potraktowanie.

1 | Polityka i społeczeństwo Kanady na przestrzeni lat. Wybrane aspekty kontekstu przyjmowania imigrantów

Dla niedawnego przybysza z wciąż jeszcze dość homogenicznego pod względem narodowościowym i rasowym kraju, jakim jest Polska, jedną z pierwszych najbardziej uderzających cech Toronto jest jego ogromna różnorodność etniczna i rasowa. Folder turystyczny mówi o 80 grupach etnicznych zamieszkujących stolicę prowincji Ontario, ale po pewnym czasie pobytu odnosi się wrażenie, że przyjechali tu przedstawiciele niemal każdego zakątka świata, tworząc współczesną wieżę Babel, w której codzienna komunikacja stanowić może nie lada wyzwanie. W Toronto można w ciągu jednego dnia, przemieszczając się na stosunkowo niewielkie odległości, zjeść obiad w prowadzonej przez polskiego imigranta restauracji serwującej tradycyjne potrawy polskiej kuchni, zrobić zakupy w portugalskiej piekarni, odwiedzić świątynię buddyzmu tybetańskiego czy kupić koszulkę z napisem *I love islam* bądź *I love Allah*. Działają stacje radiowe i kanały telewizyjne w językach etnicznych, a przedstawiciele poszczególnych grup etnicznych mają własną prasę.

Ze względu na swoją różnorodność etniczną i rasową Toronto stanowi niewątpliwie odzwierciedlenie ogólnoświatowych tendencji zmieniających wielkie współczesne aglomeracje w oazy wielokulturowości. Jest jednocześnie jednym z wielu kanadyjskich miast, których oblicze etniczne – podobnie jak całego kanadyjskiego społeczeństwa – zmieniło się w ciągu ostatnich kilku dekad w związku ze zmianami w polityce imigracyjnej i realizowaną w Kanadzie polityką wielokulturowości. Jeszcze kilkadziesiąt lat temu, w pierwszej połowie XX wieku, był to kraj zdominowany przez Brytyjczyków i ich potomków, w którym niechętnie widziano przybyszów spoza Wielkiej Brytanii, a jeśli już, to oczekiwano od nich dostosowania się do dominujących anglosaskich wartości. Obecnie Kanada jest krajem, w którym umożliwia się imigrantom pielęgnowanie własnej kultury i języka oraz podejmuje działania na rzecz ich równoprawnego uczestnictwa w życiu społecznym.

Ta olbrzymia zmiana w podejściu do imigracji i samych imigrantów dokonała się w ciągu ostatnich kilkudziesięciu lat, w trakcie których Kanada otwierała się sukcesywnie na imigrantów z kolejnych krajów świata, natomiast jej polityka wobec imigrantów ewoluowała od presji na asymilację do anglosaskich wartości w kierunku polityki pluralizmu kulturowego. Polityka imigracyjna Kanady przeszła tym samym ewolucję charakterystyczną także dla innych tradycyjnych krajów imigracyjnych (poza Kanadą należą do nich Australia, Stany Zjednoczone i Nowa Zelandia), w których imigracja stanowiła od początku ich istnienia kluczowy element budowy społeczeństwa i które nadal popierają imigrację osiedleńczą na dużą skalę. Wszystkie te kraje preferowały początkowo imigrantów z określonych krajów (głównie z Wielkiej Brytanii, Zachodniej Europy oraz Ameryki Północnej), aby z czasem zarzucić tę politykę na rzecz selekcji imigrantów na podstawie cech związanych z ich przydatnością dla krajowego rynku pracy (Bauer, Lofstrom, Zimmermann 2000:2).

Z uwagi na znaczenie, jakie dla procesów adaptacji imigrantów mają te dwa rodzaje polityk państwa: z jednej strony regulacje prawne dotyczące imigracji (polityka wobec imigracji), które określają, kto i na jakich zasadach może przyjechać i zamieszkać w danym kraju, z drugiej natomiast uregulowania z zakresu polityki integracyjnej, tworzące warunki uczestnictwa imigrantów we wspólnocie obywatelskiej w wymiarze politycznym, ekonomicznym i kulturowym (Weinar 2005), w rozdziale tym zarysowano krótko ich ewolucję w anglojęzycznej części Kanady oraz wybrane aspekty, współtworzące w okresie prowadzenia badań specyficzny dla tego kraju „kontekst przyjmowania" (*context of reception*) imigrantów (Reitz 2002:1006).

1.1. Społeczeństwo Kanady na przestrzeni lat
Ewolucja polityki imigracyjnej

Zanim w XVII wieku w ślad za pierwszymi odkrywcami na obszarze dzisiejszej Kanady pojawili się koloniści francuscy, a potem brytyjscy, na terenach tych od tysiącleci zamieszkiwali Indianie z plemion irokeskich i algonkińskich oraz Indianie Kolumbii Brytyjskiej – pierwsi imigranci w tym kraju (Grabowski 2001a:15; Driedger, Halli 2000:5–6). Europejczycy (Brytyjczycy, Francuzi, Holendrzy, Hiszpanie) rozpoczęli tutaj zakładanie kolonii po 1600 roku. Podobnie jak w wielu innych miejscach, kontakt z Europejczykami okazał się na dłuższą metę tragiczny w skutkach dla miejscowej ludności z powodu m.in. wojen oraz epidemii nieznanych tu wcześniej chorób, które – jak się szacuje – doprowadziły do śmierci od 60 do 90% rdzennej ludności Kanady (zob. np. Frideres 2005; Wilmer 1997). Współcześnie ludność rdzenna funkcjonuje na marginesie kanadyjskiego społeczeństwa, a jej kultura uległa w dużej mierze zniszczeniu.

Na ziemiach odebranych indiańskiej ludności na terenie dzisiejszej Kanady osiedlali się przede wszystkim Francuzi i Anglicy. Te dwie nacje, zwane dziś założycielskimi, zdecydowały o kształcie nowożytnego państwa kanadyjskiego. Francuzi pojawili się tu najwcześniej – już na początku XVII wieku rozpoczęli zakładanie kolonii na terenie dzisiejszego Quebecu (Grabowski 2001a:36). Po Francuzach pojawili się Brytyjczycy, którzy w 1760 roku podbili francuską kolonię – „niechciane dziecko Francji" – i wkrótce zdominowali liczebnie społeczeństwo nowo powstałego państwa. Potomkowie Francuzów, których udział w kanadyjskim społeczeństwie wynosi od połowy XIX wieku stale ok. 25–30% (24% według spisu z 2001), skupieni są obecnie przede wszystkim w prowincji Quebec i w trakcie całej historii Kanady uzyskali dla siebie dość znaczny stopień autonomii politycznej. Od czasu do czasu odżywa tu też dążenie do całkowitej separacji i utworzenia odrębnego państwa.

Podobnie jak w przypadku innych brytyjskich kolonii (np. Australii), również w Kanadzie przyjęto od początku ideę budowy białego społeczeństwa, zakazując oficjalnie przyjazdu ludności kolorowej (Grabowski 2001a:185). Do pierwszej połowy XIX wieku imigrowali tu głównie Brytyjczycy[1]. Imigracja żyjących w nędzy obywateli brytyjskich nasiliła się zwłaszcza po 1815 roku; w latach 30. XIX wieku pojawili się natomiast Irlandczycy – w 1871 obie grupy stanowiły 61% całej populacji Kanady, choć większość udawała się z czasem do Stanów Zjednoczonych i na Zachód (Grabowski 2001a:130). Jeszcze na początku XX wieku imigranci w Kanadzie pochodzili głównie z Wielkiej Brytanii, a także ze Stanów Zjednoczonych. Obok osób pochodzących z Europy Zachodniej stanowili oni preferowaną kategorię przybyszów.

Mniej więcej w latach 60. XIX wieku rozpoczęła się imigracja tzw. spóźnionych przybyszów, początkowo głównie Niemców, Skandynawów, Holendrów oraz innych mieszkańców Europy Zachodniej i Północnej. Po wyczerpaniu się tych źródeł imigracji zaczęto zachęcać do przyjazdu także Słowian: Ukraińców i Polaków. Ich pojawienie się w Kanadzie związane było z celową akcją rekrutowania imigrantów do pracy w rolnictwie, na którym na przełomie XIX i XX wieku opierał się rozwój kanadyjskiej

---

[1] Zawarta w rozdziale charakterystyka procesów imigracyjnych nie dotyczy Quebecu (znajdującego się – jak wspomniano wcześniej – na marginesie zainteresowań badawczych), którego ludność zwiększała się na przestrzeni lat głównie na skutek przyrostu naturalnego, co stanowi swoisty fenomen demograficzny w historii ludności świata. Na skutek dużej częstotliwości zawierania związków małżeńskich (także ponownych), wysokiej płodności oraz stosunkowo niskiej umieralności większość spośród około siedmiomilionowej pod koniec XX wieku populacji prowincji stanowili potomkowie kilku tysięcy pionierów, którzy przyjechali tu w XVII wieku (Livi-Bacci 2007:54–58).

gospodarki (Kremarik 2000:18)[2]. Od początku jednak znaczna część przybyszów decydowała się zamieszkać w miastach, zasilając szeregi miejskiej klasy robotniczej (Williams 2000:8). Obok farmerów oraz robotników rolnych znaczna liczba imigrantów (kobiet) rekrutowana była także od początku do pracy w charakterze służby domowej (Green, Green 1999:427).

Do lat 30. XX wieku polityka imigracyjna Kanady stanowiła część szerszej polityki narodowej, której celem było m.in. ukończenie trzech transkontynentalnych linii kolejowych oraz polityki rolnej, która miała zachęcać imigrantów do osiedlania się na zachodzie, zwłaszcza w obliczu zagrożenia napływem amerykańskich osadników z południa (Green, Green 1999:427). Sprowadzaniem osadników zajmowały się spółki kolejowe, z którymi rząd podpisywał specjalne porozumienia. Poza tym istniało kilka ustaw i zarządzeń, przeważnie określały one jednak jedynie, kto może lub nie może przyjechać do Kanady (Radecki, Heydenkorn 1976:13).

Kiedy tylko na początku XX wieku zaczęło powstawać ustawodawstwo regulujące imigrację – w wieku XIX znajdujące się w zalążkowej postaci – główny nacisk położony został właśnie na uniemożliwianie przyjazdu osób pochodzących spoza Europy (obok m.in. biedoty oraz osób upośledzonych umysłowo). Jeszcze w 1885 roku pierwszy akt prawny wymierzony w imigrację chińską nakładał na osoby pochodzące z Chin wymóg zapłacenia dużej jak na owe czasy kwoty podatku w wysokości 50 dolarów w momencie przyjazdu do Kanady (w późniejszych latach podwyższany aż do kwoty 500 dolarów)[3]. W rezultacie Chińczyków nie stać było na sprowadzenie swoich żon i narzeczonych – według spisu z 1911 roku na 2790 mężczyzn przypadało 100 kobiet (w stosunku do 158 mężczyzn na 100 kobiet wśród ogółu imigrantów) (Boyd, Vickers 2000:5). Kolejne ograniczenia imigracji z Chin wprowadzono w 1923 roku i w latach 30.

---

[2] Zgodnie z założeniami leżącymi u podstaw kampanii rekrutacyjnych kanadyjskich władz większość imigrantów osiedlała się na preriach – w 1911 mieszkało tam 41% imigrantów, w porównaniu do 20% według spisu z 1901 r. (Kremarik 2000:19). Udział ten był różny w różnych prowincjach, np. w 1911 w Manitobie imigranci stanowili 41% populacji prowincji, 50% w Saskatchewan, a 57% w Albercie i Kolumbii Brytyjskiej. Tymczasem w prowincjach atlantyckich oraz Quebecu odsetek ten wyniósł zaledwie 10%, a w Ontario 20% (Boyd, Vickers 2000:3). Stanowi to całkowite odwrócenie trendów obserwowanych współcześnie.

[3] Chińczycy przyjeżdżali do Ameryki Północnej – najpierw do Kalifornii, a potem do Kolumbii Brytyjskiej – w pierwszej połowie XIX wieku zwabieni panującą tu gorączką złota. W 1860 r. na wyspie Vancouver oraz w kontynentalnej części Kolumbii Brytyjskiej mieszkało już ok. 7 tys. Chińczyków. Pierwsi osadnicy pracowali w kopalniach złota, a w późniejszym okresie podejmowali pracę w charakterze służby domowej i w rolnictwie. Pracowali także przy budowie linii kolejowej Canadian Pacific Railway, ukończonej w 1885 r. (Chui, Tran, Flanders 2005:25).

W 1908 roku zakazano przyjazdu osób, które nie przybywały bezpośrednio ze swojego kraju pochodzenia. Przepis ten skutecznie wykluczał imigrację z Indii, z którymi Kanada nie miała bezpośredniego połączenia komunikacyjnego. Na początku XX wieku rząd kanadyjski zawarł także kilka porozumień z Japonią ograniczających napływ imigrantów z tego kraju. Pomimo różnorodnych restrykcji wymierzonych w tzw. ludność kolorową, obowiązujących do lat 60. XX wieku, ci niepożądani imigranci przyjeżdżali w niewielkiej liczbie różnymi drogami. Na przykład w latach 1905–1908 w Kolumbii Brytyjskiej osiedliło się ok. 5 tys. imigrantów z Azji Południowej, głównie pendżabskich Sikhów, którzy pracowali przy budowie kolei, a także przy wycinaniu lasu i w przemyśle drzewnym (Tran, Kaddatz, Allard 2005:20). Nie zawsze przyjazd miał charakter dobrowolny, czego przykładem są czarnoskórzy niewolnicy towarzyszący tzw. lojalistom – amerykańskim zwolennikom korony brytyjskiej, którzy uciekli do Kanady po wygranej przez Stany Zjednoczone wojnie o niepodległość (1775–1783). Nie wszyscy byli jednak niewolnikami – część stanowili czarnoskórzy lojaliści, którym obiecano ziemię w zamian za poparcie Brytyjczyków w czasie wojny i których część pozostała później w Kanadzie, tworząc osady w Nowej Szkocji oraz Ontario, a potem także w zachodniej Kanadzie. Jak wykazał spis powszechny, w 1901 roku w Kanadzie żyło 17,4 tys. Czarnych (*Blacks*), co stanowiło 0,3% całej populacji (obecnie 2%) (Milan, Tran 2004:2).

Na początku XX wieku głównym źródłem imigrantów w Kanadzie była nadal Wielka Brytania, trwał jednak napływ także z innych rejonów świata. W latach 20. wydarzenia zapoczątkowane przez I wojnę światową, rewolucję w Rosji, a także sytuacja ekonomiczna panująca w tych rejonach Europy przyczyniły się do napływu imigrantów z terenów Niemiec, Rosji, Ukrainy, Polski oraz Węgier. Natomiast w trakcie wielkiego kryzysu większość imigrantów pochodziła z Wielkiej Brytanii, Niemiec, Austrii i Ukrainy. Mniej niż 6% miało pochodzenie pozaeuropejskie.

W latach 1910 i 1923 wprowadzono podział imigrantów na trzy kategorie, który funkcjonował (choć bez oficjalnej sankcji prawnej) praktycznie do okresu po II wojnie światowej (Reczyńska 1986:166):
1) uprzywilejowanych, którzy mogli przyjeżdżać bez ograniczeń: obywateli Stanów Zjednoczonych i Wielkiej Brytanii;
2) imigrantów preferowanych, z kręgu kulturowego bliskiego kulturze brytyjskiej – Europy Zachodniej i Północnej: krajów skandynawskich, Niemiec (od 1927), Holandii, Belgii i Szwajcarii, a od 1949 roku także z Francji;
3) imigrantów niepreferowanych, ale będących do przyjęcia: Austriaków, Węgrów, Polaków, Ukraińców, Czechów, Słowaków, obywateli Wolnego Miasta Gdańska, z Łotwy, Estonii, Litwy, Bułgarii, Rumunii i Jugosławii. Azjaci zostali oficjalnie wykluczeni; formalny zakaz wjazdu obowiązywał

także Włochów, którzy mimo to, obchodząc restrykcje, dość licznie napływali do Kanady.

Wraz z wybuchem II wojny światowej przyjęto, podobnie jak w okresie I wojny światowej, regulacje zakazujące przyjazdu osób pochodzących z krajów, z którymi Kanada znajdowała się w stanie wojny. Zakaz ten uderzył m.in. w uchodźców żydowskich uciekających wówczas z Europy – w latach 30. oraz w czasie II wojny światowej Kanada przyjęła mniej Żydów niż jakikolwiek inny kraj zachodni (Schoenfeld 2006). Z kolei wprowadzony w latach 40. tzw. *War Measures Act* uderzał w osoby mieszkające już w Kanadzie – Włochów i Niemców. Mimo że większość z nich nie sympatyzowała z faszystami, zostali pozbawieni praw obywatelskich i internowani (Bassler 2006; Sturino 2006). W tym okresie miało także miejsce przymusowe przesiedlenie osób pochodzących z Japonii, zamieszkujących wybrzeże Pacyfiku (Kolumbię Brytyjską), uzasadniane obawą, że staną się wsparciem dla japońskiej inwazji (Sunahara 2006). Tymczasem 3/4 Kanadyjczyków japońskiego pochodzenia było w 1941 roku urodzonych w Kanadzie, a wiele rodzin zamieszkiwało tu od pokoleń. Konfiskaty majątku, internowanie i przesiedlenia, możliwe dzięki wrogiemu nastawieniu społeczności wybrzeża oraz polityków wobec Azjatów, doprowadziły do zniszczenia ich przedsiębiorstw, instytucji społecznych, kultury i tradycji. W 1952 roku na wybrzeżu Kolumbii Brytyjskiej pozostało jedynie 12% spośród 21 175 osób pochodzenia japońskiego zamieszkujących tu przed wojną (Driedger, Halli 2000:8–12)[4].

Powojenny boom gospodarczy skłonił rząd Kanady do ponownego otwarcia drzwi dla imigracji. W latach 1946–1950 Kanada przyjęła ok. 430 tys. imigrantów – więcej niż w ciągu poprzednich 15 lat. Znajdowały się wśród nich rodziny kanadyjskich żołnierzy służących za granicą w czasie wojny, uchodźcy, dipisi (*displaced persons*) oraz inne osoby poszukujące dla siebie perspektyw ekonomicznych lepszych niż we własnych ojczyznach. Liczba imigrantów utrzymywała się na wysokim poziomie także w ciągu kolejnych dekad mimo pojawiających się okresowo trudności gospodarczych.

Większość nowych imigrantów osiedlała się w miastach. W 1961 roku mieszkało w nich 81% Kanadyjczyków urodzonych poza granicami kraju w stosunku do 68% osób urodzonych w Kanadzie. Wzrastał także odsetek osób osiedlających się w Ontario kosztem prowincji preryjnych (Boyd, Vickers 2000:7). Imigranci zasilali szeregi siły roboczej w rozwijającym się w miastach przemyśle oraz sektorze usług.

---

[4] W 1988 r. Kanada zawarła porozumienie z zamieszkującymi na terytorium kraju osobami pochodzenia japońskiego, mające na celu częściowe zadośćuczynienie za krzywdy doznane w czasie II wojny światowej (Driedger, Halli 2000:12).

Po II wojnie światowej wśród przybyszów nadal dominowali imigranci z Wysp Brytyjskich. Stopniowo jednak coraz liczniejsi stawali się także imigranci z innych europejskich krajów, co stanowiło wyraz stopniowego odchodzenia w polityce imigracyjnej Kanady od preferencji narodowościowych. Dotyczyło to jednak tylko imigrantów z Europy. W latach 40. i 50. przyjechała znaczna liczba Niemców, Holendrów, Włochów, Polaków oraz Rosjan, a po sowieckiej inwazji na Węgry (1956) Kanada przyjęła ponad 37 tys. uchodźców z tego kraju. Działo się tak mimo obowiązywania dość restrykcyjnego ustawodawstwa – ustawa imigracyjna z 1952 roku umożliwiała odrzucenie potencjalnych imigrantów na podstawie takich kryteriów, jak: narodowość, pochodzenie geograficzne, „szczególny charakter obyczajów" (*peculiarity of custom*), nieprzystosowanie do klimatu czy „niezdolność do asymilacji" (Troper 2000:11).

Niechęć wobec imigracji spoza Europy utrzymywała się aż do lat 60. XX wieku. Odchodzenie od polityki „białej Kanady" dyktowały jednak potrzeby ekonomiczne. Doprowadziły one np. do sprowadzenia kilka lat po II wojnie światowej pewnej liczby kobiet z rejonu Karaibów do pracy w charakterze służby domowej (Harzig 2005). Tego rodzaju inicjatywy, ściśle nadzorowane przez rząd, nie oznaczały jednak zasadniczej zmiany polityki imigracyjnej. Istotna jej zmiana miała miejsce dopiero w 1962 roku. Rząd federalny zarzucił wówczas system preferencji narodowościowych w polityce imigracyjnej, zamiast którego wprowadził politykę doboru imigrantów na podstawie kwalifikacji zawodowych[5]. Przypieczętowaniem kresu dyskryminującej polityki selekcji imigrantów było wprowadzenie w 1967 roku obowiązującego ze zmianami do dzisiaj systemu punktowego. Ustanawiał on kryteria oceny imigrantów istotne z punktu widzenia ich przydatności na rynku pracy, takie jak: wykształcenie, znajomość języków oficjalnych czy doświadczenie zawodowe[6]. Pochodzenie etniczne, rasa czy wyznanie przestały mieć znaczenie. Regulacje wprowadzające system punktowy zostały potwierdzone przez *Immigration Act*, który wszedł w życie w 1978 roku. Po raz pierwszy w historii Kanady wprowadzał on także zasadę przyjmowania imigrantów na podstawie względów humanitarnych, dzięki czemu łatwiejsza stała się imigracja uchodźców, wcześniej dopuszczanych za specjalnym pozwoleniem, na zasadzie wyjątku od reguły.

Jedną z najważniejszych konsekwencji zmian wprowadzonych w latach 60. w polityce imigracyjnej stało się natomiast przesunięcie głównych źró-

---

[5] Mniej więcej w tym samym czasie podobna zmiana nastąpiła w innych tradycyjnych krajach imigracyjnych: w Stanach Zjednoczonych oraz Australii (Parent, Worswick 2004).

[6] Zmiana prawa imigracyjnego w 1967 r. wynikała m.in. z dążenia, aby przyciągnąć wykwalifikowanych pracowników, którzy do tej pory chętniej osiedlali się w Stanach Zjednoczonych (Li 2000).

deł imigracji na rzecz przede wszystkim Azji, a także innych rejonów świata, gdzie od wielu lat nawarstwiały się czynniki wypychające (m.in. presja ludnościowa w krajach rozwijających się, charakteryzujących się wysokimi wskaźnikami dzietności; Passaris 1998:96). Każdy kolejny spis powszechny wykazywał zmniejszanie się liczby imigrantów pochodzących z krajów europejskich, Wielkiej Brytanii oraz Stanów Zjednoczonych. Jeśli jeszcze w 1951 roku wśród dziesięciu krajów, z których pochodziła największa liczba imigrantów w Kanadzie, nie było ani jednego państwa nieeuropejskiego (z wyjątkiem Stanów Zjednoczonych), to na początku lat 90. większość krajów na tej liście stanowiły państwa rejonu Karaibów oraz azjatyckie. Liczba imigrantów z krajów azjatyckich zaczęła wzrastać szybko zwłaszcza w latach 80. W 1996 już ok. 27% imigrantów urodzonych było w Azji, a 21% pochodziło z innych krajów pozaeuropejskich (poza Stanami Zjednoczonymi) (Boyd, Vickers 2000:9). Ewolucję źródeł imigracji w okresie powojennym ilustrują tabele 3 i 4.

Tabela 3. Dziesięć pierwszych krajów urodzenia imigrantów w Kanadzie

	Imigrujący przed rokiem 1961			Imigrujący w latach 1961–2001*	
	liczba	%		liczba	%
Imigranci ogółem	894 465	100,0	Imigranci ogółem	1 830 680	100,0
Wielka Brytania	217 175	24,3	Chiny	197 360	10,8
Włochy	147 320	16,5	Indie	156 120	8,5
Niemcy	96 770	10,8	Filipiny	122 010	6,7
Holandia	79 170	8,9	Hongkong	118 385	6,5
Polska	44 340	5,0	Sri Lanka	62 590	3,4
Stany Zjednoczone	34 810	3,9	Pakistan	57 990	3,2
Węgry	27 425	3,1	Tajwan	53 755	2,9
Ukraina	21 240	2,4	Stany Zjednoczone	51 440	2,8
Grecja	20 755	2,3	Iran	47 080	2,6
Chiny	15 850	1,8	Polska	43 370	2,4

Źródło: *Canada's ethnocultural portrait...*, 2001.

* dane do 15 maja 2001 r.

Tabela 4. Miejsce urodzenia imigrantów według okresu imigracji (w tys.)

	Okres imigracji									
	przed 1961		1961–1970		1971–1980		1981–1990		1990–2001*	
	liczba	%	liczba	%	liczba	%	liczba	%	liczba	%
Całkowita liczba imigrantów	894 465	100,0	745 565	100,0	936 275	100,0	104 1495	100,0	1 830 680	100,0
Stany Zjednoczone	34 805	3,9	46 880	6,3	62 835	6,7	41 965	4,0	51 440	2,8
Europa	809 330	90,5	515 675	69,2	338 520	36,2	266 185	25,6	357 845	19,5
Azja	28 850	3,2	90 420	12,1	311960	33,3	491 720	47,2	1 066 230	58,2
Afryka	4 635	0,5	23 830	3,2	54 655	5,8	59 715	5,7	139 770	7,6
Karaiby, Ameryka Środk. i Płd.	12 895	1,4	59 895	8,0	154 395	16,5	171 495	16,5	200 010	10,9
Oceania i inne kraje	3 950	0,4	8 865	1,2	13 910	1,5	10 415	1,0	15 385	0,8

Źródło: Canada's Ethnocultural Portrait..., 2001.

* dane do 15 maja 2001 r.

W latach 90. XX wieku Kanada przyjmowała średnio 225 tys. imigrantów rocznie, z czego ok. 70% było członkami tzw. mniejszości rasowych (visible minorities)[7] (Bélanger, Malenfant 2005:21). W trakcie tej dekady przyjechało ok. 2,2 mln imigrantów – najwięcej w stosunku do poprzednich dziesięcioleci XX wieku[8] (wielkość ta stanowiła więcej niż połowę przyrostu liczebności populacji w dekadzie lat 90.; Chui, Zietsma 2003:24). Prawie połowę z nich (46%) stanowiły osoby młode, w wieku od 25 do 44 lat. Wysoki napływ imigrantów utrzymywał się mimo niekorzystnej sytuacji gospodarczej i wysokiego poziomu bezrobocia w latach 80. i 90. Fakt ten dowodzi, że Kanada odeszła wówczas w swojej polityce imigracyjnej od wykorzystywania imigracji do realizacji krótkoterminowych celów ekonomicznych (związanych z aktualną sytuacją na rynku pracy) na rzecz celów długofalowych, do których należy odwrócenie niekorzystnych trendów demograficznych i zmiana struktury wieku populacji[9] (Frenette, Morisette 2005; Passaris 1998:95).

[7] Zgodnie z Employment Equity Act (1995) termin visible minority odnosi się do „osób niebędących Indianami, nienależących do rasy kaukaskiej oraz niebędących białymi" (persons, other than Aboriginals, who are non-Caucasian in race and non-white in colour) (Update on Cultural Diversity 2003:20).

[8] Dla porównania, w latach 80. do Kanady przyjechało 1,3 mln imigrantów, natomiast w poprzednich dwóch dekadach po 1,4 mln osób (Canada's Ethnocultural Portrait... 2001).

[9] Politykę imigracyjną Kanady postrzegać można jako instrument służący realizacji długo- lub krótkofalowych celów ekonomicznych. Jak utrzymują Green i Green (1999), aż do

Kanada przeżywa bowiem podobne do innych wysoko rozwiniętych społeczeństw zachodnich problemy związane ze starzeniem się populacji[10].

Na kanadyjskim rynku pracy obok zapotrzebowania na siłę roboczą w dłuższej perspektywie czasu istnieje niedobór w określonych dziedzinach gospodarki oraz rejonach kraju. Dlatego w polityce imigracyjnej Kanady pierwszej dekady XXI wieku widoczne było dążenie do uwzględniania zarówno krótko-, jak i długofalowych celów ekonomicznych (zob. np. *Annual Report to Parliament...* 2007; *Canada's Immigration Law...* 2002; *Immigration and Refugee Protection Act* 2001 i inne obecnie obowiązujące akty prawne).

1.2. Różnorodność kulturowa i etniczna społeczeństwa kanadyjskiego na przełomie wieków

Odpowiedź na pytanie o pochodzenie etniczne w spisie powszechnym z 2001 roku ujawniła, że mieszkańcy Kanady pochodzą z ponad 200 różnych grup etnicznych[11]. Osób urodzonych poza granicami kraju było 5,4 mln, co stanowiło 18% ogólnej liczby ludności – najwięcej od 70 lat. Pod tym względem Kanada znalazła się na drugim miejscu po Australii (22% mieszkańców urodzonych poza granicami). Dla porównania, w 2000 roku

---

lat 80. XX wieku Kanada na przemian zachęcała do przyjazdu dużą liczbę osób w okresach dobrej koniunktury oraz ograniczała napływ w obliczu złych warunków panujących na rynku pracy, aby pod koniec XX wieku przyznać pierwszeństwo celom długofalowym, związanym z dążeniem do zatrzymania procesu starzenia się populacji, który dotyka wszystkie kraje wysoko rozwinięte. Na początku XXI wieku w polityce imigracyjnej Kanady dążono natomiast do połączenia obydwu grup celów (*Annual Report to Parliament...* 2007).

[10] Według prognoz demograficznych w 2026 jeden na pięciu Kanadyjczyków będzie w wieku powyżej 65 lat, w porównaniu z jednym na ośmiu w 2001 r. Przeciętne dalsze trwanie życia do 2025 r. wzrośnie do 81 lat (Williams 2005:16; Crompton 2000:17).

[11] Pytanie brzmiało: „Do jakiej grupy (lub jakich grup) etnicznej lub kulturowej należeli przodkowie danej osoby?". Jeśli respondenci wskazują tylko na jedno pochodzenie etniczne, odpowiednie dane prezentowane są później jako wyłącznie określone pochodzenie (*single responses*), jeśli więcej – jako pochodzenie wieloetniczne (*multiple responses*). Dane dotyczące pochodzenia etnicznego mieszkańców Kanady powinny być interpretowane ostrożnie z uwagi na częste zmiany w sposobie formułowania pytań w spisach powszechnych. Przed 1981 r. kategoria „pochodzenie etniczne" obejmowała jedynie pochodzenie ojca; rejestrowano ponadto tylko jedną grupę pochodzenia. W późniejszych latach umożliwiono wskazywanie większej ich liczby, zmieniała się lista przykładów itp. (*Ethnic Origin and Visible Minorities...* 2008). Dane prezentowane w podrozdziale dotyczą głównie pochodzenia imigrantów, a więc osób urodzonych poza granicami Kanady. Kompleksową analizę składu etnicznego kanadyjskiego społeczeństwa oraz bardziej aktualne dane dotyczące pochodzenia imigrantów znaleźć można w opracowaniach publikowanych przez Statistics Canada, np. *Canada's Ethnocultural Mosaic...* (2008), Chui, Tran, Maheux (2007), *Immigration and Ethnocultural Diversity...* (2013).

11% mieszkańców Stanów Zjednoczonych urodziło się poza granicami tego kraju (*Update on Cultural Diversity* 2003:19).

Wykres 1. Odsetek osób urodzonych za granicą w wybranych krajach

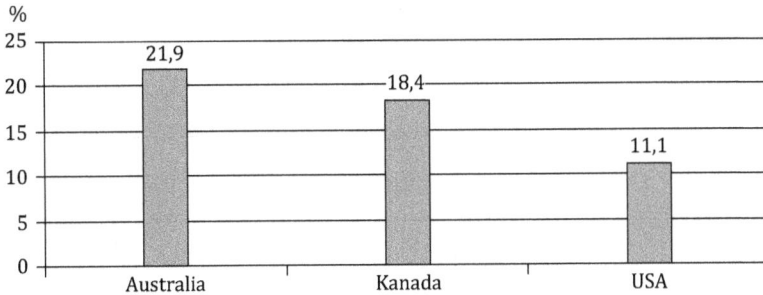

Źródło: *Canada's Ethnocultural Portrait...* 2001, na podstawie *Statistics Canada Census 2001, Australia Bureau of Statistics, U.S. Bureau of the Census* [dostęp 11.08.2006].

Jak wspomniano wcześniej, jeśli aż do lat 60. XX wieku większość imigrantów przyjeżdżających do Kanady pochodziła z krajów europejskich, to obecnie rekrutują się oni głównie z państw azjatyckich. Spośród ok. 1,8 mln imigrantów, którzy w 2001 roku byli mieszkańcami Kanady od maksymalnie 10 lat, 58% urodziło się w Azji (włączając w to Bliski Wschód), 20% w Europie, 11% na Wyspach Karaibskich oraz w Ameryce Środkowej i Południowej, 8% w Afryce oraz 3% w Stanach Zjednoczonych. Dla porównania, osoby urodzone w Azji stanowiły 47% imigrantów, którzy przyjechali w latach 80., 33% przyjezdnych w latach 70. i jedynie 3% osób, które przyjechały do Kanady przed rokiem 1961. Większość imigrantów przyjeżdżających w latach 90. pochodziła z Chińskiej Republiki Ludowej, następnie z Indii, Filipin oraz Hongkongu.

Różnorodność etniczna jest jednak w dużej mierze fenomenem miejskim. Większość nowych przybyszów osiedlała się w ciągu ostatnich ponad 30 lat w wielkich kanadyjskich aglomeracjach – Toronto, Vancouver oraz Montrealu (Bélanger, Malenfant 2005). Na przykład według danych spisu powszechnego z 2001 roku 58% imigrantów z lat 70. osiedliło się w tych miastach. Jednak spośród imigrantów z lat 90. zamieszkało w nich już ponad trzy czwarte (73%) przybyszów, w porównaniu z zaledwie jedną trzecią wszystkich mieszkańców Kanady, którzy mieszkali w jednej z trzech największych aglomeracji w 2001 roku. W rezultacie imigranci zaczęli stanowić proporcjonalnie coraz większą część populacji na tych obszarach. W 2001 w Toronto mieszkało ponad 2 mln osób urodzonych za granicą, co stanowiło 44% ogółu mieszkańców miasta. Pod tym względem Toronto wyprzedzało inne światowe metropolie znane ze swojej różnorodności kulturowej, takie jak Nowy Jork, Miami, Sydney czy Los Angeles.

Wykres 2. Odsetek mieszkańców urodzonych poza granicami kraju w wybranych miastach na świecie

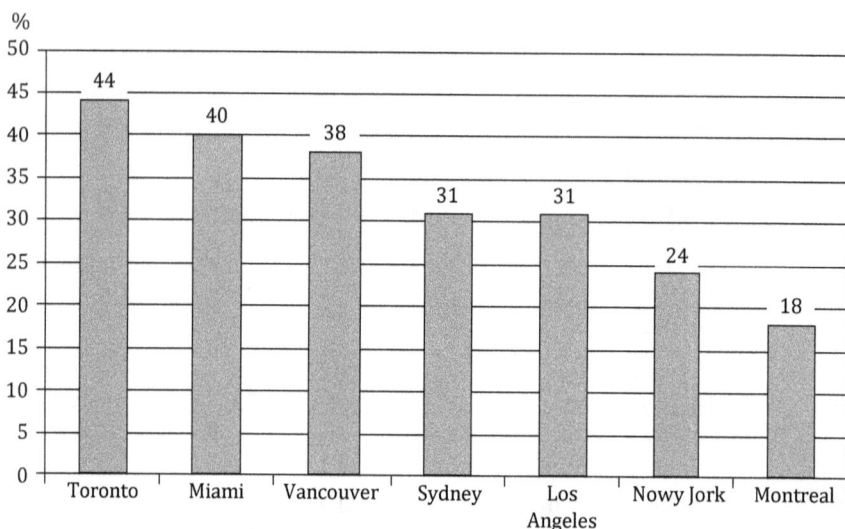

%

(wykres słupkowy)

Toronto — 44
Miami — 40
Vancouver — 38
Sydney — 31
Los Angeles — 31
Nowy Jork — 24
Montreal — 18

Źródło: *Update on Cultural Diversity* (2003:21).

Toronto przyciągnęło największy odsetek imigrantów (43%), którzy przyjechali do Kanady w latach 90., wyprzedzając Vancouver (18%) oraz Montreal (12%). Jedynie 6% nowych imigrantów osiedliło się poza tymi trzema obszarami. Jako główny powód osiedlenia się w tych miastach imigranci podają obecność w nich rodziny oraz przyjaciół (Bélanger, Malenfant 2005:20), co wskazuje na funkcjonowanie mechanizmu migracji łańcuchowych.

Wzrost liczby Kanadyjczyków urodzonych poza granicami kraju oraz zmiana głównych źródeł imigracji z europejskich na azjatyckie doprowadziła do gwałtownego wzrostu liczebności populacji *visible minorities* w ostatnich dwóch dekadach XX wieku. W 2001 roku 13% członków kanadyjskiego społeczeństwa (4 mln osób) zadeklarowało przynależność do mniejszości rasowej (w 1981 – 5%, 1,1 mln). Około 7 na 10 osób, które określiły siebie mianem *visible minorities*, było imigrantami; pozostali to osoby pochodzenia japońskiego, najczęściej urodzone w Kanadzie, oraz czarnoskórzy Kanadyjczycy, od dawna obecni w tym kraju.

Zbiorowość mniejszości rasowych zwiększa się niemal sześciokrotnie szybciej niż ogół kanadyjskiego społeczeństwa. Między rokiem 1991 a 2001 całkowita liczba mieszkańców Kanady zwiększyła się o 10%, podczas gdy populacja mniejszości rasowych wzrosła w tym okresie o 58%. Podobnie jak w przypadku ogółu imigrantów, przedstawiciele mniejszości rasowych skupiają się przede wszystkim w największych aglomeracjach kanadyjskich. Stanowią ok. 37% mieszkańców Toronto i Vancouver i 14% mieszkańców Montrealu, a zaledwie 2% ludności poza tymi obszarami.

W samej populacji mniejszości rasowych najliczniej reprezentowane są osoby pochodzące z Chin (ponad milion osób – 3,5% ogółu społeczeństwa oraz 26% populacji mniejszości rasowych), z Azji Południowej (917 tys. – odpowiednio 3,1% i 23%) oraz Czarni (662 tys. – 2,2% i 17%). Kolejne pod względem liczebności mniejszości rasowe to osoby pochodzące z Filipin (8%), Bliskiego Wschodu (8%), Ameryki Południowej (5%), Azji Południowo--Wschodniej (5%), Korei (3%) oraz Japonii (2%). Grupy te, liczące łącznie ok. 1,2 mln, stanowiły około jednej trzeciej populacji mniejszości rasowych w 2001 roku.

Wieloetniczne pochodzenie członków kanadyjskiej populacji znajduje odzwierciedlenie w różnorodności obyczajów, stylów życia, wyznawanych religii, a także w sferze językowej. Coraz więcej jest np. osób, dla których językiem ojczystym nie jest ani angielski, ani francuski – ich liczba wzrosła z 2,8 mln w 1971 do 4,7 mln w 1996 roku (Harrison 2000:14). Dane z 2001 roku pokazują, że aż 24% obcojęzycznych imigrantów używało jakiegoś języka nieoficjalnego w pracy (36% w Vancouver, 25% w Toronto oraz 21% w Montrealu).

Prognozy demograficzne przewidują dalszy wzrost różnorodności etnicznej i kulturowej Kanady w najbliższej przyszłości (Bélanger, Malenfant 2005:18–20). Obok utrzymującej się imigracji z krajów pozaeuropejskich przyczynią się do tego także wyższe współczynniki dzietności i przyrostu naturalnego cechujące obecnie populację mniejszości rasowych[12], w wyniku których zwiększa się ona znacznie szybciej niż liczebność pozostałej części społeczeństwa. Możliwe, iż do 2017 roku jeden na pięciu Kanadyjczyków będzie należał do *visible minorities*. Jednocześnie członkowie mniejszości rasowych, podobnie jak niedawni imigranci, pozostaną tak jak obecnie skoncentrowani w wielkich metropoliach kanadyjskich. W przypadku Toronto i Vancouver może to oznaczać, że nawet połowa populacji tych miast będzie „kolorowa".

Warto zauważyć, że mimo rosnącego pluralizmu etnicznego kanadyjskiego społeczeństwa na początku XXI wieku Kanada pozostawała krajem, w którym większość mieszkańców stanowili imigranci i potomkowie imigrantów pochodzenia europejskiego. Od czasu zmian w kanadyjskiej polityce imigracyjnej w latach 60. XX wieku osoby pochodzenia brytyjskiego i francuskiego stanowią stale po ok. 26–28% członków kanadyjskiego społeczeństwa, choć w ostatnich latach ich udział zmniejsza się na rzecz wzrastającego odsetka osób deklarujących w spisach powszechnych kanadyjskie

---

[12] W latach 2000–2001 współczynnik dzietności dla kobiety należącej do mniejszości rasowej wyniósł 1,7 dziecka, a dla kobiety białej 1,5 (Bélanger, Malenfant 2005:21).

pochodzenie etniczne. W okresie tym zmieniał się natomiast skład etniczny i rasowy „trzeciej siły" (*third force*), tzn. imigrantów z innych krajów niż Wielka Brytania i Francja – wzrastał w niej udział osób pochodzenia poza-europejskiego. Kanadyjski badacz Peter Li (2000:8) zauważa, że zróżnico-wanie etniczne stało się zatem bardziej zauważalne od lat 80. nie na skutek zwiększenia się liczebności trzeciej siły wśród ogółu populacji, ale na sku-tek zwiększenia się udziału mniejszości rasowych w ramach trzeciej siły, co doprowadziło do powstania wrażenia, iż coraz większe staje się kulturowe zróżnicowanie społeczeństwa. Wrażenie to pogłębia fakt, że większość nie-dawnych imigrantów koncentruje się w wielkich kanadyjskich metropo-liach, takich jak Toronto. Pomimo wzrastającej liczby imigrantów z krajów azjatyckich i afrykańskich, na początku XXI wieku społeczeństwo kanadyj-skie (zwłaszcza ta jego część, która mieszka poza wielkimi miastami) po-zostawało nadal społeczeństwem składającym się w przeważającej więk-szości z osób o pochodzeniu brytyjskim, francuskim i innym europejskim.

1.3. Polityka Kanady wobec imigrantów

Polityka wielokulturowości

Różnorodność rasowa i etniczna nie jest niczym wyjątkowym w historii ludzkich społeczności. Społeczeństwa homogeniczne kulturowo należą wręcz do wyjątków (Bokszański 2005:97), a większość współczesnych państw-narodów to społeczeństwa pluralistyczne, zawierające w swoich granicach niekiedy liczne odmienne grupy kulturowe. Społeczeństwami pluralistycznymi są obok Kanady największe kraje, takie jak: Indie, Rosja, Chiny, Stany Zjednoczone, Australia, a także większość krajów w Azji, Afryce czy Ameryce Środkowej i Południowej. Charakter do tej pory homogenicz-nych narodowościowo krajów zmieniają ponadto nasilające się migracje międzynarodowe (Kubiak 1999:220).

Kanada była jednak pierwszym krajem na świecie, który wprowadził idee pluralizmu kulturowego do swojej polityki społecznej, ogłaszając w 1971 roku oficjalną politykę wielokulturowości. Politykę tę postrzegać można jako część polityki integracyjnej Kanady, tworzącą istotny element kontekstu przyjmowa-nia imigrantów w tym kraju.

Warto w tym miejscu zauważyć, że – jak wspomniano wcześniej – uregulo-wania z zakresu polityki integracyjnej tworzą warunki uczestnictwa imigran-tów we wspólnocie obywatelskiej w wymiarze politycznym, ekonomicznym i kulturowym (Weinar 2005). Wymiar polityczny czy też prawny odnosi się do zasadniczego pytania, czy imigranci postrzegani są jako pełnopraw-ni członkowie wspólnoty politycznej – jak łatwo bądź trudno jest im uzyskać obywatelstwo, bierne i czynne prawo wyborcze, czy mają dostęp do systemu politycznego itp. W wymiarze socjoekonomicznym obejmuje posiadanie praw socjalnych i ekonomicznych, m.in. prawa do pracy na takich samych zasadach jak reszta społeczeństwa, dostępu do zabezpieczeń społecznych funkcjonujących w danym systemie (zasiłków dla bezrobotnych, ubezpieczenia, pomocy społecznej itp.). Wymiar trzeci, kulturowy, odnosi się do praw kulturowych i religijnych imigrantów – czy mają oni prawo do organizowania się i manifestowania swojej odrębności jako grupy kulturowe, etniczne czy religijne, czy są uznawani i traktowani jak inne grupy oraz czy mogą korzystać z tych samych udogodnień (Penninx 2004:6–7).

Polityka poszczególnych państw różni się w zakresie dopuszczania imigrantów do poszczególnych sfer życia społecznego, zwykle dość selektywnie przyznając imigrantom różnorodne prawa. Na przykład mogą je zyskiwać w sferze ekonomicznej i kulturowej, ale nie prawnej. Imigranci bowiem nie są pełnoprawnymi obywatelami i oczekuje się, że za jakiś czas wrócą do swoich krajów, jak w przypadku polityki państw zachodnioeuropejskich po II wojnie światowej wobec tzw. pracowników-gości (*guestworkers*). Całkowicie odmienna sytuacja panuje pod tym względem w tzw. tradycyjnych krajach imigracyjnych, takich jak Australia, Kanada i Stany Zjednoczone, w których imigranci mogą stosunkowo łatwo zostać formalnymi członkami wspólnoty politycznej i nie wymaga się od nich, by porzucili własną kulturę; przeciwnie, niejednokrotnie wspiera się ich w jej pielęgnowaniu. Za pomocą różnorodnych instrumentów struktury państwowe wspierają ponadto imigrantów w procesach adaptacji (np. w postaci bezpłatnych kursów nauki języka w Kanadzie).

Warto jednak zauważyć, że praktycznie do lat 60. XX wieku kanadyjską politykę wobec imigrantów określić można mianem polityki asymilacyjnej, zorientowanej na budowę homogenicznego społeczeństwa opartego na wzorach brytyjskich (Driedger, Halli 2000; Frideres 2005; Dewing, Leman 2006). Kanada w sensie symbolicznym i kulturowym miała stanowić replikę społeczeństwa brytyjskiego. Instytucje polityczne, ekonomiczne i społeczne tworzone były na wzór instytucji brytyjskich. Praktycznie do 1947 roku, w którym weszła w życie *Canadian Citizenship Act* (Ustawa o Obywatelstwie Kanadyjskim), mieszkańcy Kanady byli formalnie obywatelami brytyjskimi, a wiele symboli potwierdzało brytyjskość anglojęzycznej części kraju. Od imigrantów oczekiwano przyjęcia kanonu kulturowego wprowadzonego przez założycieli państwa[13].

Podejście społeczeństwa kanadyjskiego do imigrantów pomimo liberalizacji prawa imigracyjnego po II wojnie światowej pozostawało takie samo

---

[13] Obok anglokonformizmu funkcjonowała też, przede wszystkim w Quebecu, ideologia frankofonów.

jak przed nią i na przełomie wieków: byli postrzegani jako niewykwalifikowana siła robocza, którą należało ucywilizować według anglosaskich wzorów. Jednocześnie społeczeństwo kanadyjskie, będące już wówczas mozaiką różnych narodowości, trafniej opisywała metafora „wertykalnej mozaiki", wprowadzona przez Johna Portera w jego słynnej książce z 1965 roku, opisująca strukturę społeczną Kanady. W strukturze tej część społeczeństwa, zwłaszcza pochodzenia brytyjskiego, była pod wieloma względami (m.in. dochodu, wykształcenia i edukacji) znacznie bardziej uprzywilejowana niż pozostała jego część, zwłaszcza pochodzenia wschodnio- oraz środkowo-europejskiego. Do najbardziej upośledzonych należeli natomiast przedstawiciele ludności rdzennej (zob. rozdział piąty).

Dopiero przeobrażenia zachodzące na arenie międzynarodowej oraz w społeczeństwie kanadyjskim, zwłaszcza w latach 60., doprowadziły do stopniowej rezygnacji z polityki asymilacji i zmiany oceny imigrantów w społeczeństwie kanadyjskim. W polityce wewnętrznej zmianę wymusiły rosnące dążenia do autonomii ze strony ludności autochtonicznej, przybierający na sile nacjonalizm Quebecu[14] oraz narastające żądania ze strony innych grup etnicznych, zmierzające do uznania ich wkładu i miejsca w życiu społecznym Kanady (Dewing, Leman 2006). Poszukiwanie przeciwwagi dla konfliktowych relacji między obydwiema grupami założycielskimi zaowocowało dostrzeżeniem innych grup etnicznych (tzw. trzeciej siły społeczeństwa Kanady) (Kijewska-Trembecka 1994:125). W 1971 roku premier Kanady Pierre Elliot Trudeau ogłosił przyjęcie polityki wielokulturowości, zapoczątkowując tym samym zmianę w podejściu do kwestii integracji imigrantów. Zgodnie z oficjalną deklaracją celem polityki wielokulturowości miało być wspieranie grup kulturowych w zachowaniu przez nie i pielęgnowaniu swojej tożsamości oraz w pokonywaniu barier na drodze do pełnego uczestnictwa w życiu społecznym, „promowanie kreatywnej wymiany" między wszystkimi grupami kulturowymi w Kanadzie oraz wspieranie imigrantów w nauce co najmniej jednego języka oficjalnego (Anderson, Frideres 1981). Kilkanaście lat później (w 1988) parlament kanadyjski przyjął *Multiculturalism Act* (Ustawa o Wielokulturowości). Kanada stała się tym samym pierwszym na świecie krajem, który wprowadził tego rodzaju legislację.

Od czasu ogłoszenia w 1971 roku polityka wielokulturowości przeszła znamienną ewolucję (Dewing, Leman 2006). Jej przeobrażenia na prze-

---

[14] W latach 1960–1966 w Quebecu miała miejsce tzw. spokojna rewolucja. W jej trakcie przeprowadzono wiele reform społecznych i gospodarczych prowadzących do poprawy sytuacji frankofonów w tej prowincji, której elity ekonomiczne zdominowane były od XIX wieku przez osoby pochodzenia angielskiego i szkockiego. Rezultatem spokojnej rewolucji był także wzrost dążeń do autonomii i uzyskania specjalnego statusu dla Quebecu w ramach federacji kanadyjskiej (Durocher 2006; Linteau 2006).

strzeni lat pokazują, jak zmieniało się podejście do samej różnorodności kulturowej oraz rozumienie źródeł barier i dyskryminacji napotykanych przez imigrantów oraz „kolorowe mniejszości" na drodze do pełnoprawnego uczestnictwa w życiu społecznym. Charakterystyczny dla pierwszej fazy polityki wielokulturowości nacisk na to, aby umożliwić poszczególnym grupom etnicznym (wówczas głównie pochodzenia europejskiego) pielęgnowanie ich tradycji i walczyć ze stereotypami i uprzedzeniami, ustąpił w miarę napływu kolejnych fal „kolorowych" imigrantów trosce o eliminowanie systemowej dyskryminacji, uniemożliwiającej im równoprawny udział w życiu społecznym. W ostatnich latach XX wieku i na początku kolejnego u podstaw polityki wielokulturowości leżało dążenie do budowy społeczeństwa opartego na idei obywatelstwa obejmującego wszystkich Kanadyjczyków, bez względu na pochodzenie (Fleras, Elliott 2002:69).

W ramach polityki wielokulturowości podjęto wiele działań, z których część stanowiły inicjatywy o charakterze edukacyjnym i kulturalnym (np. promujące wiedzę o różnych grupach etnicznych i ich roli w budowaniu kanadyjskiego państwa, takie jak Black History Month organizowany w lutym czy Asian Heritage Month w maju), część natomiast praktyczne rozwiązania mające zapewnić pełny i równy udział mniejszości w strukturach instytucjonalnych (za przykład może posłużyć tzw. pozytywna dyskryminacja, *affirmative action*). Nie bez znaczenia dla budowania poczucia pełnoprawnego obywatelstwa wśród wszystkich mieszkańców Kanady są także symboliczne gesty, takie jak przeprosiny (wraz z wypłatą symbolicznych odszkodowań) przez rząd w czerwcu 2006 roku Kanadyjczyków chińskiego pochodzenia za obowiązujący na przełomie wieków (ponad sto lat wcześniej) podatek od każdego imigranta tej narodowości przybywającego do Kanady (tzw. pogłówne, *Head Tax*; *Annual Report on the Operation...* 2007)[15].

Na marginesie niniejszych rozważań warto zauważyć, że polityka wielokulturowości miała od momentu wprowadzenia wielu krytyków (zob. np. Dewing, Leman 2006; Kymlicka 1998). Argumentowano np., że prowadzi do podziałów społecznych, podkreślając nadmiernie różnice zamiast nacisku na wartości podzielane przez wszystkich Kanadyjczyków. Ceną za otwieranie się na inne kultury miałoby być odrzucenie kultury i symboli kanadyjskich, podważanie spójności społecznej i poczucia wspólnoty (Frideres 2005). Z drugiej strony, polityka wiclokulturowości odrzucana jest także przez bardziej radykalnie nastawionych autorów za swoją powierzchowność i „niebranie różnic na poważnie". Dla nich Kanada pozo-

---

[15] Wykaz innych programów rządowych, grantów itp. inicjatyw wspierających wielokulturowość znaleźć można np. na stronie internetowej kanadyjskiego rządu (*Culture, Heritage and Recreation...* 2007).

staje nadal w dużej mierze monokulturową całością z dorzuconymi gdzie-niegdzie „wielokulturowymi łatkami" (zob. Fleras, Elliott 2002). Polityka wielokulturowości przysłania nierówności strukturalne, problemy imigrantów nie są bowiem związane z kulturą, lecz z barierami na rynku pracy, brakiem uznania dla posiadanych kwalifikacji itp. (Mooers 2005:3). Kolejne fale imigrantów mają np. coraz większe problemy z integracją na rynku pracy (zob. np. Abbott, Beach 1993; Bloom, Grenier, Gunderson 1994; zob. też przegląd innych badań tamże: 19–20; Lewin-Epstein i in., 2003, na podstawie badań z 1996).

Inne inicjatywy wspierające integrację imigrantów

Polityka wielokulturowości nie jest jedyną polityką rządu wpływającą na integrację imigrantów. Celowi temu służy także cały szereg innych inicjatyw rządowych, o charakterze zarówno krótko-, jak i długofalowym, obejmujących m.in. politykę dotyczącą naturalizacji, edukacji oraz zatrudnienia, np. zasady regulujące uzyskiwanie akredytacji zawodowych oraz zatrudnienie w administracji publicznej, ustawodawstwo przeciwdziałające dyskryminacji i chroniące prawa człowieka. Zdaniem niektórych to one właśnie są motorem napędowym integracji, zachęcając, wywierając presję lub nawet prawnie zmuszając imigrantów do integrowania się ze społeczeństwem (Kymlicka 1998). Na polityki dotyczące obywatelstwa, edukacji i zatrudnienia rząd wydaje znacznie więcej środków niż na politykę wielokulturowości.

Kanada wspiera adaptację imigrantów praktycznie od pierwszych dni ich pobytu w tym kraju. Tuż po przyjeździe, a nawet jeszcze przed imigranci mogą uzyskać dostęp do różnych form pomocy i wsparcia (informacje, ale także pożyczki na transport, zamieszkanie itp., zwłaszcza dla osób przyjeżdżających z powodów humanitarnych). Istnieją ponadto różnego typu programy finansowane przez rząd federalny oraz rządy prowincji, w ramach których przeznaczane są środki dla organizacji pomagających przybyszom w zorientowaniu się w kanadyjskim społeczeństwie i uzyskaniu niezbędnych dla nich informacji[16].

Zakres usług oferowanych imigrantom jest niezwykle szeroki: od wsparcia materialnego, przez udzielanie informacji pomagających w zorientowaniu się w nowym otoczeniu, porady o charakterze prawnym, tłumaczenia, kształcenie i pomoc w nauce angielskiego, usługi medyczne, po wsparcie psychologiczne i pomoc w znalezieniu mieszkania i pracy. Niektóre usługi kierowane są do specyficznych grup docelowych, np. do młodzieży, kobiet czy osób starszych (Lim i in., 2005). Na początku XXI wieku w samym To-

---

[16] Więcej informacji znajduje się na stronie ministerstwa (*Ontario* 2007). Zob. też *Annual Report on the Operation...* 2007.

ronto imigrantom pomagało co najmniej 238 różnego typu organizacji, z czego prawie połowa adresowała swoje usługi do przedstawicieli konkretnych grup etnicznych.

Analiza kanadyjskiej polityki wobec imigrantów – zarówno polityki wielokulturowości, jak i innych inicjatyw rządu federalnego oraz władz lokalnych – dowodzi, że na początku XXI wieku kraj ten stwarzał imigrantom bardzo korzystne warunki do osiedlenia, nie tylko w teorii, ale także w praktyce. W Kanadzie spełniony jest przede wszystkim podstawowy warunek do dalszej integracji, czyli możliwość uzyskania w krótkim okresie pełni praw politycznych i obywatelskich. Kanadyjskie ustawodawstwo dotyczące imigracji i naturalizacji jest jednym z najbardziej liberalnych na świecie – imigranci mogą stać się pełnoprawnymi obywatelami już po trzech latach zamieszkiwania w Kanadzie. Podobnie wygląda sytuacja, jeśli chodzi o prawa kulturowe – od imigrantów nie tylko nie oczekuje się porzucenia własnych cech kulturowych, ale aktywnie wspiera się ich w pielęgnowaniu kultury kraju pochodzenia. Imigranci uzyskują ponadto wszechstronną pomoc w przezwyciężeniu trudności adaptacyjnych.

Korzystny wizerunek Kanady jako kraju osiedlenia znajduje potwierdzenie w badaniach przeprowadzonych w latach 2000. Ich analiza wskazuje, że imigranci czuli się w Kanadzie życzliwie przyjmowani, w każdym razie bardziej niż w wielu innych krajach, np. w Stanach Zjednoczonych (Bloemraad 2002). O ich szybkiej identyfikacji z Kanadą świadczą również wysokie – znacznie wyższe niż w innych krajach imigracyjnych – wskaźniki naturalizacji, zwłaszcza wśród przedstawicieli mniejszości rasowych (Tran, Kustec, Chui 2005:11).

Chociaż niektóre spośród innych – poza oficjalną polityką rządu i jego agend – cech kontekstu przyjmowania imigrantów (Reitz 2002:1006) w Kanadzie nie przedstawiały się na początku XXI wieku w korzystnym świetle (takie jak różne cechy rynku pracy oraz system akredytacji zawodowej; zob. np. rozdział piąty), to zarządzanie imigracją oraz różnorodnością kulturową w Kanadzie można uznać za pod wieloma względami modelowe. Obok cech gospodarki (jednej z najzamożniejszych na świecie) oraz geografii sytuowało ją to w gronie potencjalnie najbardziej pożądanych miejsc osiedlenia.

2 | Emigracja z Polski do Kanady i procesy adaptacji: rys historyczny

Wśród wielu grup etnicznych tworzących kanadyjskie społeczeństwo znajdują się także osoby polskiego pochodzenia. Polacy przyjeżdżali do Kanady pojedynczo lub w niewielkich grupach, począwszy od końca XVII wieku, a w większej liczbie zaczęli pojawiać się tu pod koniec XIX wieku. W imigracji z obszarów Polski wyróżnić można kilka fal, z których każda znajdowała się pod wpływem wielu odmiennych uwarunkowań. Klasyczna analiza przepływów migracyjnych między różnymi krajami świata dzieli je ogólnie na dwie grupy czynników: wypychających (*push factors*), występujących w kraju pochodzenia migrantów, oraz przyciągających (*pull factors*), oddziałujących w przyszłym kraju imigracji (Giddens 2004:282; Kołodziej 1982:6).

Na ziemiach polskich do podstawowych okoliczności przyczyniających się do emigracji (w tym także do Kanady) w okresie od XVIII do XX wieku należały uwarunkowania społeczno-ekonomiczne oraz polityczne (Pilch 1976:37). Sytuacja rozbiorowa powodowała zahamowanie rozwoju gospodarczego kraju, co czyniło go przez dziesięciolecia źródłem taniej siły roboczej. Na ubogich i przeludnionych terenach na podatny grunt padała propaganda kanadyjskich urzędników imigracyjnych prowadzących akcje rekrutowania imigrantów w okresie intensywnego rozwoju Kanady i zasiedlania prerii. Także w okresie międzywojennym, już po odzyskaniu niepodległości przez Polskę, wciąż zacofana struktura gospodarcza sprawiała, że utrzymywały się te same co poprzednio czynniki wypychające corocznie dziesiątki, a nawet setki tysięcy osób migrujących za chlebem do zamorskich krajów, w których obiecywano im ziemię i lepsze warunki życia. Po II wojnie światowej utrzymywały się ekonomiczne bodźce do emigracji (choć z różnym natężeniem na różnych etapach funkcjonowania nowo powstałego systemu komunistycznego), dodatkowo jednak dużą rolę odgrywały czynniki polityczne, po raz pierwszy w tak dużym natężeniu od czasu emigracji politycznej wywodzącej się z uczestników powstań narodowych w XIX wieku (Pilch 1976:52).

Obok wspomnianych czynników w przypadku emigracji do Kanady znaczną rolę odgrywały także sieci migracyjne. Niezależnie od przyczyn oddziałujących po stronie kraju przyjmującego raz uruchomiony strumień migracji generował napływ kolejnych przybyszów. Z kolei obecność imigrantów, którzy przyjechali do Kanady wcześniej, nie pozostawała bez wpływu na procesy adaptacji wśród tych, którzy pojawiali się w późniejszych latach. Imigranci tworzyli instytucje i organizacje ułatwiające przystosowanie do nowych warunków wśród kolejnych przybyszów. Zdarzało się jednak, że obecność w Kanadzie Polaków z poprzednich fal, jak i rozpowszechnione w społeczeństwie i nacechowane uprzedzeniami wyobrażenia oraz stereotypy na ich temat okazywały się raczej przeszkodą, niż pomagały w procesach adaptacji.

Te ostatnie okoliczności wskazują na rolę czynników oddziałujących po stronie społeczeństwa przyjmującego na przebieg omawianych procesów. Chłopscy imigranci z Galicji przyjeżdżali na przełomie XIX i XX wieku do społeczeństwa zdominowanego przez Brytyjczyków i ich potomków oraz spotykali się na ogół z niechętnym czy wręcz wrogim przyjęciem. W opierającym się na rolnictwie kraju, jakim była wówczas Kanada, znajdowali zatrudnienie głównie przy zasiedlaniu ziemi i jej uprawie. Prawie sto lat później Polacy imigrujący tu po upadku Solidarności przyjeżdżali do jednego z najbogatszych krajów świata, o gospodarce opartej na wiedzy, którego społeczeństwo charakteryzowało rosnące zróżnicowanie etniczne i kulturowe oraz afirmująca je polityka państwa. Okoliczności te wpływały na strukturę możliwości i szanse awansu w kanadyjskim społeczeństwie.

Ponieważ doświadczenia wcześniejszych imigrantów do Kanady stanowią kontekst, do którego nierzadko odwołują się badani imigranci z lat 80. XX wieku, poniżej przedstawiono w ogólnych zarysach historię napływu z terytorium Polski, eksponując wybrane uwarunkowania migracji po stronie społeczeństwa wysyłającego i przyjmującego oraz przebieg procesów adaptacji uczestników kolejnych fal migracyjnych.

2.1. „Ludzie w baranich skórach" wśród Anglosasów

Jak wspomniano, Polacy przyjeżdżali do Kanady pojedynczo lub w niewielkich grupach od końca XVII wieku (Grabowski 2001b; Reczyńska 1998)[1]. W większej liczbie emigranci z terytorium Polski zaczęli pojawiać się tu w drugiej połowie XIX wieku. Należeli do nich m.in. Kaszubi[2], a także przedstawiciele mniejszości narodowych: Ukraińcy, Białorusini i Żydzi

---

[1] Na temat pionierów polskiej imigracji w Kanadzie, wśród których znajdują się postacie wybitnych inżynierów, polityków itp., zob. m.in. Radecki, Heydenkorn (1976), Turek (1967), Reczyńska (1998, 2006). Obszerniejsze biogramy najwybitniejszych Polaków z tego najwcześniejszego okresu oraz ich potomków zawiera opracowanie Wołodkowicza (1969).

[2] Od 1858 do lat 90. XIX wieku przyjechało do Kanady łącznie ok. 20 tys. Kaszubów. Na temat kanadyjskich Kaszubów pisali m.in. Jost (1976), Szulist (1992) i Borzyszkowski (2004).

(Reczyńska 1986:10). Osób określających się jako Polacy było jednak stosunkowo niewiele – spis powszechny z lat 1890–1891, który po raz pierwszy uwzględniał Polaków jako odrębną grupę, stwierdził co prawda ich obecność w większości prowincji i terytoriów, ich liczba sięgała jednak maksymalnie kilkuset osób w poszczególnych prowincjach (Radecki, Heydenkorn 1976). Imigranci z ziem polskich zaczęli pojawiać się w Kanadzie masowo dopiero na przełomie XIX i XX wieku.

Wiek XIX był okresem zakrojonych na szeroką skalę przeobrażeń społecznych i ekonomicznych w Europie i Ameryce. Europa stała się wówczas areną masowych zaoceanicznych migracji zarobkowych. W szczególności w latach 1870–1914 ekspansja statków parowych i rozwój trakcji kolejowej oraz ich dostępność przyczyniły się do upowszechnienia migracji zarobkowych, w tym zamorskich, wcześniej z przyczyn technologicznych ograniczonych do przemieszczeń na krótsze dystanse. Migracje napędzał rozwój kapitalizmu, agresywna polityka rekrutacyjna realizowana przez Nowy Świat w celu kolonizacji jego przestrzeni, wysoki przyrost liczby ludności w krajach europejskich, a także inne okoliczności oddziałujące w poszczególnych krajach, takie jak katastrofa głodu w Irlandii w 1846 roku (Hoerder 1985; Kołodziej 1982:19; Lucassen, Lucassen 1997; Maryański 1966:17; Morawska 1989; Nugent 1992). Ubogich chłopów przyciągał rozwijający się przemysł w Stanach Zjednoczonych, a także ogromne obszary nadające się dla rolnictwa w Stanach Zjednoczonych, Kanadzie, Brazylii, Argentynie i Australii. Po Europie Zachodniej masowe migracje objęły także obszary kontynentu położone dalej na wschodzie i południu, w tym terytorium Polski, znajdującej się wówczas pod okupacją trzech państw zaborczych. Obszar ten został tym samym wciągnięty w światowy system przepływu siły roboczej (*world labor-supply system*), w którego obrębie z tych peryferyjnych terytoriów miał miejsce drenaż siły roboczej na rzecz wyżej rozwiniętych gospodarek regionu atlantyckiego (Hoerder 1985; Morawska 1989).

W literaturze poświęconej uwarunkowaniom emigracji z terytorium Polski w tym okresie podkreśla się, że Polska pod zaborami była gospodarczo zacofana; brak było rozbudowanego przemysłu, który mógłby wchłonąć nadmiar siły roboczej; następowało szybkie ubożenie posiadaczy niewielkich gospodarstw rolnych. Podział kraju na trzy zabory utrudniał wewnętrzne migracje ludności, rozwój przemysłu hamowały władze państw rozbiorowych, a w zaborze rosyjskim i pruskim szczególnie dotkliwie dawały się odczuć prześladowania na tle narodowościowym (Murzynowska 1972:733). Wszystkie te czynniki przyczyniały się do emigracji, przede wszystkim o charakterze zarobkowym. Do wybuchu I wojny światowej na ogólną liczbę ok. 22 mln mieszkańców trzech zaborów wyemigrowało ok. 3,5 mln osób (13,7% ludności) (Kołodziej 1988).

Emigracja do Kanady rekrutowała się początkowo z Wielkopolski (od lat 90. XIX wieku), a następnie głównie z Galicji. Panująca tu sytuacja społeczno-gospodarcza (wysoki przyrost naturalny, ubóstwo wynikające m.in. z wysokich podatków, zadłużenia i nadmiernego rozdrobnienia gruntów chłopskich; Pilch 1984:256) stanowiła podatny grunt dla agitacji różnorodnych pośredników werbujących do pracy w innych krajach europejskich i zamorskich, przedstawianych nieraz (jak w przypadku Kanady) jako kraje nieograniczonych możliwości, gdzie praca i ziemia dostępna jest dla wszystkich chętnych do osiedlenia się na niej (Radecki, Heydenkorn 1976:26).

Ponadmilionową rzeszą osób, która od ok. 1850 do 1914 roku emigrowała z Galicji (z czego za ocean co najmniej ok. 900 tys.), obok chęci poprawy losu i ucieczki przed nędzą kierowała czasem chęć zdobycia niezależności i przeżycia przygody czy też uchylenia się od obowiązku służby wojskowej (Samulski 1978, 1982; Zięba 1998). Natomiast w miarę upływu czasu zachęcająco działał przykład poprzedników, którzy przecierali emigracyjne ścieżki i uruchamiali strumień migracji łańcuchowych.

Najwięcej osób emigrujących za ocean udawało się do Stanów Zjednoczonych[3], część przyjeżdżała jednak także do Kanady. Okoliczności ich przybycia do tego kraju związane są z budową transkontynentalnej linii kolejowej Canadian Pacific Railway. Pierwszy jej odcinek, łączący miasta nad Atlantykiem z osiedlami położonymi nad Pacyfikiem, ukończono w 1885 roku, a tym samym została otwarta droga do jeszcze bardziej intensywnej niż do tej pory kolonizacji. Obawiając się zakusów z Południa (ze Stanów Zjednoczonych), gdzie ekspansja na Zachód dobiegła końca, rząd federalny dążył do szybkiego zagospodarowania ostatnich w Ameryce Północnej niezajętych dotąd obszarów kanadyjskiej prerii. Ziemie wzdłuż linii kolejowej podzielono na działki i rozpoczęto sprowadzanie osadników z Europy.

„Krzepki wieśniak w kożuchu z owczej wełny" – tymi słowami Clifford Sifton, minister spraw wewnętrznych w rządzie liberałów w latach 1896––1905, odpowiedzialny także za Departament ds. Imigracji, charakteryzował „imigranta pożądanej jakości", dodając, iż imigrant taki powinien być człowiekiem „[...] urodzonym na roli, którego przodkowie byli od wieków rolnikami, z korpulentną żoną i półtuzinem dzieci" (za: Radecki, Heydenkorn 1976). Jak wspomniano w poprzednim rozdziale, na skutek dążenia do zachowania brytyjskiego charakteru Kanady popierano imigrację farmerów głównie anglosaskiego pochodzenia. Rząd popierał także imigrację mieszkańców Stanów Zjednoczonych brytyjskiego pochodzenia, imigrantów pochodzących ze Skandynawii i północno-zachodniej Europy oraz członków niektórych sekt religijnych zajmujących się pracą na roli

---

[3] Na temat masowej emigracji za chlebem do Ameryki do I wojny światowej zob. np. Duda--Dziewierz (1938), Szawlewski (1924), Niemyska (1936) oraz Zawistowicz-Adamska (1958).

(np. mieszkających w Rosji mennonitów). Dopiero po ustaniu imigracji rekrutującej się przeważnie z Europy Zachodniej i Północnej, w atmosferze społecznej niechęci i uprzedzeń zaczęto sprowadzać imigrantów z Europy Środkowej i Wschodniej, nazwanych później „spóźnionymi przybyszami", którzy przyjeżdżali do kraju o strukturze społecznej ukształtowanej przez Brytyjczyków i Francuzów (Maryański 1966:15).

Liczebność polskiej emigracji do Kanady przed I wojną światową szacowana jest na ok. 60 tys. osób, przy czym ogólna liczba emigrantów do tego kraju z terenów Rosji, Austro-Węgier i Prus wyniosła w latach 1900–1915 prawdopodobnie ok. 450 tys. osób; obok Polaków byli wśród nich Ukraińcy i Żydzi z ziem polskich, ale także Węgrzy, Słowacy, Czesi, Litwini, Białorusini, Rosjanie i Niemcy (Reczyńska 1986:17)[4]. Przeważającą większość przybyszów stanowili ubodzy małorolni chłopi, robotnicy rolni lub synowie rolników, wysyłani za Ocean w celu zarobienia pieniędzy na zakupienie nowych obszarów gruntu pod uprawę w rodzinnych stronach lub spłacenie zaciągniętych wcześniej długów. Po przyjeździe osiedlali się na preriach wzdłuż linii kolejowej głównie w południowej Manitobie i Albercie, karczując lasy i zakładając farmy na ziemi często gorszej jakości, położonej daleko od linii kolejowej, gdyż najlepsza ziemia była już przeważnie zajęta. Część imigrantów pracowała przy kopaniu kanałów, obróbce drzewa, budowie dróg oraz w kopalniach węgla i minerałów (Radecki, Heydenkorn 1976).

Losy pionierów tego okresu i ich zmagania z trudnymi warunkami życia na kanadyjskim stepie opisał Melchior Wańkowicz w *Tworzywie* (1998). W początkowym okresie osadnikom pomagała możliwość znalezienia dobrze płatnego zajęcia np. u zamożniejszych sąsiadów, w zimie w lasach i tartakach. Pozyskane w ten sposób pieniądze wykorzystywali na dalsze zagospodarowywanie się (Mazurkiewicz b.d.:31).

Polscy osadnicy żyli przeważnie w rozproszeniu, rzadko tworząc większe skupiska. Wiadomo jedynie o nielicznych koloniach z liczebną przewagą Polaków, często osiedlali się oni natomiast w pobliżu swoich sąsiadów ze Starego Kraju, Ukraińców, których było w Kanadzie znacznie więcej (Radecki, Heydenkorn 1976:190). Obie grupy miały podobny status społeczny i taki sam rodowód, zarówno jeśli chodzi o czas imigracji do Kanady, jak i miejsce pochodzenia – wschodnie starostwa austriackiej Galicji, obszaru zróżnicowanego narodowościowo, o dużej liczbie małżeństw mieszanych, którego ludność charakteryzowała się prenarodową czy też hybrydalną świadomością

---

[4] Na temat trudności związanych z oszacowaniem liczby emigrantów w tym okresie (związaną m.in. z trudnością określenia przynależności narodowej przez samych migrujących, migracjami powrotnymi oraz traktowaniem Kanady przez niektórych migrujących jako stacji przesiadkowej do Stanów Zjednoczonych) zob. Łepkowski (1976), Murzynowska (1972:739), Radecki, Heydenkorn (1976:3–4), Reczyńska (1986).

narodową (Łepkowski 1976; Zięba 1996, 1998:125). Mieszkając przez wieki w bliskim sąsiedztwie w Galicji, imigranci także w Kanadzie wybierali wspólne miejsce zamieszkania. Dotyczyło to także tych polskich osadników, którzy nie pochodzili z Galicji, nie mogąc jednak znaleźć polskiego sąsiedztwa, szukali przynajmniej ukraińskiego (Zięba 1998:132).

Kulturowa bliskość ułatwiała małżeństwa mieszane, na ogół rzadkie z członkami innych grup narodowościowych zarówno wśród kanadyjskich Polaków, jak i Ukraińców. Z czasem Polacy asymilowali się coraz bardziej do grupy ukraińskiej także pod względem językowym – język ukraiński nie był im obcy lub nawet byli już językowo zukrainizowani w Galicji; język ten zaszczepiała także dwujęzyczna szkoła, prowadzona zgodnie z wolą większości mieszkańców danego okręgu, czyli prawie zawsze ukraińska. Procesowi ukrainizacji sprzyjało wspólne postrzeganie przez opinię kanadyjską Polaków i Ukraińców, określanych wręcz czasem wspólnym mianem „Galicjan", a co najmniej tak samo traktowanych[5] (Matejko, Matejko 1975; Zięba 1998:126).

Znajdując się w obcym otoczeniu, bez znajomości języka i kultury mieszkającej tu już ludności, osadnicy dążyli do odtworzenia przynajmniej niektórych elementów środowiska społecznego znanych z ojczyzny. Były wśród nich parafie[6], których zakładanie – obok organizowania samopomocy w razie wypadku lub kalectwa – było jednym z pierwszych ich przedsięwzięć po osiedleniu się (zob. np. Walewander 1992–1993). Z Kościołem katolickim związane są również początki zorganizowanego życia polskich imigrantów w Kanadzie. Księża zajmowali się nie tylko sprawowaniem kultu, ale pośredniczyli także między imigrantami i władzami, byli tłumaczami i pomagali w prowadzeniu korespondencji; niejednokrotnie służyli radą także w sprawach gospodarczych (Matejko, Matejko 1975:18; Mazurkiewicz b.d.:71). Ponadto w epoce poprzedzającej wprowadzenie szkolnictwa powszechnego szkoły funkcjonujące przy parafiach oferowały możliwości kształcenia (Hirschman 2004:1225).

Podobnie jak w przypadku innych grup etnicznych, różnego rodzaju organizacje etniczne pełniły funkcję pośrednika między zbiorowością imigrantów a kanadyjskim społeczeństwem, ułatwiając procesy przystosowania.

---

[5] Stosunki między obiema grupami w Kanadzie układały się dość harmonijnie aż do wybuchu I wojny światowej. W późniejszym okresie uległy przejściowemu pogorszeniu pod wpływem wydarzeń w Polsce (wojna polsko-ukraińska o granice, polityka II Rzeczpospolitej wobec mniejszości narodowych, w tym ukraińskiej) (Kołodziej 1991:237; Zięba 1998:132).

[6] Z wymienionych względów wspomniany już M. Wańkowicz określił chłopskich imigrantów z przełomu wieków mianem „budowniczych kościołów". Drugą falę polskiej imigracji z okresu międzywojennego nazwał „budowniczymi organizacji", a przedstawicieli imigracji powojennej „budowniczymi życia polskiej zbiorowości" (*community life builders*) (za: Głogowski 1985:97).

Obok kościołów i parafii szczególną rolę odgrywały tu zwłaszcza koopera-
tywy o charakterze ekonomicznym (Cujes 1968). Działając w gronie rodaków, imigranci mieli możliwość posługiwania się zrozumiałym dla siebie
językiem i funkcjonowania na podstawie znanych sobie zasad. Polepszając
swoją sytuację materialną, uczestniczyli jednocześnie w szerszych ramach
kanadyjskiej gospodarki. Aktywność w różnego rodzaju organizacjach
stwarzała także imigrantom z wyższych warstw społecznych możliwość
uzyskania specjalnego statusu w ramach własnej grupy etnicznej, z reguły wyższego niż w kanadyjskim społeczeństwie, w którym byli odrzucani,
zbliżonego natomiast do tego, którym cieszyli się w kraju pochodzenia.

Masowej słowiańskiej imigracji chłopskiej przełomu XIX i XX wieku towa-
rzyszyła atmosfera społecznej niechęci i uprzedzeń, która utrzymywała się
także w okresie międzywojennym. Negatywne stereotypy były powszechne, a wiedza o imigrantach polskich i ukraińskich, ich języku i kulturze była
wśród Kanadyjczyków bardzo uboga (Grześkowiak 1977:67). Galicjanie,
zwani też „ludźmi w baranich skórach", szokowali dziwacznymi obyczajami
i wyglądem. Niechęć i odrazę budziły niedbałość ubrania i mieszkania, upo-
dobania kulinarne (np. zsiadłe mleko spożywane przez imigrantów ucho-
dziło za mleko zepsute), a także niski status kobiet, młody wiek zamąż-
pójścia oraz brak umiejętności pisania i czytania w jakimkolwiek języku.
Gazeta „Kingston News" (Ontario) w 1899 roku pisała o chłopach z Galicji:

> Żyją jak zwierzęta. Indianie z Northwest są dziesięciokrotnie wyżsi od nich.
> Ich obyczaje są niesamowicie wstrętne i referowanie ich nie nadaje się do pub-
> likacji. Wszyscy wokół osadnicy z Northwest czują do nich wstręt (za: Grześko-
> wiak 1977: 67).

Stałym tematem w prasie były też bójki i pijaństwo na polskich i ukraińskich
weselach, chrzcinach i innych uroczystościach rodzinnych (np. w 1909 roku
tytuł w gazecie wydawanej w Ottawie głosił: „Oszaleli z pijaństwa Galicjanie walczyli na ulicach Winnipegu jak demony"; Grześkowiak 1977:68).
Wizerunek imigrantów malowany w publikacjach prasowych był ogólnie
bardzo nieprzychylny. Przypisywano im także wysoki poziom przestępczości, co nie znajdowało jednak potwierdzenia w statystykach (Matejko, Matejko 1975:27).

Dostrzegano co prawda użyteczność ekonomiczną imigrantów, czasem
także pracowitość i oszczędność, pojawiały się jednak obawy, że nieznający
politycznych i społecznych instytucji anglosaskich Słowianie „obniżą poziom cywilizacji anglosaskiej w zakresie prawa i porządku oraz samorzą-
du". Niektórzy publicyści widzieli wręcz w ich napływie zagrożenie dla całej cywilizacji zachodniej i niebezpieczeństwo przejęcia przez nich władzy
w przyszłości. Z kolei protestanccy duchowni obawiali się licznego napływu katolików, będących potencjalnym zagrożeniem dla – utożsamianych

z trzonem anglosaskiej kultury – wartości i ideałów protestanckich (Romaniszyn 1991:18). Antyimigranckie nastroje wykorzystywali politycy konserwatywni, strasząc perspektywą upadku anglosaskiej kultury, zagrożonej przez dzikie i niecywilizowane „pieszczochy Siftona" i „szumowiny Europy", oraz tocząc zażartą kampanię przeciw dalszej imigracji i przyznawaniu praw obywatelskich imigrantom osadzonym już na stepach. Uważano Słowian za wyjątkowo opornych na asymilację oraz spodziewano się trudności z nauczaniem i wychowaniem obcych kulturowo dzieci imigrantów, choć jednocześnie podejmowano akcje edukacyjne, socjalne i inne, kierowane zwłaszcza przez instytucje wyznaniowe, zmierzające do zasymilowania najmłodszego pokolenia imigrantów (Zięba 1998; Grześkowiak 1977)[7].

2.2. Imigracja w okresie międzywojennym[8]

W następstwie wybuchu I wojny światowej imigracja do Kanady, także z terytoriów Polski, została zahamowana. Wybuch wojny sprawił, że Kanada zaczęła traktować imigrantów z Austro-Węgier jako obywateli wrogiego państwa, proces naturalizacyjny został wstrzymany, a ich prawa wyborcze zawieszone. Wielu imigrantów internowano, utrudniano im nawet podjęcie pracy zarobkowej (Grześkowiak 1977; Zięba 1998:103). Już jednak w 1919 roku proces wyjazdów został wznowiony i nasilił się zwłaszcza w latach 20., trwając aż do wielkiego kryzysu w kolejnej dekadzie.

W okresie międzywojennym czynniki przyczyniające się do emigracji z Polski i cechy społeczne samych imigrantów były podobne jak w poprzednim okresie. Emigracja miała głównie charakter zarobkowy, stymulowany niekorzystną sytuacją gospodarczą. Przyczyniały się do niej m.in. rolniczy charakter państwa, co w Europie tego okresu było już anachronizmem (Nałęcz 1995:550), a także struktura własności w rolnictwie (przewaga liczebna gospodarstw karłowatych i drobnych działek chłopskich), która w połączeniu z dużym odsetkiem ludności bezrolnej oraz wysokim przyrostem naturalnym prowadziła do dużego przeludnienia na wsi – *de facto* ukrytego bezrobocia, narastającego w szybkim tempie (w połowie lat 20. liczbę osób zbędnych na wsi szacowano na 4 mln; Janowska 1984:329).

Zacofanie gospodarcze Polski sprawiło, iż podobnie jak przed wojną stała się ona rezerwuarem taniej siły roboczej, która kierowała się do róż-

---

[7] Więcej na temat m.in. sporów wokół imigracji słowiańskiej w tym okresie i wizerunku imigrantów w prasie zob. Albański (2013).

[8] Mimo wielu podobieństw do poprzedniej fali imigracji z ziem polskich niektórzy badacze wyróżniają imigrację tego okresu jako odrębną, np. Radecki, Heydenkorn (1976) oraz Reczyńska (1986).

nych krajów na kilku kontynentach (Pilch 1976:37). Emigracji w tym okresie sprzyjała przy tym polityka państwa polskiego, które widziało w niej sposób na rozwiązanie palących problemów społeczno-ekonomicznych (Janowska 1984:363; Kołodziej 1982; Pilch 1984).

Mimo istnienia dużej gotowości do wyjazdów (potencjału emigracyjnego) i sprzyjającej polityki władz emigracja okresu międzywojennego nie była tak liczna jak przed I wojną światową. O rozmiarach wychodźstwa decydowała bowiem przede wszystkim polityka krajów imigracyjnych (Tomaszewski 1976) – wiele państw, do których dotychczas emigrowali Polacy, wprowadziło w tym okresie różnego rodzaju ograniczenia i restrykcje (m.in. Stany Zjednoczone; Brożek 1984:132). Ocenia się, że w latach 1919–1938 wyemigrowały z Polski ponad 2 mln osób (Kołodziej 1988), obok osób narodowości polskiej także spora liczba przedstawicieli mniejszości narodowych. Emigranci udawali się głównie do krajów europejskich (ponad 60% ogółu emigrujących), przede wszystkim do Francji i Niemiec, natomiast ok. 40% emigrowało do krajów zamorskich, przede wszystkim Stanów Zjednoczonych, Argentyny oraz Kanady (w latach 1918–1939 wyemigrowało do krajów zamorskich w sumie prawie 800 tys. mieszkańców Polski)[9]. Do Kanady emigrowało od kilku do maksymalnie ok. 15% (w 1927) ogółu emigrantów; zahamowanie napływu przyniosły zwłaszcza lata wielkiego kryzysu z początku lat 30. W latach 1926–1930 emigracja do tego kraju stanowiła w różnych latach od 30 do 40% całej emigracji zamorskiej, jednak w okresie międzywojennym przeważnie nie przekraczała 10% (Reczyńska 1986).

Według danych polskiego Ministerstwa Spraw Zagranicznych w latach 1920–1938 do Kanady wyjechały z ziem polskich 143 543 osoby. Największy napływ miał miejsce w czasie pięciu lat obowiązywania umowy podpisanej w 1925 roku przez rząd Kanady z liniami kolejowymi, które sprowadzały osadników i robotników rolnych do zagospodarowywania prerii. W późniejszych latach, w dużej mierze w wyniku kryzysu gospodarczego, liczba polskiej imigracji spadła do kilkuset osób rocznie i została całkowicie zahamowana przez wybuch II wojny światowej. Większość emigrantów rekrutowała się z rejonów południowo-wschodniej Polski. Spośród ogólnej liczby osób, które wyemigrowały z ziem polskich do Kanady w okresie międzywojennym, Polacy stanowili jedynie 30%. Większość (ponad 40%) stanowili Ukraińcy, którzy mieli dłuższą tradycję emigracji do tego kraju i ośrodki powstałe jeszcze przed I wojną. Pozostali emigrujący z Polski

---

[9] Emigracja zamorska miała zwykle charakter osiedleńczy, natomiast emigracja do krajów Europy Zachodniej była głównie emigracją okresową, zarobkową, i stanowiła dominującą formę migracji z ziem polskich do końca okresu międzywojennego (Okólski 1994:35).

do Kanady to Żydzi (14%), Niemcy (7,8%) i Białorusini (7,4%) (Reczyńska 1986).

Mimo iż najsilniejszym magnesem przyciągającym imigrantów były Stany Zjednoczone[10] – północnoamerykańska ziemia obiecana – już wówczas funkcjonował zrodzony na fali wcześniejszych wyjazdów mit związany z Kanadą. Pod wpływem listów i przesyłek pieniężnych przychodzących zza oceanu, wizyt krewnych czy sąsiadów, którzy przyjeżdżali na wizytę albo wracali wzbogaceni w rodzinne strony, powstawał niezwykle pozytywny obraz, mający nierzadko niewiele wspólnego z rzeczywistością, który podkreślał głównie korzyści płynące z emigracji (Reczyńska 1986:25).

Imigranci byli w przeważającej mierze mieszkańcami wsi i – przynajmniej początkowo – poszukiwali pracy na roli. W okresie międzywojennym Kanada przyjęła obok Paragwaju największy odsetek ludności rolniczej spośród wszystkich strumieni emigracji stałej z ziem polskich tego okresu (Pilch 1976:44). Kraj ten przyciągał potencjalnych imigrantów perspektywą znalezienia zatrudnienia w rolnictwie i uzyskania własnego gospodarstwa, gdzie indziej niemożliwą już praktycznie do zrealizowania (z wyjątkiem państw Ameryki Łacińskiej). Stosunkowo licznie reprezentowane wśród polskich imigrantów były także kobiety sprowadzane w charakterze służby domowej, spośród których część – zgodnie z istniejącym planem zatrudnienia – również miała podjąć pracę w rodzinach farmerskich.

Wielki kryzys położył na długie lata kres imigracji z Polski do Kanady. Na początku lat 30. Kanada zawiesiła imigrację zbiorową prowadzoną za pośrednictwem wielkich spółek kolejowych. Wydawano jedynie indywidualne zezwolenia na imigrację najbliższej rodzinie imigrantów już przebywających w Kanadzie i osadnikom rolnym mającym dostateczne kwalifikacje zawodowe oraz środki materialne na zakup i prowadzenie farmy. Niezależnie od zezwolenia każdy osadnik musiał mieć także kwotę pokazową (*landing money*) w wysokości ok. 200 dolarów kanadyjskich na osobę (Janowska 1984:387). Przedłużający się w Kanadzie poza rok 1936 kryzys ekonomiczny sprawił, że ograniczenia imigracyjne zostały utrzymane praktycznie do końca okresu międzywojennego (Brożek 1984:138).

---

[10] Po wprowadzeniu przez Stany Zjednoczone restrykcji imigracyjnych w 1921 i dalszych w 1924 r. bardzo często próbowano obejść przepisy przez przyjazd do Kanady, licząc na to, że łatwiej będzie stąd dostać się do Stanów Zjednoczonych, co często okazywało się jednak niemożliwe (Brożek 1984:132). W Stanach Zjednoczonych wprowadzono wówczas system kwotowy, który przewidywał ograniczenie imigracji do 3%, a potem 2% struktury mieszkańców według miejsca pochodzenia w spisie z 1910 r.

2.3. Imigracja do Kanady w czasie II wojny światowej i w okresie powojennym

W okresie II wojny światowej Kanada przyjęła ok. 800 polskich uchodźców (wśród których znajdowały się rodziny wysokich urzędników państwowych) oraz ponad 600 techników, inżynierów i specjalistów przemysłu zbrojeniowego (Reczyńska 2001:35). Przyznano im jedynie prawo pobytu czasowego, jednak zmiany polityczne w Polsce po zakończeniu wojny sprawiły, że większość z nich pozostała w Kanadzie w charakterze imigrantów. Wyjazd bezpośrednio z Polski stał się w tym okresie praktycznie niemożliwy. Po zakończeniu powojennych reemigracji, repatriacji oraz przesiedleń z ZSRR, przeprowadzanych na podstawie odpowiednich umów międzynarodowych, na przełomie lat 40. i 50. nastąpiło tzw. Wielkie Zamknięcie, stanowiące punkt zwrotny w historii polskich migracji i mobilności zagranicznej (Stola 2001:65). Nałożono wówczas bezprecedensowe restrykcje na wyjazdy zagraniczne, które niemal całkowicie zanikły na kilka lat do czasów odwilży w 1954 roku. Wielkie Zamknięcie stanowiło część ogólniejszego procesu przebudowy Polski na modłę sowiecką i tworzenia porządku totalitarnego.

Zakończenie II wojny światowej zastało poza granicami kraju znaczną liczbę Polaków oraz obywateli polskich, przedstawicieli grup mniejszościowych zamieszkujących Polskę w granicach sprzed 1 września 1939 roku (Łuczak 1984:483). Było ich ok. 4 mln, z czego ponad pół miliona stanowili żołnierze w Polskich Siłach Zbrojnych na Zachodzie oraz w Wehrmachcie (Kersten 1974:81). Przebywali oni w Niemczech, Austrii i innych krajach. Część spośród zakwalifikowanych do grupy *displaced persons* i przebywających w obozach dla uchodźców obywateli polskich zdecydowała się wrócić do kraju (ok. 2,4 mln osób w latach 1945–1950), część jednak wybrała emigrację w obliczu wieści o rewolucyjnych przemianach w kraju i niepewności co do charakteru tych zmian (Pilch, Zgórniak 1984:497). W miarę narastania atmosfery zimnej wojny administratorzy obozów dla uchodźców (władze UNRRA i później IRO) coraz rzadziej też zachęcały polskich dipisów do repatriacji do kraju i – nie będąc w stanie sprawować nad nimi opieki na dotychczasową skalę – poszukiwały możliwości rozmieszczenia uchodźców w różnych krajach świata. Kanada była jednym z kilku państw (obok m.in. Wielkiej Brytanii, Francji i kilku krajów południowoamerykańskich), z którymi podpisano odpowiednie porozumienie w sprawie przyjęcia m.in. Polaków.

Pod koniec 1946 roku Kanada przyjęła pierwszą grupę byłych żołnierzy polskich z Włoch i Europy Zachodniej (Reczyńska 2001:35). Praktycznie do 1952 przyjmowano nadal zdemobilizowanych żołnierzy, byłych jeńców i więźniów oraz innych, którzy wybrali emigrację zamiast powrotu do rządzonej przez komunistów Polski. Szacuje się, że fala ta objęła łącznie ok. 55 tys. osób, reprezentujących niemal wszystkie grupy społeczne, przy czym ok. 20% miało wysokie kwalifikacje zawodowe oraz średnie lub wyższe wykształcenie.

Utrzymująca się w Kanadzie po wojnie dobra koniunktura gospodarcza oraz zapotrzebowanie na pracowników fizycznych o niskich kwalifikacjach w rolnictwie, przemyśle, górnictwie oraz leśnictwie sprawiły, że polskich weteranów i uchodźców kierowano głównie do tego typu pracy, na zasadzie obowiązkowych dwuletnich lub rocznych kontraktów. W historiach życia emigrantów tego okresu przewija się niejednokrotnie wątek rozczarowania i rozgoryczenia – uczuć powszechnych wśród byłych żołnierzy zmuszonych do ciężkiej pracy na odizolowanych od świata farmach, odseparowanych od rodzin, przyjaciół i znajomych, często wyzyskiwanych i cierpiących upokorzenie i dyskryminację (Ziółkowska 1984). Po odpracowaniu obowiązkowych kontraktów wielu weteranów opuszczało farmy i udawało się do miast, m.in. do Toronto.

W połowie lat 50. polskie przepisy dotyczące emigracji zostały zmodyfikowane lub złagodzone. W rezultacie stopniowo zwiększała się liczba polskich imigrantów przyjeżdżających do Kanady bezpośrednio z Polski. Według statystyk kanadyjskich w latach 1953–1971 Kanada przyjęła ok. 55 tys. Polaków, a do 1980 kolejne 8 tys. (Reczyńska 2001:35).

Większość polskich imigrantów okresu powojennego osiedlała się w Toronto oraz w południowym Ontario; nieco mniej osób udawało się do Kolumbii Brytyjskiej. Przed wojną i tuż po jej zakończeniu intensywnie rozwijający się w Ontario przemysł, który oferował możliwość pracy i lepszych niż gdzie indziej wynagrodzeń, był magnesem przyciągającym pracowników z całej Kanady (Kogler 1985). Należała do nich także część polskich weteranów, którzy zdążyli już odpracować obowiązkowe dwuletnie kontrakty. Jeśli przed II wojną światową ok. 60% osób wyłącznie polskiego pochodzenia (*single responses*) zamieszkiwało na preriach, 30% w Ontario, 7% w Quebecu, a 3% w Kolumbii Brytyjskiej, to w 1981 roku w Ontario mieszkała ich już ponad połowa, w prowincjach preryjnych mniej więcej jedna trzecia, 10% w Kolumbii Brytyjskiej, a w Quebecu 8%.

Samo Toronto, gdzie osiedlało się wielu polskich imigrantów, było po wojnie stosunkowo niewielkim, zdominowanym przez Anglosasów miastem, nieprzypominającym w niczym dzisiejszej wielokulturowej metropolii. Pod koniec lat 50. oraz w latach 60. miasto to zaczęło się jednak coraz bardziej rozrastać. Rozwijający się przemysł wytwarzał olbrzymie zapotrzebowanie na siłę roboczą do pracy przy budowie mieszkań oraz miejskiej infrastruktury (Troper 2000:12). Zapotrzebowaniu temu – podobnie jak w innych regionach Kanady – nie byli w stanie sprostać rodzimi pracownicy, dlatego też sprowadzano imigrantów z coraz to nowych krajów, także tych dotychczas niepreferowanych – Włochów, Greków, Portugalczyków i innych. Europejczycy z Południa i ze Wschodu kontynentu zmieniali oblicze kulturowe i religijne Toronto, doprowadzając do ożywienia istniejących zbiorowości etnicznych. Wiele z nich skupiało się w poszczególnych dzielnicach miasta i charakteryzowało znaczną „kompletnością instytucjonalną" (określenie Bretona, 1964)[11]. Polscy imigranci osiedlali się licznie w okolicach ulicy Roncesvalles, gdzie funkcjonowało wiele instytucji założonych jeszcze przez przedstawicieli fali imigracyjnej z międzywojnia.

Imigranci polscy okresu powojennego różnili się od tych z poprzednich fal znacznie większym udziałem osób o wyższym poziomie wykształcenia i kwalifikacji zawodowych. Pomimo trudnego startu wielu zrobiło w Kanadzie kariery i znalazło pracę w dużych firmach w przemyśle węglowym, energetyce i innych działach gospodarki. Z pokolenia emigracji niepodległościowej wywodziło się ponadto wielu pisarzy, poetów i ludzi sztuki (Kryszak 2003; Pawlowski 1985; Wołodkowicz 1969).

Fala emigracji powojennej odegrała też bardzo dużą rolę w życiu organizacyjnym polskiej zbiorowości w Kanadzie, w tym w Toronto, tworząc wiele nowych instytucji i organizacji bądź też zasilając szeregi już istniejących[12]. Najważniejszą spośród nich był utworzony w 1944 roku w Toronto Kongres Polonii Kanadyjskiej, organizacja będąca federacją większości wielu mniejszych organizacji, o której warto wspomnieć z uwagi na rolę, jaką później odegrała w odniesieniu do fali imigracji polskiej z lat 80. (zob. dalej). W okresie powojennym Kongres odgrywał aktywną rolę w życiu polskiej zbiorowości w Kanadzie przez swoją działalność charytatywną i kulturalną. W 1956 roku przy Kongresie powstał np. Kanadyjsko-Polski Instytut Badawczy, który przyczynił się do wydaniu wielu publikacji dokumentujących historię polskiej zbiorowości w Kanadzie[13]. Konsekwentnie przeciwny jakimkolwiek kontaktom z komunistycznymi władzami, Kongres Polonii Kanadyjskiej od początku też próbował wpływać na politykę władz Kanady dotyczącą tej zbiorowości, jak również na politykę dotyczącą Polski i Polaków. Najwięcej sukcesów na tym polu odnosił, podejmując interwencje

---

[11] R. Breton użył jako pierwszy terminu „kompletność instytucjonalna" dla opisu instytucji równoległych do istniejących w społeczeństwie przyjmującym, tworzonych przez zbiorowości etniczne w nowych warunkach osiedlenia. W pewnym sensie tworzyły one dzięki temu niezależny świat o dużym stopniu niezależności (Breton 1964:193–205).

[12] Więcej na temat struktury organizacyjnej polskiej diaspory żyjącej w Kanadzie, na którą składały się organizacje tworzone przez przedstawicieli każdej fali imigracyjnej do tego kraju, zob. np. Reczyńska (2001:35–43).

[13] Jego kolejnymi prezesami byli Wiktor Turek, Rudolf Kogler oraz Benedykt Heydenkorn, autorzy bądź redaktorzy wielokrotnie przywoływanych tutaj prac na temat polskich imigrantów w Kanadzie.

w sprawach dotyczących przyjmowania imigrantów. W pierwszej połowie lat 80. Kongres współuczestniczył w sponsorowaniu kilkudziesięciu tysięcy polskich imigrantów oraz organizowaniu akcji pomocy charytatywnej dla Polski (zob. rozdział czwarty). Począwszy od lat 50., decydującą rolę w Kongresie Polonii Kanadyjskiej zaczęli odgrywać przedstawiciele Stowarzyszenia Polskich Kombatantów w Kanadzie – organizacji skupiającej głównie weteranów II wojny światowej oraz ich rodziny, związanej ze Światową Federacją Stowarzyszenia Polskich Kombatantów, posiadającą siedzibę w Londynie (Heydenkorn 1985).

Spośród innych większych organizacji duże znaczenie miała Federacja Polek w Kanadzie, założona w 1956 roku, prowadząca działalność kulturalną i charytatywną. Od 1941 działało Stowarzyszenie Inżynierów Polskich (przemianowane w 1996 na Stowarzyszenie Techników Polskich w Kanadzie), założone przez grupę polskich uchodźców wojennych reprezentujących zawody techniczne, głównie z Wielkiej Brytanii i nieokupowanej części Francji. Doprowadziło ono po wojnie do sprowadzenia do Kanady ok. 270 inżynierów i techników rozproszonych w różnych częściach świata.

Aktywność organizacji polskich imigrantów w Kanadzie koncentrowała się nie tylko na sprawach charytatywnych oraz zachowaniu polskiej kultury i tradycji w tym kraju, ale przejawiała się także w działaniach na rzecz Polski. Największa mobilizacja następowała w okresach przełomów i klęsk. Większość akcji pomocy (w postaci przekazów pieniężnych, wysyłania paczek itp.) koordynowana była przez Kongres Polonii Kanadyjskiej, a później przez utworzoną przy nim organizację charytatywną. Adresatami były zarówno pojedyncze osoby, jak i organizacje. Na przykład w latach 70. zebrane fundusze były kierowane do ośrodka w Laskach, na Katolicki Uniwersytet Lubelski (gdzie sfinansowano budowę jednego z budynków uniwersyteckich) oraz odbudowę Zamku Królewskiego w Warszawie. W okresie stanu wojennego działał Help for Poland Fund: Food and Medicines, w ramach którego przekazano do Polski żywność i leki o wartości prawie 5,5 mln dolarów kanadyjskich. Związek Polaków w Kanadzie jako pierwszy udzielił w 1980 roku pomocy finansowej (3 tys. dol.) nowo zorganizowanemu związkowi Solidarność (Reczyńska 2006:27–29).

Tak jak w poprzednich okresach, polscy imigranci w Kanadzie w okresie powojennym żyli w atmosferze niechęci i uprzedzeń ze strony większości społeczeństwa, podobnie jak wielu innych przybyszów do tego kraju. W stosunku Kanadyjczyków do imigrantów powszechne były postawy wyższości i lekceważenia, a także stereotypy i uprzedzenia (Dunin-Markiewicz 1976:68). Nierzadko zdarzało się, że polscy imigranci zmieniali imiona i nazwiska na brzmiące bardziej angielsko, by móc znaleźć zatrudnienie. Za mówienie w ojczystym języku na ulicy lub w publicznych środkach transportu można było zostać upomnianym nie tylko słowami *speak*

English![14], ale wręcz *speak white!* (Troper 2000:14). Charakterystyczne są także wypowiedzi kobiet zrzeszonych w Kołach Kobiet działających przed i po II wojnie światowej przy Związku Polaków w Kanadzie: „Oni [Kanadyjczycy] nigdy nie uważali nas za ludzi", „Polacy byli wtedy niczym", „Śmiali się z nas, z naszych dzieci" (Kojder 1985:127). Jeśli chodzi o stosunek społeczeństwa kanadyjskiego do imigrantów, przełom przyniosły dopiero lata 70. XX wieku i zainicjowana wówczas przez liberalny rząd Pierre'a Elliotta Trudeau polityka wielokulturowości.

Uwagi końcowe

W przedstawionym zarysie historii polskiej imigracji do Kanady zwracają uwagę charakterystyczne prawidłowości, jakie towarzyszyły procesom imigracji i osiedlenia kolejnych fal przybyszów w kanadyjskim społeczeństwie. Do prawidłowości tych należało przede wszystkim istnienie dużego dystansu kulturowego i cywilizacyjnego między osadnikami i anglosaskim otoczeniem, które bardzo niechętnie przyjmowało przybyszów z tej części Europy. W procesach adaptacji do trudnych warunków życia w nowej ojczyźnie imigranci nie uzyskiwali praktycznie żadnej pomocy z zewnątrz, lecz w znacznej mierze zdani byli na własne siły. Stąd brała się m.in. silna zależność od kolektywizmu zbiorowości imigranckiej. Tworzone przez imigrantów organizacje oferowały możliwość zabezpieczenia w razie wypadków losowych; stanowiły także bezpieczne środowisko dla ochrony własnej tożsamości w obliczu wrogich postaw otoczenia.

Imigranci przyjeżdżający do Kanady na przełomie XIX i XX wieku oraz w okresie międzywojennym absorbowani byli przez kanadyjskie społeczeństwo, począwszy od najniższych jego warstw. Przywoływany wcześniej konsul Mazurkiewicz zwracał uwagę na umiejscowienie przybyszów na najniższych szczeblach drabiny społecznej. Pisał:

> Wszystkie polskie osiedla miejskie cechuje, że tak powiem, zupełna jednolitość klasowa. Wszyscy tam są robotnikami [...]. Do tej pory nie powstało żadne poważniejsze przedsiębiorstwo polskie, przemysłowe czy handlowe, nie powstał żaden bank polski, nawet żaden poważniejszy sklep.
> O ile robotnik rolny przechodzi zwykle z klasy wyrobników do klasy posiadaczy, o tyle robotnik miejski pozostaje w Kanadzie do końca życia tym, kim był – proletariuszem (Mazurkiewicz b.d.:55).

Powyższe spostrzeżenia zwracają uwagę na jednorodność imigrujących pod względem cech społeczno-demograficznych i ich pochodzenie z niż-

---

[14] O takim incydencie, z udziałem policji, opowiedział autorce jeden z polskich imigrantów z lat 60., właściciel polsko-kanadyjskiej restauracji na obrzeżach Toronto.

szych warstw społecznych w Polsce. Przywodzą także na myśl ogólną prawidłowość dotyczącą procesów imigracji na kontynent północnoamerykański w XIX i na początku XX wieku. Niewykwalifikowane rzesze imigrantów wchłaniane były wówczas przez gospodarkę amerykańską na najniższych jej szczeblach, podczas gdy wyższe i średnie pozycje w sektorze produkcji przypadały tym, którzy przybyli wcześniej. Każda nowa imigrująca grupa etniczna lokowała się w dolnych kategoriach stratyfikacji społecznej i wypychała tym samym do góry tę grupę, która znajdowała się tam, bo przybyła nieco wcześniej (Praszałowicz, Makowski, Zięba 2004:26).

Prawidłowości tej nie udało się przełamać nawet imigrantom z okresu po II wojnie światowej, wśród których wiele było osób o wysokich kwalifikacjach i poziomie wykształcenia. Decydowały o tym warunki, jakie stawiało przed przybyszami kanadyjskie państwo – konieczność odpracowania dwuletnich kontraktów na farmach. Mimo wszystko jednak wielu z nich zrobiło później kariery w różnych dziedzinach gospodarki, doświadczając awansu społecznego. Stało się tak mimo utrzymywania się niechętnego stosunku Kanadyjczyków do imigrantów. Pod tym względem, a także pod wieloma innymi, sytuacja Polaków imigrujących do Kanady w latach 80. XX wieku była już całkowicie odmienna.

3 | Emigracja z Polski w latach 80. XX wieku

3.1. Sytuacja w Polsce w ostatniej dekadzie komunizmu

Na początku lat 80. XX wieku zbiorowość polskich imigrantów w Toronto i całej Kanadzie stopniowo się kurczyła, w miarę wymierania wcześniejszych pokoleń i postępujących procesów asymilacji[1]. W tym okresie zauważalny stał się już jednak napływ nowej fali imigracyjnej, która przybierała na sile w trakcie całej dekady, znajdując ukoronowanie na przełomie lat 80. i 90. Jej pojawienie się w Kanadzie związane było z panującym w Polsce kryzysem ekonomicznym, społecznym oraz politycznym.

W trakcie całego okresu istnienia Polskiej Rzeczpospolitej Ludowej w społeczeństwie polskim utrzymywała się duża gotowość wyjazdowa. Była ona związana ze sposobem funkcjonowania gospodarki socjalistycznej, którą cechował permanentny niedobór podstawowych dóbr (Kornai 1985) oraz liczne niespójności i niedorozwój handlu między państwami bloku komunistycznego. Państwowe przedsiębiorstwa okazywały się niewydolne w sterowaniu żywiołowymi procesami społeczno-gospodarczymi, co odbijało się negatywnie na warunkach życia przeciętnych obywateli. Przez cały okres swojego trwania autorytarny system polityczny generował ponadto strumień uchodźców politycznych o zmiennym natężeniu, który nasilił się po upadku Solidarności.

Najostrzejszy kryzys gospodarczy miał miejsce na przełomie lat 70. i 80. Był to jednocześnie kryzys społeczny i polityczny (Nowak 1984a; Siemieńska 1984). Po okresie napędzanego zagranicznymi kredytami, intensywnego wzrostu w pierwszej połowie lat 70., kiedy to duża część społeczeństwa doświadczyła znacznego polepszenia warunków życia (Krzemiński 1984),

---

[1] Zgodnie z danymi spisu powszechnego z 1981 r. zbiorowość osób polskiego pochodzenia była wówczas jedną z najstarszych w Kanadzie (z medianą wieku 38,3 lata w stosunku do 29,6 dla całego kraju) (Kogler 1985). Większość jej członków zdążyła całkowicie wtopić się w jedną z grup założycielskich kanadyjskiego społeczeństwa. W kolejnych generacjach wysoki był wskaźnik małżeństw mieszanych (Kogler, Heydenkorn 1974:28; Radecki 1976:138). Obok asymilacji małżeńskiej postępowała także asymilacja językowa – język polski był już na początku lat 70. XX wieku językiem najczęściej używanym w domu jedynie dla niecałych 20% osób (Radecki 1976:137).

nastąpiło załamanie gospodarki, wyraźnie widoczne od 1978 roku (Żekoński 1984:11). W szybkim tempie wzrastała inflacja i spadały dochody re-
alne społeczeństwa, co prowadziło do ograniczania możliwości zaspokajania
potrzeb konsumpcyjnych i głębokiego poczucia upośledzenia w tej sferze.
Uciążliwość warunków bytu potęgowała zaawansowana dewastacja przyrody, zanieczyszczenie środowiska i klęska ekologiczna w niektórych regionach
kraju – w wielu miejscach brakowało wody dla przemysłu i rolnictwa (np. na
Górnym Śląsku i Wybrzeżu). Wzrost hamowało zaniedbanie infrastruktury
gospodarczej, transportu i łączności oraz społecznej (np. w ochronie zdrowia,
systemie edukacyjnym i kulturze).

Gwałtowne załamanie materialnych warunków życia było procesem skon-
centrowanym zwłaszcza na przestrzeni lat 1980–1982 i było dla Polaków
doświadczeniem o traumatycznym wręcz charakterze, nie tylko ze względu
na szybkość i głębokość zmian w sposobach życia, jakie za sobą pociągało, ale
także ze względu na to, że stanowiło dla większości społeczeństwa zaskocze-
nie (Marody 1991:234). Trudne warunki życia na skutek złego zaopatrzenia
sklepów, kolejek i systemu powszechnych kartek żywnościowych, a także
brak podstawowych swobód obywatelskich i represje wobec politycznych
przeciwników władzy – wszystkie te czynniki złożyły się na wybuch społecznego niezadowolenia na początku dekady lat 80. Niezadowolenie to objawiło
się masowymi strajkami we wszystkich regionach kraju i doprowadziło do
powstania Solidarności – wolnego związku zawodowego, pierwszej i praktycznie jedynej organizacji niezależnej od komunistycznych władz. Zapoczą-
kowane wówczas zmiany zahamowało wprowadzenie stanu wojennego
w grudniu 1981 roku. Kolejne lata przyniosły stopniową degenerację systemu aż do jego ostatecznego upadku w 1989. Jednocześnie przez całą
dekadę pogłębiał się kryzys gospodarczy i pogorszeniu ulegały warunki
życia społeczeństwa. Rosła inflacja (zwłaszcza w drugiej połowie dekady),
a złotówka ulegała dewaluacji. Sytuację materialną społeczeństwa w niewielkim tylko stopniu zmieniły próby wprowadzenia reform ekonomicznych (Marody 1991:234)[2].

Trudne warunki życia w ostatniej dekadzie komunizmu dotykały szczególnie pokolenia ludzi młodych, którzy nie widzieli w kraju perspektyw
i szans na karierę zawodową (Rymarczyk 1986). Załamanie nadziei na re-
formy i wiary w możliwość pokojowego rozwiązania problemów politycznych i gospodarczych po upadku Solidarności odgrywało także dużą rolę
w podejmowaniu decyzji o emigracji. Wśród studentów badanych przez
zespół Stefana Nowaka w 1983 roku co trzecia osoba była kandydatem na

---

[2] Przywołajmy dla ilustracji wskaźniki ekonomiczne, np. wskaźnik płacy realnej w 1982 r. wynosił 76,7% płacy z 1980 i przez następne lata rósł powoli, aby w 1985 r. osiągnąć 81,1% płacy
z 1980 (*Położenie klasy...* 1987:526, za: Marody 1991:249).

emigranta. Jak pisał Nowak: „[...] myślę, że jest to najmocniejsza ze znanych mi miar frustracji społecznej w naszym kraju" (1984b:59).

3.2. Migracje lat 80. XX wieku: liczby, charakterystyka społeczno-demograficzna

Główną formą mobilności w trakcie całej praktycznie historii PRL-u były czasowe wyjazdy zarobkowe do krajów socjalistycznych, których skala ogromnie wzrosła w latach 70. na skutek liberalizacji polityki paszportowej (Stola 2010:258 i n.). Z czasem stały się one powszechnie znaną i szeroko praktykowaną strategią radzenia sobie z postępującymi problemami gospodarczymi. Rozwijała się zwłaszcza tzw. turystyka handlowa czy też handel turystyczny – wyjazdy zarobkowe pod przykrywką uprawiania turystyki (Stola 2001:98; 2010:285–302). Wyjeżdżając na wycieczki do Bułgarii, Niemieckiej Republiki Demokratycznej, na Węgry i do innych państw socjalistycznych, Polacy sprzedawali towary wywożone z Polski i kupowali zagraniczne, które po powrocie sprzedawali z zyskiem znajomym, w komisie, na bazarze lub przez ogłoszenie w gazecie.

Emigracja na stałe miała w okresie powojennym znaczenie marginalne. Na stałe emigrowano przede wszystkim na Zachód, gdzie jednak znacznie trudniej było wyjechać. Zwiększenie intensywności wyjazdów w tym kierunku nastąpiło dopiero w drugiej połowie lat 70. i miało znaczenie trudne do przecenienia. Wskazywało na odchodzenie przez władze państwa od pierwotnej polityki izolacji od Zachodu, otwarcie i zbliżenie doń, obejmujące obok podróży i związanych z nimi możliwości naocznego poznania i nawiązywania kontaktów osobistych także zwiększony napływ informacji w prasie, radio, telewizji czy kinie (Stola 2010:267). Wielu spośród późniejszych polskich emigrantów właśnie w dekadzie Gierka zetknęło się po raz pierwszy ze społeczeństwami Europy Zachodniej w trakcie czasowych wyjazdów służbowych, turystycznych czy w ramach wymian studenckich, nierzadko także połączonych z legalnym bądź nielegalnym zatrudnieniem.

Wyjazdy do tzw. krajów kapitalistycznych, w przeciwieństwie do migracji do innych państw socjalistycznych, służyły od początku dla sporej grupy osób jako kamuflaż do emigracji na stałe. W latach 1976–1980 wyjechało i nie wróciło ok. 35 tys. osób. Naprawdę masowy odpływ miał jednak miejsce już w latach 80. Szacuje się, że w latach 1980–1989 wyjechało na stałe ok. 1,3 mln osób[3]. W omawianym okresie nie było kraju, który miałby

---

[3] O problemach związanych z oceną wielkości emigracji z Polski w latach 80. (w dużym stopniu niewidzialnych w oficjalnych statystykach tego okresu) traktuje artykuł Okólskiego (1994) i praca Sakson (2002). Artykuł Okólskiego zawiera także szacunki dotyczące liczby emigrantów

porównywalne rozmiary odpływu, dlatego mówi się o swoistym exodusie mieszkańców Polski (Slany 1991). Część osób wyjechała tuż przed lub w następstwie wprowadzenia stanu wojennego w 1981 roku[4]; część tych, którzy przebywali w momencie jego ogłoszenia za granicą, zdecydowała się z tego powodu nie wracać i ubiegać o azyl w krajach, gdzie przebywali, tworząc kategorię uchodźców *sur place* (Slany 1995). Łącznie prawdopodobnie ok. 150 tys. osób znajdujących się na Zachodzie w momencie wprowadzenia stanu wojennego wybrało emigrację stałą (Stola 2001:94). Pozostanie w państwach zachodnich stało się możliwe dzięki temu, iż wiele z nich przyjęło wówczas bardzo otwartą politykę imigracyjną i stworzyło korzystne warunki dla migrantów, repatriantów oraz uchodźców z Polski.

Emigracja lat 80. odbiła się w istotny sposób na stanie i strukturze ludności Polski, która była w tym okresie krajem młodym demograficznie – na rynek pracy wchodziły roczniki powojennego wyżu demograficznego. Wyjeżdżały przede wszystkim osoby w wieku największej aktywności zawodowej, w wieku produkcyjnym (18–44 lata)[5]. Migracje doprowadziły do wyraźnego osłabienia potencjału demograficznego ludności kraju. Nastąpił faktyczny spadek liczby ludności Polski, którego nie zarejestrowały oficjalne dane spisowe – niedoszacowanie liczby ludności w spisach sięga setek tysięcy osób z powodu wspomnianej niewidzialności emigracji tego okresu (szerzej na ten temat zob. Sakson 2002).

Osoby podejmujące decyzję o wyjeździe były przede wszystkim mieszkańcami miast i charakteryzowały się przeważnie wyższym poziomem wykształcenia niż ludność Polski ogółem. Wśród migrantów w wieku powyżej 18 lat, którzy opuścili Polskę jako turyści, osoby legitymujące się wykształceniem co najmniej średnim stanowiły 46%, a wśród wyjeżdżających

---

według różnych dostępnych źródeł oraz ich charakterystykę społeczno-demograficzną. Jedna z trudności oszacowania wielkości i cech emigracji tego okresu np. na podstawie spisów powszechnych wiąże się z tym, iż wielu migrantów udawało się za granicę, podając się za turystów. Przedłużenie pobytu ponad okres deklarowany stanowiło wykroczenie w świetle przepisów paszportowych, co groziło pozbawieniem różnych uprawnień w Polsce (np. prawa do mieszkania), a także odpowiedzialnością zbiorową członków rodziny (ograniczenie dostępu do pewnych stanowisk i funkcji publicznych oraz utrudnienia w wyjazdach za granicę). Stąd długotrwała nieobecność w Polsce osób zameldowanych na pobyt stały mogła być ukrywana przed rachmistrzami spisowymi (Okólski 1994:19).

[4] Tuż po wprowadzeniu stanu wojennego nastąpił głęboki regres pod względem mobilności zagranicznej, porównywalny do czasów stalinowskich, trwał on jednak tylko kilka tygodni. Stola (2010:311) pisze, że już w pierwszym kwartale 1982 r. wydano paszporty na ponad 40 tys. wyjazdów, w olbrzymiej większości służbowych (m.in. na zagraniczne budowy prowadzone przez polskie firmy w ramach kontraktów z lat ubiegłych), a do końca roku ich liczba sięgnęła miliona, tj. poziomu z 1971.

[5] Warto zauważyć, że młody wiek migrantów z lat 80. to nie tyle specyfika tego konkretnego strumienia migracji, ile raczej cecha charakterystyczna większości przepływów migracyjnych.

na stałe 40% (wśród ogółu mieszkańców Polski zaledwie 33%; Sakson 2002:16). Miał miejsce swoisty drenaż mózgów, zwłaszcza pod koniec dekady, kiedy to wiele osób wyjeżdżało bezpośrednio lub wkrótce po obronie dyplomu. Relatywnie duży odpływ osób z dyplomami wyższych uczelni spowodował prawdopodobnie poważny ubytek pracowników o wysokich kwalifikacjach. Jedno ze źródeł danych mówi np. o blisko 5 tys. lekarzy, którzy w latach 1981–1988 wyjechali z Polski jako turyści, a *de facto* stali się emigrantami długookresowymi (Okólski 1994:54). Wielkość ta odpowiada rocznej liczbie absolwentów wszystkich polskich akademii medycznych w tym okresie. Szczególnie dotknięta przez to zjawisko była nauka polska. Według jednej z ocen (cytowanej w artykule Okólskiego 1994:54) placówki badawcze w latach 1981–1991 utraciły wskutek emigracji ok. 9,5% specjalistów. W latach 1980–1987 wyjechało z kraju 70 tys. wysoko wykwalifikowanych specjalistów, w tym: 47 tys. inżynierów i techników, 3,5 tys. lekarzy, 4,8 tys. ekonomistów i ok. 4,5 tys. pracowników nauki. Występowała też znaczna selektywność odpływu; w większości dotyczył on jedynie pięciu dyscyplin: medycyny (za granicę wyjechało 14% ogółu zatrudnionych w naukach medycznych), informatyki (13,7%), biologii (10,9%), fizyki (12,5%) oraz chemii (12,5%). Emigrowali oni w mniej więcej stałych kierunkach, które w zasadzie nie podlegały zmianom w czasie – do Stanów Zjednoczonych (33,0%), Niemiec (23,4%) i Kanady (13,6%) (Sakson 2002:16).

Dla ogółu emigrantów głównym krajem docelowym była Republika Federalna Niemiec (dokąd udało się 42% wszystkich wyjeżdżających z Polski w latach 1980–89), następnie Stany Zjednoczone (10%), Włochy, Austria, Francja, Grecja (ok. 6%) oraz Kanada (ok. 3–4%) (Slany 1991; Okólski 1994:37). Dla części emigrantów kraje europejskie stały się krajami tzw. pierwszego azylu. Te spośród nich, w których znajdowały się obozy uchodźcze (m.in. Austria, Włochy, Szwecja), dla zdecydowanej większości imigrantów stanowiły jedynie stację przesiadkową do tych państw, które wybierano jako miejsce stałego osiedlenia się[6].

3.3. Uwarunkowania emigracji z Polski lat 80. XX wieku w świetle badań

Analiza motywów emigracji Polaków, którzy znaleźli się w latach 80. i na początku lat 90. w Kanadzie, umożliwia wgląd w przedstawioną sytuację

---

[6] Było to wyraźnie widoczne w przypadku Austrii. Na przykład zdecydowana większość uchodźców polskich (56%), która napłynęła do Austrii w 1981 r., wyjechała z tego kraju w 1982 i jako miejsce emigracji docelowej wybrała kraje zamorskie: Stany Zjednoczone (32%), Kanadę (23%) i Australię (22%) (Slany 1991).

społeczno-ekonomiczną panującą w ostatnich latach istnienia PRL-u[7], a jednocześnie pozwala na zrozumienie specyfiki omawianego strumienia migracyjnego.

Wiele okoliczności odgrywało w tym okresie rolę czynników wypychających. Miały one charakter polityczny, ekonomiczny, społeczny oraz cywilizacyjny. Decyzje o wyjeździe pozostawały jednocześnie pod wpływem indywidualnych uwarunkowań o charakterze emocjonalnym i poznawczym.

Czynniki polityczne

Wyjazdy o podłożu politycznym nasiliły się po wprowadzeniu stanu wojennego (Kurcz, Podkański 1991:34). Emigrację polityczną tworzyły osoby zaangażowane w działalność opozycyjną, które po 13 grudnia 1981 roku opuszczały kraj w obawie przed represjami. Wśród badanych znalazły się trzy takie osoby (nie licząc dwóch kobiet, które emigrowały razem z działającymi w opozycji mężami, zmuszonymi do wyjazdu przez władze).

Wielu opozycjonistów poniosło faktycznie konsekwencje swojego zaangażowania w walkę o demokratyczną Polskę w postaci internowania i innych form represji, mimo to jednak gotowych było pozostać w kraju. Propozycja wyjazdu przychodziła jednak z góry i miała charakter oferty nie do odrzucenia. Składana była osobom, których ze względu na ich zaangażowanie polityczne chciano się pozbyć z kraju. Należał do nich 51-letni mężczyzna zaangażowany w działalność opozycyjną od 1976 roku i internowany w czasie stanu wojennego, który do Kanady przyjechał w 1983 z żoną i małym dzieckiem. Mówi on:

> [...] tak naprawdę to propozycję do wyjazdu otrzymałem [...] w więzieniu w Uhercach, to był nasz pierwszy tak zwany ośrodek odosobnienia [...] i tam przyjechał gość z milicji, przywiózł mi wniosek na paszport i mówi [...] radzi mi żebym wyjechał z kraju, bo przyszłości dla mnie tu nie ma żadnej, chyba że podoba mi się więzienie, no to mogę sobie długo w nim siedzieć. Ja to wtedy odebrałem jako kwaśny żart, jako coś takiego [...] co się nigdy nie stanie, no i później się dowiedziałem, że rzeczywiście ludzie składają te wnioski o wyjazd, starają się o wyjazdy, ja otrzymałem propozycję z ambasady kanadyjskiej, ale też byłem przekonany, że nigdy nigdzie nie wyjadę. Jak zostałem zwolniony – to był koniec roku 82 – tak przed samymi świętami pojechałem do ambasady kanadyjskiej podziękować im za propozycję, ale że raczej ja [...] z tej propozycji nie skorzystam. Ja to doskonale pamiętam, bo takich rzeczy się nie zapomina, ten konsul wziął tę moją teczkę i mówi: „Drogi panie, tu jest ta szafka, ja tę teczkę kładę na

---

tym rogu, ma Pan dokładnie trzy miesiące, żeby się namyślić. Jak Pan się tylko namyśli, Pan nie musi tu przyjeżdżać, Pan tylko zadzwoni i powie »jadę«, i my wtedy uruchomimy całą tę procedurę". No, i to się stało. Długo nie czekał, bo czekał [...] prawie trzy miesiące, bo w marcu zadzwoniłem, a 16 kwietnia już wylądowałem tutaj, w Kanadzie. (W18/M/51/1983/Ś)[8]

Odmowa opuszczenia Polski pociągała za sobą szykany oraz różnorodne konsekwencje administracyjne, prawne i polityczne. Ilustrację takich okoliczności stanowią losy jednej z imigrantek w Kanadzie, 50-letniej kobiety, która na początku lat 80. działała aktywnie w Solidarności w niewielkim mieście w południowo-wschodniej Polsce. Po wprowadzeniu stanu wojennego została aresztowana i po miesięcznym pobycie w areszcie śledczym była przez kilka miesięcy internowana. Tak wspomina okoliczności aresztowania:

[...] w dniu wybuchu stanu wojennego przez trzy dni jeszcze się ukrywałam, a po trzech dniach doszłam do wniosku, że ja nie mam nic do ukrycia, nic złego nie robiłam, nie mam sobie nic do wyrzucenia, wyszłam, wróciłam do swojego domu i zostałam aresztowana. (W2/K/50/1985/W)

Po wyjściu na wolność Służba Bezpieczeństwa utrudniała jej życie na różne sposoby. W pracy została zdegradowana, a z kolejnej, którą znalazła, zwolniono ją po 1,5 roku. Szykanowana przez Służbę Bezpieczeństwa, podjęła decyzję o wyjeździe, choć – jak sama mówi – wcześniej

[...] raczej nigdy nie myślałam o wyjeździe z Polski, marzyłam o podróżach, ale nie o opuszczeniu Polski na stałe. [...] Przez cały czas byłam inwigilowana, przez UB byłam po prostu [...] dostawałam wezwania na policję, meldować się, przeprowadzali rewizje w moim domu i gdy zostałam bez pracy, odwołałam się do sądu, sprawę w tym sądzie wygrałam, ale już wcześniej podjęłam decyzję, to już był rok 85, to już było 3–4 lata po internowaniu, po tej całej [...] po tych wszystkich nerwach, po przesłuchaniach i wiedziałam, że cały czas jestem śledzona, każdy mój krok. Wyszłam wtedy za mąż, na ślubie rozwalili mi samochód, który stał koło mojego domu, różne rzeczy mi robili, przykrości, wtedy podjęłam decyzję o emigracji. Do Kanady dostałam paszport bez problemu [...] i paszport też milicja mi dała bez problemu, i tak znalazłam się w Kanadzie.

Powyższe przykłady stanowią ilustrację niezłomnej postawy wielu członków opozycji, którzy chcieli pozostać w kraju, gdzie walczyli o swobody obywatelskie, zostali jednak de facto zmuszeni do emigracji przez komunistyczne władze. Jak zauważają badacze migracji tego okresu, strategia przymuszania do wyjazdu stanowiła prawdopodobnie jeden

---

[8] W nawiasie odpowiednio: numer wywiadu, płeć (K – kobieta, M – mężczyzna), wiek, rok przyjazdu do Kanady, wykształcenie (W – wyższe, Wn – niepełne wyższe, Ś – średnie).

z łatwiejszych sposobów na pozbycie się jednostek potencjalnie zagrażających panującemu porządkowi społeczno-politycznemu (Misiak 1991; Stola 2010:315–322).

Sytuacja polityczna – zwłaszcza w okresie poprzedzającym wprowadzenie stanu wojennego – skłaniała do emigracji (lub przyspieszała podjęcie decyzji o niej) także osoby, których związki z opozycją były luźniejsze, a które obawiały się jednak wybuchu wojny lub całkowitego zamknięcia możliwości wyjazdu. Jeden z emigrantów mówi, że wyjechał „[...] w okresie takiej już bardzo zaognionej sytuacji, no i obawa, że nigdy nie wyjadę, najkrócej mówiąc". (W21/M/54/1982/W)

Jego decyzja podyktowana była lękiem, że „[...] to się skończy tragedią i zamknięciem furtki". Oto inna charakterystyczna wypowiedź emigranta z tego okresu:

A decyzję o wyjeździe konkretną przyspieszyła sytuacja w Polsce w 80 roku, wtedy pracowałem w Gdańsku w rafinerii, braliśmy udział w strajkach, kontaktowaliśmy się, uzgadnialiśmy to wszystko ze stocznią. Były gorące dni, gorące chwile i [...] ja myślę, że chyba bałem się, dzisiaj chyba mogę to powiedzieć, że bałem się, że zrobią to samo, co zrobili w Czechosłowacji. W związku z tym, że byłem młodym człowiekiem, wtedy to chciałem założyć rodzinę, chciałem jeszcze trochę [...] żyć. (W56/M/55/1981/Ś)

Sytuacja polityczna oraz związana z nią atmosfera lęku i niepewności co do przyszłego biegu zdarzeń stanowiły istotną okoliczność skłaniającą do poszukiwania dróg wyjazdu z Polski. Natomiast w przypadku osób, które już znajdowały się za granicą w chwili wprowadzenia stanu wojennego, okoliczność ta przesądziła o pozostaniu na Zachodzie (wśród badanych było ich sześć). Chociaż nazwa, która przypisana została fali emigracyjnej omawianego okresu – „emigracja solidarnościowa" – sugeruje jej ścisły związek z masowym ruchem protestu przeciwko komunistycznym rządom na początku lat 80., to stosunkowo niewielką część emigrantów tej dekady określić można mianem politycznych[9]. Nie wszystkie bowiem osoby powołujące się na swoje związki z opozycją antykomunistyczną miały z nią faktycznie cokolwiek wspólnego.

W przypadku Kanady czynniki polityczne stanowiły formalną podstawę ułatwiającą przyjazd. Jeszcze w 1979 roku wprowadziła ona nową kategorię

---

[9] W odniesieniu do ogółu emigrantów tego okresu z Polski dotyczy to zarówno ok. 150 tys. osób przebywających w grudniu 1981 r. na Zachodzie, które po wprowadzeniu stanu wojennego zdecydowały się tam pozostać, jak i emigrujących w późniejszym okresie oraz ubiegających o azyl w krajach europejskich. Kraje zachodnioeuropejskie stworzyły po prostu bardzo korzystne warunki dla emigrantów politycznych z Polski, co ułatwiło wielu z nich pozostanie w tych państwach. Kurcz i Podkański (1991:35–36) szacują, że liczebność emigracji politycznej lat 80. nawet przy najbardziej zawyżonych szacunkach nie przekraczała 20–30 tys. osób.

uciekinierów z bloku radzieckiego (*Eastern-European self-exiled persons*), ułatwiającą uzyskanie azylu przez osoby niespełniające kryteriów międzynarodowej konwencji o uchodźcach, a po wprowadzeniu stanu wojennego w Polsce specjalne ułatwienia dla Polaków (Kelley, Trebilcock 2000:404–409; Mlynarz 2007:66). Uchodźcy polityczni stanowili znaczny odsetek polskich emigrantów, którzy znaleźli się tutaj w latach 80. i na początku lat 90. W kanadyjskich statystykach za lata 1983–1993 figuruje łącznie 61 424 Polaków przyjętych w tym okresie w charakterze uchodźców – najwięcej w latach 1989, 1990 i 1991, a więc *de facto* już po upadku systemu komunistycznego i zaniku faktycznych, politycznych bodźców do emigracji (zob. tabela 5 w rozdziale czwartym). Polacy znajdują się w rejestrze uchodźców aż do 1993, ponieważ przepisy ułatwiające ich imigrację zostały zniesione ostatecznie dopiero w 1991 roku, a procedura rozpatrywania odpowiednich podań trwała niejednokrotnie kilka lat; podobnie rozciągnięty w czasie był proces łączenia rodzin.

Czynniki ekonomiczne

Z Polski lat 80. XX wieku emigrowano jednak nie tyle z przyczyn politycznych, ile z powodu panujących tu warunków życia. Jeśli jednak stosunkowo łatwo jest wyodrębnić uchodźców politycznych spośród ogółu badanych emigrantów, to w przypadku motywów ekonomicznych obraz emigracji znacznie się komplikuje. Pokazuje to przykład jednego z badanych, właściciela średniej wielkości firmy zajmującej się wynajmem i naprawą samochodów ciężarowych w Brampton (na północy aglomeracji Toronto), który na pytanie o przyczynę wyjazdu z Polski odpowiada: „Co nas skłoniło do wyjazdu? Bieda". Dalsze słowa świadczą jednak o tym, że bieda ta miała oblicze odbiegające od potocznych skojarzeń, jakie wywołuje to słowo, i że rolę odgrywały także inne czynniki:

> Znaczy sytuacja ogólnie, bo jakoś nie widzieliśmy szansy dla siebie w Polsce. Co prawda budowaliśmy dom itd., ale to było strasznie dużym kosztem, nie było czasu na nic, pracowało się 7 dni w tygodniu po 16–18 [godzin] i to tak jakoś nie widać było [...] **ja miałem 27 lat, jak wyjechałem z Polski, a czułem, jakbym miał 50. Po prostu zmęczony byłem tym wszystkim też.** Poza tym zawsze mi się marzyło [...] nie miałem dużych jakichś nadziei odnośnie Zachodu, ale zawsze mi się [...] Ameryka, Kanada mi się podobała. I tak tu wylądowałem w sumie. (W55/M/43/1989/Ś) [wyróżnienie M.K.-A.]

Słowa tego mężczyzny wskazują, że motywem emigracji nie było faktyczne ubóstwo, ale raczej wyczerpanie niewspółmiernym wysiłkiem wkładanym w utrzymanie życia na zadowalającym poziomie, połączone dodatkowo z prawdopodobnie nieco wyidealizowanym wyobrażeniem życia na Zachodzie. Wśród emigrantów lat 80. wiele było tego typu osób, które nie należały bynajmniej do najuboższych warstw społeczeństwa i których standard życia był jak na ówczesne warunki dość dobry. Dlatego migracji tego okresu nie zalicza się do migracji ekonomicznych w tradycyjnym znaczeniu, takich, jakie miały miejsce w poprzednich okresach historii Polski. Badacze zauważają w tym kontekście, że w migracjach ekonomicznych w czasie zaborów czy w okresie II Rzeczpospolitej uczestniczyli przede wszystkim ludzie najbiedniejsi, reprezentujący prawie wyłącznie zawody pracy najemnej, w przeciwieństwie do emigrantów z lat 80. Ci ostatni byli często ludźmi wykształconymi, których sytuacja materialna była dobra[10]. Pozostawiali w kraju mieszkania, samochody i żyli niejednokrotnie, przynajmniej w pierwszym okresie pobytu za granicą, w standardzie gorszym od pozostawionego w kraju, spędzając miesiące czy nawet lata w obozach przejściowych (Kurcz, Podkański 1991:36–37).

W przypadku badanych polskich imigrantów z lat 80. w Kanadzie czynniki ekonomiczne odgrywały z jednej strony rolę przyciągającą, z drugiej natomiast wypychającą. Te pierwsze związane były z pragnieniem zrealizowania określonych potrzeb materialnych, wykraczających poza potrzeby podstawowe, niemożliwych jednak do zrealizowania w PRL-owskiej rzeczywistości (własne mieszkanie, dobry samochód, odtwarzacz wideo itp.). Część emigrujących wymienia w tym kontekście bardzo konkretne cele, którym miał służyć ich wyjazd do Kanady, najczęściej na zaproszenie obecnych tam już krewnych:

[...] zarobić na własną klinikę [weterynaryjną] (W5/M/46/1992/W);

[...] potrzebowałem pieniędzy [na jacht] (W33/M/40/1986/nW);

[...] zarobić na podróże (W11/M/35/1990/W);

[...] przyjechać na parę lat [...], popracować trochę, wrócić do Polski (W20/M/39/1990/W);

[...] zarobić na wakacje (W22/K/49/1980/W);

[...] zarobić na mieszkanie (W72/K/40/1989/Ś);

[...] porozglądać się po świecie, nauczyć języka, trochę popracować. (W77/K/52/1981/W)

---

[10] Opinię taką wyrażali np. mieszkańcy małych miast w badaniach ankietowych prowadzonych przez Zakład Socjologii FUW w Białymstoku w latach 1988 i 1991. Związane było to prawdopodobnie z procedurami przyznawania paszportu i wizy, wymagającymi nierzadko korupcji i posiadania sieci nieformalnych kontaktów, a także z dużym kosztami podróży. Możliwe także, iż niektórzy wyjeżdżali po to, by nie musieć się tłumaczyć z dochodów osiąganych nielegalnie w kraju (Cieślińska 1999:150).

Życie w Kanadzie stopniowo wciągało te osoby; rozpoczynały one starania o uzyskanie prawa stałego pobytu, żeby otworzyć sobie drogę na świat. Wyjazd na jakiś czas jako tymczasowa strategia (w celu zarobienia na dom, samochód itp.) zamieniał się w ich przypadku w emigrację na stałe:

[...] jedni jeździli na truskawki do Szwecji, ktoś tam do Niemiec na jakieś roboty, no, a mnie do Kanady przyciągnęło, żeby zapracować po prostu na jakiegoś malucha [...] jeszcze wtedy taka była moda u nas na Mercedesy puchatki, były bardzo popularne i wielu z moich kolegów, co wyjeżdżało na Zachód, sobie zarobiło [...] a ja jeździłem rowerkiem [...]. No, więc trzeba było wykorzystać sytuację, że była tutaj siostra, tylko to był główny motyw. W każdym bądź razie nie emigracja jako emigracja, tego nie planowałem, to wyszło w trakcie dopiero[11]. (W34/M/50/1980/W)

Sytuacja ekonomiczna miała natomiast w większym stopniu charakter wypychający zwłaszcza na początku dekady, kiedy to w znacznym stopniu nieoczekiwane, dramatyczne pogorszenie warunków życia odczuwane było szczególnie dotkliwie. Poziom dochodów społeczeństwa spadł wówczas gwałtownie, w szybkim tempie obniżał się poziom życia, kurczyły oszczędności (Górecki, Topińska, Wiśniewski 1984). Co gorsza, nawet posiadanie jakiejkolwiek sumy pieniędzy nie gwarantowało łatwej możliwości ich wydania. W sklepach brakowało podstawowych dóbr; zdarzało się, że na półkach stał jedynie ocet i mydło. Większość najpotrzebniejszych towarów można było kupić jedynie na kartki, ich zdobycie wymagało jednak wysiłku niewspółmiernego do efektów: wystawania przez wiele godzin w kolejkach po np. masło czy papier toaletowy, wędrowania od sklepu do sklepu w poszukiwaniu świeżego chleba, bycia świadkiem lub uczestniczenia w kolejkowych awanturach, tak jak miało to miejsce w przypadku cytowanego niżej emigranta:

A później, no, zaczęły się te wszystkie historie z kartkami, z żywnością na kartki, z czekoladami na kartki dla dzieci, z cukrem itd. I pewnego dnia, pamiętam, przyszła moja żona, która stała 8 godzin w kolejce po masło, bo mieli rzucić masło, „rzucić" – tak się mówiło kiedyś, w sklepie samoobsługowym, gdzie sklep był długości, ja nie wiem, może z 30 metrów, szerokości z 20, i tam tylko były łapki na myszy i ocet wtedy. Natomiast masło, znowu jakiś geniusz wymyślił, że ludzie stali za taką oddzieloną ladą, a oni to masło na końcu postawili i później kazali ludziom prawie że biec po to masło, z kartkami. Jak moja żona zobaczyła, jak emeryci zaczęli się okładać kulami, laskami i przeskakiwać przez ladę, to przyszła zapłakana do domu i powiedziała, że ona [...] nie będzie tam stała. Wtedy ja powiedziałem, że wyjeżdżamy. (W89/50/1982/W)

---

[11] Imigrantowi temu pomogło w zostaniu wprowadzenie stanu wojennego, malowanego w polonijnej prasie w niezwykle ciemnych barwach.

Przytoczona wypowiedź, ilustrując dramatyczną sytuację w Polsce na początku lat 80., wskazuje jednocześnie na ścisłe powiązanie w decyzjach o emigracji czynników ekonomicznych i społecznych w trakcie całego okresu PRL-u, związanych ze sposobem organizacji życia społecznego. Sprawiał on, że codzienne życie jednostek stawało się dla nich źródłem co najmniej poważnych uciążliwości, a czasem wręcz prawdziwej udręki, od której wolni byli jedynie uprzywilejowani przedstawiciele biurokracji partyjno--państwowej (Hamilton, Hirszowicz 1995:205). Życie to sprowadzało się praktycznie do zabiegania o zaspokojenie podstawowych potrzeb. Niedorozwój sfery usług prowadził jednocześnie do odnotowywanej w badaniach socjologicznych i ekonomicznych tzw. renaturalizacji spożycia (Marody 1991:237) – Polacy samodzielnie malowali, remontowali, szyli, robili na drutach, naprawiali meble, pralki i lodówki, uprawiali na działkach warzywa i owoce, hodowali w miastach drób i króliki, przygotowywali w domu przetwory z owoców i warzyw.

Uciążliwość życia codziennego sprawiała, że decyzja o pozostawaniu za granicą mogła być podyktowana tak prozaicznym, wydawałoby się, faktem jak niechęć do prania tetrowych pieluch, o czym mówi cytowana niżej imigrantka. W jej sytuacji rozstrzygające okazały się jednak namowy rodziny:

[po 6 latach pobytu w Niemczech] [...] nie wiedzieliśmy, co zrobić, więc, wiesz, codziennie była inna decyzja, co miesiąc inna, czy wracamy do Polski, czy zostajemy. I zaszłam w ciążę, chciałam dziecko urodzić jeszcze w Niemczech, żeby pieluch w Polsce nie prać i pomysł był, żeby wracać do Polski. Więc ja kupowałam najróżniejsze rzeczy do domu w Polsce, kafelki chciałam sobie kupować, także był pomysł, żeby wrócić, ale z czasem zmienił się mój światopogląd, rodzina w Polsce, mama, tata, zaczęli mówić mi, że być może lepiej byłoby, gdybym ja do Polski nie wracała, bo wtedy było bardzo ciężko, no i nie wróciłam. (W75/K/47/1986/nW)

Czynniki społeczne

Badacze PRL-owskiej rzeczywistości zauważają, że rzeczywistość ta doświadczana była przez ogromną część społeczeństwa jako absurdalna, sprzeczna ze zdrowym rozsądkiem i bezsensowna (Marody 1991; Marody, Sułek 1987; Poleszczuk 1991; Siciński 1988). Poczucie bezsensu płynęło, z jednej strony, z doświadczeń życia codziennego, z poziomu „codziennej krzątaniny": działań związanych z pracą zawodową, która – wolna od kapitalistycznej logiki – wymuszała często na ludziach wykonywanie według nich czynności bezproduktywnych, marnotrawiących materiały i ludzki wysiłek; działań związanych z prowadzeniem domu i wydawaniem pieniędzy (o czym była mowa wyżej); wreszcie, z kontaktów z instytucjami życia publicznego (takimi jak przychodnia zdrowia czy różnego rodzaju urzędy), które jawiły się przeciętnemu obywatelowi jako nieprzyjazne, kierujące się absurdalnymi przepisami, gdzie załatwienie jakiejkolwiek sprawy wymagało upokorzeń, posługiwania się pochlebstwami, przekupstwem czy groźbą i rodziło deficyt szacunku w skali społecznej (Giza-Poleszczuk 1991; Nowak 1984b).

Zasady, jakimi rządziły się urzędy państwowe, wydawały się nieraz przeczyć logice i zdrowemu rozsądkowi. Jeden z emigrantów wspomina np., jak całą rodziną starali się o paszporty na wyjazd na wakacje do Jugosławii (paszporty na wyjazd do innych krajów socjalistycznych już mieli), otrzymali je jednak tylko on i trzyletnia córeczka – żonie paszportu nie przyznano. Rozgoryczenie tym spowodowane przesądziło o podjęciu decyzji o wyjeździe z Polski:

> No i to było takie [...] nas to rozgoryczyło, że pojechaliśmy wtedy do Albeny, tam do Bułgarii, i po powrocie zdecydowaliśmy się, że tak nie można, no bo to była kpina. To była kpina po prostu, bo gdybyśmy wszyscy nie dostali, no to [...] ja dostałem, córka dostała, no to co, ten urzędnik myślał, że ja z córką pojadę, żona zostanie? (W15/M/49/1990/W)

Obok doświadczeń codziennego życia poczucie bezsensu rodziło się także przy okazji zastanawiania się nad sensem długofalowych działań oraz spojrzenia w przyszłość, na całe życie[12]. Z wypowiedzi badanych emigrantów – obok zmęczenia czy wręcz wykończenia trudnościami codziennego życia w Polsce – przebija poczucie marazmu i przekonanie o braku perspektyw, szczególnie dotkliwie odczuwane zwłaszcza przez ludzi młodych, zakładających wówczas rodziny. Fakt ten podkreślają szczególnie osoby, których sytuacja ekonomiczna w momencie wyjazdu była zadowalająca, ale także te, którym wydawało się, że materialnie i zawodowo osiągnęły już wszystko:

> [...] jedyne, czego nie było, nie było perspektyw (W90/M/48/1986/W);

> [...] widziałem koniec. Nie ma nic więcej do zrobienia, prawda (W73/M/51/1980/W).

Uderza brak wiary w możliwość zmiany:

> [...] wyjazd spowodował brak wiary w odnowę. (W67/M/56/1990/W)

> OK, w 86 roku nie było szans życiowych w Polsce dla nas, nie było dla nas przyszłości. Żyliśmy w kraju, gdzie byliśmy naprawdę wiele, wiele lat z tyłu,

---

[12] Jednym z powszechnie obserwowanych sposobów budowania sensu życia było przenoszenie własnych aspiracji na dzieci. Z badań socjologicznych prowadzonych w latach 80. wynikało, że nawet stosunkowo młodzi rodzice rezygnowali z własnych dążeń, przenosząc swoje ambicje rozwojowe na dzieci (Tarkowska 1985).

w szarzyźnie, bez przyszłości dla młodych ludzi, bez jakiegokolwiek sensu chodzenia, uczenia się i pracowania [...]. Wyjeżdżając z Polski, nie śniło nam się, że to się może skończyć, bo w tamtym czasie nikomu to się tego nie śniło, że komuna za trzy lata po prostu przestanie w Polsce istnieć, tego nikt nie wiedział. (W30/M/35/1989/Ś)

[...] stan po 82 roku, po 81, po stanie wojennym, ja przynajmniej miałem takie wrażenie, że [...] ten taki stan [...] absolutnego marazmu, że już nic w tej Polsce się nie zmieni, będzie trwał bardzo długo. Można to porównać, nie wiem, ze stanem przebywania w dusznym, ciasnym pomieszczeniu i po prostu ta decyzja była taka, żeby się wreszcie wyrwać z tego [...] z tej ciasnoty, z tej duszności. Nie wiem, czy to jest dobre porównanie, ale mniej więcej tak to było i później, żeby się wyrwać w większy świat, żeby stworzyć sobie nową szansę na życie. I to była główna motywacja. (W41/M/48/1986/W)

Obok dezorganizacji życia codziennego innym źródłem frustracji i zniechęcenia były stosunki międzyludzkie. Miała miejsce swoista brutalizacja tych relacji, jak w przytoczonej wcześniej scenie kolejkowej, wymuszona w pewnym stopniu codzienną walką o przetrwanie. Sfera współżycia z innymi ludźmi oceniania była w badaniach socjologicznych bardzo nisko (Borowski 1986; Kurczewski 1985; Staniszkis 1986). Jak zauważają badacze, deficyt prestiżu (szacunku), deficyt dóbr (reguł ekspansji) oraz motywacji symbolicznych (działań) stanowiły główne źródła zagrożeń w sferze interakcji z innymi (Giza- -Poleszczuk 1991). Sposób organizacji życia społecznego rodził ponadto styczności i stosunki społeczne o patologicznym charakterze, szerzyły się korupcja i nepotyzm, kradzieże publicznego mienia (zjawiska powszechne także na najwyższych piętrach władzy) i lekceważenie obowiązków zawodowych (Radziwiłł, Roszkowski 1994:221). Również ten wątek pojawia się w wypowiedziach imigrantów:

[...] przede wszystkim skłoniły mnie [do wyjazdu] takie rzeczy, jak stosunki międzyludzkie w Polsce. Czyli pijaństwo, którego nie znosiłem, chamstwo i złodziejstwo [...]. W biurze pracowałem, miałem do czynienia z ludźmi i właśnie to złodziejstwo to mnie wykańczało nerwowo. Plus, jak się zawiązała Solidarność, to wszystko z partii od razu przechodziło na Solidarność; ja nie widziałem szans absolutnie na zmianę, bo każdy tylko chciał żądać; postulaty wysuwano, a do pracy nie było nikogo; każdy pracę odwalał, wiadomo, w jaki sposób. I tego są efekty teraz, to wszystko widać właśnie po gospodarce, sposób myślenia ludzi, sposób postępowania czy podejścia do pracy. A ja miałem zupełnie inne nastawienie i ze mną się tam nikt nie zgadzał. Ja się też nie mogłem z nikim zgodzić, bo mnie taka robota nie odpowiadała i szukałem wyjścia do wyjazdu, od kiedy byłem takim chłopakiem; mnie się tam nie podobało po prostu. (W63/M/46/1989/Ś) [po 2 latach we Francji] Przed wyjazdem skończyłem studia, odbyłem służbę wojskową po studiach i pracowałem przez rok, i [...] wszędzie się zetknąłem z bezsensem systemu. I prawdę mówiąc, byłem gotów pracować znacznie poniżej swoich kwalifikacji, ale w normalnym, zdrowym systemie. (W8/M/47/1983/W)

Znudzenie Polską. Zdenerwowanie życiem, jakie tam wiodłem, ciągłą walką o przetrwanie – ja pracowałem w firmach zagranicznych, prowadziłem firmy zagraniczne i swego rodzaju [...] zdenerwowanie na system przekupstwa i na ogólnie cały system polityczny panujący w Polsce. Rozgardiaszu i bałaganu[13]. (W28/M/47/1989/W)

W cytowanych wypowiedziach znaleźć można potwierdzenie wszystkich negatywnych zjawisk charakteryzujących rzeczywistość społeczną doby PRL-u, o których mówią także inne badania i analizy socjologiczne tego okresu, takich jak: dezorganizacja życia codziennego, patologiczny charakter stosunków międzyludzkich, powszechność sytuacji uwłaczających ludzkiej godności[14], a na początku dekady dodatkowo także dominujące w społeczeństwie poczucie niepewności i braku bezpieczeństwa, które narastało na tle kryzysu gospodarczego i politycznego (w tym obaw przed interwencją radziecką). Wykończenie ciągłą walką o wszystko, psychiczne zmęczenie systemem, jawi się z perspektywy lat jako jeden z głównych motywów wyjazdu.

Obraz Polski lat 80., jaki wyłania się z wypowiedzi badanych, rysowany jest w niezwykle ciemnych barwach. Warto jednak zauważyć, że decyzje o migracji podlegają z czasem racjonalizacji, co przynajmniej w jakimś stopniu tłumaczyć może nacisk głównie na negatywne zjawiska – ostatecznie mimo masowego charakteru emigracji nie wszyscy decydowali się opuścić kraj w tym okresie. Również w samych wypowiedziach badanych (niekoniecznie tych dotyczących bezpośrednio motywów wyjazdu) pojawiają się nawiązania do okresu szczęśliwej młodości i bliskich relacji międzyludzkich (sąsiedzkich, towarzyskich), które bądź co bądź nie mogłyby zaistnieć, gdyby życie społeczne podlegało tak daleko idącej dezorganizacji

---

[13] Emigrację motywowaną niezgodą na dominację nieformalnych reguł i grup interesów (tzw. układów, powszechnych w dobie PRL-u; Rychard 1983) Kurcz i Podkański nazywają „emigracją społeczno-kulturową" (1991:41). Piszą: „Zjawiska te stały się przyczyną wielu wyjazdów z Polski w przypadku ludzi, którzy nie mogli pogodzić się z realiami życia, kształtowanymi ostatecznie przez osobliwe kategorie społeczne: »załatwiaczy«, »staczy«, »mających dojścia«, »posiadających władzę i bezkarność«, i ich dobrowolną, społecznie szeroką klientelę, współtworzącą przez pragnienie własnych korzyści zwyczaje, obyczaje i oblicze całego społeczeństwa" (1991:41).

[14] Jedna z badanych kobiet stwierdziła nawet, że warto było przyjechać do Kanady choćby ze względu na „niesamowitą różnicę", jaką odczuła, rodząc pierwsze dziecko w Polsce („w ogromnych katuszach"), a potem drugie w Kanadzie.

i patologiom, jak sugerują to inne wypowiedzi. Wydaje się natomiast, że klimat społeczny lat 80. sprzyjał postrzeganiu emigracji jako jednej z najlepszych strategii radzenia sobie z trudnościami życia codziennego, poczuciem marazmu i braku perspektyw. Można przypuszczać, że – przynajmniej w niektórych środowiskach – panowała swego rodzaju gorączka emigracyjna, mająca zresztą swoje precedensy w historii Polski (np. słynna „gorączka brazylijska" pod koniec XIX oraz na początku XX wieku; Groniowski 1972, 1979; Mocyk 2005; Paleczny 1992). Dominowało przekonanie o powszechności emigracji – jeden z emigrantów stwierdził, że „[...] wszyscy Polacy wyjeżdżali w tamtym okresie". Niektórzy, jak cytowany niżej Polak, mówią o swoistej „modzie na wyjazd":

> A, wyjechałem z Polski do Grecji w 1988 roku bez żadnych większych planów. Myślałem coś tam o jakiejś emigracji większej za Ocean, ale to było, wiesz, gadanie podwórkowe. [...] przyznaję, że to taka miała być przygoda [...]. W Polsce, wiesz, jak było w 88 roku, może nie pamiętasz, ale było nieciekawie. Wszyscy wtedy uciekali, bo była taka, można powiedzieć, **moda na wyjazd**, gdzieś do Włoch, do Grecji. Wyjechałem. (W1/M/43/1992/Ś) [wyróżnienie M.K.-A.]

Wyjazdy rodziny i znajomych stanowiły bodziec stymulujący emigrację kolejnych osób, nieraz nie do końca przemyślaną. Prawdopodobnie w sposób najbardziej naturalny strategia wyjazdu nasuwała się natomiast osobom, które znały zachodnią rzeczywistość z wyjazdów z okresów studenckich, odwiedzin u rodziny czy wyjazdów służbowych. Zdarzało się, że kontakt z „zachodnią *reality*", który miał miejsce w trakcie zagranicznych wycieczek – wyższym standardem życia, komfortem materialnym – graniczył z olśnieniem, tak szokujące było zetknięcie z zamożnymi zachodnimi społeczeństwami dla osób wyrwanych z szarej rzeczywistości polskich miast. Wyjazdy takie otwierały również perspektywy na świat; uświadamiały, że w innych krajach młodzi ludzie mają większe możliwości – studiowania i podróżowania. Bardzo dobitnie opisują te doświadczenia cytowani niżej emigranci:

> Pojechałem, zobaczyłem, jaka jest różnica między Grecją a Polską, to po prostu [...] mnie to zaszokowało, inny standard życia, ludzie młodzi, wolność całkowita, piękne motory, samochody, w ogóle [...] życie całkiem inne w porównaniu z Polską, z szarzyzną, co w tym czasie było, bo wtedy w Polsce nic nie było, kompletnie, było pusto, samochodów nie było praktycznie możliwości kupić, to trzeba było całe życie robić na małego fiata albo lepiej i odkładać, i to też jeszcze nie wiadomo, czy się dało kupić. Pojechałem tam w 86 roku i wróciłem, przez cały rok nie dawało mi to spokoju. I próbowałem. [...] po prostu nie mogłem o tym zapomnieć, to było tak jakby jakiś sen, który[...] nagle się obudziłem i mówię: Co ja zrobiłem, po co ja wróciłem? Wróciłem ze względu na

rodziców i później cały czas myślałem, żeby jeszcze raz wyjechać, już na stałe. (W30/M/35/1989/Ś)

No i później autostopem dojechałam do miasta Wesel [w Nadrenii], tam byli znajomi, no i oczywiście byłam oczarowana tym wszystkim [...]. Teraz właściwie osoby tego nie rozumieją, bo przedtem, jak teraz np. ty mieszkasz w Polsce, wszystko jest, ale przedtem jak tylko na półkach stał ocet i cukier, i... teraz te rzeczy nie mają znaczenia, ale przedtem to było, wiesz, coś takiego oszałamiającego, że wychodzisz na dworzec czy gdzieś, a tam wszystkie kolory [...] sam kiosk pięć razy obeszłam w koło, wiesz, z zadziwienia. Teraz się dziwię, że to robiłam, ale wiesz, te odczucia to przedtem były. (W16/K/42/1987/Wn)

Czynniki cywilizacyjne

Brak perspektyw w Polsce jako główny motyw wyjazdu, o którym wspomina część badanych, mógł oznaczać nie tylko brak perspektyw ekonomicznych, ale także zahamowanie możliwości rozwoju zawodowego, możliwości samorealizacji[15]. Niektórzy (np. dziennikarze) nie mogli po stanie wojennym wrócić do wykonywanego zawodu z powodu swoich sympatii politycznych. W innych przypadkach do głosu dochodziły bardziej złożone racje. Praca wydawała się często pozbawiona sensu nie tylko ze względu na wspomniane powszechne marnotrawstwo materiałów i ludzkiego wysiłku, ale także z powodu specyficznych uwarunkowań cywilizacyjnych. Uwarunkowania te podkreślają zwłaszcza osoby wykonujące wolne zawody i pracujące na uczelniach. Na pytanie o przyczyny emigracji pada odpowiedź:

Raczej [wyjazd z powodu] poszukiwawczych rzeczy. To znaczy ja znałem już z czasów studenckich [...], jak wygląda mieszkanie, życie w Niemczech, także po części podobało mi się, także też to były przyczyny ekonomiczne do pewnego stopnia. Druga sprawa to była taka, że w momencie, kiedy podjąłem pracę jako asystent na uczelni, zacząłem się specjalizować w kierunku protetyki stomatologicznej, a początkowe prace, które powinny iść do doktoratu [...], że... próbowaliśmy coskolwiek robić i dochodziło do tego, że odkrywaliśmy na nowo Amerykę już odkrytą. Także w pewnym sensie dla mnie nie było to przyjemnością robić coś, pseudonaukową działalność prowadzić, badania, które i tak, i tak już dawno były zrobione i dokonane na Zachodzie, opisane dokładnie, także nie widziałem sensu powielania, robienia tej samej pracy. (W43/M/44/1990/W)

Powyższe słowa kierują uwagę na cywilizacyjne zacofanie kraju odseparowanego od świata żelazną kurtyną. Zahamowanie swobodnego przepływu nie tylko ludzi, ale także idei odbijało się na działalności naukowej,

---

[15] Przekonanie o głównie ekonomicznym charakterze emigracji z Polski w latach 80. było w polskim społeczeństwie dość powszechne (zob. np. badania Lutyńskiej 1991).

która – pozbawiona nieskrępowanego dopływu wiedzy o najnowszych odkryciach – traciła swój sens. Osoby, które jako studenci lub młodzi naukowcy wyjeżdżały na Zachód, uświadamiały sobie ów dystans cywilizacyjny i często poszukiwały później możliwości wyjazdu na stałe. Tym zapewne tłumaczyć należy tak liczny odpływ kadry akademickiej za granicę w latach 80., o którym była mowa na wstępie rozdziału.

Cytowana wypowiedź potwierdza jednocześnie wcześniejszą obserwację, że z Polski lat 80. emigrowały często osoby znajdujące się w stosunkowo uprzywilejowanej sytuacji. Mogło to być uprzywilejowanie ekonomiczne, ale także związane z możliwością wyjeżdżania na Zachód z racji studiów lub wykonywanego zawodu, która dla większości społeczeństwa była zamknięta. Wyjazdy takie stawały się zwykle źródłem wykorzystywanego później kapitału jeśli nie finansowego (podejmowanie nierejestrowanej pracy podczas różnego rodzaju wyjazdów do krajów kapitalistycznych było powszechną praktyką), to w postaci znajomości dających w przypadku późniejszej emigracji przynajmniej punkt zaczepienia w obcym kraju.

Niemożność właściwego wykonywania pracy i w związku z tym czerpania z niej satysfakcji mogła napotykać bardzo prozaiczne, materialne ograniczenia. W tym kontekście pojawia się problem braku odpowiednich narzędzi i środków do pracy, jak w poniższej wypowiedzi kobiety, dentystki, która dołączyła na początku lat 90. do męża przebywającego już w Kanadzie, gdzie pracuje w swoim zawodzie. Na pytanie o przyczyny emigracji obok zamiaru połączenia się z mężem pada odpowiedź:

> [...] ja uwielbiam się uczyć i lubię pracować, lubię dobrą jakość wykonywać. Zresztą wydaje mi się, że to była jedna z przyczyn, dlaczego wyjechałam z Polski. Bo... w tym czasie, kiedy ja pracowałam, nie mieliśmy ani żadnych [...] brakowało znieczuleń do usunięć, brakowało igieł, brakowało strzykawek, brakowało wszystkiego. Była taka sytuacja w Polsce, niestety. I dla mnie leczenie było po prostu nieetyczne w Polsce. Nieetyczne. Ja bardzo często kupowałam swoje własne materiały, którymi pracowałam w gabinecie, bez zarobku, jeżeli miałam szczególnie młodych ludzi, którzy mieli zepsute z przodu zęby po to tylko, żeby starczyło im na dłużej, aż wreszcie przyjdą takie czasy, że będą mogli sobie to wszystko porobić. Także jest [...] moja mama była dentystką i [...] chyba ona mi zaaplikowała taką ogromną dozę etyki w tym zawodzie. (W49/K/43/1991/W)

Czynniki indywidualne

Obok uwarunkowań specyficznych dla dekady lat 80. decyzje o wyjeździe z Polski w tym okresie znajdowały się pod wpływem czynników oddziałujących także w innych okolicznościach miejsca i czasu. Chodzi tu zwłaszcza o motywy poznawcze oraz emocjonalne – z jednej strony, ciekawość świata i chęć poznania nowych miejsc, ludzi i przeżycia przygody, z drugiej zaś chęć dołączenia do ukochanej osoby, ucieczki od patologicznych relacji osobistych czy rodzinnych itp. Oto przykłady wypowiedzi wskazujących na motywację tego typu:

[...] przygoda życiowa, wagabundowanie (W16/K/42/1987/Wn);

[...] troszkę tak po wariacku, ciekawość świata, planów bardzo konkretnych nie miałem, rodziny też nie miałem, tak że byłem... jak to się mówi, swobodny zupełnie, młody jeszcze jako tako i swobodny, więc w zasadzie główną tą przyczyną chyba były gorące namowy ze strony rodziny (W19/M/51/1978/Ś);

[...] turystycznie, ciekawość świata (W70/K/48/1984/W);

[...] rodzice kłócili się, zdaje się, jak zwykle. Spakowałam plecak, powiedziałam, że będę za dwa tygodnie (W16/K/42/1987/Wn);

[...] chęć przeżycia przygody, poznania świata. (W71/K/47/1984/Ś)

Warto jednocześnie zauważyć na marginesie, że postrzeganie motywów wyjazdu przez samych badanych zmienia się wraz z upływem czasu na skutek doświadczeń w kraju przyjmującym (np. ostatnia cytowana w tym miejscu respondentka z perspektywy czasu widzi swoją emigrację także jako chęć sprawdzenia siebie i osiągnięcia rozwoju duchowego).

Portret emigranta lat 80. XX wieku

Analiza wypowiedzi badanych polskich imigrantów w Kanadzie wskazuje na dominację czynnika ekonomicznego jako motywu wyjazdu z Polski w latach 80. XX wieku. W zdecydowanej większości przypadków czynników leżących u podłoża decyzji migracyjnych było jednak wiele i często trudno wyróżnić wśród nich jakiś jeden główny, dominujący. Warto w tym miejscu przytoczyć słowa jednej z imigrantek, stanowiące swoistą kwintesencję złożonych uwarunkowań emigracji lat 80.:

To był ostatni etap komunizmu w Polsce [...] moment, kiedy opuszczałam Polskę, był takim dość dramatycznym momentem. [...] nie ufałam nigdy, że cokolwiek się zmieni. Przyczyny mojego wyjazdu z Polski były związane głównie z sytuacją [...] w zasadzie wszystkie elementy brałam pod uwagę, materialne i polityczne, i społeczne. Była jakaś taka dziecinna wizja, że wystarczy opuścić Polskę i już wszystko w życiu się zmienia. (W32/K/45/1989/nW)

Wśród przyczyn wyjazdu znajdują się okoliczności: polityczne (najbardziej widoczne u emigrantów zaangażowanych w działalność opozycyjną), ekonomiczne (oddziałujące najsilniej na początku lat 80., kiedy emigracja była w większym stopniu faktyczną ucieczką od ostrego kryzysu gospodarczego) oraz szeroko rozumiane czynniki społeczne (dezorganizacja i chaos w życiu codziennym, patologiczny charakter stosunków międzyludzkich, a także brak nadziei na zmiany). Na ogólną sytuację polityczną oraz społeczno-ekonomiczną oddziaływało jednak także wiele czynników indywidualnych, często irracjonalnych, o emocjonalnym charakterze. Były one związane z indywidualnymi predyspozycjami (takimi jak skłonność do podejmowania ryzyka, nastawienie na przeżycie przygody, ciekawość świata, skłonność do ulegania modzie), ale także z ogólną atmosferą panującą w latach 80. przynajmniej w niektórych środowiskach, którą określić można mianem swoistej gorączki migracyjnej.

Jeśli pominąć ostatnią grupę czynników, w dużym stopniu uniwersalnych i niezależnych od konkretnego miejsca i czasu, można powiedzieć, że wspólnym mianownikiem decyzji o wyjeździe z Polski lat 80. było poczucie braku kontroli nad własnym życiem. Uczucie to rodziło się, z jednej strony, na skutek tłumienia przez komunistyczne władze wszelkiej spontanicznej aktywności obywatelskiej i politycznej. Z drugiej strony, system komunistyczny był jednak zniewalający także w tym sensie, że nie pozwalał wielu osobom wyjść poza walkę o sprawy materialne na podstawowym poziomie. Widać to wyraźnie z perspektywy czasu, z perspektywy kilkunastoletniego pobytu w Kanadzie, gdzie wielu imigrantów osiągnęło komfort materialny pozwalający na swobodne życie.

Poczucie braku kontroli powstało ponadto na skutek doświadczania sytuacji, w których bez względu na wysiłek wkładany w realizację różnego rodzaju działań – od konsumpcji, przez kontakty z instytucjami publicznymi, po działalność zawodową – ich efekt wydawał się i tak zależny nie od jednostki, lecz od państwowego systemu dystrybucji, decyzji urzędników, przełożonych itp. Powstawało podkreślane często przez emigrantów wrażenie „duszenia się" w komunistycznym systemie. Najbardziej chyba dobitnie ilustruje tę sytuację wypowiedź Polaka, który wspomina kraj przez pryzmat swojej późniejszej emigracji do Stanów Zjednoczonych, a potem do Kanady:

> I to był główny powód przyjazdu do Kanady: być legalnie na tym kontynencie i cieszyć się tym życiem, jakie tutaj jest. Ze wszystkimi oczywiście plusami i minusami, mówię [...] o wolności wyboru, o tym, że ci nikt nie przeszkadza w realizacji twoich planów, jeśli decydujesz się na coś. Po prostu to jest twoja droga. [...] Nie udało nam się do tej pory powrócić do Stanów, chociaż zawsze marzyliśmy o tym, żeby tam wrócić, bo... bo tam nam dano szansę, te pierwsze... pierwszy oddech i wolności, i takiej [...] poczucia tego, że cały los, całe wszystkie plany zależą tylko i wyłącznie od ciebie, od tego, jak to zaplanujesz i od wytrwałości twojej, jak to będziesz chciała realizować, ile musisz poświęcić na to czasu, emocji, nerwów. I to wszystko zależy tylko od ciebie. **I to było dla mnie niesamowitym odkryciem w wieku 35 lat czy 33; człowiek odkrywa**

nagle, że tyle rzeczy mogą zależeć tylko od ciebie. To jest [...] to jest tak jak otwarcie okna w starym, wiesz [...] mieszkaniu [śmiech]. **Dla mnie to było... to było jakby najważniejsze przeżycie, że wszystko zależy ode mnie. Nie od urzędników, którzy mają kontrolować, ustawiać wszystkich** [...]. I jak przyjechałem do Stanów, to tak jakby [...] no sama wiesz, no inny świat zupełnie i to poczucie wolności i tej możliwości było tak orzeźwiające, że po prostu nie chciałem wracać. (W5/M/46/1992/W) [wyróżnienie M.K.-A.]

W cytowanych słowach do głosu dochodzą przede wszystkim czynniki związane z możliwością wyboru i kształtowania własnego losu. Brak wolności w tej sferze stanowił najbardziej chyba charakterystyczną cechę ustroju społeczno-politycznego PRL-u. Bez względu na to, jakie konkretne okoliczności leżały u podłoża decyzji emigracyjnych, wszystkie miały zazwyczaj jeden wspólny mianownik – brak swobody wyboru.

4 | Pierwsze dni na „Świętej Ziemi"
Okoliczności imigracji do Kanady
oraz przebieg początkowego okresu adaptacji

4.1. Okoliczności emigracji do Kanady

Dla Polaków imigrujących w latach 80. i na początku lat 90. XX wieku do Kanady podjęcie decyzji o emigracji z Polski było z reguły pierwszym etapem procesu, który w wielu przypadkach mógł trwać kilka lat i bywał źródłem doświadczeń o wręcz traumatycznym charakterze. Ich źródłem mogły być już same okoliczności wyjazdu z rodzinnego kraju. Okólski zauważa, że teoretycznie gwarantowane przez konstytucję PRL-u prawo swobodnego przekraczania granic kraju w praktyce ograniczane było na różne sposoby, zwłaszcza jeśli w grę wchodził wyjazd do krajów Europy Zachodniej (1994:9). Zezwolenia na emigrację wydawane były przez wyznaczone do tej roli organa władzy państwowej (milicję), które z zasady traktowały zamiar wyemigrowania jako akt zdrady narodowej. Przyznawano je niemal wyłącznie osobom mającym ważne (w rozumieniu dowolnej interpretacji odpowiednich urzędów) powody do połączenia się z członkami rodziny mieszkającymi stale za granicą. Nawet jednak w tych przypadkach uzyskanie zezwolenia wiązało się z uciążliwą i często upokarzającą procedurą administracyjną. W pozostałych przypadkach przeszkody były jeszcze większe i próby otrzymania zgody na wyjazd kończyły się przeważnie niepowodzeniem.

Ilustracją trudności związanych z uzyskaniem paszportu jest historia kobiety, która przyjechała do Kanady niedługo przed wprowadzeniem stanu wojennego (we wrześniu 1981). Jeszcze będąc w Polsce, odpowiedziała na ogłoszenie zamieszczone w gazecie, w którym zamożna żydowska rodzina z Kanady oferowała pracę dla „pani znającej się na gotowaniu". Decydując się na wyjazd, kierowała się m.in. chęcią znalezienia się bliżej syna, który dwa lata wcześniej wyjechał w ramach studiów na praktykę do Stanów Zjednoczonych i nie wrócił z niej. Uzyskanie zaproszenia z Kanady było dopiero wstępem do długiej i uciążliwej procedury. Fragmenty opisu okoliczności przyjazdu znajdują się poniżej. Relacja ta pokazuje, jak wiele determinacji i wysiłku trzeba było niejednokrotnie włożyć w uzyskanie zgody na wyjazd, a i tak dużą rolę odegrał tu szczęśliwy zbieg okoliczności:

No i za jakieś 3 miesiące, to było latem, dostałam już [...] papierki na badania itd., itd. To było wszystko w porządku, wszystko pięknie poszło, no, ale trzeba było złożyć podanie o paszport. I tu się zaczęło. Syn wyjechał nie wrócił, więc walka, wie pani, z biurem paszportowym [...] na tak zwanej Wilczej, tam odmowy. A zresztą naczelnik tego biura mi wręcz powiedział: „Dopóki ten gnój nie wróci, to ja pani paszportu nie dam". I tak to trwało kilka miesięcy. Aż wreszcie, wie pani, w „Sygnałach Dnia" ja usłyszałam wywiad dziennikarza, proszę pani, z dyrektorem wydziału... departamentu chyba od spraw paszportów [...] i z jego kierownikiem, takim kapitanem, jakimś Kłosińskim. Więc niewiele myśląc, proszę pani, po tych wszystkich odmowach, a wysiedziałam się tam nocami [...] a nuż mi się uda. Może tak [...] czy bardzo chciałam, to nie, ale se myślę, gdybym była w Kanadzie, bo się dowiedziałam, że to chodzi o wyjazd do Kanady, to przecież mam szansę zobaczyć się z synem [...]. Więc, proszę pani, no poszłam tam, więc oczywiście w tej poczekalni mnóstwo ludzi, jedna jakaś recepcjonistka, ale jakoś ją dorwałam i mówię do niej, proszę pani, ja chcę się zobaczyć z kapitanem Kłosińskim [tu następuje opis drogi związanej z otrzymaniem paszportu; kapitan z MSZ okazał się ludzki i życzliwy, i dzięki niemu respondentka otrzymała w końcu paszport]. Ja mówię, czy ma pan dzieci. Tak. Co by pan zrobił, gdyby syn wyjechał na wakacje nad morze, a przysłał panu pozdrowienia z Chicago? Tak jak mnie. Załatwiał sobie wszystko sam [respondentka nie wiedziała, że syn wyjeżdża; tu następuje dalszy opis starań i chodzenia po urzędach zakończonego uzyskaniem paszportu]. I 15 września stanęłam na ziemi kanadyjskiej. Oczywiście stanęłam z roczną wizą, z umową o pracę i [...] wszystko miałam załatwione. (W60/K/83/1981/Ś)

Polska administracja robiła bardzo duże utrudnienia zwłaszcza osobom wyjeżdżającym do krajów Europy Zachodniej[1]. Zdradzenie się z zamiarem wyemigrowania nawet w tak niewinnej formie jak wymeldowanie się z pobytu stałego w związku z wyjazdem za granicę mogło doprowadzić do udaremnienia wyjazdu z Polski. Dlatego też emigracja odbywała się często z pominięciem stosownej procedury, najczęściej pod pozorem wyjazdu turystycznego lub służbowego. W takiej sytuacji duży problem stanowiło jednak sprowadzenie innych członków rodziny, co ilustruje przytoczona relacja – urzędnicy stawiali wyraźnie warunek, iż uzyskanie paszportu stanie się możliwe dopiero po powrocie osób pozostających za granicą. Aby zdobyć paszport, zdesperowani emigrujący korzystali z jednego z najcenniejszych zasobów w PRL-owskiej rzeczywistości – sieci nieformalnych kontaktów („wiadomo, w małym mieście, znajomości, udało mi się") – oraz uciekali się

---

[1] Jak zauważają badacze ówczesnej emigracji z Polski, lata 80., w porównaniu z wcześniejszymi dekadami, przy wszystkich trudnościach wiążących się z wyjazdami były i tak okresem względnej łatwości wyjazdu. Liberalizacja polityki paszportowej nastąpiła najpierw na początku lat 70., potem w 1981 r. i wreszcie pod koniec lat 80. Wyjątkiem był jedynie okres stanu wojennego, kiedy poważnie ograniczono możliwość wyjazdów prywatnych (Okólski 1994:9–10; Stola 2001:94).

do korupcji. W wypowiedziach polskich imigrantów w Kanadzie, zwłaszcza tych wyjeżdżających w gorącym okresie na początku lat 80., często spotkać można dość dramatyczne opisy okoliczności towarzyszących emigracji, którą niejednokrotnie bardziej trafnie należałoby nazwać ucieczką. Ich ilustracją jest poniższy opis, który doskonale oddaje atmosferę wyjazdów tego okresu:

> Ja w Polsce miałam skończone studia polonistyczne, mój mąż studia historyczne, żeśmy pracowali [...] ja pracowałam troszeczkę w szkole, ale potem nam się urodziło dziecko, więc byłam na macierzyńskim, no i jak to w tamtych czasach, stałam w kolejkach po mleko, po wszystko. [...] wynajmowaliśmy jakieś mieszkanie. Jeżeli chodziło o jakieś prospekty życia bardziej takiego, no [...] pozytywnego, to były bardzo, bardzo kiepskie. No i to nas skłoniło, żeby pomyśleć, żeby jednak wyjechać, żeby poprawić sobie byt. Nie wiedzieliśmy dokładnie, czym to wszystko pachnie, jak to będzie wyglądało. Może gdybyśmy wiedzieli, to może byśmy nie zebrali się na odwagę [śmiech]. Ale człowiek był bardzo młody, pełen energii, entuzjazmu. [...] najpierw mój mąż wyjechał, wyjechał do Francji, mi odmówiono paszportu [śmiech] [...] i pan milicjant na komendzie mokotowskiej wyjął mój paszport i podanie, i tak pomachał mi przed nosem i powiedział: Dopóki mąż nie wróci z jego wakacji, to proszę nawet nie składać odwołań [śmiech]. Także wreszcie załatwiony został ten paszport tak [...] nielegalnie, za łapówkę, no i wyprysnęłam, miałam 48 godzin. W momencie, jak się dowiedziałam, że mogę wyjechać, to wszystko się stało w przeciągu 48 godzin, także było to bardzo szokujące, zlikwidować mieszkanie, dziecko moje miało wtedy 14 miesięcy, nie wolno było nic nikomu powiedzieć, szczególnie sąsiad był jakiś donosiciel [...] jego brat pracował w tym [...] w SB czy tam w czymś takim, no to trzeba było bardzo uważać. Jak tu zlikwidować mieszkanie, powiedziałam, że wyjeżdżam na wakacje do rodziców na lato, także [...] ukradkiem w ciągu dnia, jak ten sąsiad był w pracy, szybko trzeba było wszystko wynieść, pozbyć się. Był to niesamowity szok, taki wyjazd w przeciągu 48 godzin. [...] dostałam wizę, ponieważ miałam koleżankę, która [...] miała francuskie obywatelstwo, więc przez boczne drzwi dostałam wizę do Francji, ten paszport nielegalnie, wujek bilety załatwił. W każdym bądź razie był to tak straszliwy stres, że miałam pierwszy raz w życiu [...] autentyczną amnezję. Mianowicie absolutnie, kompletnie nie pamiętam lotu z Warszawy do Paryża, zupełnie [...] zupełna luka w pamięci. Tak, to było szokujące przeżycie. (W87/K/48/1981/W)

Rodzinny charakter emigracji

W latach 80. z Polski emigrowano bardzo często całymi rodzinami i w zamierzeniu na stałe lub – w związku z brakiem wiary w zmianę systemu – ze świadomością, że droga powrotu pozostanie na długo zamknięta[2]. Wskutek

---

[2] Z uwagi na liczne ułatwienia charakter rodzinny ma w ogóle znaczna część imigracji do Kanady, bez względu na kraj pochodzenia przyjeżdżających. W latach 1980–1995 aż 2/3 imigrantów

uwarunkowań politycznych proces migracji przebiegał etapami. Często początkiem był wyjazd stosunkowo młodego mężczyzny pod pozorem – co charakterystyczne dla tego okresu – wyjazdu turystycznego. Emigracja nielegalna była więc pierwszym etapem procesu migracji. Następnie do mężczyzny dołączała jego partnerka (niekoniecznie poślubiona przed jego wyjazdem z Polski) oraz ewentualnie dzieci. Wyjazdy te przybierały na ogół formę emigracji legalnej i stanowiły drugie jej stadium[3] (Okólski 1994:44; Kurcz, Podkański 1991:60). Taki mechanizm migracji datuje się zresztą od czasów wychodźstwa z ziem polskich pod zaborami; pojawił się on także w okresie międzywojennym oraz po 1945 roku w przebiegu migracji wewnętrznych z centralnej Polski na Ziemie Zachodnie. W każdym z tych przypadków mężczyzna emigrował jako pierwszy, a następnie sprowadzał partnerkę, zwykle z rodzinnej miejscowości (w przypadku emigracji do Ameryki odbywało się to przy pomocy pośredników werbunkowych, towarzystw żeglugowych itp.) (Leoński 1979:52; Dobrowolski 1973:87).

Podobny, etapowy charakter migracji, której pionierem był mężczyzna, można zaobserwować w odniesieniu do Kanady w latach 80. – aż do 1991 roku widoczna jest wyraźna przewaga mężczyzn wśród osób imigrujących do tego kraju (ok. 52%; dopiero w latach 1992–1996 imigracja uległa sfeminizowaniu; Slany 2002a:157). Zdarzało się jednak, że stroną inicjującą wyjazd była kobieta i ona wyjeżdżała pierwsza, a partner dołączał później (wśród badanych znalazła się jedna taka osoba).

Jedna z najbardziej popularnych dróg migracji do Kanady wiodła przez obozy dla uchodźców znajdujące się w krajach Europy Zachodniej: Austrii, Włoszech i Niemczech, a także Grecji[4]. Niektóre spośród krajów pośrednich stwarzały bardzo dobre warunki uchodźcom z Polski, ale z różnych powodów pozostawanie w nich okazywało się często niemożliwe lub też sami Polacy nie chcieli przedłużać pobytu. Wpływały na to np. niechętne postawy miejscowej ludności albo perspektywa trudności z uzyskaniem pełnych praw obywatelskich. Poszukując dalszych dróg emigracji, rzadko wybierano Kanadę jako kraj docelowy. Z analizowanych tutaj wypowiedzi imigrantów wynika, że dla wielu magnesem były przede wszystkim Stany Zjednoczone, gdzie przebywała już dalsza lub bliższa rodzina, panowała lepsza koniunk-

---

przyjechało do Kanady, ponieważ towarzyszyło innemu członkowi rodziny lub miało w tym kraju kogoś bliskiego (Thomas 2001:16).

[3] Za hipotezą tą przemawiałaby przewaga kobiet wśród wyjeżdżających na stałe w oficjalnych statystykach Biura Paszportów MSW. Na przykład wśród 3771 osób emigrujących w latach 1986–1988 na stałe do Kanady 34,6% stanowili mężczyźni, a 65,4% kobiety (Kurcz, Podkański 1991:60).

[4] Na przykład ten ostatni kraj przyjmował w latach 1987–1989 ok. 60–90 tys. polskich turystów rocznie; na początku lat 90. liczebność Polaków w Grecji szacowano na 100–150 tys. (Romaniszyn 1994:24–25).

tura gospodarcza, lub które po prostu wydawały się mityczną ziemią obiecaną tkwiącym w komunistycznym marazmie Polakom. To Kanada jednak stworzyła możliwość osiedlenia się, uzyskania stałego pobytu i potem obywatelstwa, a niejednokrotnie także pomocy materialnej w pierwszym okresie po przyjeździe – możliwości tych nie dawały wówczas Stany Zjednoczone. Na przestrzeni lat 80. w trakcie emigracji do Kanady wykorzystywane były sieci migracyjne powstałe jako konsekwencja wcześniejszych fal emigracyjnych z Polski. Polscy emigranci kontaktowali się z mieszkającymi w Kanadzie od lat członkami bliższej lub dalszej rodziny i prosili ich o pomoc w umożliwieniu imigracji do tego kraju. Spora liczba osób przyjeżdżała także początkowo w odwiedziny do krewnych, a dopiero na miejscu decydowała się zostać i prosić o azyl, np. pod wpływem wiadomości o wprowadzeniu stanu wojennego. Polska diaspora polityczna w Kanadzie na początku lat 80. tworzyła się częściowo w rezultacie decyzji o pozostaniu tych, którzy przyjechali tam wcześniej, częściowo na skutek odpływu z Polski już w samej omawianej dekadzie (Slany 2002a:157).

Sieci migracyjne tworzyły się także w obozach dla uchodźców. Poznani w nich Polacy, którzy wyjechali wcześniej do Kanady, byli źródłem informacji dla kolejnych imigrantów, a często także źródłem pomocy i wsparcia po przyjeździe. Nie zawsze wiadomości napływające od znajomych znajdujących się już za oceanem były entuzjastyczne, jednak wyobrażenie o Ameryce jako ziemi obiecanej było zbyt silne, by cokolwiek było w stanie je obalić (zob. dalej na ten temat).

Imigracja do Kanady w liczbach

Według oficjalnych statystyk w latach 1980–1993 do Kanady przyjechało łącznie od 115 071 do 117 335 Polaków[5]. Pod koniec okresu, w którym obowiązywały przepisy ułatwiające imigrację Polaków, gwałtownie wzrosła liczba osób, które znalazły się w Kanadzie z różnych przyczyn, skorzystały jednak z możliwości pozostania. W zamierzeniu pobyt czasowy przekształcił się jednak w wielu wypadkach w emigrację stałą. Aż do 1993 roku Polacy figurują także w kanadyjskich rejestrach uchodźców (z uwagi na wspomniany wcześniej długi okres rozpatrywania podań o uzyskanie statusu imigranta w Kanadzie).

Liczba imigrantów z Polski, utrzymująca się od czasu wygaśnięcia fali powojennej aż do lat 80. na poziomie około tysiąca osób rocznie, wzrosła

---

[5] Ta pierwsza liczba uwzględnia ostatni kraj stałego zamieszkania, ta druga kraj urodzenia i odnosi się także do osób, dla których przystankiem w drodze do Kanady był jakiś kraj europejski. Dlatego liczba imigrantów według kraju urodzenia jest zawsze w każdym omawianym roku większa od liczby osób według ostatniego miejsca stałego zamieszkania.

do ok. 4 tys. w 1981, by rok później zwiększyć się ponad dwukrotnie. Lata 1983–1985 przyniosły stopniowy spadek zarejestrowanej liczby imigrujących do ponad 3,6 tys. Od 1986 liczba imigrantów zaczyna ponownie wzrastać i osiąga największą wartość na przełomie dekady – w 1990 Kanada przyjęła od 16 536 do 16 579 Polaków. W sumie lata 1989–1992 to okres najbardziej intensywnej imigracji z Polski w obydwu dekadach, przekraczającej 11 tys. osób rocznie[6]. W 1993 roku liczba imigrantów spada prawie dwukrotnie w stosunku do roku poprzedniego i systematycznie maleje w kolejnych latach (zob. tabela 5 oraz wykres 3 w Aneksie 2).

Tabela 5. Emigracja z Polski do Kanady w latach 1979–1996

Lata	Liczba imigrantów z Polski według kryterium ostatniego kraju stałego zamieszkania (*immigration by country of last permanent residence*)	Liczba imigrantów z Polski według kryterium kraju urodzenia (*immigration by country of birth*)	Uchodźcy polityczni przyjęci w Kanadzie*
1979	1 045	1 263	–
1980	1 185	1 395	–
1981	3 850	4 093	–
1982	8 278	9 259	–
1983	5 094	5 374	2 034
1984	4 499	4 640	2 064
1985	3 617	3 642	2 209
1986	5 231	5 283	3 620
1987	7 036	7 132	4 545
1988	9 231	9 360	6 801
1989	15 985	16 042	12 393
1990	16 579	16 536	11 902
1991	15 731	15 737	10 123
1992	11 878	11 918	4 872
1993	6 877	6 924	861
1994	3 423	3 552	–
1995	2 302	2 440	–
1996	2 059	2 165	–
Ogółem	**123 900**	**126 755**	**61 424**

* *Convention Refugees and Members of Designated Classes by Country of Last Permanent Residence.*

Źródło: opracowanie własne na podstawie: *Immigration Statistics*, 1980–1991.

---

[6] Rok 1989 to okres nasilenia wyjazdów z Polski w ogóle – jeszcze przed wyborami ostatnie władze PRL-u praktycznie zrezygnowały z reglamentacji wyjazdów w ramach polityki paszportowej (Stola 2001:98). Części spośród emigrujących – zarówno tych przebywających jeszcze w kraju, jak i za granicą – wydarzenia ostatnich miesięcy istnienia PRL-u przypominały sytuację z początku lat 80., co wpływało na decyzję o podjęciu emigracji lub pozostaniu za granicą.

Najchętniej wybieranym przez polskich imigrantów miejscem osiedlenia się była prowincja Ontario, ze stolicą w Toronto (zob. tabela 6). Spora ich część kierowała się także do Quebecu, Alberty oraz Kolumbii Brytyjskiej, a niewielka liczba do położonych na preriach – podobnie jak Alberta – Manitoby i Saskatchewan. We wszystkich tych prowincjach znajdowały się już skupiska polskich imigrantów z poprzednich fal. Pozostałe prowincje przyjmowały rocznie w trakcie całej dekady lat 80. znikomą liczbę Polaków, od kilku do kilkunastu osób.

Tabela 6. Imigranci polscy w Kanadzie według prowincji osiedlenia*

Rok	Kanada	Nfld.	P.E.I.	N.S.	N.B.	Que.	Ont.	Man.	Sask.	Alta.	B.C.	N.W.T. Yukon
1979	1 045	1	–	2	2	134	572	82	30	164	58	–
1980	1 185	2	–	18	2	128	661	99	30	159	86	–
1981	3 850	4	5	59	15	451	1 835	257	110	797	303	–
1982	8 278	8	1	104	20	992	4 093	579	243	1491	739	4
1983	5 094	14	–	37	20	643	2 770	333	114	708	448	7
1984	4 499	24	–	62	25	394	2 433	284	162	623	488	4
1985	3 617	26	6	69	24	342	2 185	204	141	343	276	1
1986	5 231	20	12	95	33	413	3 219	390	190	568	291	–
1987	7 036	12	20	71	54	726	4 558	410	157	618	406	4
1988	9 231	10	12	72	54	747	6 530	476	193	693	441	3
1989	15 985	11	7	79	43	1004	11 422	838	176	1817	586	2
1990	16 579	19	17	95	34	947	11 877	910	150	1845	682	3
1991	15 731	9	3	48	14	1001	12 256	719	134	969	578	–
1992	11 878	4	–	27	6	711	9 374	374	25	838	516	3
1993	6 877	2	–	15	6	561	5 202	179	22	470	418	2
1994	3 423	8	–	16	2	216	2 528	67	12	271	298	5
1995	2 302	1	–	2	–	152	1 744	31	15	162	195	–
1996	2 059	5	–	1	1	192	1 473	35	20	158	174	–

Źródło: opracowanie własne na podstawie: *Immigration Statistics*, 1980–1991.

* Znaczenie skrótów: Nfld. – Nowa Fundlandia; P.E.I. (Prince Edward Island) – Wyspa Księcia Edwarda; N.S. – Nowa Szkocja; N.B. – Nowy Brunszwik; Que. – Quebec; Ont. – Ontario; Man. – Manitoba; Sask. – Saskatchewan; Alta. – Alberta; B.C. (British Columbia) – Kolumbia Brytyjska; N.W.T. (North-Western Territories) Yukon – Terytoria Północno-Wschodnie, Jukon.

Imigranci sponsorowani przez rząd kanadyjski kierowani byli zwykle w rejony położone w głębi kontynentu, mniej chętnie wybierane przez przybyszów. Duże miasta przyciągały jednak lepszymi perspektywami znalezienia pracy. Należało do nich także położone w prowincji Ontario Toronto. Imigranci, którzy znaleźli się początkowo w różnych innych miejscach Kanady, przyjeżdżali tutaj w nadziei znalezienia lepszych perspektyw zawodowych, często zachęcani przez znajomych osiadłych tu wcześniej. Działo się tak zwłaszcza w okresach recesji gospodarczej (na początku lat 80. i 90.), kiedy masowo zwalniano pracowników różnych zakładów w małych kanadyjskich miastach. Większe możliwości znalezienia pracy w Toronto były także związane z liczniejszą obecnością rodaków w tym mieście, co skłaniało część osób do jego wyboru jako miejsca zamieszkania.

Okoliczności imigracji a procesy adaptacji

Z punktu widzenia przebiegu procesów adaptacji ważne są specyficzne okoliczności, jakie towarzyszyły imigracji do Kanady[7]. Istotne znaczenie mają tu zwłaszcza ściśle związane z sobą: charakter przyjazdu (któremu przypisana jest odpowiednia kategoria w kanadyjskich statystykach imigracyjnych: uchodźcy, imigranci, łączący się z rodzinami lub osoby przyjeżdżające na wizytę), czy przyjazd następował bezpośrednio z Polski, czy przez kraje pośrednie (zwykle obozy dla uchodźców), oraz kto był sponsorem (rząd kanadyjski, instytucje polonijne, rodzina, przyjaciele, znajomi, mniej lub bardziej przypadkowe osoby). Już na samym początku bowiem inaczej wyglądała np. sytuacja osób, które miały w Kanadzie rodzinę, a co za tym idzie – potencjalne źródło wsparcia, inaczej natomiast imigrantów, którzy po wylądowaniu mogli liczyć wyłącznie na siebie.

Uchodźcy byli sponsorowani zwykle przez rząd kanadyjski i przyjeżdżali z obozów dla uchodźców w Europie Zachodniej, ale także bezpośrednio z Polski[8]. Również przyjeżdżający na wizytę oraz łączący się z rodzinami imigrowali zazwyczaj bezpośrednio z kraju. Tych drugich sponsorowali współmałżonkowie, tych pierwszych mniej lub bardziej przypadkowe osoby. Dzięki specjalnym ułatwieniom stworzonym przez rząd kanadyjski o status uchodźcy można było starać się aż do 1991 roku, pod warunkiem posiadania dwóch sponsorów, tzn. osób, które zgadzały się pokryć koszty utrzymania danej osoby przez pewien czas. Wymóg ten traktowany bywał przez imigrantów czysto formalnie, a dokumenty sponsorskie podpisywały osoby, które sponsorowanych przez siebie Polaków mogły nawet nigdy nie

---

[7] Okoliczności te odtworzone zostały w tym podrozdziale głównie na podstawie relacji samych badanych.

[8] Ten ostatni przypadek dotyczy zwłaszcza działaczy opozycji demokratycznej, którym po stanie wojennym polskie władze „zaproponowały" wyjazd z kraju. Kanada była jednym z państw, które oferowały takim osobom wizy umożliwiające imigrację (zob. poprzedni rozdział).

spotkać. Jednak w konsekwencji posiadania „podstawionego" czy „lewego" sponsora zdarzało się, że po wylądowaniu na lotnisku w Kanadzie imigrant był pozbawiony jakichkolwiek źródeł wsparcia.

Sponsorowanie przez rząd wiązało się natomiast z dużymi ułatwieniami w pierwszym okresie po przyjeździe. Imigrantom opłacano przelot do Kanady oraz pierwsze miesiące pobytu. Rząd pokrywał koszty utrzymania – krótki pobyt w hotelu, a potem koszty wynajmu mieszkania, umeblowanie, wyżywienie, różne drobne wydatki – nawet przez rok. Chociaż część lub całość tych kosztów (np. przelot samolotem) była potem zwracana przez imigrantów, pomoc rządowa stanowiła dla nowo przybyłych olbrzymie ułatwienie. Prawdopodobnie największym była możliwość chodzenia do szkoły i nauki języka, którego większość przybyszów nie znała.

Spora część imigrantów sponsorowana była przez osoby prywatne, a także organizacje i instytucje etniczne. W miarę upływu czasu akcja sponsorowania polskich imigrantów nabierała rozmachu. Zaangażowany był w nią m.in. Kongres Polonii Kanadyjskiej oraz założona przy nim firma imigracyjna. Firma ta powstała z inicjatywy prezesa okręgu Toronto wtedy, gdy wprowadzono wymóg starania się o prawo stałego pobytu w Kanadzie spoza terytorium tego kraju. Polacy byli wyłączeni z tego obowiązku ze względu na system polityczny istniejący w Polsce, mogli natomiast pozostawać na wizach turystycznych u swoich rodzin lub znajomych i starać się o prawo stałego pobytu za pośrednictwem konsulatów, np. w Buffalo i Detroit w Stanach Zjednoczonych. Wspomniana firma zajmowała się m.in. przewożeniem Polaków do tych placówek, aby mogli złożyć tam swoje dokumenty. Funkcjonowała przez ponad 2,5 roku do momentu zakończenia programu i ułatwiła pozostanie w Kanadzie ok. 10 tys. osób[9].

Dużą rolę w procesie sponsorowania imigrantów znajdujących się w obozach w krajach europejskich odegrał także Kościół katolicki. W rejonie aglomeracji Toronto ogromne znaczenie miała parafia o. Maksymiliana Kolbego w Mississaudze, będąca na początku XXI wieku – wraz ze zbudowanym przy niej centrum kultury im. Jana Pawła II – jednym z ważniejszych ośrodków życia polskiej zbiorowości w tym regionie. Założona przez polskich imigrantów z fali powojennej, stała się instytucją imigracji z lat 80. Za pośrednictwem powstałej przy parafii placówki imigracyjnej (funkcjonującej na podstawie umowy między urzędem imigracyjnym a kościołami polskimi) w całej tej dekadzie umożliwiono przyjazd do Kanady łącznie ponad 6 tys. rodzin. Pracująca tu siostra zakonna mobilizowała rodziny Polaków mieszkających w Kanadzie, które sponsorowały nowych przybyszów. Funkcjonowały grupy wsparcia, które miały na celu

---

[9] Według informacji uzyskanych od współzałożyciela firmy, w momencie prowadzenia badań polonijnego dziennikarza i producenta telewizyjnego.

pomóc imigrantom w procesie przystosowania, wspierać ich duchowo i materialnie[10]. W 2003 roku większość spośród zapisanych tu 10 685 rodzin stanowili właśnie przybysze z lat 80. i początku lat 90. oraz ich dzieci. Przewinęło się przez nią jednak wiele osób, które obecnie nie są już aktywnymi członkami parafii i skorzystały jedynie z akcji sponsorowania. Podobną rolę w ułatwianiu imigracji Polaków, choć prawdopodobnie zakrojoną na mniejszą skalę, odegrały w omawianym okresie także inne polskie parafie etniczne w aglomeracji Toronto.

4.2. Problemy adaptacyjne w pierwszym okresie pobytu w Kanadzie

> Byliśmy wogromnem zmartwieniu bośmy się czuli jak więźniowie na tej ziemi obiecanej, kture egenci liniji okrętowych nam w Polsce przedstawiali jako raj na tem świecie. Pociąg szedł północne linije gdzie tylko można było zobaczyć lasy jeziora tu i tam jakieś bude a reszta pustkowie co dodawało więcej strachu, że cała Kanada tak wygląda[11].

Kontaktowi imigrantów z kulturą kraju przyjmującego towarzyszy często zjawisko określane przez psychologów i antropologów mianem szoku kulturowego czy też szoku akulturacyjnego (Boski 1991:142; Grzymała--Moszczyńska 2000:33–40; Hofstede 2000:304–306; Ząbek 2002:10–14). Zwraca się tutaj uwagę na to, że imigrująca jednostka rozpoczyna życie w odmiennym otoczeniu nie tylko geograficznym, ale przede wszystkim kulturowym, w którym występują inne, niezrozumiałe początkowo zasady postępowania, a znane sytuacje nabierają odmiennego znaczenia. W rezultacie dotychczasowa wiedza o tym, jak reagować w różnych sytuacjach życiowych, okazuje się nieprzydatna. Świadomości tej mogą towarzyszyć zaburzenia fizycznego i psychicznego funkcjonowania człowieka, ze stanami lęku i dezorientacji włącznie, poczuciem bezradności i niemożności działania. Występuje zachwianie w rozumieniu własnej roli, oczekiwań, odczuć i tożsamości.

Także w doświadczeniach emigrantów z Polski z lat 80. i początku lat 90. XX wieku w Kanadzie odnaleźć można wszystkie symptomy opisywanego w literaturze przedmiotu szoku kulturowego (z wyjątkiem może pierwsze-

---

[10] Jak podkreślali założyciele parafii, cała ta akcja odbywała się w myśl idei, iż parafia jest wspólnotą, grupą ludzi wzajemnie się wspierających, w której starsi imigranci pomagają młodszym, a celem sponsorowania miało być ułatwienie przybyszom przystosowania do nowych warunków, aby nie musieli się „tułać po hotelach", lecz znaleźli się od razu „wśród swoich". Więcej na temat samej parafii w Mississaudze zob. Krywult (2006).

[11] Fragment pamiętnika emigranta z okresu międzywojennego cytowany w pracy Reczyńskiej (1986:28).

go, euforycznego etapu towarzyszącego temu procesowi psychologicznemu). Dla przeważającej większości osób Kanada stanowiła otoczenie całkowicie odmienne i często kontrastujące z oczekiwaniami sprzed emigracji. Wydźwięk emocjonalny cytowanej wypowiedzi emigranta z okresu międzywojennego do pewnego stopnia współgrał z odczuciami części Polaków imigrujących do Kanady kilka dekad później.

Szok kulturowy w pierwszym okresie pobytu w Kanadzie był reakcją na wiele różnorodnych, nowych dla imigrantów elementów otoczenia, począwszy od klimatu i innych aspektów geografii, po sposób zorganizowania życia codziennego i wzory zachowań. Jedna z imigrantek w następujący sposób wspomina swoje pierwsze wrażenia z pobytu w Winnipeg (stolicy Manitoby), gdzie znalazła się początkowo wraz z mężem i dzieckiem po przyjeździe do Kanady:

> Pamiętam, wyjrzeliśmy z okna tego hotelu i takie fruwały gazety, i pełno było takich zapitych Indian. Indian też sobie wyobrażałam zupełnie inaczej, jak z Winnetou, a to byli tacy Indianie odżibłej, kri[12], oni są krótcy, pękaci, dziobaci i „zaprawieni". (W87/K/48/1981/W)

Obraz kontynentu północnoamerykańskiego ukształtowany przez amerykańskie filmy – pełen przeszklonych drapaczy chmur, tętniących życiem miast – zderzył się z rzeczywistością, którą tworzą olbrzymie odległości i ogromne, puste przestrzenie (powierzchnię Kanady, zbliżoną wielkością do Europy, zamieszkuje populacja podobna do liczby ludności Polski). Miasta, w których dominuje niska zabudowa, rozciągają się często na przestrzeni wielu kilometrów (w przeciwieństwie do miast europejskich, gdzie zabudowa jest bardziej skoncentrowana). W samym Toronto jedynie ścisłe centrum (*downtown*) przypomina wielkie amerykańskie metropolie, duża jego część oraz przylegające doń miasta tworzą natomiast krajobraz szerokich, pustych poza godzinami szczytu autostrad oraz ciągnących się kilometrami osiedli małych domów jednorodzinnych, urozmaicony od czasu do czasu skupiskami wielopiętrowych bloków mieszkalnych.

Przybyszów z Europy uderzają na kontynencie północnoamerykańskim przede wszystkim olbrzymie odległości, które sprawiają, że samochód staje się niezbędnym przedmiotem codziennego użytku. Inny uciążliwy aspekt środowiska geograficznego stanowi specyficzny klimat Toronto, związany z położeniem miasta. Zimą temperatury dochodzą do minus 30 stopni z powodu chłodnego, przenikliwego wiatru, natomiast latem zawieszona w powietrzu wilgoć utrudnia oddychanie, tworząc wrażenie przebywania w rozgrzanej saunie (z tego powodu zdarza się, że koszty klimatyzacji latem przewyższają koszty ogrzewania w zimie).

---

[12] Właściwe nazwy wymienionych plemion indiańskich to Odżibuejowie (Chippewa) i Kri.

Obok elementów środowiska geograficznego (odległości, klimat) zaskakującym komponentem fizycznego otoczenia była dla imigrujących architektura i wyposażenie domów, odbierane jako tandetne, kiczowate i pozbawione gustu. Amerykańska żywność, w wysokim stopniu przetworzona, wydawała się sztuczna i pozbawiona smaku (np. tzw. *wonder bread*, zachowujący świeżość przez kilka miesięcy od momentu zakupu – produkt wówczas w Polsce nieznany). Polaków wywodzących się z kraju w wysokim stopniu homogenicznego pod względem rasowym i narodowościowym uderzała (wzrastająca na przestrzeni lat 80. i 90.) wielokulturowość społeczeństwa Toronto, które zamieszkują imigranci z wielu krajów (tworzący „mieszankę ludzką", „zbieraninę z całego świata", „imigracyjny kogel-mogel", żeby przywołać słowa imigrantów), oraz odmienny sposób zorganizowania życia codziennego.

Pod tymi i innymi względami europejskość zderza się w wypowiedziach emigrantów z tym, co amerykańskie, z jednej strony w wymiarze estetycznym, z drugiej zaś społecznym. Dotyczy to zwłaszcza osób, które wcześniej przebywały w krajach zachodnioeuropejskich – dla nich Kanada w podstawowym, materialnym aspekcie stanowiła „inny Zachód", gdzie standard życia był zdecydowanie niższy od europejskiego. Sytuacje, z jakimi się spotykali, bywały tak skrajne, jak w przypadku cytowanej niżej migrantki:

> Wiele rzeczy było takich [...] myśmy sobie wyobrażali tę Kanadę ze szkła i stali [śmiech], i nagle, wiesz, wjeżdżasz do budynku apartamentowego i walczysz z karaluchami, i z dziurami w oknach itd., także to tak troszeczkę inaczej [wyglądało]. (W32/K/45/1989/Wn)

W obliczu konieczności kulturowego przeprogramowania

Chociaż odczucia związane z zewnętrznymi, fizycznymi aspektami określonego miejsca mogą w istotny sposób wpływać na stan psychiczny jednostki, a co za tym idzie – na przebieg procesów adaptacji w poszczególnych jego wymiarach, nie one stanowią o istocie szoku kulturowego. Emigracja bowiem to nie tylko przemieszczenie w przestrzeni fizycznej, a więc zmiana otoczenia geograficznego, ale przede wszystkim zmiana otoczenia społecznego i kulturowego, i w związku z tym sposobów życia, wzorów zachowania itp. (Slany 1995). Zasadniczym elementem szoku kulturowego są zatem, jak sama nazwa wskazuje, doświadczenia związane z kontaktem z kulturą kraju przyjmującego.

Dorastając w określonym środowisku społecznym, jednostka uczy się właściwych temu środowisku reguł postępowania, poddawana od momentu urodzenia procesowi socjalizacji. Wiele z tych reguł przyjmowanych jest za oczywiste i rzadko staje się przedmiotem świadomej refleksji. Innymi słowy, kultura własnego środowiska jest dla jednostki w niej wyrastającej w dużym stopniu niewidzialna, a jej normy – bez względu na to, w jakim stopniu uświadamiane i przestrzegane – odbierane są jako obowiązujące i stanowiące istotny punkt odniesienia.

Imigracja do innego kraju pociąga za sobą konfrontację z normami i wzorami zachowań, które mogą znacznie odbiegać od obowiązujących w kraju pochodzenia. Własna kultura staje się dla imigranta/tki widzialna, w miarę jak uświadamia sobie, że w podobnych sytuacjach nie sprawdzają się znane wcześniej sposoby postępowania. Wzorce radzenia sobie z rzeczywistością wyniesione z kraju rodzinnego w drugiej ojczyźnie stają się dysfunkcjonalne. Aby sprawnie funkcjonować w nowym otoczeniu, konieczne staje się poznanie odmiennych wzorów zachowań i przynajmniej powierzchowne do nich dostosowanie (Halik, Nowicka 2002:14–15).

Kulturę wynoszoną z dzieciństwa określić można także mianem „zaprogramowania umysłowego" (Hofstede 2000:304). Składa się na nie system podstawowych wartości, na których opierają się świadome i bardziej powierzchowne przejawy kultury, takie jak rytuały, bohaterowie i symbole. Tych ostatnich można się nauczyć, imigrantowi trudno jednak zrozumieć, a nawet odczuć leżące u ich podstaw wartości. Z tego punktu widzenia znalezienie się w odmiennej kulturze wymaga swoistego przeprogramowania się, cofnięcia się w rozwoju do stanu umysłowego dziecka i uczenia się od nowa tego, jak funkcjonuje otoczenie społeczne i kulturowe[13].

Życie w Kanadzie wymagało także od polskich imigrantów przeprogramowania się oraz dostosowania do innego sposobu zorganizowania życia codziennego i pracy. Świadomość tego oraz nauka, jak postępować w nowych warunkach, przychodziły z czasem, w miarę upływu lat i okresu zamieszkiwania w Kanadzie. Patrząc z dłuższej perspektywy czasu, wydaje się, że jednym z głównych wyzwań, przed jakimi stali imigranci z komunistycznego kraju (jakim była w latach 80. Polska), stanowiło przystosowanie się do kapitalistycznych stosunków pracy (zob. rozdział piąty). W pierwszym natomiast okresie nauka życia w Kanadzie zaczynała się od najprostszych rzeczy związanych z funkcjonowaniem kanadyjskiego społeczeństwa, począwszy od wiedzy o tym, gdzie zrobić zakupy, po informacje, gdzie szukać pracy i do kogo udać się po pomoc w sytuacjach kryzysowych.

[...] zmienić otoczenie to jeszcze nie wszystko, tutaj jest totalnie wszystko inne, nawet śmietniczka na śmieci jest [...] wygląda inaczej, trzeba wiedzieć gdzie [...] jak ona wygląda, żeby śmieć wyrzucić, tak że to [...] jest najtrudniejsze. (W95/M/49/1988/W)

---

[13] Proces ten wymaga wysiłku i niejednokrotnie powoduje u doświadczającej go jednostki uczucia rozpaczy i bezradności, rodzi wrogie nastawienie do otoczenia.

[...] tak jak przyjechałem do Kanady, to człowiek musiał się nauczyć wszystkiego, którędy wchodzić do autobusu [...] rozumiesz, jak można zadzwonić, gdzie jest telefon itd., tak jak mówiłem z tym biznesem swoim, że ja dałem ogłoszenie nie tutaj, gdzie powinienem. Po prostu wszystko [...] nie było tej osoby, która by nam cokolwiek podpowiedziała. (W15/M/49/1990/W)

[...] mnie to przerażało, bo to był [...] cała machina funkcjonowania Kanady, której ja nie znałam. Ja nie wiedziałam, jak się znaczek kupuje i takie proste rzeczy, które... które dziecko umie i dla mnie to, powiedzmy, było wszystko nowe. Ta cywilizacja, polegająca nawet na tym, że się zakupy nawet robi przez telefon. (W77/K/52/1981/W)

Wypowiedzi te stanowią ilustrację swoistej *tabula rasa*, jaka charakteryzowała stan umysłu imigrantów. Sytuacja, w jakiej się znaleźli, przypominała często autentyczne cofnięcie się do sytuacji dziecka, które od nowa poznaje świat. Dziecka, które staje jednak przed wymogami dorosłego życia – porozumienia się z otoczeniem, znalezienia pracy, mieszkania itp. Przytoczone wypowiedzi imigrantów wskazują jednocześnie na czynniki, które odgrywały największą rolę w radzeniu sobie z tymi problemami, przede wszystkim posiadanie informacji, jak poruszać się w otaczającej rzeczywistości (także znajomych dysponujących taką wiedzą i wsparciem) oraz związana z tym znajomość języka. Ta ostatnia kwestia stanowiła jedno z najpoważniejszych wyzwań, przed którym stanęli imigranci z Polski.

Problem komunikacji

Znajomość języka kraju docelowego stanowi jeden z najważniejszych czynników determinujących tempo i charakter procesów adaptacji. Chociaż liczna obecność polskich imigrantów w Toronto sprawia, że – jak zobaczymy dalej – możliwe jest dzisiaj życie i praca w tym mieście mimo nieumiejętności posługiwania się językiem angielskim, naprawdę skuteczne poruszanie się w społeczeństwie wymaga zdolności do sprawnej komunikacji z otoczeniem. Jej brak wpływa w istotny sposób na doświadczane przez imigrantów poczucie wyobcowania, które utrzymywać się może bardzo długo mimo wielu lat przeżytych w Kanadzie, pogłębia poczucie bezradności w sytuacjach nagłych oraz kryzysowych (poważnych, jak wypadek samochodowy, ale także tak błahych, jak zagadnięcie przez przechodnia); wreszcie, skazuje imigrantów na najprostsze prace oraz konieczność obracania się wyłącznie w środowisku własnej grupy etnicznej.

Należy zauważyć, że Polaków imigrujących do Kanady w latach 80. i na początku lat 90. charakteryzował brak lub niska jakość tego prawdopodobnie najważniejszego w warunkach imigracyjnych elementu kapitału kulturowego. Dotyczyło to także osób z wyższym wykształceniem, absolwentów najlepszych polskich uczelni. Biorąc pod uwagę dużą gotowość migracyjną w polskim społeczeństwie doby schyłku PRL-u oraz to, że wiele osób od dziecka marzyło o migracji lub przynajmniej brało ją pod uwagę na pewnym etapie życia, zaskakiwać musi fakt, iż tak małą wagę przykładano do nauki obcych języków:

> Znaczy po prostu mówiłem „dzień dobry", „do widzenia" i właściwie to tam troszeczkę się uczyłem angielskiego kiedyś, ale nigdy w Polsce nie myślałem, że w ogóle będzie mi do czegoś potrzebny, i tak się troszeczkę podchodziło w tamtych czasach jak do zła koniecznego, żeby się nauczyć po prostu języka po to, żeby zdać, wiesz, zajęcia. (W13/M/46/1988/W)

> To znaczy tak, ja dopiero wtedy, przyjeżdżając do Kanady, zrozumiałem, jaki błąd człowiek zrobił, że się nie uczył tego angielskiego, i nawet na studiach, gdzie miałem angielski, to tylko na zasadzie, aby zaliczenie było. I mój angielski sprowadzał się do takiej roli, że ja co nieco rozumiałem, ale kłopoty z dogadaniem się były. [...] dalej ten angielski nie jest za dobry. (W34/M/50/1980/W)

Z drugiej strony, w kraju odciętym od Europy Zachodniej żelazną kurtyną znajomość języków państw leżących poza nią nie była atutem, stąd też możliwości nauki bywały ograniczone. Uczniowie nie mieli kontaktu z żywym, mówionym językiem chociażby z nagrań, nie mówiąc o wyjazdach na Zachód. Znajomość języka sprowadzała się często do znajomości zasad gramatyki i podstawowego słownictwa; poza tym angielski uczony w szkołach był angielskim brytyjskim, którego wymowa różni się od angielskiego używanego w Kanadzie.

Nadrobienie swoistego upośledzenia, jaki stanowił brak znajomości języka, było po przyjeździe bardzo trudne. W pierwszym okresie pobytu naukę utrudniała konieczność jednoczesnego zapewnienia środków utrzymania, ale także uwarunkowania związane ze środowiskiem społecznym (zawodowym), w jakim początkowo obracali się imigranci. Rozpoczynali najczęściej swoje kariery od najprostszych prac, co skazywało ich na przebywanie wśród osób o „ograniczonym kodzie językowym" (Bernstein 1980:95–96) i niewielkim zasobie słownictwa. Mówi o tym cytowany niżej Polak:

> [...] bo z Kanadyjczykami jest tak, że jak pani pracuje, powiedzmy, w fabryce, i ma pani z nimi kontakt na lunchu, no to zasób 300 słów, *how are you*, jak dzieci [...] no, 15–20 słów i cześć, do widzenia. Czasami można jeszcze pójść gdzieś na piwo, ale to wszystko człowiek jest na początku emigracji, na tym, no [...] nazwijmy to, dolnym szczeblu drabinki społecznej i też ma kontakty z ludźmi, którzy, no [...] głównie jako przerywnik tak jak w Polsce [...] używają słowa *fuck*. Więc jest trudno się nauczyć w taki sposób. Z drugiej strony, wejść w jakieś takie bardziej sensowne środowisko kanadyjskie jest trudno, bo człowiek nie jest partnerem do rozmowy, bo nawet może myśleć bardzo ładnie, precyzyjnie, ale nie potrafi tego wyrazić, bo nie ma narzędzi, w związku z tym wychodzi na kretyna zupełnego i [...] też go w gruncie rzeczy spławiają. (W41/M/48/1986/W)

Imigranci znający język byli w stanie w większym stopniu uniezależnić się od etnicznych źródeł wsparcia i informacji niż ci, którzy go nie znali. Mogli zatem poszukiwać zatrudnienia w pracach wymagających wyższych kwalifikacji, nawet bliższych ich wykształceniu, oraz poza środowiskiem własnej grupy etnicznej, które oferowało pod tym względem ograniczone możliwości, dla wielu niezadowalające i nie spełniające ich ambicji.

Warto podkreślić na marginesie powyższych rozważań, że język jako zjawisko kulturowe stanowi niezwykle złożoną rzeczywistość, obejmującą wiele poziomów. Ma niuanse środowiskowe, przypisane do określonych kręgów społecznych i profesjonalnych. Nawet te osoby, które – przyjeżdżając do Kanady – znały angielski, musiały uczyć się od podstaw języka zawodowego, specyficznego dla różnorodnych grup zawodowych. Przede wszystkim jednak język jest nośnikiem znaczeń kulturowych, trudnych do odszyfrowania przez nowych przybyszów, oraz emocji. W pierwszej chwili imigranci nie zawsze zdają sobie sprawy z tego faktu, a jego uświadomienie przychodzi z czasem. Świadomość ta pojawia się najczęściej przy próbach przeniknięcia do określonych środowisk społecznych i zawodowych, a także w kontakcie z dziećmi, których socjalizacja przebiega już w społeczeństwie przyjmującym.

Obok znajomości języka kraju docelowego na tempo i charakter przebiegu procesów adaptacji wpływało wiele innych czynników o charakterze zarówno społecznym (głównie sieci migracyjne), jak i świadomościowym. Zagadnieniom tym poświęcona zostanie dalsza część analizy.

Mit Ameryki i jego rola w procesach adaptacji

Głębokość szoku akulturacyjnego, jakiego doznawali polscy imigranci w Kanadzie przyjeżdżający tu w latach 80. i na początku lat 90., pokazuje, jak niewielka była z reguły ich wiedza o tym kraju (dotyczy to nawet osób, które imigrowały już w latach 90.). Co więcej, wiedza ta stanowiła często pochodną mitu Ameryki, zgodnie z którym kontynent ten jawił się jako miejsce, gdzie dolary leżą na ulicy. Jak ukazano w rozdziale drugim, tego rodzaju mitowi ulegali także polscy imigranci przyjeżdżający do Kanady w okresie międzywojennym i w późniejszych latach. W przypadku omawianej fali imigracji do jego powstawania przyczyniły się, z jednej strony, okoliczności związane z funkcjonowaniem państwowej propagandy w okresie PRL-u, z drugiej zaś opowieści rozpowszechniane przez samych imigrantów.

Jak zauważa Reczyńska (1996) w artykule poświęconym obrazowi Polonii i emigracji w okresie PRL-u, propaganda ówczesnych polskich władz stanowiła istotny czynnik wspomagający powstawanie wyidealizowanego obrazu życia na emigracji: starano się zataić istnienie procesów emigracyjnych, a zarazem propagowano sentymentalny obraz środowisk polskich imigrantów w różnych krajach świata. Cenzura nie dopuszczała żadnych informacji na temat możliwości wyjazdu za granicę, a tym bardziej emigracji z Polski, która mimo wszystko miała miejsce – był to temat tabu przez wszystkie lata powojenne z wyjątkiem krótkiego okresu Solidarności. Co prawda, propaganda nie eksponowała faktu, że proceder taki uchodził za nielegalny, starano się jednak udowodnić, że zjawisko to należy do przeszłości i zniknęło w Polsce wraz z kapitalizmem, w którym było wyrazem społecznej nędzy. O kolejnych falach opuszczających Polskę pisano zwykle dopiero po kilku lub kilkunastu latach, podając jako ich przyczyny niemal wyłącznie akcję łączenia rodzin (dotyczącą Niemiec) lub ciekawość świata. Nieliczne publikacje prasowe na ten temat, które zaczęły pojawiać się dopiero po 1968 roku, miały wyraźnie odstraszający i dydaktyczny charakter, opisywały ogromną liczbę formalności w państwach przyjmujących, złe warunki w obozach przejściowych, przykłady braku przystosowania, tęsknotę i rozczarowanie, a nawet decyzje o powrocie. Pośrednio starano się w nich udowodnić, że zachwalany dobrobyt Zachodu jest mitem (Reczyńska 1996:73–74)[14].

Wbrew jednak oficjalnej propagandzie (a nawet pośrednio za jej przyczyną, gdyż zdawano sobie sprawę, że „władza kłamie") tworzył się wyidealizowany obraz Zachodu oparty na informacjach od osób, które wyjechały wcześniej. Dotyczyło to także Ameryki Północnej, gdzie z Polski emigrowano od pokoleń[15]. Polacy przyjeżdżający do Kanady w latach 80. XX wieku, chociaż sami niejednokrotnie byli ofiarami mitu Ameryki, przyczyniali się do jego utrwalania i upowszechniania.

Mechanizm powstawania kanadyjskiego mitu napędzany był przez imigrantów, którzy przechodzili niejednokrotnie trudny pierwszy okres adaptacji i dużym wysiłkiem budowali swoją pozycję w kraju przyjmującym. Bez względu jednak na to, jak głęboki był doświadczany przez nich szok kulturowy i jak długo trwał, większość nie dzieliła się informacjami o tych trudnościach z pozostałymi w Polsce członkami rodziny czy znajomymi. Dzięki różnicy w poziomic życia między krajcm wysyłającym i przyjmującym nawet średnia pozycja osiągana w Kanadzie jawiła się w Polsce jako wysoka, utożsamiana z elitarną. Zarobione za granicą pieniądze stawały się – wskutek różnicy w kursach walut aż do początku lat 90. – źródłem pokaźnego jak na warunki polskie kapitału oraz podnosiły pozycję społeczną i status emigrujących w trakcie późniejszych wizyt w kraju pochodzenia.

---

[14] Aż do lat 80. nie wolno było także wydawać polskich autorów tworzących na emigracji ani pisać na ich temat (Miodunka 1999:95).

[15] Według badań prowadzonych w połowie lat 90. nad orientacjami emigracyjnymi Polaków, Stany Zjednoczone i Kanada, obok takich krajów, jak Francja, Szwajcaria i Włochy, należały do grupy krajów postrzeganych wyłącznie pozytywnie (Kubiak 1997:94).

Warto pamiętać, że emigrowano z kraju, w którym już małe dzieci marzyły o wyjeździe do Ameryki, będącej ucieleśnieniem olbrzymich szans i możliwości życiowych. Funkcjonujące w Polsce i związane z tym obrazem oczekiwania odniesienia sukcesu życiowego były tak silne, że powstrzymywały niektórych emigrantów przed powrotem. Było tak w poniższym przypadku Polaka, który wyjechał do Kanady w 1990 roku za namową i na zaproszenie znajomego. Presja ze strony otoczenia odegrała w jego przypadku dużą rolę już w momencie podejmowania samej decyzji o wyjeździe:

I powiem ci szczerze, że wcale nie miałem ochoty przyjeżdżać do Kanady [...]. Byłem na studiach [...], bardzo mi się tam podobało, nie miałem ochoty przyjeżdżać. Natomiast taka była presja, jak się dostało np. zaproszenie czy np. wizę do Kanady czy do Stanów, odmówić coś takiego było wręcz nie [...] nikt by tego nie zrozumiał. Więc ja się bardzo bałem, szczególnie mojej *girlfriend*, mojej dziewczyny, bo ona była strasznie podniecona tym, że ja mogę wyjechać do Kanady, i po prostu jakby ode mnie to zależało, nigdy bym nie wyjeżdżał, natomiast bałem się, że będę wyglądał jak jakiś *loser*, więc postanowiłem wyjechać. (W23/M/35/1990/Ś)

Pierwszy okres pobytu był dla tego imigranta bardzo trudny – przyjechał bez znajomości języka, z 300 dolarami, które wydał w ciągu pierwszych dwóch tygodni. Mieszkał początkowo z braćmi znajomego i ich rodzinami (w sumie dziewięć osób) w jednym mieszkaniu, daleko od miejsc, gdzie skupiali się Polacy, i w związku z tym odcięty od źródeł informacji o pracy, jakimi dzielili się z sobą nawzajem polscy imigranci. Zaczynał od prostych zajęć na budowie i w restauracji. Wspomina:

[...] powiem ci szczerze, np. pierwsze dwa czy trzy lata otwierałem swój indeks i płakałem. Bo wiesz, jak np. myjesz naczynia i otwierasz indeks, i zaczynasz rozmawiać czasami z kolegami ze studiów – utrzymywałem kontakt z niektórymi ludźmi, wiesz, oni mówili, że tam podchodzą do egzaminów, i do tego, i do tamtego – miałem poczucie, że coś straciłem, wiesz. Na pewno coś straciłem.

Pomimo tych trudnych doświadczeń nie zdecydował się na powrót. Uzasadnia to w następujący sposób:

Wiesz co, to też było pod tym kątem – naprawdę nie chciałem zostać, nie chciałem zostać. Natomiast znów się bałem, że wiesz, że ludzie coś o mnie pomyślą, w tym momencie już moja rodzina. Wiesz co, była taka presja, wiesz, jak to w Polsce, nawet teraz jest tak, tak mi się wydaje, że Ameryka to jest Eldorado, nie, po prostu, jak ci się może nie podobać, to jest niemożliwe. Ja byłem najbardziej tym [...], że kiedyś moja mama, dostałem od niej list i po prostu ona miała takie same podejście – osoba, której najbardziej wierzę. I podejrzewam, że w tym momencie się przestraszyłem, że u niej stracę szacunek. I wiesz, teraz... no, teraz już nad tym w zasadzie nie myślę, czy podjąłem słuszną decyzję, już za późno na to.

Przypadek tego imigranta pokazuje, jak silnie mogła oddziaływać presja związana z wyobrażeniem o Ameryce, rozciągającym się również na Kanadę, a także jak głęboko presja ta bywała zakorzeniona w świadomości migrujących. Tymczasem zetknięcie z kanadyjską rzeczywistością przynosiło często rozczarowanie. Można przytoczyć w tym miejscu typowe dla tego rodzaju emocji wypowiedzi:

> Po prostu nie było to kraj takich możliwości, jakich oczekiwałem. Sądziłem, że tutaj wszystko da się zrobić o wiele szybciej. Jakkolwiek po jakimś czasie [...] to bierze bardzo dużo czasu, żeby coś osiągnąć w tym kraju. Ale jest to możliwe. (W11/M/35/1990/W)

> [...] wydaje mi się, że największy błąd, jaki ja popełniłam i który wielu ludzi popełnia, to jest tak, że [...] myślą, że w Kanadzie to... że tu śliwki na wierzbie rosną. (W76/K/44/1989/Ś)

Pomimo jednak olbrzymich nieraz kosztów, jakie ponosili imigranci, budując swoją pozycję w kraju przyjmującym, i własnych rozczarowań, związanych z nieprawdziwym obrazem tego kraju przed emigracją, z czasem sami stawali się źródłem informacji leżących u podłoża wyidealizowanego wizerunku Kanady. Ofiarą takich wyobrażeń padła cytowana niżej polska imigrantka. W połowie lat 90. dołączyła w Kanadzie do męża, który przyjechał tutaj na przełomie poprzedniej dekady:

> *O yeah*, pierwszy okres w Kanadzie był bardzo ciężki; ja przez dwa lata, pamiętam, chodziłam i płakałam, bo [...] bo się nie mogłam przyzwyczaić i [...] mnie się wydawało, że ciężko żałuję, że tu przyjechałam, bo wiesz co, wiesz, jacy są Polacy. Bardzo dużo Polaków, powiem ci, że tutaj się nie odnajduje, dlatego że [...] to wszystko właśnie przez tych Polaków, którzy są w Kanadzie, zapieprzają dzień i noc, i jadą do Polski, i wiesz, co robią. Jaka jest Kanada piękna, szastają pieniędzmi, chodź, ja cię do restauracji zabiorę, paczki, prezenty, i jaka nie jest Kanada wspaniała! Przyjeżdżają tacy właśnie ludzie, namącą w głowie, że Kanada jest przepiękna, że tak jakby się wcale nie pracowało, a się ma pieniądze, i wcale nieprawda. Tu, przyjeżdżając do Kanady, musisz więcej, nie tylko co więcej, ale po prostu musisz bardzo dużo pracować na to, co masz. (W3/K/35/1995/Ś)

Imigranci przekazują do kraju pochodzenia informacje wskazujące na ich dobrobyt i wysoką pozycję społeczną w społeczeństwie przyjmującym – fotografują się przy domach i samochodach, wysyłają prezenty (np. kamery wideo), których czasem sami nie mają. Przez ostentacyjną konsumpcję w trakcie wizyt w Polsce starają się zademonstrować odniesiony sukces życiowy. Wydaje się, że – zwłaszcza w przypadku imigrantów, których pozycja w kraju przyjmującym jest niska bądź bliższa dolnego szczebla drabiny społecznej – działania takie służą im samym do legitymizowania wysiłku włożonego w jej osiągnięcie, a zarazem rekompensowaniu utraconego prestiżu w stosunku do posiadanego w kraju pochodzenia. Paradoksalnie, prestiż ten budowany jest przez imigrantów w kraju, który opuścili, a który pozostaje jednak dla nich stałym punktem odniesienia[16].

Z punktu widzenia omawianych tu procesów przystosowania istotne jest, iż upowszechniany przez wcześniejszych imigrantów obraz Kanady upadał po zderzeniu z rzeczywistością i stawał się źródłem rozczarowania, pogłębiającego szok kulturowy i potencjalnie utrudniającego adaptację. Obok roli wcześniejszych przybyszów w powstawaniu wyidealizowanego wyobrażenia o Kanadzie warto jeszcze wspomnieć o innym jego pochodzeniu. Otóż dla wielu imigrantów kraj ten stanowił kolejny już etap emigracji po wcześniejszym pobycie w różnych krajach europejskich. Część osób doświadczyła trudnych warunków życia w obozach dla uchodźców, problemów związanych z nielegalną pracą i niechętnym nastawieniem społeczeństw krajów przejściowych. Perspektywa legalnej emigracji i pobytu w Kanadzie jawiła się w tym kontekście jako długo oczekiwane rozwiązanie ich niepewnej sytuacji. Wskazuje na to wyraźnie wypowiedź jednej z emigrujących w tym okresie kobiet:

> [...] ten pobyt w Grecji był bardzo trudny, bo ta praca była na czarno i mieliśmy dziecko, i było bardzo ciężko przetrwać. I finansowo, i emocjonalnie to był bardzo ciężki okres, więc założenie dla nas tej Kanady było po prostu, że to jest taka święta ziemia dla nas. (W32/K/45/1989/Wn)

Nielegalna praca, a czasem także pobyt, trudne warunki w obozach dla uchodźców w krajach przejściowych – wszystkie te czynniki składały się na swoistą traumę migracyjną, w której przetrwaniu pomagał wytwarzany przez migrujących ich własny, prywatny mit o kraju docelowym. Mit ten upadał w zetknięciu z uciążliwymi i odbiegającymi od wcześniejszych wyobrażeń warunkami życia w Kanadzie, z jakimi przychodziło im się zmierzyć po przyjeździe.

Znaczenie pobytu w krajach przejściowych

Nie zawsze pobyt w krajach przejściowych stanowił dla migrujących przeżycie o traumatycznym charakterze. Niewątpliwie było tak w przypadku osób, które przebywały i pracowały w tych krajach nielegalnie oraz żyły

---

[16] Warto przywołać w tym kontekście refleksje H. Kubiaka na temat funkcjonowania opisanego mechanizmu w odniesieniu do różnego typu migrantów w różnych kontekstach społecznych: „Pieniądz, uwolniony od degradujących społecznie okoliczności jego zdobycia, a zatem w szczególny sposób czysty, zostaje teraz dodany do posiadanych już wcześniej wskaźników pozycji społecznej (zwłaszcza wykształcenia i stylu życia)" (1997:93).

w poczuciu nieustannego zagrożenia deportacją. Obecność rzesz pracujących nielegalnie Polaków bywała co prawda tolerowana przez władze. Na przykład jedna z imigrantek wspomina, że – przebywając w Grecji – pracowała mimo braku odpowiedniego pozwolenia, sprzątając budynki, w tym główną kwaterę policji. Nielegalności zatrudnienia towarzyszyło jednak zazwyczaj poczucie niepewności i tymczasowości, które skłaniało migrantów do poszukiwania możliwości wyjazdu i legalizacji pobytu w innym kraju. Czasem sama praca poza nielegalnością niosła dodatkowe elementy traumy. Pokazuje to poniższa wypowiedź migrantki, która mogła pracować tylko w nocnych lokalach, ponieważ w ciągu dnia jej mąż zatrudniony był na budowie, a ona sama zajmowała się ich dzieckiem (musieli pracować oboje, aby przetrwać):

> [...] to taka, wiesz, taka bardzo głęboka emocjonalnie historia [...]. Ja pracowałam w takich pubach i mój zarobek był związany [...] wypłacano nam pieniądze każdego wieczoru, każdej nocy w zasadzie, był uzależniony od ilości sprzedanych drinków i postawionych nam, zaserwowanych przez mężczyzn. Czyli w sumie myśmy nie były normalnymi barmankami, tylko czymś [...] na pograniczu. Ja nawet słów nie chcę wymieniać, ale to była bardzo taka śliska linia pomiędzy jednym a drugim i naprawdę trzeba było bardzo poważnie balansować, żeby przetrwać. Dużo było takich [...] zadrapań emocjonalnych z tym związanych. Z tym, że było to światło, ta Kanada, i ten wyjazd do Kanady właśnie po tym wszystkim, który miał odmienić tę sytuację. (W32/K/45/1989/Wn)

Jak wspomniano jednak wcześniej, wiele państw zachodnioeuropejskich stworzyło bardzo dobre warunki dla uchodźców z Polski. Mieli oni tutaj znacznie wyższy, w porównaniu z krajem ojczystym, standard życia. Przed przyjazdem do Kanady migranci mieszkali w tych krajach nawet po kilka lat, zawierali związki małżeńskie, rodziły im się dzieci. Dzięki mniej lub bardziej legalnej pracy gromadzili także niewielki z reguły kapitał finansowy, który stanowił później duże ułatwienie po przyjeździe do Kanady.

Zdarzało się także, że kapitał ten gromadzony był jeszcze przed emigracją z Polski dzięki omówionym już wyjazdom zagranicznym w ramach tzw. turystyki handlowej. Chociaż nad wyjazdami teoretycznie w celach turystycznych, a w praktyce handlowych do krajów socjalistycznych unosił się lęk, że prędzej czy później „[...] zamkną granice, i nie będzie można w ogóle z Polski wyjechać" (W94/K/38/1988/Ś), zgromadzone dzięki nim środki mogły być znaczne. Jedna z badanych imigrantek, w chwili prowadzenia badań właścicielka zakładu kosmetycznego w Toronto, kierowała się np. założeniem, aby na każdym wyjeździe zarobić sto dolarów. W rezultacie w momencie emigracji w wieku 23 lat miała na koncie 2,5 tys. dolarów, sumę niebagatelną, biorąc pod uwagę, iż przeciętne zarobki w Polsce w tym czasie stanowiły równowartość ok. 25 dolarów miesięcznie.

Bez względu jednak na to, jak przebiegał pobyt w krajach przejściowych i jak duży kapitał udało się w nich migrantom zgromadzić, późniejszy wyjazd do Kanady stawał się w odczuciu migrujących następną emigracją, zwłaszcza jeśli mieszkali w krajach europejskich przez dłuższy czas. Imigracja do kolejnego kraju oznaczała ponownie konieczność zaczynania wszystkiego od początku – poznawania i uczenia się nowych zasad życia społecznego, wchodzenia w struktury zawodowe i towarzyskie, a często także nauki języka:

> No, w Kanadzie początki to już takie troszeczkę... przypominające mi, ale już łatwiej. Grecja, Włochy, no, podobne były mniej więcej sytuacje, język zero, pieniędzy zero, a znajomości też zero, praktycznie nie było żadnych, ludzi się nie znało, no i zaczęło się *déjà vu*, to samo co z powrotem we Włoszech, od nowa. (W30/M/35/1989/Ś)

Doświadczeniu temu, które określić można za cytowanym wyżej imigrantem mianem emigracyjnego *déjà vu*, towarzyszyły czasem bardzo złożone odczucia. Pokazuje to poniższa wypowiedź jednego z migrantów, który przed przyjazdem do Kanady mieszkał w Grecji aż pięć lat. Chociaż imigrował do Kanady już w drugiej połowie lat 90., jego słowa warto przytoczyć, ponieważ doskonale ilustrują złożone dylematy, jakie towarzyszyć mogą kolejnej emigracji. Na pytanie, co było najtrudniejsze w pierwszym okresie pobytu w Kanadzie, odpowiada:

> Wiesz, myślę, że świadomość tego, że [...] musisz zaczynać wszystko od nowa, [...] tym bardziej że gdybyś robiła to, dajmy na to pierwszy raz, przyjeżdżając prosto ze swojego domu z Polski, to wiedziałabyś o tym, że może jest to jakieś nowe doświadczenie dla ciebie, jakieś nowe przeżycie, które warto czasami przeżyć. Ja to robiłem już po raz drugi, więc musiałem zaczynać wszystko od nowa, tak samo jak w Grecji, wiesz. Miałem tutaj tylko jednego znajomego [...] i to było ciężkie, po prostu ten początek, wiesz, zacząć wszystko od nowa, kontakty, znajomości. Poza tym [...] rozdwojenie, takie rozdwojenie, kiedy nie wiesz naprawdę, do czego tęsknisz: czy tęsknisz do swoich znajomych w Grecji i do tego, co zostawiłeś tam, czy tęsknisz za Polską i za tym, co zostawiłeś w Polsce. Teraz zrobiły się z tego wszystkiego tak naprawdę dwa miejsca, za którymi tęskniłeś, także to powodowało takie dodatkowe piętno w tym wszystkim. (W24/M/31/1997/Ś)

W wypowiedziach imigrantów skontrastowanie Ameryki z Europą, w której wcześniej przebywali, pojawia się bardzo często. Mieszkając w krajach europejskich po wyjeździe z Polski, a przed przyjazdem do Kanady, imigranci wytworzyli sobie określone oczekiwania odnośnie do tego kraju. Oczekiwania te dotyczyły przede wszystkim wysokiego standardu życia, ten jednak nie od razu był dla nich widoczny i przede wszystkim dostępny, z czym wiązało się szereg rozczarowań. Kobieta, która spędziła wcześniej półtora roku w Austrii, wspomina:

Bo my byliśmy w Austrii nauczeni [...]. Austria była bardzo czysta, bardzo czysta, sklepy były luks, zresztą w tym czasie, jak wyjechaliśmy z Polski, jak wjechaliśmy do Austrii, to dla nas to był wielki szok, to był inny świat, kolorowy, piękny, Polska była szara, brudna, nie było niczego, tam było wszystko, tam było pięknie, tam było czysto. (W55/K/43/1989/Ś)

Z pobytem w krajach pośrednich, zwłaszcza w obozach dla uchodźców, związany był jednak czynnik, który odgrywał olbrzymią rolę w trakcie późniejszego pobytu imigrantów w Kanadzie. Otóż nawiązywali tam więzi znajomości i przyjaźni ze znajdującymi się w podobnej sytuacji rodakami, kumulując niezwykle cenny w warunkach migracyjnych kapitał społeczny. Więzi te umożliwiały często nie tylko sam przyjazd do Kanady (znajomi podpisywali dokumenty sponsorskie), ale stanowiły także niezwykle wartościowy zasób ułatwiający przebieg procesów adaptacji w pierwszym okresie pobytu.

Rola migracyjnego kapitału społecznego

Sieci osobistych powiązań odgrywają ogromną rolę nie tylko w procesie samego powstawania i rozwoju migracji międzynarodowych. Migracyjny kapitał społeczny, rozumiany jako powiązania z osobami posiadającymi zasoby ułatwiające migracje (w postaci kapitału kulturowego i ekonomicznego) (Górny, Stola 2001), ma duże znaczenie także w procesach adaptacji społecznej imigrantów w kraju docelowym. Posiadanie rodziny i/lub znajomych stanowiło w przypadku Polaków atut nie do przecenienia w pierwszym okresie po przyjeździe do Kanady, zwłaszcza (ale nie tylko) w odniesieniu do osób, które nie mogły liczyć na pomoc kanadyjskiego rządu.

Imigrantom potrzebna była przede wszystkim podstawowa wiedza dotycząca elementarnych spraw codziennego życia, np.: gdzie i w jaki sposób znaleźć mieszkanie, którego wynajęcie wymagało posiadania stałej pracy (której nie można było zdobyć bez stałego zameldowania); gdzie znaleźć zatrudnienie, nie znając języka; gdzie zapisać się na kurs. Źródłem tego rodzaju informacji oraz wsparcia były w przypadku imigrantów z Polski w omawianym okresie przede wszystkim inne osoby, które wcześniej znalazły się w Kanadzie, oraz członkowie rodzin, wśród których znajdowali się także przedstawiciele wcześniejszych fal imigracyjnych. Pomagali oni zorientować się w nowym otoczeniu, znaleźć pracę i mieszkanie. W latach 80., w miarę zwiększania się liczby polskich imigrantów w Toronto, rozrastała się także istniejąca już w tym mieście od lat i skupiona początkowo wokół „polskiej" ulicy Roncesvalles infrastruktura etnicznych instytucji, które wspierały procesy adaptacji (np. przez oferowanie możliwości znalezienia pracy w polskich przedsiębiorstwach, gdzie znajomość języka angielskiego często nie była wymagana). Chociaż bliskość do własnej grupy etnicznej może działać czasem na niekorzyść imigrantów, przynajmniej w pierwszym okresie pobytu jej znaczenie było w przypadku badanych duże, ponieważ była źródłem istotnych, praktycznych informacji, które pomagały zorientować się w nowym otoczeniu.

Jedna z takich ważnych kwestii dotyczy zakwaterowania, znalezienia swojego miejsca w przestrzeni w podstawowym, fizycznym sensie. Imigrantom sponsorowanym przez rząd kanadyjski zapewniano pobyt w hotelu przez pierwszych kilka tygodni, a potem pomoc w znalezieniu zakwaterowania, pozostali jednak musieli szukać mieszkania na własną rękę. Wynajęcie taniego mieszkania było bardzo trudne, zwłaszcza w okresach recesji gospodarczej na początku lat 80. oraz na przełomie lat 80. i 90. Warunkiem wynajmu było nadto posiadanie zatrudnienia, którego z kolei nie można było zdobyć bez zameldowania. Imigranci potrzebowali zatem osoby, która poręczyłaby za nich, że będą płacić czynsz. Rolę tę pełnili często ich znajomi lub członkowie rodziny, wiele osób nie miało jednak takiego zabezpieczenia[17]. W związku z tym wynajmowano także pokoje w domkach (nawet w kilka osób) lub basementach (podpiwniczonych częściach budynków) od innych Polaków mieszkających w Kanadzie od lat. W rezultacie, w miarę napływu kolejnych imigrantów z Polski i na skutek funkcjonowania migracyjnych sieci społecznych, w Toronto tworzyły się całe skupiska Polaków. Skupiska te wyłaniały się, jak można przypuszczać, zgodnie z logiką powstawania przestrzennej segregacji etnicznej (*residential segregation*) (Qadeer 2003:18–23). W pierwszej jej fazie dochodziło do uformowania się jądra etnicznej koncentracji przestrzennej (*nucleus of an ethnic residential concentration*) – imigranci kontaktowali się z osobami, które już wcześniej zamieszkały w danej dzielnicy, wieżowcu itp., wynajmowali u nich pokoje lub korzystali z pomocy w ich wynajęciu w tym samym miejscu. W okresach zapaści na rynku nieruchomości zdarzało się, że niedawni imigranci uzyskiwali możliwość zamieszkania w nowej okolicy lub bloku mieszkalnym. W rezultacie tych procesów powstawały polskie bloki, np. w okolicach ulicy Lakeshore nad jeziorem Ontario, ale także na osiedlach w Scarborough i innych dzielnicach miasta oraz w przylegającej do Toronto Mississaudze (w tej ostatniej miejscowości duża koncentracja Polaków istniała w okolicach polskiego kościoła im. Maksymiliana Kolbego).

Miejscem, gdzie skupiało się wielu Polaków, była także polska dzielnica wzdłuż ulicy Roncesvalles w Toronto. Nowo przybyli wynajmowali tu początkowo mieszkania u osób z wcześniejszych fal migracyjnych. Polacy chodzili razem do kościoła, spotykali się w polskich sklepach i przekazywa-

---

[17] Zgodnie z prawem w razie niepłacenia czynszu eksmisja jest niemożliwa w okresie zimowym.

li sobie nawzajem informacje o możliwościach uzyskania pracy, zapisania się na kurs językowy itp. Osoby mieszkające z dala od miejsc, gdzie istniały skupiska polskich imigrantów, odcięte były od cennych źródeł informacji i potencjalnego wsparcia[18].

Wydaje się, że u podłoża więzi, jakie tworzyły się między imigrantami oraz udzielania sobie przez nich wzajemnego wsparcia, leżało m.in. silne poczucie solidarności grupowej powstające w sytuacji podobnego położenia i wspólnych, nieraz traumatycznych doświadczeń (w obozach dla uchodźców w krajach europejskich oraz tuż po przyjeździe), oraz przekonanie o posiadaniu wspólnego celu, jakim było znalezienie swojego miejsca w społeczeństwie kanadyjskim. Przede wszystkim solidarność (*bounded solidarity*) była więc w przypadku polskich imigrantów źródłem wytwarzania szeroko rozumianego kapitału społecznego w warunkach imigracyjnych, mówiąc językiem teorii, którą zaproponowali w odniesieniu do tych zagadnień Portes i Sensenbrenner (1993, za: Górny, Stola 2001:165)[19]. O sile powstałych w ten sposób więzi świadczy chociażby to, że wielu imigrantów mówi dzisiaj o swoich poznanych w Kanadzie znajomych jak o członkach rodziny, na których można liczyć na dobre i na złe (zob. też rozdział szósty).

Rola imigrantów z poprzednich fal w procesach adaptacji

Analizując uwarunkowania przebiegu adaptacji w omawianej zbiorowości, warto wspomnieć także o roli, jaką odegrali w tych procesach imigranci z wcześniejszych fal. Jak wspomniano wcześniej, wiele spośród utworzonych

---

[18] Na kolejnym etapie tworzenia się etnicznej segregacji przestrzennej na danym obszarze przybywa przedstawicieli danej narodowości w rezultacie nieformalnego obiegu informacji wśród jej reprezentantów, ubywa natomiast innych. Ich koncentracja przestrzenna ułatwia i przyspiesza proces tworzenia różnorodnych instytucji etnicznych (kościołów, restauracji, sklepów itp.), które składają się na kompletność instytucjonalną danej grupy etnicznej. Ostatnia faza to konsolidacja i utrzymywanie się powstałej w tej sposób enklawy etnicznej (Qadeer 2003:18–23). W przypadku polskich imigrantów proces tworzenia się etnicznej segregacji przestrzennej zahamowany został w przypadku wielu polskich skupisk już na drugim etapie. Do dziś istnieją co prawda wieżowce, gdzie większość wynajmujących to osoby polskiego pochodzenia, ich miejsce zajmują jednak Pakistańczycy, Hindusi i inni niedawno przybyli imigranci. Polacy, z czasem awansujący materialnie, wyprowadzili się natomiast do domów, szeregowców oraz kondominiów (mieszkań własnościowych) i żyją w dużym rozproszeniu, chociaż zdarzają się także obszary dość dużego ich skoncentrowania, na których działają również liczne prowadzone przez Polaków firmy (np. sklepy, restauracje, gabinety dentystyczne czy kosmetyczne).

[19] Pozostałe procesy wytwarzania kapitału społecznego w kontekście migracji to: zaszczepianie wartości (*value introjection*), wymiana wzajemności (*reciprocity exchange*) oraz dający się wyegzekwować kredyt zaufania (*enforceable trust*) (Portes, Sensenbrenner 1993, za: Górny, Stola 2001:165).

przez nich istniejących w Toronto instytucji i organizacji miało początkowo duże znaczenie. Niektóre umożliwiły przybyszom z lat 80. sam przyjazd do Kanady, np. Kongres Polonii Kanadyjskiej, a także parafie Kościoła katolickiego (Reczyńska 2006; Krywult 2006). Podobnie jak w przypadku innych grup etnicznych, instytucje świeckie i religijne o charakterze etnicznym odgrywały rolę nie tylko religijną i psychologiczną, ale także społeczno-ekonomiczną, pomocną w rozwiązywaniu praktycznych problemów pierwszego okresu adaptacji (Hirschman 2004).

W sytuacji zamkniętej (aż do końca lat 80.) drogi powrotu oraz ograniczonych możliwości kontaktu z rodzinnym krajem styczność z kulturą zamieszkującej w Toronto zbiorowości polskich imigrantów z poprzednich fal stanowiła dla niedawnych przybyszów zastępczą formę więzi z Polską. Choć w miarę upływu czasu okazało się, że w dużej mierze kultura ta nie spełnia potrzeb przybyszów z lat 80., jej znaczenie w pierwszym okresie ich pobytu w Kanadzie było istotne, ponieważ łagodziło skutki szoku kulturowego, jaki stawał się udziałem większości najnowszych imigrantów. W sytuacji doświadczania ogromnej tęsknoty i nostalgii za bliskimi pozostałymi w kraju jakikolwiek przejaw polskości zyskiwał wielką wartość sentymentalną. Mówi o tym cytowany niżej mężczyzna:

> No i tak bądź co bądź trzeba uwzględnić fakt, że jak myśmy tu przyjechali, to i te kościoły były, te sale, na których się można było bawić, te nawet polskie sklepy i... i jakaś namiastka, te wszystkie polskie pikniki, to może wszystko pozornie takie się wydawać... śmieszne dla kogoś, kto w tej chwili przyjeżdża z Polski itd., ale dla kogoś, kto tutaj był i był dobity depresją imigracyjną, to miało kolosalną wartość, naprawdę. Ja pamiętam jak dzisiaj, jak dostałem... taśmę z nagraniami Ireny Santor czy Mieczysława Fogga, to nosiłem jak skarb jakiś. No, dzisiaj, no śmiechu warta sprawa, nawet ja sam bym się śmiał, gdybym o tym mówił, ale w momencie, kiedy ten stres emigracyjny tak mocno w tyłek daje człowiekowi, ta tęsknota, to wszystko, to po pierwsze, Polskę się wtedy widzi w kategoriach raju na świecie. (W34/M/50/1980/W)

Przyjazd do Kanady umożliwiali imigrantom także członkowie ich rodzin, mieszkający tu od wielu lat. Zapewniali opiekę, zakwaterowanie i wyżywienie przez krótszy lub dłuższy okres; czasem pomagali znaleźć pracę, przemieścić się gdzieś, zorientować w nowym otoczeniu[20]. Nie zawsze jednak starsi imigranci byli w stanie udzielić nowym przybyszom praktycznej, potrzebnej im pomocy w pierwszym okresie po przyjeździe, co wynika-

---

[20] Mogło się oczywiście zdarzyć, co warto odnotować na marginesie, że przyjęcie ze strony członków rodziny w Kanadzie wypadało szokująco lub bardzo negatywnie. Los taki stał się udziałem dwóch badanych imigrantek: jedna przyjechała do krewnego, który okazał się chory psychicznie, druga natomiast zmuszana była przez swoją ciotkę do ciężkiej pracy i nie uzyskała od niej zbyt dużej pomocy.

ło z nieznajomości ich specyficznych potrzeb. O tym, jak załatwiać różne sprawy i odnaleźć się w nowym środowisku, imigranci dowiadywali się od innych polskich imigrantów z tego samego okresu imigracji, których poznawali na kursach językowych, w kościele czy miejscu zamieszkania.

> Mieliśmy rodzinę, ja miałem rodzinę, ale ta rodzina [...] słabo po polsku już mówili, ta moja ciocia mówiła po polsku, ale ona się nie orientowała w nowej imigracji, która przyjechała tutaj. Ona się nie orientowała, gdzie, co załatwić, jak szkołę załatwić, jak załatwić tam proste [...] gdzie pójść po te numerki do pracy[21], gdzie pójść po tych wszystkich urzędach, wszystko [...] trzeba było spotykać ludzi o tym samym statusie co my, co przyjeżdżali i oni [...] żeśmy się dowiadywali, gdzie, co można załatwić, to tak [...] specjalnie od tej starej Polonii dużo żeśmy nie otrzymali. (W57/M/41/1988/W)

Przedstawicielom starszych i nowej fali imigracyjnej trudno było z reguły znaleźć wspólny język. Zdarzało się, że już pierwsze spotkanie było dla obu stron szokujące. Jedna z imigrantek, która pierwsze 10 lat pobytu w Kanadzie spędziła wraz z mężem w Winnipeg, tak wspomina swoje wrażenia po pierwszym kontakcie z mieszkającymi tam od lat Polakami:

> Później przyjechała Polonia, stara Polonia, taka Polonia, która jeszcze przyjechała do Kanady przed wojną, przywitać nas, bo nas tam było kilka rodzin. Myśmy przylecieli z Francji, tam inni z Włoch, z Austrii itd. No i ta Polonia zrobiła [...] no, bardzo ładnie się zachowali, w takim Domu Polskim zrobili zabawę na naszą cześć. I tutaj stoi taka grupa nas i grupa ich. I to też było szalone, szokujące [śmiech]. Takie marynarki gremplinowe w kratę, panowie sygnety, panie włosy na tapir, a my tacy z tego Paryża, z tego Wiednia [śmiech], zupełnie inaczej ubrani, patrzymy na siebie już po tym ubraniu. W ogóle oni sobie wyobrażali [...], no, nie wszyscy, ale większość z nich, ci, którzy opuścili Polskę przed wojną, że Polska tak wygląda, jak była. Myśmy nie mieli wspólnego języka, myśmy nie mogli się z tymi ludźmi dogadać, oni nas nie rozumieli i myśmy ich nie rozumieli. (W87/K/48/1981/W)

W niektórych wypadkach ów brak wspólnego języka rozumieć należy dosłownie, gdyż literacka polszczyzna z angielskimi naleciałościami, którą posługiwali się starsi imigranci, wydawała się obca niedawnym przybyszom, a część mieszkających w Kanadzie od lat Polaków wręcz słabo mówiła po polsku. Przyczyny owego nieporozumienia leżały jednak znacznie głębiej, odzwierciedlając różnice doświadczeń pokoleniowych i migracyjnych. Można przypuszczać, że różnice te były analogiczne do tych, które zaobserwowała Erdmans (1995, 1998), analizując źródła konfliktu w środowisku polskich imigrantów tego samego okresu w Chicago.

---

[21] Chodzi o numer ubezpieczenia społecznego, umożliwiający legalne zatrudnienie.

Polscy imigranci z fali przed- i powojennej mieszkali w Kanadzie od kilkudziesięciu lat i mieli zazwyczaj ograniczony kontakt z Polską (intensywne kontakty były niemożliwe chociażby ze względu na reżim polityczny panujący w kraju i zimną wojnę). Część wtopiła się w kanadyjskie społeczeństwo, inni pozostali bliżsi własnej grupie etnicznej, bez względu jednak na stopień przywiązania do rodzimej kultury Polska, którą znali, była Polską sprzed lat, z okresu ich emigracji, odmienną od współczesnej. W tym sensie bliżej było im do Kanady, znanej z codziennego doświadczenia, będącej od dawna ich ojczyzną.

Pomiędzy reprezentantami starej i nowej fali imigracyjnej przebiegała jednak przede wszystkim granica, którą tworzyły odmienne doświadczenia migracyjne poszczególnych kohort (Erdmans 1998:7–8)[22]. Polaków z poszczególnych fal łączyły odmienne doświadczenia pokoleniowe, ponieważ wyjechali z innej Polski i przyjechali do innej Kanady; różne były także ich cechy społeczno-demograficzne. Inny był w związku z tym ich sposób myślenia o Polsce, mentalność i podejście do rzeczywistości. Przedstawiciele starszego pokolenia, imigrując przed erą Trudeau i nastaniem polityki wielokulturowości, doświadczali często dyskryminacji. Aby znaleźć zatrudnienie, zmieniali nazwiska kończące się na -ski na krótsze. Zaczynali od najprostszych i najcięższych prac na farmach i w fabrykach oraz widzieli taką samą przyszłość dla niedawnych przybyszów z Polski, postrzegając ich przez pryzmat własnych doświadczeń. Negatywnie oceniali ich dążenie do szybkiego awansu materialnego. Nie rozumieli dążenia do edukacji, nostryfikowania dyplomów i zdobycia lepszych zawodów[23].

Jeden z polskich imigrantów, który przyjechał do Kanady w 1980 roku do małego miasteczka Belville, wspomina np., że na rozmowie kwalifikacyjnej pracodawca zapytał go, ile chciałby zarabiać. Imigrant postanowił poradzić się mieszkających tu od dawna Polaków. Tak podsumowuje wyniki swoich telefonicznych konsultacji:

---

[22] Kohortę (podobnie jak pokolenie w ujęciu K. Mannheima) tworzą osoby doświadczające podobnych wydarzeń w podobnym otoczeniu społecznym, w zbliżonym momencie cyklu życia, których łączy w związku z tym wspólnota doświadczeń (Eckstein, Barberia 2002:800; Erdmans 1998:7–8). Czynniki kształtujące cechy poszczególnych kohort migracyjnych związane są z krajem pochodzenia, z samą grupą migrantów oraz z krajem przyjmującym. Należą do nich wydarzenia poprzedzające migrację (np. kryzys ekonomiczny lub polityczny, migracja dobrowolna lub przymusowa), cechy samych migrantów (przynależność do określonej warstwy społecznej, wykształcenie, płeć, pochodzenie wiejskie lub miejskie itp.) oraz sam proces migracji (imigracja legalna lub nielegalna). Bez względu na różnice występujące w obrębie samej kohorty czynniki te wytwarzają u migrujących poczucie wspólnoty doświadczeń.

[23] Na tle różnic pokoleniowych doszło także do rozłamu na forum organizacji polonijnych.

Oni w większości, tych państwa, byli na emeryturze, byli bardzo zamożni itd., oni byli przerażeni, jak to można przyjść i więcej zarobić, jak my zarabialiśmy, załóżmy, 1,25 dolara kiedyś. Oni tak takimi kategoriami niektórzy myśleli. (W73/M/51/1980/W)

Uwagi końcowe

Podsumowując uwagi na temat kwestii adaptacyjnych w pierwszym okresie pobytu w Kanadzie, należy podkreślić, że niezależnie od poziomu wykształcenia badani imigranci byli z reguły nieprzygotowani do szoku, jakim było życie na kontynencie północnoamerykańskim. Na fakt ten zwracają uwagę także autorki prac o polskich imigrantach z lat 80. XX wieku w Stanach Zjednoczonych (np. Erdmans 1998; Morawska 2004; Sakson 2001, 2005). Wiedza o Kanadzie wśród przyjeżdżających do tego kraju Polaków była z reguły niewielka i stanowiła pochodną mitu Ameryki, mając niewiele wspólnego z rzeczywistością. Powstawaniu nierealistycznych oczekiwań dotyczących życia w tym kraju sprzyjał także wydłużający się pobyt w obozach dla uchodźców na zachodzie Europy. Głębokość szoku akulturacyjnego, jakiego doznawali imigranci po przyjeździe do Kanady, wskazuje być może na pewien element irracjonalności w podejmowaniu przez nich decyzji migracyjnych. Przyznaje to otwarcie jedna z badanych kobiet:

> Mnie to chyba estetycznie głównie irytowało, że wszystko było tak cholernie brzydkie, że nie było w ogóle historii, nie było w ogóle zabytków. No, ale gdybym podeszła do tej mojej emigracji [...] jakoś poważniej, to może bym przedtem o tym poczytała, pomyślała, co mnie tam właściwie czeka, a to było raczej wszystko takie bardzo, bym powiedziała, niedojrzale robione – po prostu jechać, wszystko będzie dobrze, nie zastanawiając się nad niczym, jakiś wyidealizowany obraz. Potem się przyjeżdżało tutaj i szok, nic mi się nie podobało. (W81/K/48/1985/W)

Decyzje o emigracji były w dużym stopniu nieprzemyślane, podejmowane dość przypadkowo, bez głębszej refleksji nad tym, czego w zasadzie należy się spodziewać w kraju docelowym. Z drugiej strony, na szok kulturowy wpływał także brak dostępu w komunistycznej Polsce do rzetelnej wiedzy o sytuacji w krajach zachodnich oraz funkcjonowanie państwowej propagandy, które sprzyjało powstawaniu wyidealizowanego obrazu tamtejszego życia.

Podstawowym problemem polskich imigrantów *en masse* był jednak brak znajomości języka, co już w punkcie wyjścia utrudniało im oswojenie się z nowym otoczeniem. Jeśli okoliczności emigracji były wyjątkowo traumatyczne, a w Kanadzie nie było nikogo znajomego, rezultatem mogło być całkowite poczucie wyobcowania. Tak było w poniższym przypadku uchodźcy politycznego, mimo że przyjechał z żoną i synem (a więc nie był sam), a ponadto jako uchodźca uzyskał pomoc od rządu:

> W Kanadzie nie znałem absolutnie nikogo. Zupełnie nikogo i – jak to się mówi – zostałem wrzucony do głębokiej wody bez umiejętności pływania, bo nawet języka nie znałem za dobrze [...]. Jak mówię, dla mnie największym problemem był jednak język, bariera językowa, kompletny brak znajomości, człowiek był tak jakby wyrwany z jakiejś [...] takie to może ogrodnicze porównanie, z ziemi, ze swojego środowiska i... i przeflancowany do zupełnie czegoś innego, bez [...] żadnego rozeznania. (W18/M/51/1983/Ś)

Cytowany imigrant był jedną z dwóch badanych osób, które w trakcie przeprowadzania wywiadów wydawały się pogrążone w depresji. Stan psychiczny kilku innych osób wydawał się także ciężki, nie tyle jednak z powodu trudności z przystosowaniem, ile z powodu niepowodzeń w życiu osobistym. Pomijając jednak te indywidualne przypadki, uprawnione wydaje się spostrzeżenie, że w innych okolicznościach miejsca i czasu polskim imigrantom mogło być znacznie trudniej rozpocząć życie w nowym kraju. Tymczasem w pierwszym okresie pobytu kanadyjskie władze udzieliły im dużej pomocy w przezwyciężeniu problemów adaptacyjnych. Największe wsparcie uzyskali – jak wspomniano – sponsorowani przez rząd uchodźcy polityczni: opłacone mieszkanie, kurs języka oraz pieniądze na drobne wydatki. Także inni imigranci mogli skorzystać z bezpłatnych lub bardzo tanich szkół językowych, kursów dokształcających, a z czasem łatwych do uzyskania zasiłków. Na przestrzeni lat zakres usług dostępnych dla imigrantów zwiększał się (zob. więcej na ten temat w rozdziale pierwszym). Między innymi z wymienionych względów, a także z powodu różnic pokoleniowych, wydaje się, że rola przedstawicieli poprzednich fal polskiej imigracji w Kanadzie była w procesach adaptacji badanej zbiorowości stosunkowo niewielka.

Jeśli chodzi o cechy samych imigrantów, to z punktu widzenia procesów adaptacji najważniejsze znaczenie w pierwszym okresie pobytu w Kanadzie miało – obok znajomości języka angielskiego – posiadanie kapitału zgromadzonego zwykle w trakcie pobytu w krajach pośrednich oraz dostęp do migracyjnego kapitału społecznego w postaci rodziny i/lub znajomych, dysponujących informacjami ważnymi z punktu widzenia adaptacji społeczno-kulturowej. Sieci społeczne, odgrywające kluczową rolę w warunkach imigracyjnych, miały jednocześnie znaczenie na wszystkich etapach przebiegu procesów adaptacji i we wszystkich ich wymiarach. Jest to związane ze specyficzną sytuacją społeczną, w jakiej znajdują się imigranci. O sytuacji tej oraz o doświadczeniach z niej wynikających traktują kolejne rozdziały.

5 | Kariery zawodowe polskich imigrantów w Kanadzie

5.1. Typowy przebieg karier zawodowych i ich uwarunkowania

Psycholożka pracująca w szpitalu w Toronto (w Polsce po studiach poloni-
stycznych), która zaczynała karierę zawodową jako pomywaczka i kucharka
w przedszkolu; właściciel restauracji, kilkanaście lat temu pracujący jako
kelner; doskonale prosperujący przedsiębiorca (po studiach medycznych
w Polsce), który pracował początkowo jako robotnik na budowie; polonijny
dziennikarz (z wykształcenia prawnik), który tuż po przyjeździe do Kanady
został taksówkarzem – to charakterystyczne przykłady karier zawodowych
polskich imigrantów z lat 80. w Kanadzie. Kariery te ukazują jednocześnie
typowy przebieg mobilności zawodowej imigrantów pierwszego pokolenia
w tym kraju. Opisać można ją przez porównanie do kształtu litery U, której
lewy górny kraniec symbolizuje pozycję przed emigracją, a prawy pozycję po
kilkunastu latach pobytu w kraju imigracji (Chiswick, Lee, Miller 2005:334–
–337). Między tymi dwoma krańcami znajduje się zagłębienie obrazujące
głęboką degradację zawodową doświadczaną przez imigrantów w okresie
następującym bezpośrednio po przyjeździe. Degradacja ta mierzona była
przede wszystkim w kategoriach prestiżu zawodowego, gdyż sytuacja materialna migrantów z reguły dość szybko się poprawiała – przemieszczali się
wszak z kraju o niższych zarobkach do kraju o wyższych płacach i poziomie
zamożności. Dopiero z upływem czasu następowało wolniejsze lub szybsze
odbudowywanie statusu zawodowego przez inwestycję w zdobywanie wykształcenia, nostryfikowanie dyplomów itp.

W badanej próbie degradacja zawodowa dotknęła w sumie 54 imigrantów
(duża część pozostałych osób była utrzymywana przez członka rodziny). Dla
38 osób była to sytuacja przejściowa. Jednak dla więcej niż co piątego bada-
nego (16 osób) degradacja społeczna okazała się mieć trwały charakter – do
dziś pracują znacznie poniżej posiadanych pierwotnie kwalifikacji[1]. Rozdział

---

[1] Degradacja zawodowa doświadczana przez polskich imigrantów z lat 80. stanowiła jeden
z punktów przełomowych ich trajektorii migracyjnych, rozumianych w duchu A. Straussa

ten traktuje o uwarunkowaniach leżących u podłoża powyższych procesów w odniesieniu do imigrantów z Polski z lat 80. oraz drogach ich karier zawodowych.

Sytuacja społeczna w momencie imigracji

Przyjeżdżając do Kanady, imigranci znajdowali się w specyficznej sytuacji społecznej, która w punkcie wyjścia wyznaczała strukturę ich możliwości na rynku pracy, a także, szerzej, ich miejsce w kanadyjskim społeczeństwie. Sytuację tę określić można jako funkcjonowanie poza strukturą społeczeństwa. Było to związane przede wszystkim z brakiem pracy, która lokuje jednostkę w obrębie tej struktury (Osipowicz 2001:391). Polscy imigranci posiadali ponadto ograniczone możliwości znalezienia w niej punktów zaczepienia z powodu braku niezbędnego kapitału społecznego.

Dorastając w określonym społeczeństwie, jednostka staje się niejako automatycznie częścią określonych kręgów społecznych i środowisk z racji ról, jakie pełni – od rodziny, przez grupę sąsiedzką i środowisko pracy, po znajomych. Jest potencjalnie wiele osób, z którymi łączą ją więzi pokrewieństwa, znajomość z czasów szkolnych, ze studiów, z miejsc pracy. Emigracja oznacza zwykle wyrwanie z tej sieci kontaktów – stąd zapewne tak popularna metafora migrowania jako wyrywania z korzeniami – i przeniesienie w nowe otoczenie, w którym tych więzi jest znacznie mniej, a czasem nie ma ich prawie wcale. Oznacza konieczność budowania własnego środowiska społecznego w dużej mierze od podstaw. Zanim to jednak nastąpi, sytuację imigrantów określić można jako funkcjonowanie w swego rodzaju próżni społecznej. Ma to olbrzymie znaczenie nie tylko ze względu na poczucie wyobcowania, do powstania jakiego prowadzi, ale także z punktu widzenia perspektyw imigrantów na rynku pracy. Nie mając na nim koneksji, w sytuacji niedostatków własnego kapitału kulturowego (m.in. wspomniany brak znajomości języka) i barier istniejących w społeczeństwie kanadyjskim zmuszeni byli zaczynać karierę, począwszy od najniższych jej szczebli. Innymi słowy, brakowało im niezbędnego kapitału społecznego, który umożliwiałby im znalezienie pracy adekwatnej do posiadanego wykształcenia. Adaptacja w Kanadzie polegała więc w dużej mierze na wyrabianiu sobie *connections* (kontaktów i znajomości), które mogły stać się źródłem informacji i wsparcia; kontaktów przydatnych w zorganizowaniu różnych spraw, poczynając od tak podstawowych, jak znalezienie mieszkania, po istotne w dłuższej perspektywie czasu, jak znalezienie nie tylko jakiejkolwiek pracy, ale pracy odpowiadającej ambicjom i formalnym kwalifikacjom

---

i B. Glasera (koncepcja trajektorii umierania; za: Zakrzewska-Manterys 1995) oraz G. Riemanna i F. Schütze'a (uogólniona koncepcja trajektorii, Riemann, Schütze 1992; Schütze 1997).

z Polski. Z powodu braku lub ograniczonej znajomości języka angielskiego kluczowe znaczenie miały tu zwłaszcza więzi etniczne – znajomość z innymi imigrantami, przede wszystkim z tego samego okresu imigracji.

[...] na początku jest szok [...] bo mimo że ja myślałam, że taka mądra jestem, bo zwiedziłam pół Europy [...]. I jak znam język, to już nam będzie tam łatwiej. A tu się okazuje, że [...] to jest jednak zupełnie inny kontynent i że zupełnie inne warunki, zupełnie inne zwyczaje [...] wszystko tak totalnie inne. **I się wyjechało w taką pustkę, pustkę towarzyską, pustkę rodzinną**, mimo że mieliśmy tego wujka, ale to był taki wujek – nie-wujek. (W44/K/44/1990/W) [wyróżnienie M.K.-A.]

Początkowo tak człowiek nie wiedział, czy się sprawdzi, czy da sobie radę, czy potrafi się znaleźć w tym wszystkim. W dużej mierze jest to duży problem, jak idzie się między ludzi i [...] no i praktycznie nie ma znajomego, nie ma mamusi, nie ma tatusia, nie ma kogoś, kogo się tam gdzieś tam znało w ławce szkolnej czy się coś tam jakichś wspólnych znajomych. Tu człowiek był sam sobie pozostawiony. I praktycznie działalność nawet budowlana taka to jest od podstaw znajdowanie kontaktów, wyrabianie kontaktów, gdzie w dużej mierze [...] w Polsce [...] taką pewną bazę każde dziecko ma. Czy tam, powiedzmy, człowiek młody, wchodzący w życie dorosłe jakąś tam bazę ma, bo wiadomo, z jakiegoś tam środowiska wychodzi, są pewnego rodzaju powiązania, znajomości. Proszę nie zrozumieć tego, że tam ręka rękę myje, jakieś tam, powiedzmy, tego typu rzeczy, ale dużo łatwiej jest samemu człowiekowi czuć się pewniej w pewnej grupie ludzi, wiedząc, że nie jest totalnie sam. Tutaj niestety był od początku totalnie sam. Nie wyjdzie, to nie wyjdzie. Tak, że te początkowe momenty były bardzo męczące[2]. (W43/M/44/1990/W)

Cykle koniunktury gospodarczej

Na szanse polskich imigrantów na rynku pracy i ich adaptację ekonomiczną w pierwszym okresie pobytu w Kanadzie istotny wpływ miał moment przyjazdu, przede wszystkim z uwagi na cykle koniunktury gospodarczej. Wzrost ekonomiczny i zmiany technologiczne znajdują się w tym kraju w dużym stopniu pod kontrolą sił zewnętrznych (Tepperman 2006). Ze względu na bardzo duży udział zagranicznych inwestorów w gospodarce kanadyjskiej, zwłaszcza Amerykanów (Bellan 2006; Harvey 2006), a także z uwagi na jej zdominowanie przez eksport nieprzetworzonych surowców, Kanada pozostaje wysoce podatna na fluktuacje na światowych rynkach.

---

[2] Być może fakt, iż polscy imigranci tak bardzo podkreślają brak kapitału społecznego jako jedną z największych trudności w pierwszym okresie pobytu w Kanadzie, związany był częściowo z przyzwyczajeniami wyniesionymi z PRL-owskiej rzeczywistości. W Polsce w okresie powojennym znajomości stanowiły jedno z głównych źródeł dojścia do wyższych pozycji społecznych, a także sposób na organizowanie („załatwianie") podstawowych spraw w codziennym życiu (Rychard 1983).

W omawianym okresie (od początku lat 80. do początku XXI wieku) kanadyjska ekonomia doświadczyła dwóch cyklów koniunktury gospodarczej (Frenette, Morisette 2005:235; Kremarik 2000; Williams 2000). Po ponad dwudziestu latach bezprecedensowego boomu gospodarczego, zapoczątkowanego przez II wojnę światową (okresu zwiększonej produkcji przemysłowej oraz żywności), sytuacja gospodarcza od ok. 1972 roku zaczęła ulegać załamaniu. Początek lat 80. oraz początek następnej dekady to okresy recesji, znajdujące odzwierciedlenie w zwiększonym poziomie bezrobocia[3].

Osoby imigrujące w okresach recesji doświadczały problemów na rynku pracy, podobnie zresztą jak sami Kanadyjczycy, młode osoby podejmujące wówczas swoją pierwszą pracę. Załamanie gospodarcze odbiło się najbardziej niekorzystnie na sytuacji osób imigrujących na początku lat 90., które osiągały po przyjeździe zarobki znacznie niższe od zarobków imigrantów z początku lat 80., a także od osób, które przyjechały w 1996 roku, kiedy gospodarka powoli podnosiła się po okresie załamania[4]. Wielu polskich imigrantów mówi jednak przede wszystkim o trudnościach ze znalezieniem w okresach dekoniunktury nawet najgorzej płatnej pracy.

Bariery na wejściu

W przypadku większości polskich imigrantów, w pewnym stopniu niezależnie od panującej sytuacji gospodarczej, barierę w zdobyciu początkowo jakiejkolwiek formy zatrudnienia stanowił stawiany przez kanadyjskich pracodawców wymóg posiadania kanadyjskiego doświadczenia zawodowego. Imigranci znajdowali się tutaj w sytuacji zamkniętego koła – brak doświadczenia w pracy w Kanadzie uniemożliwiał zatrudnienie, którego brak stanowił przeszkodę w zdobyciu doświadczenia zawodowego. Możliwym wyjściem z tej sytuacji było na różnych etapach kariery zawodowej podejmowanie pracy początkowo bez wynagrodzenia, aby dać się poznać potencjalnym pracodawcom. Dotyczyło to zwłaszcza osób, które nie mogły liczyć

---

[3] Na przykład w 1980 r. poziom bezrobocia wśród Kanadyjczyków (mężczyzn) w wieku 25–54 lat wynosił 5,1%, jednak już w 1983 prawie podwoił się, sięgając 9,9%. Był to szczytowy moment recesji lat 80.; potem poziom bezrobocia spadał stopniowo do poziomu 6,3% w latach 1988–89. Kolejny szczyt to 1992 (10,7% bezrobotnych), po którym następuje bardzo powolny spadek do poziomu 5,7% w 2000 (Frenette, Morisette 2005:235; Kremarik 2000; Williams 2000).

[4] Dotyczy to zwłaszcza zarobków mężczyzn. Średnie zarobki imigrantów przyjeżdżających do Kanady w 1991 r. wyniosły 18 800 dolarów rocznie, w porównaniu do 32 600 dolarów dla kohorty z 1981 r. oraz 20 900 dolarów dla 1996. Ich zarobki wzrastały także wolniej w ciągu kolejnych kilku lat. Inaczej wyglądała sytuacja w przypadku kobiet, których zarobki były w mniejszym stopniu zróżnicowane, jeśli porównać z sobą wymienione kohorty (Chui, Zietsma 2003:24).

na polecenie przez kogoś znajomego, miały natomiast wsparcie finansowe (np. pracował partner lub partnerka).

Z kolei do wykonywania prostszych prac polscy imigranci byli zbyt dobrze wykształceni (słynne zdanie *you're overqualified*, które słyszy wielu imigrantów w Kanadzie ze strony kanadyjskich pracodawców). Pracy zbliżonej do posiadanych kwalifikacji nie można było jednak znaleźć z powodu wspomnianego braku wykształcenia i doświadczenia zawodowego w Kanadzie. Stąd też zdobycie pierwszej pracy opierało się często na kłamstwie co do posiadanych kwalifikacji. Inżynierowie i lekarze przekonywali zatem potencjalnych pracodawców, że przez całe życie pracowali przy taśmie montażowej w fabryce albo jako kelnerzy w restauracjach.

Pierwsza praca bywała prawdziwą szkołą przetrwania. Osoby z wyższym wykształceniem wykonywały często po raz pierwszy w życiu prace fizyczne. Trudności adaptacyjne potęgowała nieznajomość infrastruktury i sposobu obsługi różnego rodzaju urządzeń, nawet tak podstawowych jak ekspres do kawy. Jedna z imigrantek (z wykształcenia polonistka) w taki sposób opisuje swoje doświadczenia w pierwszej pracy w Kanadzie:

[...] taka pani [...] Kanadyjka [...] była kucharką w tym, w przedszkolu. To było przedszkole prowadzone przez Kościół Siódmego Dnia Adwentysty[5] i było wegetariańskie. No i ona zawsze wyjeżdżała na urlop [...] na całe lato i zawsze sobie musiała załatwić zastępstwo. No i mnie załatwiła, bo [...] mój mąż pracował z jej synem, no i w ten oto sposób dostałam pracę w tym [...] na dwa miesiące jako kucharka. Nie umiem gotować, nie mam pojęcia, boję się gotowania, w ogóle języka znałam [...] po 4 miesiącach na kursie języka angielskiego, podstawowym, to mój angielski był bardzo, bardzo minimalny. No i ona do tej kuchni mnie wzięła, ta pani. [...] No i pokazała mi jak się robi tam na śniadanie te [siriole] czy tam jajka na takim [...] dzieci tam, ponad 40 dzieciaków, to przedszkole, no i poszła sobie. No i ja tak stanęłam w tej kuchni, zakasałam rękawy, coś próbowałam zrobić, chyba taką jajecznicę, bo to nie była na patelni, tylko na takiej wielkiej płycie. Nie wiedziałam, jak to działa, w ogóle wszystko się spaliło, przypaliło. No i ja stanęłam, i się strasznie bardzo mocno rozpłakałam. Strasznie, strasznie, strasznie się rozpłakałam, rozszlochałam, musiałam pójść do łazienki zamknąć się. No więc wypłakałam się, wypłakałam i powiedziałam sobie: a cholera jasna, co to znaczy, muszę se dać radę [śmiech]. Wywaliłam tę jajecznicę, to wszystko, zrobiłam [...] dałam dzieciom [siriol], czyli z pudełek nasypałam, mleko, to było bezpieczne. No i tak zaczęłam patrzeć, co [...] z czym ja sobie dam radę. No i dałam sobie radę, i przeżyłam. Do dnia dzisiejszego pamiętam, jak sobie właśnie pomyślałam tak: ja, która nie umiem gotować, która nienawidzę gotować, jeżeli ja przez tę pracę przeszłam, to ja przez wszystko przejdę. Strasznie mnie to tak załamało, a z drugiej strony podbudowało, bo to była najgorsza rzecz – gotowanie. Do dnia dzisiejszego jest. (W87/K/48/1981/W)

---

[5] Kościół Adwentystów Dnia Siódmego.

Dylematy pierwszego okresu pobytu

Podstawowy problem, przed jakim stali polscy imigranci w pierwszym okresie pobytu w Kanadzie, związany był, z jednej strony, z koniecznością utrzymania siebie i ewentualnie także rodziny, z drugiej natomiast z dążeniem do powrotu do zawodu lub zdobycia pozycji porównywalnej do zajmowanej w Polsce. Ten pierwszy cel wymagał zdobycia jakiejkolwiek dostępnej pracy, często za najniższą stawkę i na kilku zmianach, by zapewnić konieczne środki do życia. Dążenie do powrotu do zawodu lub zdobycia lepszej pracy wiązało się natomiast z koniecznością poniesienia niejednokrotnie znacznych nakładów finansowych na kształcenie i/lub nostryfikowanie posiadanych dyplomów, ponieważ kanadyjscy pracodawcy nie uznawali z reguły dyplomów i doświadczenia zawodowego zdobytego w Polsce.

W nowych warunkach społecznych i ekonomicznych umiejętności zawodowe wielu osób okazywały się „nieprzekładalne". Różnice infrastruktury powodowały np., że wykształcenie w takich zawodach, jak inżynier czy architekt, wymagało uzupełnienia czy nawet nauczenia się wielu rzeczy od podstaw (np. odmiennych technologii w budownictwie). Niektóre zawody nie miały swoich odpowiedników w Kanadzie (np. edytor muzyczny); w przypadku innych posiadana wiedza i doświadczenie nie miały w tym kraju zastosowania – dotyczyło to np. prawników, wykształconych w systemie prawa kontynentalnego, podczas gdy w Kanadzie, podobnie jak w innych krajach anglosaskich, obowiązuje *common law*, oparte na precedensach. W badanej grupie jedynie ok. 1/3 imigrantów (23 osoby) pracowała w momencie przeprowadzania wywiadu w zawodzie wyuczonym lub wykonywanym w Polsce. Pozostali zmienili swoje kwalifikacje, kształcąc się na różnego rodzaju kursach lub po prostu zdobywając praktyczną wiedzę w trakcie pracy.

Imigranci przywozili z sobą zwykle niewielki kapitał finansowy, który mógł być pomocny w rozwiązaniu dylematu: utrzymanie się czy kształcenie, by zdobyć lepszy zawód. Kapitał ten, zgromadzony w krajach pośrednich, szybko topniał i tylko w niewielkim stopniu był w stanie pokryć koszty utrzymania, nie wspominając o innych wydatkach. Z kolei osoby, które były prekursorami migracji w rodzinie, koncentrowały się początkowo na zarabianiu na przyjazd pozostałych w kraju bliskich, odsuwając jakąkolwiek naukę na dalszy plan, a w wielu przypadkach w ogóle z niej rezygnując:

> [...] w tym samym czasie jeszcze istnieje cały czas presja konieczności zarabiania pieniędzy, a walka o pracę w swoim zawodzie kosztuje, trzeba płacić zarówno za kursy za studia, bo trzeba brać dodatkowo studia, i w związku z czym [...] no, trzeba wybierać: albo się będzie miało co jeść, albo będzie się miało [...] dokument. No, prosty wybór jest taki, że trzeba dostarczyć i jeść, i dostarczyć pieniędzy celem zrealizowania własnego życia, a poza tym, będąc tutaj,

człowiek przewartościowuje siebie i po prostu stwierdza, że do życia nie jest koniecznie potrzebny ten dyplom, przydaje się niewątpliwie, do tej pory bardzo mi się przydaje, ale potrzebna jest samorealizacja, to, co daje [...] i potrzebne są najbardziej do założenia domu, do wszystkiego potrzebne są pieniądze. (W28/M/47/1989/W)

Kanadyjski system edukacji jest niezwykle elastyczny, oferuje możliwości kształcenia osobom praktycznie w każdym wieku, także w systemie rozłożonym na wiele lat, dla osób, które mają niewiele czasu na naukę. Polacy mimo wszystko rezygnowali jednak często z nauki pod presją bieżących potrzeb życiowych:

No, to po prostu [...] to by trwało wieki, no, a ciągle rodzina krzyczy jeść, żyć trzeba tutaj, też nie ma tak, żeby ktoś pomógł, nie miał jakichś bogatych wujków czy cioci ani nic z tego tytułu. No i żeby utrzymać się, żeby tego, to trzeba było pracować, żeby coś jakieś nadgodziny robić, to po prostu czas był bardzo napięty. (W55/M/43/1989/W)

Wybór inwestycji w kształcenie wymagał olbrzymiej determinacji i inwencji, a także gotowości do pracy początkowo bez wynagrodzenia, aby z braku innej możliwości zdobyć jakiekolwiek doświadczenie.

Sposób rozstrzygnięcia wspomnianego dylematu – wyłącznie praca czy praca i inwestycja w kształcenie – miał brzemienne skutki dla przebiegu adaptacji ekonomicznej w Kanadzie w dłuższej perspektywie czasu. Osoby, które decydowały się mimo wszystko zainwestować w kształcenie i zdobyć lepszy zawód, robiły to wprawdzie kosztem dużych wyrzeczeń i poświęceń, ale na dłuższą metę odnosiły większy sukces materialny, osiągając także wyższą pozycję społeczną. Ci zaś, którzy zrezygnowali z dążenia do uznania swoich kwalifikacji z Polski lub ich zmiany, szybciej poprawiali swoją sytuację ekonomiczną i komfort życia, skazywali się jednak na poczucie większego społecznego niedowartościowania i często żałują dzisiaj, że nie poświęcili więcej czasu na naukę.

Na wybór jednej z tych dwóch dróg istotny wpływ miało środowisko społeczne (tzn. środowisko innych imigrantów), do jakiego trafiali imigranci po przyjeździe. Mogło ono motywować bądź zniechęcać do pójścia określoną ścieżką kariery. Znajomość z innymi imigrantami stanowiła źródło informacji o dostępnych pracach, a także możliwościach uznania posiadanych formalnych kwalifikacji. Tymczasem spłaszczenie struktury społecznej, do jakiego dochodziło po przyjeździe, nie sprzyjało szybkiemu awansowi zawodowemu – imigranci trafiali do środowiska osób pochodzących w Polsce z różnych warstw i klas społecznych, z których większość znajdowała się także w Kanadzie na niższych szczeblach drabiny społecznej i polecali się nawzajem u tych pracodawców, u których sami znaleźli pracę, a więc w fabrykach, przy rozwożeniu pizzy, w restauracjach, przy sprzątaniu domów i biurowców itp.[6] Powstawało przekonanie, że jest to normalna ścieżka kariery, że każdy, bez względu na to, kim był w Polsce, musi „zaczynać od zera"[7]. Jeden z imigrantów ujmuje to w następujący sposób:

> Kanada robi [...] ze wszystkimi emigrantami tzw. po rosyjsku urawniłowkę. Wszyscy lecą [...] prawie do tego samego poziomu. A później zależy od tego, kim ty jesteś, co dasz z siebie, tak daleko wyjdziesz do góry. (W56/M/55/1981/Ś)

Nie wszyscy zgadzali się na pójście taką drogą. Dotyczyło to zwłaszcza osób, które – przebywając wcześniej w krajach europejskich – doświadczyły tam pierwszej w swoim życiu degradacji zawodowej i nie chciały powtarzać tego samego losu w Kanadzie. Często jednak dążenie do ominięcia „normalnej drogi emigracyjnej" kończyło się niepowodzeniem:

> [...] ja nie szukałem żadnych tego typu prac, gdzie Polacy pracowali, gdzie wołali w polskich gazetach do pomocy przy malowaniu, przy budowie, przy takich, mnie to nie interesowało, bo myślałem, że coś lepszego znajdę. Otóż niczego nie znalazłem. (W73/M/51/1980/W)

Brak kapitału społecznego, brak powiązań na rynku pracy, brak znajomości będących źródłem wsparcia, informacji i rekomendacji – wszystko to stanowiło nieprzekraczalną barierę, zmuszając do przedzierania się od samego dołu do samej góry struktury społecznej[8].

Z socjalizmu na głęboką wodę kapitalizmu

Do czynników utrudniających adaptację ekonomiczną polskich imigrantów należały także różnorodne przyzwyczajenia i nawyki wyniesione z ustroju socjalistycznego, w którym imigranci spędzili znaczną część życia. Dziedzictwo komunizmu to zresztą jeden z wątków często przywoływanych dla wyjaśnienia różnorodnych zachowań polskich imigrantów w Kanadzie; odwołują się do niego np. liderzy społeczni, próbując wyjaśnić brak zaangażowania politycznego i ducha obywatelskiego wśród Polaków mieszkających

---

[6] Podobny mechanizm zaobserwować można także w odniesieniu do osób imigrujących już w latach 90.

[7] Niejednokrotnie środowisko społeczne, do jakiego trafiali badani tuż po przyjeździe do Kanady, dawało także przykład do naśladowania i nakłaniało do wyboru podobnego profilu kształcenia, a co za tym idzie – zawodu. Na przykład jedna z badanych, po studiach prawniczych w Polsce, zdecydowała się wybrać zawód o profilu medycznym, do czego nakłonił ją brat, który w Kanadzie nostryfikował dyplom lekarza.

[8] Jeden z imigrantów, z wykształcenia architekt, wspomina np. o swojej frustracji spowodowanej całkowitym społecznym wyizolowaniem: „Ja sobie pomyślałem, że gdybym ja był w Polsce [w rodzinnym mieście], ja bym tu wszystkich znał [ze szkoły, uniwersytetu itp.]". (W7/M/50/1982/W)

w Kanadzie. Jednym z elementów tego dziedzictwa było – obok wzorów uczestnictwa w życiu politycznym, czy raczej ich braku – także przyzwyczajenie do określonego sposobu organizacji życia gospodarczego. W Polsce pod rządami komunistycznymi jego istotnym elementem była opiekuńcza rola państwa, to, iż wiele rzeczy rozstrzyganych było odgórnie, przy niewielkim wpływie samych zainteresowanych, co skutkowało ich daleko idącym ubezwłasnowolnieniem. W Kanadzie Polacy zostali „wrzuceni na głęboką wodę kapitalizmu". Musieli oswoić się z nowymi dla siebie zjawiskami, takimi jak możliwość nagłej utraty pracy (zjawisko bezrobocia teoretycznie nie istniało w rodzinnym kraju) czy w ogóle konieczność jej poszukiwania. Imigranci stanęli przed potrzebą nauczenia się, jak zakładać konto w banku, jak i gdzie reklamować prowadzoną działalność gospodarczą, zmierzyć z konkurencją na rynku pracy:

> Po przyjeździe, mimo że znałam język, długo mi zajęło bardzo żeby cokolwiek robić, bo... no właśnie, jakaś taka blokada, w Polsce nigdy tak nie było, że trzeba było szukać pracy, praca szukała mnie. I wszystko było jasne i proste i tylu znajomych naokoło, że to się robiło, a tu się okazało, że się samemu trzeba było przestawić. (W44/K/44/1990/W)

> Ja myślę, mogę powiedzieć, że system, w jakim ja się wychowałem, w jakim ja wyrosłem, w jakim ja kończyłem szkołę średnią, nie przygotowywał mnie do życia, które jest na kontynencie północnoamerykańskim, całkowicie. Bo tam byliśmy przygotowani na to, że państwo w dużym stopniu załatwia wiele spraw za nas, za przeciętnego obywatela. Tutaj nastąpiło zderzenie, bolesne często, z tym żarłocznym kapitalizmem i często zaciskałem i ja też zęby, kiedy było mi źle albo ktoś mi podstawił nogę, korzystając z tego, że ja nie znam realiów życia, że ja nie znam języka itd. [...] Historia, myślę, że wyrzuciła nas za burtę. (W56/M/55/1981/Ś)

Wiedza o zasadach funkcjonowania rynku nabywana była w praktyce, metodą prób i błędów – kilka osób wspomina np. o niepowodzeniu w prowadzeniu własnej firmy na jednym z wczesnych etapów pobytu w Kanadzie. Z tego punktu widzenia lepiej przystosowywały się osoby, które już w PRL-owskiej rzeczywistości poszukiwały dla siebie możliwości ekonomicznych poza upaństwowionym sektorem gospodarki, prowadzące własną działalność gospodarczą[9] czy uprawiające tzw. turystykę handlową. Takich osób było jednak stosunkowo niewiele (wśród badanych zaledwie 8). Większość przyzwyczajona była do gwarantowanej dla każdego pracy w państwowych przedsiębiorstwach, w których jej efekty znajdowały się poza sferą zainteresowania

---

[9] Na tle innych krajów bloku komunistycznego Polskę wyróżniała – obok faktu, że większa część rolnictwa pozostawała w prywatnych rękach – działalność indywidualnych kupców prawie na wszystkich obrzeżach znacjonalizowanej gospodarki (Hamilton, Hirszowicz 1995:193).

i wpływu poszczególnych pracowników – zgodnie z zasadą „czy się stoi, czy się leży". Niektórzy z badanych przyznają wprost, że komunizm ich „rozpuścił", przyzwyczajając do darmowych wczasów czy zwalniając z troski o rentowność przedsiębiorstw, w których byli zatrudnieni. W Kanadzie uczyli się dbać o wydajność; doświadczali także dotkliwie żelaznych reguł rynku. Jednym z najbardziej szokujących wydarzeń bywała np. nagła utrata pracy, często bez szczególnych wyjaśnień ze strony pracodawców.

Innym negatywnym elementem dziedzictwa związanego z funkcjonowaniem w socjalistycznej gospodarce i systemie pracy było przyzwyczajenie do szukania luk w systemie i omijania prawa, próby niepłacenia podatków itp. Polacy przywozili z sobą antysystemowe postawy, który przejawiały się np. w tendencjach do nielegalnej pracy, także już po zalegalizowaniu pobytu[10].

Należy podkreślić, że duża opiekuńczość państwa łagodziła początkowe trudności w adaptacji polskich imigrantów do życia w Kanadzie w wymiarze ekonomicznym. Powszechna dostępność różnego rodzaju zasiłków w razie utraty pracy, kursów dokształcających i umożliwiających przekwalifikowanie się, subsydiowanych przez rząd mieszkań itp. stanowiła formę zabezpieczenia dla osób wypadających z rynku na skutek utraty pracy, rodziców samotnie wychowujących dzieci i tych, którzy znaleźli się w trudnej sytuacji życiowej. Wielu imigrantów korzystało na pewnym etapie lub korzysta do dziś z różnorodnych form państwowego wsparcia; wśród badanych znajdowały się cztery takie osoby: trzy (w tym jeden polonijny dziennikarz) korzystały z zasiłków i mieszkały w subsydiowanych przez rząd domach lub mieszkaniach, a jedna była przejściowo bezrobotna. Z drugiej strony, brak biurokratycznych utrudnień i duża swoboda prowadzenia działalności otwierały pole do aktywności dla co bardziej przedsiębiorczych osób, które w Polsce napotykały liczne bariery i których inicjatywa była tłumiona.

5.2. Kariery zawodowe imigrantów a struktura kanadyjskiego społeczeństwa

Analizę przebiegu karier zawodowych polskich imigrantów w Kanadzie należy umiejscowić w szerszym kontekście, który tworzy struktura kanadyjskiego społeczeństwa. Badaczem stosunkowo często przywoływanym w kontekście omawiania zagadnień struktury władzy i możliwości oraz ich

[10] Co prawda w kanadyjskim społeczeństwie, którego jedną z cech wyróżniających jest silne przywiązanie do przestrzegania prawa i porządku, zachowania te spotykały się z surowymi sankcjami. Z wypowiedzi liderów polskiej zbiorowości można jednak wywnioskować, że tego rodzaju praktyki były w momencie prowadzenia badań nadal dość powszechne.

związków z etnicznością w społeczeństwie kanadyjskim jest socjolog John Porter. W opublikowanej w 1965 roku książce *Vertical Mosaic: An Analysis of Social Class and Power in Canada* użył terminu „wertykalna mozaika" jako określenia koncepcji, że społeczeństwo kanadyjskie jest mozaiką złożoną z różnorodnych zbiorowości etnicznych, językowych, regionalnych i religijnych o nierównym dostępie do władzy i prestiżu (Vallee 2006). Pojęcie mozaiki jako metafory kanadyjskiego społeczeństwa zastosował po raz pierwszy John Murray Gibbon w książce *The Canadian Mosaic* (1938), krytycznej wobec amerykańskiej polityki *melting pot*, zgodnie z którą imigrantów oraz ich potomków zniechęcano do podtrzymywania bliskich więzi z kulturą kraju pochodzenia, natomiast nakłaniano ich do asymilowania się do amerykańskiego stylu życia. W przeciwieństwie do tego podejścia polityka Kanady postrzegana była jako sprzyjająca zachowywaniu przez imigrantów ważnych aspektów swojego dziedzictwa kulturowego. Porter pokazywał jednak, że w rzeczywistości polityka ta uprzywilejowywała pewne grupy kosztem innych pod względem dochodu, zatrudnienia oraz edukacji. Według badań, na które się powoływał, część społeczeństwa, zwłaszcza pochodzenia brytyjskiego, miała wyższe dochody, była bardziej wykształcona oraz cieszyła się lepszym zdrowiem niż pozostała jego część, zwłaszcza pochodzenia wschodnio- oraz środkowoeuropejskiego. Do najbardziej upośledzonych należeli Indianie oraz Inuici. Anglosasi byli także w nieproporcjonalnym stopniu reprezentowani w sferach decyzyjnych w polityce, biznesie oraz administracji.

Od czasu publikacji książki Portera wiele badań wskazywało, że przedstawiony przezeń obraz kanadyjskiego społeczeństwa zmienił się jedynie w nieznacznym stopniu, np. zmniejszyła się przepaść ekonomiczna między różnymi grupami etnicznymi. Najbardziej upośledzoną grupą w społeczeństwie pozostają potomkowie Indian – ofiary traumy międzypokoleniowej, żywe oskarżenie okrutnych okoliczności towarzyszących powstaniu kanadyjskiego państwa[11]. Jeśli chodzi o społeczne elity, od czasu badań Portera frankofoni są w większym stopniu reprezentowani w sferach biurokratycznych oraz politycznych; sama elita gospodarcza, zdominowana przez osoby pochodzenia brytyjskiego, zmieniła się natomiast w bardzo niewielkim stopniu. W 1990 roku 87% elity gospodarczej stanowiły osoby pochodzenia brytyjskiego, podczas gdy ich udział w całej populacji wynosił 45% (Clement 2006). Dla porównania, francuskojęzyczni Kanadyjczycy stanowili 8% członków elity ekonomicznej oraz 29% całego społeczeństwa. Inne grupy etniczne były poważnie niedoreprezentowane – 1% elit oraz 25% populacji generalnej. Jedynie udział Kanadyjczyków żydowskiego pochodzenia przewyższał

---

[11] Sytuację społeczną kanadyjskich Indian na początku XXI wieku ilustrują wnikliwie np. artykuły M. Wadden opublikowane w dzienniku „Toronto Star" (18.11–03.12.2006). Zob. też Peters (2004).

ich proporcję w całym społeczeństwie (4% elity oraz 1% społeczeństwa). Elity ekonomiczne i medialne w bardzo dużym stopniu pokrywały się z sobą do tego stopnia, że często klasyfikowano je łącznie jako elitę korporacyjną (prawie 50% członków elity ekonomicznej tworzyło także elitę mass mediów)[12].

Imigranci z różnych rejonów świata, którzy przybyli do Kanady po Francuzach i Brytyjczykach i stanowią tzw. trzecią część (lub trzecią siłę) kanadyjskiego społeczeństwa, znajdują się zatem w gorszej sytuacji niż grupy założycielskie (zwłaszcza imigranci pochodzenia brytyjskiego), choć ich położenie społeczne jest zróżnicowane – decyduje o nim m.in. długość pobytu danej zbiorowości w Kanadzie (zob. też dalej rozdział siódmy). Bardzo trudno jest im wejść do społecznych elit, a w pierwszym pokoleniu jest to praktycznie niemożliwe. Awans do wyższych klas i warstw kanadyjskiego społeczeństwa jest niezwykle trudny.

5.3. Drogi kariery zawodowej polskich imigrantów

Kariera zawodowa polskich imigrantów z lat 80., chociaż zaczynała się z reguły od najniższych warstw i klas społecznych, w wieloetnicznym społeczeństwie Toronto mogła przebiegać różnymi drogami. Jedna z możliwości polegała na karierze w ramach głównego nurtu życia społecznego, które początkowo absorbowało zazwyczaj imigrantów w ramach swoich niższych klas i warstw. Polacy podzielali tutaj los większości imigrantów w Kanadzie, bez względu na kraj pochodzenia. W miarę upływu czasu następował awans społeczny i materialny do różnych warstw klasy średniej. Alternatywne drogi stwarzała obecność w kanadyjskiej metropolii imigrantów wielu różnych narodowości i związane z tym istnienie enklaw i gospodarek etnicznych, przede wszystkim tej, którą tworzyli Polacy, ale także imigrantów z innych krajów Europy[13].

---

[12] Wśród elit politycznych francuskojęzyczni Kanadyjczycy są reprezentowani w nieco większym stopniu niż w elicie korporacyjnej; ich udział w latach 1961–1973 wzrósł do 25% w porównaniu do 22% w latach 1940–1960 (Clement 2006). Udział pozostałych grup etnicznych wynosił jedynie 8%. Osoby pochodzenia brytyjskiego stanowią 68% elity politycznej; wywodzą się też przeważnie z klasy średniej, chociaż klasa wyższa jest nadreprezentowana. Podobnie wygląda sytuacja w administracji państwowej oraz sądownictwie, zdominowanym niemal całkowicie przez reprezentantów dwóch grup założycielskich. W niewielkim stopniu zbadane są kanadyjskie elity związkowe, religijne oraz intelektualne. Badania Portera z lat 50. pokazywały, że pochodzenie etniczne przywódców związków zawodowych odzwierciedlało w większym stopniu udział poszczególnych grup etnicznych w całym społeczeństwie.

[13] Przedsiębiorczość imigrantów opisywana bywa w literaturze naukowej z wykorzystaniem różnorodnych terminów, takich jak: mniejszości pośredników (*middleman minorities*), gospodarka etniczna (*ethnic economy*) oraz etniczna enklawa (*enclave economy*) (Zhou

Kariera w ramach głównego nurtu gospodarki

Polscy imigranci, z których wielu miało wyższe wykształcenie, dążyli często w Kanadzie do zdobycia pracy w zawodzie, który wykonywali w Polsce. Oznaczało to konieczność nostryfikowania posiadanych dyplomów, czasem powtarzania części lub wręcz całości studiów. W Kanadzie istniały bowiem liczne bariery na drodze do wykonywania lepiej płatnych i bardziej prestiżowych zawodów, np. medycznych. Ze względu na prestiż i lukratywność są one trudno osiągalne dla imigrantów. Na straży do nich stoi wiele kanadyjskich instytucji i organizacji branżowych (zob. np. Boyd, Schellenberg 2007; Man 2004:142). Proces nostryfikacji dyplomu jest długi i kosztowny oraz wymaga olbrzymiej determinacji samych zainteresowanych.

Dobrego przykładu dostarcza przypadek lekarzy. Reguły dotyczące egzaminów koniecznych do uznania ich dyplomów, zasad zdawania egzaminów itd. zmieniają się co jakiś czas. Zdanie egzaminów nie gwarantuje jednak uzyskania licencji na wykonywanie zawodu – w praktyce nie można uzyskać w Kanadzie rezydentury (stażu w ramach specjalizacji, który jest warunkiem uzyskania licencji). Dlatego wiele osób wyjeżdżało do Stanów Zjednoczonych zrobić specjalizację, gdzie było to znacznie łatwiejsze, a potem ewentualnie wracało do Kanady odbyć praktykę pospecjalizacyjną. Ponieważ rezydentura w Stanach Zjednoczonych trwa cztery lata, a w Kanadzie pięć, kanadyjskie przepisy wymagały odbycia dodatkowej półrocznej praktyki (do której praktyka pospecjalizacyjna nie była zaliczana) i kolejnego egzaminu, jeszcze jednej kosztownej ewaluacji. Ze względu na wyjątkowe trudności na drodze do nostryfikowania dyplomów lekarskich wiele osób decydowało się więc na emigrację do Stanów Zjednoczonych, gdzie proces ten jest nieco łatwiejszy.

W innych zawodach, takich jak stomatolog, weterynarz czy farmaceuta, proces nostryfikacji dyplomów był podobnie długotrwały i kosztowny. W niektórych przypadkach nauka do wymaganych egzaminów była niemal równoznaczna z powtarzaniem studiów z Polski. Dla chcących nostryfikować dyplom utrudnieniem była także konieczność nauczenia się angielskiego słownictwa związanego z zawodem przed przystąpieniem do

---

2004:1041–1046). Ten pierwszy termin odnosi się do przedsiębiorców działających w różnych lokalizacjach (z reguły poza miejscami, gdzie koncentrują się przedstawiciele danej zbiorowości etnicznej), pośredniczących między społeczną elitą a masami. Szerokie pojęcie gospodarki etnicznej używane jest na określenie każdego przedsiębiorstwa, którego właścicielami, kierownikami i/lub pracownikami są członkowie mniejszości, niezależnie od rozmiaru, typu czy lokalizacji. Ta ostatnia jest istotną częścią definicji etnicznej enklawy – dzięki umiejscowieniu w dzielnicy, którą zamieszkuje wiele osób wywodzących się z danej mniejszości, firmy tworzące etniczną enklawę pozostają powiązane ze strukturą społeczną określonej zbiorowości.

jakiejkolwiek innej nauki. Uzyskanie formalnego uznania dla wykształcenia zdobytego w Polsce wymagało zatem dużej determinacji i poświęceń oraz wsparcia, także finansowego. W tej sytuacji często przyjmowaną przez małżeństwa strategią była, jak wspomniano wcześniej, inwestycja w zawód jednego z partnerów – zawód bardziej opłacalny z punktu widzenia kanadyjskiego rynku pracy.

W obliczu barier stawianych przez rygorystyczny system akredytacji w przypadku niektórych zawodów alternatywą mogła być próba przekwalifikowania się i pracy w zbliżonej dziedzinie. Dla lekarza taką możliwością było leczenie z wykorzystaniem ziołolecznictwa (tzw. naturopata, który zajmuje się stylem życia, prewencją, wzmacnianiem systemu odpornościowego, leczeniem naturalnym – homeopatią, ziołami, akupunkturą itp.). Prawnicy, którzy – ze względu na odmienność systemów prawa na kontynencie europejskim oraz w krajach anglosaskich – nie mają *de facto* możliwości pracy w zawodzie bez powtarzania studiów w Kanadzie, mogli wyspecjalizować się w dziedzinie poradnictwa prawnego dla imigrantów (tzw. *paralegal services*), które nie wymaga posiadania dyplomu studiów prawniczych w Kanadzie. Wiele z tych alternatywnych ścieżek kariery zawodowej umożliwiła liczna obecność w Toronto innych imigrantów z Polski.

Polska gospodarka etniczna

Zdobywając pierwsze prace, polscy imigranci z lat 80. wykorzystywali często swoisty kapitał kulturowy zgromadzony w trakcie pobytu na początku migracji w krajach europejskich w postaci chociażby powierzchownej znajomości ich języka i kultury. Pobyt w krajach pośrednich (i nauczenie się tam podstaw języka) stawał się tym samym przepustką do pierwszej pracy w Kanadzie. Polacy znajdowali zatrudnienie w greckich restauracjach w Toronto, we włoskich firmach budowlanych czy sklepach spożywczych prowadzonych przez Niemców.

Jednak również w obrębie gospodarek czy enklaw etnicznych innych grup narodowościowych Polacy byli z reguły absorbowani przez ich najniższe warstwy. Stąd też wspomniane wcześniej próby powrotu do zawodu lub prowadzenia własnej działalności gospodarczej. Nierzadko praca u imigrantów innych narodowości lub innych polskich imigrantów stawała się jednocześnie nauką zasad funkcjonowania prywatnego przedsiębiorstwa w Kanadzie. Poznawszy sposób działania biznesu od środka, polscy imigranci przystępowali do zakładania własnych. Jeden z badanych mężczyzn, który po wyjeździe z Polski przebywał kilka lat we Włoszech, gdzie nauczył się języka, zaczął swoją karierę w Kanadzie od pracy w charakterze pomocnika kelnera we włoskiej restauracji, aby z czasem dojść do stanowiska jej menedżera. Obecnie prowadzi wraz ze wspólnikami polską restaurację w Toronto.

Przyglądając się okolicznościom powstawania polskich przedsiębiorstw, można domniemywać, że opierały się niejednokrotnie na formie zasobów biograficznych, jaką jest motywacja (Kontos 2003:190–201, 2004). Polacy z reguły nie przywozili z sobą kapitału finansowego, a jeśli już, to niewielkie zasoby pieniężne zgromadzone w krajach europejskich przed przyjazdem do Kanady. Także inne formy kapitału przydatne w przedsiębiorczości były w ich przypadku z reguły nieznaczne lub nieprzydatne w nowych warunkach. Co więcej, nie mieli zwykle żadnego doświadczenia w prowadzeniu własnego przedsiębiorstwa. W Kanadzie dotykała ich natomiast degradacja zawodowa, która rodziła chęć odzyskania utraconego prestiżu i uznania na forum społecznym. Formą rekompensaty mogło być właśnie założenie własnej firmy i odniesienie sukcesu w tej dziedzinie.

Możliwości było tu bardzo dużo. Rosnąca na przestrzeni lat 80. i 90. XX wieku liczebność polskich imigrantów w Toronto sprzyjała rozwojowi przedsiębiorstw bazujących na gustach Polaków w zakresie kuchni, ubioru, ozdób itp.; tworzyła również klientelę dla profesjonalistów: dentystów, lekarzy, prawników itp. Polscy imigranci byli także (i nadal są) źródłem siły roboczej w przedsiębiorstwach prowadzonych przez rodaków. Wielu z nich zaczynało pracę w Kanadzie w firmach założonych przez przybyłych wcześniej imigrantów, także tych sprzed dekady lat 80.

Jeśli dla części imigrantów (zwłaszcza specjalistów) kariera w ramach lub z wykorzystaniem środowiska własnej grupy etnicznej stała się formą rekompensaty w obliczu barier w głównym nurcie rynku pracy, to przed innymi Polakami liczna obecność rodaków otworzyła drogę do spektakularnej kariery dzięki wyłącznie polskiej klienteli. Dotyczy to np. pośredników nieruchomości, zarabiających na olbrzymim popycie na mieszkania i domy wśród polskich imigrantów, którzy z upływem lat wzbogacili się i korzystają z owoców wieloletniej pracy, wyprowadzając się z bloków (gdzie mieszkania są wynajmowane) i przeprowadzając do własnych domków bądź zmieniając domy na lepsze. Dla odniesienia sukcesu kluczowe znaczenie miały pomysłowość, inicjatywa, duża determinacja, a także umiejętność wykorzystania sprzyjającej koniunktury czy wpisania się w zapotrzebowanie rynku. Istotne znaczenie miał także fakt, iż infrastruktura etnicznych przedsiębiorstw stworzonych przez imigrantów z wcześniejszych fal okazywała się często niewystarczająca dla imigrantów z lat 80., podobnie jak tworzonych przcz nich organizacji. Ci ostatni osiedlali się ponadto licznie na obrzeżach Toronto – w Scarborough czy Mississaudze, daleko od „polskiej" ulicy Roncesvalles w Toronto oraz funkcjonujących tam firm i organizacji; tworzyli zatem zalążki własnej kompletności instytucjonalnej blisko miejsc zamieszkania.

Wydana w okresie prowadzenia badań książka adresowa polskich przedsiębiorstw w Toronto liczy ponad 600 stron. Wiele z nich założonych zostało przez imigrantów z lat 80. Świadczą one szerokie spektrum usług – od pośrednictwa w zakupie nieruchomości, przez usługi prawne i medyczne, po naprawę samochodu czy remont domu. Polacy prowadzą zakłady fryzjerskie i kosmetyczne, restauracje i sklepy spożywcze, apteki, firmy budowlane, kancelarie prawne i wiele innych typów przedsiębiorstw. Słaba znajomość angielskiego lub wręcz brak znajomości tego języka nie jest tutaj przeszkodą w osiągnięciu sukcesu materialnego. Zdarza się, że imigranci dominują w określonych zawodach. W latach 80. można było ich spotkać na ulicach Toronto sprzedających hot dogi z prowizorycznych budek; obecnie wielu pracuje w charakterze kierowców samochodów ciężarowych (choć zawód ten jest obecnie zdominowany przez imigrantów z Indii), kobiety zaś prowadzą firmy sprzątające, często jednoosobowe.

Warto zauważyć na marginesie, że tworzenie etnicznych gospodarek dotyczy również wielu innych grup etnicznych w Toronto. Interesujące są w tym kontekście obserwacje jednego z Polaków, który przyjechał do Kanady już w połowie lat 90. z Grecji i przez prawie trzy lata pobytu w Toronto pracował w prowadzonej przez Greków restauracji w greckiej dzielnicy miasta:

> To jest właśnie ciekawe, na przykład są tutaj takie... jak to powiedzieć po polsku... zbiorowiska emigracyjne, nie, i ci emigranci żyją w tym swoim własnym świecie, w tym własnym smrodku. Czyli tam jest właśnie na Downford grecka [...] mówią, grecka dzielnica. I patrz, taki gość, którego obserwuję, jest w Kanadzie 30 lat, mieszka w tej okolicy przez 30 lat, pracuje w tej knajpie albo w knajpie dwa bloki dalej przez 30 lat, i tak: kupuje samochód u Greka, załatwia sprawy u Greka, idzie do greckiego lekarza, zakupy robi w greckich delikatesach i właściwie taki jego świat to jest tutaj, i angielski nie jest jego najmocniejszą stroną, bo wszystko jest wokół Greków, nie. Ubezpieczenie załatwia u Greka i samolot kupuje, znaczy bilet, w greckim biurze podróży, i leci do Grecji na dwa miesiące i wraca, i wszystko tu się kręci koło niego, i ja na nich patrzyłem [...] i tak z Polakami też jest, oczywiście [...]. Włosi tak samo. (W78/M/34/1994/Ś)

W przypadku wielu prywatnych firm opieranie się wyłącznie na polskich usługobiorcach staje się z czasem – m.in. w związku ze stosunkowo niewielkim obecnie napływem imigrantów z Polski – coraz trudniejsze. Stąd liczną bazę klientów polskich przedsiębiorców tworzą coraz częściej także nie-Polacy. Otwieranie się na klientów innych narodowości polega np. na urozmaicaniu asortymentu towarów w sklepach spożywczych, tak aby przyciągnąć osoby o innym pochodzeniu etnicznym. Mówi o tym np. jeden z badanych, właściciel sklepów spożywczych i firmy dystrybucyjnej:

> [...] już w tej chwili jest tendencja, że już uważamy, że nadchodzi czas, że trzeba po prostu wychodzić z asortymentem, no, takim, żeby inne nacje narodowoś-

ciowe również wciągać, bo na samych Polakach z tytułu może ilości tych sklepów już by się nie dało pociągnąć. Ja np. mam w swojej eerii bardzo dużo teraz Ukraińców, Rosjan, Macedończyków, Chorwatów i próbuję tak jakoś się wpasowywać w ten ich menu też[14]. (W34/M/50/1980/W)

Z wypowiedzi badanych przedsiębiorców wynika, że w działalności wykorzystują często zasoby etniczne (*ethnic resources*), tworzące się dzięki więziom solidarności etnicznej i obejmujące wzajemne relacje zaufania, kapitał społeczny o charakterze etnicznym itp. (Kontos 2003:186). Zasada wzajemnego wspierania się („popieraj swoich"), choć nie zawsze skutecznie wdrażana przez polskich imigrantów, okazuje się istotna w warunkach ostrej konkurencji ze strony grup etnicznych o dłuższej obecności i silniejszej pozycji w Kanadzie. Na przykład we wspomnianej już branży budowlanej konkurencję taką tworzą Włosi, którzy – dłużej obecni w Kanadzie – w hierarchii społecznej wydają się znajdować wyżej niż polscy imigranci.

Jedną z form etnicznych zasobów tworzą także inni polscy imigranci. Funkcjonowanie licznych polskich przedsiębiorstw opierało się na początku XXI wieku w dużym stopniu na napływie słabo z reguły opłacanych pracowników, tzw. wizytorów – osób przyjeżdżających w odwiedziny do rodziny i znajomych na wizach turystycznych i podejmujących nielegalną pracę dla uzupełnienia domowych budżetów w Polsce[15]. Dotyczy to także takich branż, jak opieka nad dziećmi czy osobami starszymi. W polonijnych gazetach można znaleźć dziesiątki ogłoszeń, w których poszukuje się osób do pracy, bez znajomości języka i uregulowanego statusu prawnego. Rozmiar sektora nielegalnych pracowników jest, zdaniem niektórych liderów polskiej zbiorowości, znaczny, niewykluczone jednak, że zmniejszył się po wejściu Polski do Unii Europejskiej w maju 2004 roku, które otworzyło dla Polaków znacznie atrakcyjniejsze rynki pracy w Irlandii czy Wielkiej Brytanii (z racji chociażby relacji funta czy euro do złotówki, bliskości geograficznej itp.).

Adaptacja ekonomiczna polskich imigrantów w społeczeństwie kanadyjskim – uwagi końcowe

Na przestrzeni ostatnich kilkunastu–kilkudziesięciu lat, tzn. od przyjazdu do Kanady, polscy imigranci z lat 80. doświadczyli zauważalnego awansu materialnego. W aglomeracji Toronto osoby polskiego pochodzenia prowadzą

---

[14] Warto zauważyć na marginesie, że biznesmen prosperuje bardzo dobrze mimo niedoskonałej wciąż, jak twierdzi, potocznej znajomości języka angielskiego.

[15] Wymóg posiadania wiz przestał obowiązywać w momencie, gdy Kanada zniosła je dla Polaków 1 marca 2008 r., a zatem już po przeprowadzeniu referowanych tutaj badań.

kilkaset przedsiębiorstw, często znacznych rozmiarów, choć większość to jedno- lub kilkuosobowe, rodzinne firmy. Według danych spisu powszechnego z 2001 roku imigranci z Polski znajdowali się tuż za pierwszą dziesiątką najlepiej zarabiających grup etnicznych w Kanadzie (przy średnim rocznym poziomie dochodów w wysokości 35 913 dolarów)[16].

Wzrost zamożności polskich imigrantów stał się widoczny także na płaszczyźnie życia codziennego. Charakterystyczne są tu słowa jednej z badanych kobiet:

> Jak ja wspominam, nieraz mówimy, przyjeżdżając nawet nieraz do kościoła tutaj na mszę: jak przyjeżdżaliśmy w 88, 90 roku, kiedy tu było praktycznie cała emigracja, prawie 80% to wszyscy nowi ludzie tacy jak my; przyjeżdżaliśmy wszyscy takimi starymi samochodami, wiesz, wszyscy tacy zapracowani, naprawdę, jak było widać. Dzisiaj, nawet jak sama spojrzysz, w niedzielę przyjeżdżają przepiękne samochody, to po tym widać, to nie jest wykładnik, dla mnie to jest snobizm, ale ogólnie, jeżeli chcesz wiedzieć takie coś, to po tym, to to jest pierwsza rzecz, którą widać, tak? Poza tym praktycznie mogę powiedzieć, 95% ludzi ma swoje domy, 95, śmiało mogę powiedzieć 95% rodzin polskich ma swoje domy. Mają swoje [...] wielu z nich ma swoje *cottage*, czyli te domki letniskowe, wiele osób tak jak np. my uwielbiamy podróże, więc podróżujemy ciągle. Czyli nasze ekstra pieniążki wydajemy ciągle na podróże. Nasz każdy od 7 czy 8 lat, nasz każdy *Christmas* wyjeżdżamy na Florydę, jedziemy z dziećmi tam, żeby tam odpocząć i pospacerować, i nie jest to żadne obciążenie dla naszego budżetu. Także wiesz naprawdę, naprawdę jest duży standard życia. (W4/K/41/1988/W)

Stosunkowo łatwy do osiągnięcia wysoki standard życia (w porównaniu z sytuacją w Polsce, z której wyjeżdżali emigranci) łagodzi do pewnego stopnia poczucie „społecznego niedowartościowania", którego świadomość ma wielu badanych. To m.in. z niego płynie wyrażane przez niektórych pragnienie, by mieć to, co tutaj, ale tam, tzn. by przy obecnym stanie posiadania żyć jednak w Polsce. Wielu imigrantów, zwłaszcza tych zatrudnionych w firmach kanadyjskich, nie znajduje satysfakcji w wykonywanej pracy, pracy znacznie poniżej swoich kwalifikacji, w której – by przywołać słowa jednej z kobiet – wykorzystuje niewielką część swojego potencjału intelektualnego.

Społeczną degradację imigrantów zauważa kobieta, która w Kanadzie znalazła się w połowie lat 90. Imigrantka ta obserwuje ludzi z wyższym wykształceniem, widzi ich awans materialny, z drugiej jednak strony, patrząc na wymiar prestiżowy, dostrzega ich społeczną degradację. Jej słowa mogą odnosić się także do wielu innych imigrantów w Kanadzie.

---

[16] Według opracowania prof. Jacka Jedwaba (informacja osobista).

Wiesz, tak Polacy też na ciebie patrzą, np. idziesz, ulice ktoś zamiata i czasami możesz powiedzieć, że to jest prosty człowiek, a czasami nawet nie, bo się możesz pomylić, bo to jest np. człowiek, który skończył uniwersytet, prawda. I on tutaj musi właśnie w ten sposób żyć, bo myślał, że w Kanadzie jest po prostu lepiej. (W3/K/35/1995/Ś)

6 | Wymiar integracji społecznej

6.1. Kształtowanie się kręgów społecznych w pierwszym okresie pobytu

Okoliczności wyjazdu z Polski i imigracji do Kanady, a także sytuacja społeczna imigrantów w punkcie wyjścia – funkcjonowanie w swoistej próżni społecznej – wyznaczały także charakter i kierunek ich integracji społecznej. W warunkach imigracyjnych dochodziło do rekonstrukcji więzi rodzinnych i towarzyskich, często na bazie łańcuchów migracyjnych, które umożliwiły przyjazd do Kanady. Imigranci znali tu niewiele osób, a czasem praktycznie nikogo. Ich najbliższe środowisko tworzyli początkowo imigrujący wspólnie lub dołączający w późniejszym okresie członkowie rodziny, inni Polacy poznani jeszcze w obozach dla uchodźców w krajach europejskich, znajomi z Polski, a także Polacy, których spotykali już w Kanadzie. Zdarzało się, że znajomi ze studiów, szkół itp., którzy emigrowali mniej więcej w tym samym okresie z Polski, odnajdywali się z czasem w Toronto i innych kanadyjskich miastach.

Spłaszczenie struktury społecznej, do jakiego dochodziło w momencie imigracji, znajdowało swoje odzwierciedlenie w swoistym wymieszaniu osób pochodzących z różnych warstw i klas społecznych. Pozycja społeczna zajmowana w Polsce traciła początkowo na znaczeniu. Większość osób z wyższym wykształceniem doświadczała w tym samym stopniu degradacji zawodowej. „Pan doktor" czy „pan inżynier" pracował i obracał się w kręgu osób, które w Polsce ukończyły szkołę zawodową lub tylko podstawową.

Polacy spotykali się w polskich kościołach, na kursach języka angielskiego dla imigrantów, w siedzibach organizacji polonijnych, a także w mieszkaniach wynajmowanych w blokach. W pierwszym okresie adaptacji – w sytuacji doświadczania szoku kulturowego, tęsknoty za pozostałymi w kraju bliskimi, a także braku informacji o tym, jak funkcjonuje społeczeństwo kanadyjskie, gdzie znaleźć pracę, mieszkanie itp. – występowała ograniczona selekcja kręgu znajomych: ważne było po prostu znalezienie osoby mówiącej po polsku. W późniejszym okresie dopiero dochodziło do wykształcania się kręgów towarzyskich opartych na podobieństwie pochodzenia społecznego i pozycji społecznej zajmowanej w Polsce, a także tej osiąganej w Kanadzie. Różne środowiska zawodowe mobilizowały się nawzajem i wspierały w staraniach powrotu do zawodu, nostryfikacji dyplomów i przygotowywaniu do koniecznych do tego egzaminów, co umożliwiało porównywalny awans społeczny. Jak wspomniano wcześniej, znalezienie osób o podobnym profilu wykształcenia stanowiło czynnik w istotnym stopniu determinujący szanse mobilności zawodowej – obracanie się w środowisku osób z niższych warstw społecznych mogło zmniejszać lub wręcz odbierać motywację do kształcenia i starania powrotu do zawodu wykonywanego w Polsce lub podniesienia swojej pozycji społecznej.

Charakter środowiska społecznego, do jakiego trafiali imigranci w pierwszym okresie pobytu, miał oczywiście znaczenie nie tylko ze względów zawodowych i jako źródło potencjalnego wsparcia, ale także z powodów czysto towarzyskich. Wskazuje na to wypowiedź jednego z badanych, który zauważył, że na początku jednym z największych problemów było dlań „[...] znalezienie kulturalnej grupy ludzi, z którymi można wspólnie spędzać czas" (W6/M/39/1989/W). Dopiero z czasem znajdowano ludzi „na swoim poziomie". W miarę upływu dekady lat 80. i 90. oraz napływu kolejnych polskich imigrantów Polacy reprezentowali coraz bardziej zróżnicowany przekrój środowisk, klas i warstw społecznych z Polski. Na tej podstawie zbiorowość ta podlegała w Toronto procesowi restratyfikacji.

Z upływem lat podstawą tworzenia się kręgów towarzyskich stawało się nie tylko pochodzenie społeczne w Polsce, ale także pozycja społeczna w Kanadzie, mierzona głównie sytuacją materialną. W miarę bogacenia się, gdy część osób wyprowadzała się z wynajmowanych mieszkań do własnych domów lub mieszkań własnościowych, utrzymywano kontakty z tymi osobami, których poziom zamożności pozwalał na podzielanie tego samego stylu życia – sposobów spędzania wolnego czasu, zainteresowań itp., a także z którymi nawiązywano kontakty biznesowe. W procesach integracji społecznej jeden czynnik pozostawał jednak niezmienny – dla większości osób zasadnicze znaczenie w trakcie doboru znajomych miało nadal kryterium etniczne.

> O ile na początku chce się mieć jakichkolwiek przyjaciół i kogokolwiek, kto mówi po polsku, w krótkim czasie ogranicza się tę grupę tak, żeby nie trzeba było przebywać z ludźmi, którzy [...] w pewnym sensie nie są tego [...] nie tyle może godni, co nie są odpowiedni, nie są na tym samym poziomie wykształcenia, nie są z tej samej przeszłości albo też z podobnej przeszłości. Z ludźmi, z którymi łatwiej jest znaleźć wspólny język. (W28/M/47/1989/W)

6.2. Rekonstrukcja więzi rodzinnych

W warunkach imigracyjnych dochodziło do ponownego wykształcania się więzi towarzyskich i zawodowych, ale także do rekonstrukcji więzi rodzinnych. Proces ten polegał nie tylko na sprowadzaniu pozostałych w kraju krewnych, ale również na nadawaniu więzom przyjaźni charakteru więzi rodzinnych. Sprowadzenie do Kanady bliskich nie zawsze było bowiem możliwe, co wynikało zarówno z przeszkód formalnych (kanadyjskie przepisy nie pozwalały np. na sponsorowanie pełnoletniego rodzeństwa w kategorii bliskich członków rodziny), jak i z woli samych zainteresowanych – pozostali w kraju rodzice czy rodzeństwo nie zawsze chcieli przyjechać do Kanady na stałe. Imigranci stosowali i stosują w związku z tym różnorodne strategie pozwalające na chociażby częściową rekonstrukcję więzi rodzinnych, zwłaszcza w sytuacjach krytycznych. Tak więc w miarę możliwości do Kanady przyjeżdżają na krótsze lub dłuższe (kilku-, kilkunastomiesięczne wizyty) babcie, dziadkowie i inni krewni, aby np. zaopiekować się wnukami.

Bez względu jednak na liczbę bliskich, którzy dołączali do przebywających już w Kanadzie Polaków, dochodziło i tak do dużego zawężenia grupy krewnych. W tej sytuacji miała miejsce swoista redefinicja pokrewieństwa – jeden z aspektów przemian wzorów życia rodzinnego imigrantów, a tym samym ich kultury (zob. więcej na ten temat w rozdziale siódmym). Więzi przyjaźni nabierały charakteru quasi-rodzinnego. Ludzie niezwiązani w żaden sposób więzami krwi zostawali rodzicami chrzestnymi synów i córek swoich przyjaciół. Dzieci nazywają dzisiaj znajomych rodziców, poznanych często na samym początku pobytu w Kanadzie, wujkami i ciociami.

Powyższe procesy wynikały przede wszystkim z poczucia wspólnoty położenia i rodzącej się na tym podłożu solidarności wśród osób imigrujących do Kanady w tym samym okresie i zdanych w dużej mierze na własne siły. Znajomość z innymi imigrantami, którzy mogli być potencjalnym źródłem wsparcia i informacji, nabierała olbrzymiego znaczenia i mogła zadecydować o dalszych losach w Kanadzie. Przyjaźnie nabierały wagi znacznie większej niż w Polsce. Więzi te zacieśniały się z czasem – razem spędzano święta Bożego Narodzenia, sylwestra i inne uroczystości, a znajomi stawali się *de facto* członkami rodziny. W warunkach imigracyjnych dochodziło zatem do jej zastąpienia tymi osobami, które sprawdziły się w trakcie trudnego procesu adaptacji. Duże osamotnienie imigrantów sprawia, że do dzisiaj w większym stopniu dbają w Kanadzie o znajomości i przyjaźnie. Dotyczy to także osób, które imigrowały już w latach 90 XX wieku.

> Tak w międzyczasie oni [znajomi] się bardzo postarzeli, niektórzy ludzie [...] my się zaczynamy w jakiś sposób nimi zajmować [...]. Oni nam kiedyś służyli radą i czymkolwiek mogli, dalej to robią [...]. To jest [...] **człowiek sobie w pewnym sensie wymyśla rodzinę.** (W17/M/50/1982/W) [wyróżnienie M.K.-A.]

> Później poodnajdywaliśmy się, powiedzmy, parę osób znajomych z czasów wrocławskich, tak że mamy tutaj kolegów, którzy są; praktycznie się znali-

śmy jeszcze we Wrocławiu, kolegów i koleżanki, i praktycznie utrzymujemy tu kontakt cały czas, **czyli stwarzamy jakąś tam namiastkę rodziny**. (W43/M/44/1990/W) [wyróżnienie M.K.-A.]

[...] lubię to, co robię, bardzo, no i to jest, że **człowiek taką rodzinę jakby stworzył, że poznajesz masę ludzi, z różnych narodowości, i oni, wiesz, wierzą w to, co robisz, że dobrze zrobisz i przychodzą do ciebie, to jest taka jakby rodzina**. To na emigracji to tak to jest, że mimo wszystko, że masz rodzinę, to każdy obcy czy przyjaciel, kogokolwiek tu spotykasz, to się [...] z czasem to jest tak jak rodzina dosłownie. (W26/K/35/1992/Ś) [wyróżnienie M.K.-A.]

6.3. Kompartmentalizacja

W dotychczasowej analizie warto zwrócić uwagę na to, że mowa jest niemal wyłącznie o osobach polskiego pochodzenia. W istocie dla większości badanych środowisko bliskich znajomych i przyjaciół stanowili od początku i stanowią nadal przede wszystkim inni polscy imigranci; sporadycznie zdarzają się wśród nich osoby innego pochodzenia, urodzone w Kanadzie, a także na Węgrzech, w Jugosławii i innych krajach[1].

Co interesujące, zawężenie grona znajomych do innych polskich imigrantów dotyczy także tych osób, których adaptacja ekonomiczna przebiega poza polską gospodarką etniczną. Integracji z głównym nurtem kanadyjskiego rynku pracy rzadko towarzyszy podobna integracja z Kanadyjczykami na płaszczyźnie społecznej i towarzyskiej. Różnorodność dróg adaptacji ekonomicznej, przedstawiona w rozdziale o karierach zawodowych imigrantów, jedynie w ograniczonym stopniu znajduje zatem odpowiednik we wzorach integracji społecznej. Relacje społeczne imigrantów pracujących w środowisku anglojęzycznym charakteryzuje swoista dwutorowość: świat pracy oraz świat życia towarzyskiego i społecznego stanowią dwie w znacznym stopniu odrębne rzeczywistości, które rzadko się przenikają. Bez względu na miejsce pracy, czy jest to zakład prowadzony przez Kanadyjczyka urodzonego w Kanadzie, czy imigrantów o niepolskim pochodzeniu, ich życie towarzyskie i społeczne biegnie innym torem.

Jeśli zatem środowisko pracy jest z reguły w większym lub mniejszym stopniu mieszane pod względem etnicznym – stanowią je czasem inni Polacy, ale także osoby urodzone w Kanadzie i imigranci różnego pochodzenia (z reguły jednak ci dłużej przebywający w Kanadzie) – to bliskimi zna-

---

[1] W momencie przeprowadzania wywiadów głównie w polskim gronie obracało się 60 osób, z których kilka nie znało bliżej ani jednego Kanadyjczyka. Jedynie 6 osób miało wśród swoich bliskich znajomych mniej więcej tyle samo zarówno Polaków, jak i Kanadyjczyków, a kolejne 6 osób większość Kanadyjczyków, przy czym mogli to być Kanadyjczycy różnego pochodzenia.

jomymi i przyjaciółmi większości polskich imigrantów są zazwyczaj inni imigranci z Polski. Z Kanadyjczykami utrzymywane są natomiast dość powierzchowne kontakty, które poza godzinami pracy sprowadzają się ewentualnie do imprez okazjonalnie organizowanych w pracy. Podobna dwutorowość przenosi się także na życie towarzyskie już w polskim gronie w przypadkach, jeśli ktoś ze znajomych znajduje się w związku mieszanym. Mówi o tym jeden z badanych:

> Mamy znajomych też Węgrów, Kanadyjczyków, ale to nie są znajomości takie [...] każdy woli się z Polakami spotkać, nawet jeżeli są jakieś imprezy, to jest lepiej zrobić w dwóch turach [...]. Na przykład ten [znajomy], oni mają swoich znajomych, on jest Polakiem, a ona Irlandką, ale tutejsza, z jakiejś tam rodziny. No, więc jak jest jakaś impreza, wszyscy po polsku, a tylko ona jedna, która po angielsku [...] jest problem, bo nie da się, jeżeli tu jest Polak, tu jest Polak, tu jest Polak, a tutaj chciałoby się po angielsku mówić, to na początku tak, a później i tak wszystko na polski przechodzi. [...] tutaj życie polega [...] kontaktujesz się z Polakami i z Anglikami, prawda, to jest takie trochę rozdwojenie jaźni. (W15/M/49/1990/W)

Ta swoista kompartmentalizacja[2] w życiu imigrantów nie musi mieć źródeł w postawach zamkniętych i ksenofobicznych, choć i takie się nie są rzadkością, o czym dalej. Jej przyczyny wydają się tkwić także gdzie indziej. Sami imigranci chętnie mówią w tym kontekście o różnicach mentalności; wspominają o wysiłku, z którym wiąże się przebywanie w środowisku anglojęzycznym, o trudnym do sprecyzowania poczuciu inności czy nawet o wspólnym polskim „polu morfogenetycznym", które ułatwia porozumienie z Polakami, a utrudnia z innymi nacjami. Na podstawie wypowiedzi badanych można wskazać na kilka uwarunkowań powszechnej tendencji do podziału życia na dwie sfery, z których ta bliższa, bardziej intymna, zarezerwowana jest dla osób o tym samym pochodzeniu etnicznym. Przyczyn tych poszukiwać można zarówno w kraju pochodzenia imigrantów, jak i w ich sytuacji w kraju imigracji.

Do podstawowych uwarunkowań silnej skłonności do ograniczania bliskich znajomości do polskiego grona należą trudności w komunikacji z osobami urodzonymi w Kanadzie i imigrantami różnego pochodzenia. Chodzi

---

[2] Nawiązuję tutaj do terminu wprowadzonego przez E.H. Spicera (1961) na określenie – obok otwartości i nastawienia na stopienie się, akulturację – jednej z możliwych reakcji na intensywny kontakt międzykulturowy (za: Nowicka, Łodziński 2001:14). Jednostki i grupy narażone na taki kontakt „[...] mogą ulec daleko idącemu zamknięciu się, chroniąc własną zagrożoną tożsamość przez izolowanie się fizyczne, społeczne lub psychiczne". Kompartmentalizacja polega na wprowadzeniu do kultury i życia codziennego ścisłego, czasem bardzo rygorystycznie przestrzeganego podziału na dwie sfery: jedną, odnoszącą się do kontaktów z obcymi, i tę, która dotyczy spraw wewnętrznych własnej zbiorowości.

tu przede wszystkim o znajomość języka, który dla Polaków pozostaje na zawsze drugim (lub kolejnym) językiem, bardzo często dość powierzchownie przyswojonym. Posługiwanie się nim, dobór odpowiednich słów wymaga wysiłku, od którego ma się ochotę odpocząć w życiu prywatnym. Warto także zauważyć, że język jest nie tylko nośnikiem znaczeń, ale także emocji; mówiąc słowami jednej z imigrantek: „[...] łatwiej się czuje po polsku" (W70/K/48/1984/W). Uczony od dzieciństwa, obrasta uczuciami, których pozbawione są kolejne poznawane języki, bez względu na stopień ich opanowania. Stąd bierze się większa trudność we wzajemnym zrozumieniu w trakcie komunikacji w języku obcym.

Kolejnym czynnikiem odpowiedzialnym za skłonność do obracania się w środowisku osób tego samego pochodzenia jest socjalizacja w odmiennym kontekście kulturowym, który sprawia, że bez dodatkowych wyjaśnień zrozumiałe są określone normy, powody przestrzegania różnych obyczajów, obchodzenia świąt itp. Polskich imigrantów łączy ponadto wspólnota doświadczeń pokoleniowych, jakie były ich udziałem w rodzinnym kraju. Dorastanie w społeczeństwie autorytarnym, w którym w niektórych okresach w sklepach brak było podstawowych towarów, odcisnęło określone piętno na ich świadomości, co być może trudno zrozumieć mieszkańcom demokratycznego, a przy tym jednego z najbogatszych państw na świecie. Polacy bywają w tym kontekście niezwykle krytyczni wobec Kanadyjczyków:

> Natomiast wada życia w Kanadzie: dużo tych ludzi tutaj to są jacyś tacy [...] dziwni, niemyślący i to czasami przeszkadza. Ludzie, którzy są wychowani w tym systemie, gdzie nigdy nie musieli o nic walczyć, gdzie wszystko jest im dane na stole, podnoszą telefon i za chwilę coś im tu przynosi, nigdy nie nauczyli się [...] ani o nic walczyć, ani kombinować, ani zdobywać rzeczy. Stali jacyś tacy, wydaje mi się [...], może nie mniej inteligentni, ale [...] jacyś tacy bardziej roślinni, powiedziałbym. Wszystko im jest podane, o nic nie muszą walczyć i czasami mi to przeszkadza. Niemniej nie mam za dużo takich znajomych, więc próbuję się obracać w towarzystwie polskim i próbuję sobie z tym radzić. (W6/M/39/1989/W)

> [...] to nie jest żartem, że oni [...] od poniedziałku do piątku myślą tylko, a po piątku już przestają myśleć w ogóle i zajmują się TV albo niczym. W większości wypadków tak jest; jest to generacyjne myślenie, ponieważ oni nie mają takich kłopotów jak my, że muszą zaczynać od nowa, ustawiać swoje życie od nowa, swoje zapasy od nowa, swoją odskocznię taką jak cottage, inne rzeczy od nowa. Oni to wszystko już mają od pokoleń, biorą to wszystko jako darowane, jako rzecz już zupełnie normalną, w związku z tym wtedy to myślenie robi się takie bardziej łatwe, takie bardziej *easy-going*, nie chcą [...] przynajmniej taka jest moja opinia, nie chcą angażować się tak bardzo w problemy międzynarodowe, w konflikty międzynarodowe, jeżeli, to tylko na bazie ochrony środowiska albo jakichś innych mniej ważnych duperelii. Wojny są dla nich dalekie, na wojny wybierają się bez amunicji albo kompletnie nieprzygotowani, zapominają zaopatrzyć okręt w amunicję, wysyłają go na wojnę itd., także [...] samoloty, zapomi-

nają im paliwa dać, potem się dowiadują, że im helikoptery nie działają, także podchodzą do tych [...] spraw poważnych, międzynarodowych w sposób bardzo lokalny, widzą wszystko ze swojej perspektywy, że życie powinno być łatwe i powinno być w miarę przyjemne i bez większych uskoków, powinno być takie *mellow*. Pod tym względem nie lubię Kanady, ponieważ życie jest zbyt *mellow* i ci oryginalni anglojęzyczni Kanadyjczycy są nudni, są monotematyczni, są ograniczeni w swoich zasadach życia i bycia codziennego. (W28/M/47/1989/W)

Druga wypowiedź, bardzo krytyczna, wydaje się wskazywać na jeszcze inny powód skłonności Polaków (i prawdopodobnie także innych imigrantów) do przebywania we własnym gronie. Związany jest on ze wspólnotą doświadczeń już w Kanadzie, doświadczeń imigracyjnych. Doświadczenia te łatwiej zrozumieć innym imigrantom, którzy doświadczyli tych samych trudności i zmagali się z tymi samymi problemami adaptacyjnymi. Z tego powodu znacznie częściej niż osoby urodzone w Kanadzie do grona znajomych Polaków należą imigranci z innych krajów, choć są to przeważnie osoby z tego samego rejonu Europy (Rosjanie, Węgrzy czy Jugosłowianie), co świadczyłoby także o znaczeniu czynnika kulturowego[3]. O bliskości z nimi mówi jedna z badanych imigrantek, choć sama pozostaje w związku z Kanadyjczykiem:

No więc na początku tylko i wyłącznie Polacy. Znajomi, prawda, no bo człowiek [...] nie wiem nawet, czy bał się, nie miał kontaktu. Nawet teraz [...] z Kanadyjczykami też nie ma takiego kontaktu [...] jak by to powiedzieć, więcej nawiążesz kontakt z człowiekiem z Indii czasem niż z Kanadyjczykiem. Bo Kanadyjczyk jest urodzony tu i on nie wie, co to znaczy emigracja, i on nie wie, co to znaczy przystosować się. Czasami mamy takie scysje, wiesz, z Joe [partnerem], że on coś tam krytykuje, a ja zaraz staję w obronie emigrantów, bo ja mówię: słuchaj, ty nie wiesz, jak to jest, ja cię wyślę do Polski na rok, bez języka, bez niczego, zobaczymy, jak ty daleko zajdziesz, prawda. (W16/K/42/1987/Wn)

Kobieta ta zauważa także, podobnie jak wielu innych polskich imigrantów, że kontakty zawodowe i sąsiedzkie z osobami, które urodziły się w Kanadzie, są zwykle bardzo powierzchowne, ograniczone do rutynowej wymiany uprzejmości:

Więc [...] z Kanadyjczykami jest fajnie porozmawiać, ale oni nie rozmawiają na takie rzeczy [...] głębsze, głębszego typu, uderzysz w jakąś filozofię czy coś, to nie z Kanadyjczykami. Kanadyjczyk jest bardzo [...], jak by to powiedzieć,

---

[3] Dotyczy to także współpracy w dziedzinie zawodowej między przedsiębiorcami, np. w branży budowlanej. Tworzą oni niejednokrotnie koalicje z osobami pochodzącymi z bliskich im geograficznie regionów, tzn. z Europy Środkowo-Wschodniej. Tak więc Polacy współpracują chętnie z Ukraińcami, Węgrami czy Jugosłowianami, rzadziej z osobami spoza Europy. Tłumaczą to m.in. podobnym poczuciem estetyki (smaku) czy łatwością komunikacji (np. z Rosjanami i Ukraińcami w języku rosyjskim).

taka jedna wiesz płaszczyzna: *how are you*, jak się masz, co robisz [...], co tam w TV, wiesz [...], nie mam właściwie takich Kanadyjczyków oprócz [partnera], z którym mogę porozmawiać.

Jedna z przyczyn trudności w znalezieniu wspólnej płaszczyzny porozumienia z Kanadyjczykami bywa także związana ze społeczną degradacją, jaka staje się udziałem Polaków w Kanadzie. Pracując poniżej kwalifikacji, przebywają w środowisku osób o niższym od siebie poziomie wykształcenia, pochodzącymi z niższych klas i warstw społecznych, którzy – by zacytować słowa jednego z badanych – „[...] nie kojarzą nawet, na którym kontynencie leży Polska" (W6/M/39/1989/W). Faktem jest, że imigrantom trudno przeniknąć do średnich i wyższych warstw kanadyjskiego społeczeństwa, a czasem w ogóle nawiązać bliższy kontakt ze środowiskiem anglojęzycznym. Dla wielu z nich powierzchowne kontakty w pracy i codzienna wymiana pozdrowień z sąsiadami to praktycznie jedyne formy kontaktu z Kanadyjczykami. Bliższej integracji ze środowiskiem anglojęzycznym sprzyja dopiero posiadanie dzieci, które razem się uczą, bawią, chodzą na te same zajęcia, odwiedzają w domach, co prowadzi do nawiązywania kontaktów także między rodzicami. W największym stopniu sprzyja jej bliski związek z osobą anglojęzyczną, jednak związki takie są raczej rzadkością w pierwszym pokoleniu imigrantów.

6.4. Percepcja imigrantów przez Kanadyjczyków

Kontakty z członkami społeczeństwa przyjmującego to nie tylko kwestia skłonności samych imigrantów, ale także występujących w tym społeczeństwie postaw wobec przybyszów. Czynnikiem, który już w samym punkcie wyjścia procesów adaptacji imigrantów opóźnia i utrudnia te procesy, jest percepcja przybyszów przez członków społeczeństwa przyjmującego (Krau 1991:15). Percepcja ta może, chociaż nie musi być oparta na obiektywnych podstawach, nie ulega jednak wątpliwości, że przedstawiciele osiadłej populacji postrzegają imigrantów w pewnym sensie jako osoby o niższym od siebie statusie. Ci ostatni imigrują przyciągani perspektywą różnego rodzaju korzyści (ekonomicznych bądź innego rodzaju), jakie spodziewają się uzyskać w kraju przyjmującym, których brakowało im we własnej ojczyźnie. Sytuacja ta jest źródłem odczuwanego przez członków społeczeństwa przyjmującego poczucia wyższości wobec przybyszów[4].

---

[4] Co interesujące, obserwacja ta wydaje się nie odnosić do osób imigrujących z krajów bogatszych do biedniejszych. W takim przypadku imigranci postrzegani są często jako osoby o wyższym statusie, a członkowie społeczeństwa przyjmującego mogą wręcz czuć się wyróżnieni

Świadomość tego faktu, dystans kulturowy w stosunku do tradycji anglosaskich, a także bariera językowa – wszystkie te czynniki wydają się źródłem doświadczanego przez imigrantów poczucia inności czy wręcz bycia kimś gorszym, mniej wartościowym, a co za tym idzie – skłonności do przebywania w gronie polskim lub ewentualnie w gronie innych imigrantów. W tym kontekście niektórzy badani wspominają np. o rezerwie ze strony Kanadyjczyków z powodu posługiwania się językiem angielskim z obcym akcentem. Często trudno wyraźnie stwierdzić, w jakim stopniu skłonność do separacji wynika z dążeń samych imigrantów, a w jakim jest wynikiem dystansu wobec imigrantów ze strony członków kanadyjskiego społeczeństwa.

> [...] człowiek czasem czuje czy taki jakiś niuans, czy spojrzenie, czy komentarz [...]. Emigrantom jest trzy razy trudniej, pięć razy trudniej, dziesięć razy trudniej. Ja nieraz mówię, że my wszyscy musimy przeskakiwać Himalaje każdego dnia, żeby się znaleźć w tym samym punkcie, gdzie Kanadyjczyk se lewą nogą piechotą dojdzie. My robimy taki przeskok. Bo to jest ten wysiłek właśnie naszej adaptacji, naszego uczestnictwa [...] być na tym samym poziomie, nawet językowo [...] to jest trudne dla nas emigrantów. I właśnie my już, powiedzmy, wychowani w Polsce, wykształceni w Polsce, z tą Polską [...] my jesteśmy INNI. Pani chce wiedzieć, co to jest? **Ja nie wiem, ja nie umiem tego tak opisać, ale my jesteśmy inni, dlatego nam się łatwiej komunikować i zaprzyjaźniać we własnym gronie, polskim, niż się serdecznie zaprzyjaźniać z tymi innymi grupami.** (W77/ K/52/1981/W) [wyróżnienie M.K.-A.]

6.5. Postawy wobec wielokulturowości

W wieloetnicznym kanadyjskim społeczeństwie relacje międzyetniczne nie sprowadzają się wyłącznie do kontaktów z osobami pochodzenia anglosaskiego osiadłymi tu od lat, ale obejmują także kontakty z imigrantami innych narodowości. Wcześniej wspomniano o bliskości z osobami pochodzącymi z tej samej części świata, z innych krajów Europy Środkowo-Wschodniej. Poza nimi w Kanadzie mieszkają jednak także przedstawiciele innych ras, z których większość to niedawni imigranci. Przedstawiciele „widocznych mniejszości" (dosłowne tłumaczenie sformułowania *visible minorities*) są w Toronto faktycznie widoczni – ich liczba zwiększała się na przestrzeni lat 80. i 90., a w latach 2000. stanowili ponad jedną trzecią mieszkańców miasta. Bez względu na posiadaną liczbę i intensywność kontaktów polscy imigranci przyjmują wobec nich określone postawy. Rozciągają się one na kontinuum od pełnej afirmacji, przez akceptację i neutralność, aż

---

przez to, że dana osoba wybrała właśnie ich kraj jako miejsce docelowe. Można to zaobserwować np. w odniesieniu do cudzoziemców z krajów Europy Zachodniej w Polsce.

po niechęć czy wręcz wrogość. Poniżej ukazane zostały doświadczenia polskich imigrantów z wieloetnicznością i przyjmowane przez nich postawy wobec przedstawicieli innych ras i kultur[5].

Postawy otwarte

Życie w Toronto stwarza wiele możliwości poznania ludzi o różnym pochodzeniu etnicznym. Jak wcześniej wspomniano, napływający do Kanady imigranci osiedlają się najliczniej w Ontario, a zwłaszcza w stolicy tej prowincji. W jednym mieście żyją obok siebie imigranci oraz potomkowie imigrantów pochodzący ze wszystkich stron świata. Choć w kanadyjskich metropoliach nie ma typowych gett etnicznych, jakie istnieją np. w Stanach Zjednoczonych, na poszczególnych obszarach miasta skupiają się osoby pochodzące z określonego kraju (Balakrishnan, Maxim 2005; Hou, Picot 2004; Qadeer 2003). Na mapie Toronto obszary te oznaczone są jako *little Italy*, *little India* itp. W miejscach tych występuje koncentracja sklepów, organizacji i instytucji prowadzonych przez osoby określonej narodowości, które to instytucje występują jednak także na innych obszarach miasta.

Okazji do poznania kultury i historii innych grup etnicznych dostarczają organizowane licznie festiwale i święta, transmitowane również w etnicznych programach telewizyjnych i stacjach radiowych. Uwagę przyciąga np. obchodzony hucznie chiński Nowy Rok, droga krzyżowa (organizowana w Wielkanoc na ulicach dzielnicy portugalskiej), *Black History Month* i *Karabana*. Nie wyjeżdżając z Toronto, można poznać obyczaje wielu różnych kultur. Podkreśla to część imigrantów, dla których życie w tak wieloetnicznym mieście staje się niezwykle wzbogacające, prowadzi do poczucia, iż jest się obywatelem świata. Z ciekawością podchodzą do kultury innych imigrantów, cenią możliwość dowiedzenia się czegoś nowego, skorzystania z różnorodności chociażby w warstwie kulinarnej dzięki możliwości zjedzenia posiłku w restauracji prowadzonej przez Chińczyków, Hindusów, Greków i innych. Czują, że po osiedleniu się w Kanadzie ich życie stało się ciekawsze, znacznie ciekawsze niż w Polsce, gdzie wszyscy mówili tym samym językiem, mieli ten sam kolor skóry, te same obyczaje:

> My bardzo lubimy podróżować. [...] dalej lubimy podróżować, ale jeżeli nie możemy podróżować, to samo bycie w Toronto [...] można pojechać do greckiej dzielnicy, można pojechać do chińskiej dzielnicy, można pojechać do polskiej, do niemieckiej, do hinduskiej, do włoskiej [...], jaką sobie tylko kulturę zażyczysz [...]. Tak, że korzystamy z tych wszystkich festiwali, próbujemy jedzenie

---

[5] Stosunek do członków innych ras i narodowości nie był zamierzonym celem badań – w trakcie wywiadów nie pytałam o te kwestie wprost. Opisywane postawy ujawniły się przy okazji odpowiedzi na inne pytania, z reguły na pytanie o pozytywne i negatywne strony życia w Kanadzie.

z całego świata, korzystamy z tych rzeczy kulturalnych, które oferuje ta mozaika kanadyjska. Jesteśmy strasznie szczęśliwi i strasznie, strasznie zadowoleni
z tego, że przyjechaliśmy do Kanady. (W87/K/48/1981/W)

[...] natomiast plusy, no cóż, jesteśmy w społeczeństwie wielokulturowym tutaj,
co jest bardzo [...], uważam, pomocne w poznawaniu innych kultur i jest to... ja
wiem, no, jakimś takim trochę ewenementem w skali światowej, że można żyć
w takim społeczeństwie, prawda [...] ludzie [...] nie walczą, nie kłócą ze sobą,
a [...] współżyją. (W84/K/1990/Ś)

[...] dużo rzeczy takich, co zaskakują, i są inne niż nasze zwyczaje, polskie, ale to
tylko [...] robi to życie ciekawym, nie, bardzo jest interesujące. (W95/M/49/1988/W)

Kontakty z przedstawicielami innych kultur to nie tylko kwestia etnicznych festiwali i podobnych uroczystości – okazji do nich dostarcza także
życie codzienne. Polityka pozytywnej dyskryminacji sprawiła np., że przedstawiciele mniejszości rasowych są obecnie licznie reprezentowani w państwowych instytucjach i urzędach w Kanadzie. Polscy imigranci stykają
się ponadto z osobami z innych ras i kultur w miejscu pracy. Kontakty te
stwarzają możliwość poznania w bezpośrednich relacjach innych obyczajów
i mentalności. O życiu w wielokulturowym środowisku i płynącej stąd możliwości poszerzenia swoich horyzontów mówi np. jedna z imigrantek, z wykształcenia psycholożka, która pracowała przez wiele lat z imigrantami:

Podoba mi się to, że jest dużo kultur, że [...] tak właśnie, dla mnie to było
fascynujące, kiedy miałam tę pracę w schronisku [...] i zmiana mojej perspektywy, bo wydaje mi się, że... że taka byłam właśnie zamknięta wcześniej bardziej,
a teraz jestem bardziej otwarta na świat, na ludzi. Zawsze chciałam podróżować i nie było mnie na to stać, a [...] ludzie jakby przychodzili z innych krajów
i opowiadali mi o swoich [problemach] [...] tak że dla mnie to było niesamowite,
właśnie to poznawanie kultur różnych. (W101/K/45/1985/W)

Doświadczenia badanych wydają się potwierdzać prawidłowość obser-
wowaną w badaniach nad sferą stosunków międzyetnicznych, iż jeżeli po-
wierzchowny kontakt raczej wzmacnia i utrwala stereotypy, niż je rozbija, to
kontakt głęboki, dotyczący istotnych treści kulturowych, wpływa na wzrost
otwartości postaw i akceptację inności (Nowicka, Łodziński 2001:14).
Dzięki codziennym kontaktom ludzie, którzy początkowo wydawali się tak
odmienni, okazują się pod wieloma względami zaskakująco podobni. Inne,
odbierane początkowo jako dziwne obyczaje, sposoby ubierania się i zachowania okazują się tworzyć powierzchowną warstwę, pod którą kryją
się „tacy sami ludzie jak my". Imigranci uświadamiają sobie, że różnice pochodzenia społecznego mogą znacznie bardziej utrudniać porozumienie niż
różnice kulturowe (zgodnie ze stwierdzeniem, iż ludzie dzielą się na klasy,
a nie na rasy). Podobną rolę odgrywają cechy charakteru. Co więcej, można

uświadomić sobie braki i niedoskonałości własnej kultury oraz podejścia do świata. Odkrycia takiego doświadczyła np. jedna z badanych, która pracowała w kwiaciarni prowadzonej przez Hindusów. Dzisiaj jest wdzięczna losowi, że pozwolił jej poznać tę kulturę. Praca ta uświadomiła jej patriarchalny charakter relacji między kobietami i mężczyznami w polskiej kulturze. Jako jeden z argumentów podaje fakt, iż Hinduska figuruje w książce telefonicznej pod własnym imieniem i nazwiskiem, podczas gdy ona sama w ogóle się tam nie znajduje – jest wymienione jedynie imię i nazwisko jej męża.

Akceptacja, ale separacja

Drugą grupę postaw można określić jako akceptujące lub neutralne (w sferze deklaracji), którym towarzyszy jednak skłonność do separacji i przebywania we własnym gronie. Spora liczba osób po prostu nie ma okazji do bliższej styczności z przedstawicielami innych ras i kultur z racji chociażby charakteru pracy czy słabej znajomości angielskiego, która ogranicza możliwość kontaktów z kimkolwiek poza innymi Polakami. Nie poszukują oni aktywnie tych kontaktów, dobrze czują się bowiem we własnym gronie. Podobnie osoby, które zmusza do tego praca zawodowa, wychodzą – jeśli to konieczne – poza środowisko polskich znajomych, aby potem chętnie do niego powrócić. Nie oceniają innych kultur w kategoriach negatywnych; wręcz przeciwnie, obyczaje innych mogą wydawać się im interesujące i warte uwagi, lepiej jednak czują się wśród ludzi podobnych do siebie.

W grupie osób o postawach neutralnych wyróżniają się ci, którzy mieli okazję wejść w bliższą styczność z imigrantami innych nacji, ale po okresie bardziej intensywnych kontaktów wrócili do własnego grona. Z czego wynika ta skłonność do separacji? Niewątpliwie nasze postawy wobec innych uzależnione są również od ich postaw wobec nas samych. Po drugiej stronie może także występować niechęć czy stereotypowe traktowanie. Przede wszystkim warto jednak zauważyć, że autentyczna otwartość na osoby z innych kultur – tzn. otwartość wykraczająca poza sferę deklaracji i postaw, a obejmująca także sferę rzeczywistych zachowań – wiąże się z gotowością do uczynienia pewnego wysiłku przez obie strony kontaktu międzykulturowego. Jeśli w relacjach z ludźmi o tym samym pochodzeniu etnicznym pewne rzeczy można przyjąć za pewne lub w wysokim stopniu prawdopodobne (charakterystyczne postawy, poglądy, zachowania i obyczaje), to kontakty międzykulturowe cechuje znacznie mniejsza przewidywalność i trzeba uczynić wysiłek, aby je poznać, oswoić się z nimi, spróbować zrozumieć i zaakceptować. Proces taki może zachodzić naturalnie u osób ciekawych świata, na tym jednak nie kończy się trudność w relacjach interetnicznych.

Gdy kontakty stają się częstsze i bardziej intensywne, pojawia się bowiem konieczność wzajemnych dostosowań, nauczenia się rezygnowania z własnych przyzwyczajeń i reagowania w sposób odmienny od przyjętego we własnej kulturze. Jest to widoczne w cytowanej niżej wypowiedzi nauczycielki polskiego pochodzenia, która pracuje w kanadyjskiej szkole:

> Wydaje mi się, że trzeba być bardzo ostrożnym dlatego, że nie wiadomo, jak kogo [...] czym można kogo urazić i to może wynikać. [...] ja np. jestem nauczycielem, więc muszę czytać bardzo dużo książek i bardzo dużo artykułów na temat tego, jak różne dzieci z różnych kultur reagują, bo w niektórych kulturach, tak jak np. w amerykańskiej czy kanadyjskiej, ludzie się zgłaszają bardzo łatwo i to jest [...] ich oznaka takiej pewności siebie [...] i nam się wydaje, że jak ktoś się zgłasza, to może bardzo dużo rzeczy wiedzieć. A np. w kulturze chińskiej oni się nie zgłaszają i trzeba ich tak jakby popychać. I ja mam taką bardzo dobrą uczennicę. Pewnego razu poprosiłam ją, żeby podziękowała komuś za prowadzenie takiego programu przez cały dzień, i ona powiedziała, że ona nie może i ona jest taka nieśmiała, no, więc nie mogłam jej popychać, mówić: nie musisz to zrobić, tylko po prostu [...] trzeba bardzo dużo o tych kulturach wiedzieć. W niektórych kulturach np. trzeba, jeżeli się kogoś zaprasza, to ta osoba może odmawiać osiem razy i dopiero później trzeba ponowić, więc to takie wynikają nieporozumienia czasami. (W99/K/38/1990/W)

Prawdopodobnie jednak najlepszą ilustracją trudności, z jakimi wiążą się relacje międzykulturowe, wysiłku, jakiego wymagają wówczas, gdy przechodzą na bliższą stopę, jest odpowiedź innej polskiej imigrantki na pytanie, czy ma znajomych poza osobami polskiego pochodzenia:

> – Mam, ale zdecydowanie wolę z Polakami. Odbieramy na tych samych falach. Dlaczego? Bo się bardziej rozumiemy, tak mi się wydaje. Jak mam [...] też pary znajomych, którzy mają pomieszane związki małżeńskie, że są z różnych kultur, to pracuje na początku, a później jest konflikt. Właśnie przez to, że pochodzą z innych kultur. Że mają inne [...] inaczej byli wychowani. [...] Wcześniej miałam dużo więcej znajomych takich z różnych kultur, a teraz widzę, że jest dużo więcej. [...] nie chce mi się wysilać. Nie chce mi się naginać do niektórych rzeczy. My się bardziej rozumiemy, tak mi się wydaje.
> – Naginać do niektórych rzeczy, to znaczy?
> – Rozu... [...] być tolerancyjna bardzo. Bo są rzeczy, których nie akceptujemy, bo ktoś inne ma podejście do czegoś i mi się nie chce już, akceptować, wybaczać i te. [...] po prostu mi się nie chce. Bo niektórych rzeczy nic da się wytłumaczyć tak, jak ja czuję, jak myślę, jak podchodzę do niektórych rzeczy, nie da się. [...] Ja nie chcę tego człowieka zmienić, ale on też nie rozumie mojego punktu widzenia. Jak jest za dużo takich rzeczy, to przebywanie razem z sobą powoduje za dużo konfliktów i wtedy przestaje to być przyjemnością. Bo ciągle się ścieramy o coś, bo nie będziemy obchodzić urodzin, bo tamci nie obchodzą, święta – nie ma u nich świąt [...]. Bawią się inaczej, zrobią coś [...] jedzą coś innego, ja tego

nie lubię, już nie będę jadła, bo mam dosyć tego. Po prostu. [...] takich malutkich pełno szczegółów, których się już później po jakimś czasie [...] nie chce się. (W54/K/35/1989/Ś)

Cytowana wypowiedź pokazuje wyraźnie, iż tolerancja to nie tylko werbalne deklaracje i przychylność dla odmiennych obyczajów, ale także gotowość do dostosowania własnych zachowań do obyczajów innych. W największym stopniu konieczność taka pojawia się w bliskich relacjach przyjacielskich i związkach intymnych, które – choć znacznie częstsze w drugim pokoleniu imigrantów – zdarzają się także w pierwszym. Łatwo jest akceptować innych, jeśli nie trzeba robić żadnego wysiłku i zmieniać własnych przyzwyczajeń. Z drugiej jednak strony, dostosowania muszą być wzajemne, aby wspólne przebywanie było przyjemne i atrakcyjne dla obu stron.

Postawy ksenofobiczne

Ostatnią grupę postaw charakteryzuje ksenofobia: różne odmiany nieufności, niechęci czy nawet wrogości wobec członków innych kultur, a przede wszystkim innych ras, z jakimi spotkać się można wśród polskich imigrantów. Towarzyszy jej tendencja do izolowania się i unikania kontaktów z przedstawicielami innych grup etnicznych. Polscy pośrednicy nieruchomości wiedzą np. dobrze, iż Polacy nie kupią mieszkań w sąsiedztwie Hindusów i w związku z tym nie należy im przedstawiać tego typu ofert – Polakom przeszkadzają zapachy hinduskiej kuchni; wiążą ponadto ich obecność z występowaniem karaluchów w mieszkaniach. Przypisują innym nacjom stereotypowe cechy. Tak więc Azjaci wnoszą z sobą inną kulturę pracy:

> [...] praca za wszelką cenę, praca za pół darmo [...] praca 24 godziny na dobę, praca siedem dni w tygodniu, bez poszanowania i praw ludzkich, i bez poszanowania praw bożych, bez poszanowania, powiedzmy, tradycji dobrych, na których Kanada wyrosła. (W7/M/49/1986/W)

Z kolei czarnoskórzy imigranci mają skłonność do tworzenia gett etnicznych, nadużywają systemu zasiłków i zabezpieczeń społecznych.

W największym stopniu postawy niechęci uaktywniają się w obliczu perspektywy małżeństwa kogoś bliskiego z członkami innych ras. Jedna z respondentek, właścicielka apteki, mówi wprost, że nie chciałaby, aby np. syn umawiał się z Chinką czy córka z Murzynem. Twierdzi przy tym, że co prawda toleruje te narodowości, ale nie do tego stopnia, „aby się z nimi mieszać". Stwierdza dobitnie: „Chińczyk jest dla Chińczyka, Murzyn jest dla Murzyna" (W9/K/40/1991/W). Co prawda, zdaniem tej kobiety, „[...] są to tacy sami ludzie", ale może się okazać, że np. po dziesięciu latach małżeństwa „[...] wyjdzie z tego jakiś *Muslim*".

A oto charakterystyczna wypowiedź innej imigrantki:

> Nawet mój starszy syn [...] druga dziewczyna to jest Polka i zawsze mówi, że
> innej nie będzie miał [...]. Pierwsza, mówi, to już nie; innej, mamusia, już sobie
> nawet nie wyobrażam [śmiech]. Także zawsze żartujemy [...] zawsze, jak roz-
> mawiamy z rodziną: wy w Polsce macie ten problem tylko, że myślicie, żeby
> była dobra dziewczyna, a my mamy taki: żeby była polska, żeby była dobra
> i [...] zobacz, ile wymagań [śmiech]. (W4/K/41/1988/W)

Stosunkowi do małżeństwa z przedstawicielem obcej grupy przypisuje się
w badaniach socjologicznych nad postawami wobec innych grup etnicznych bardzo dużą wagę – jest on rzeczywistym probierzem stosunku do tej
grupy. Nawiązywanie kontaktu z cudzoziemcem przez małżeństwo stanowi niezwykle znaczący typ relacji, zawieranej (przynajmniej w założeniu)
na całe życie, prowadzącej do bliskiego kontaktu zarówno fizycznego (na
płaszczyźnie indywidualnej), jak i społecznego (na płaszczyźnie stosunków
między grupami), do powstania systemu zobowiązań łączącego się z więzami pokrewieństwa i powinowactwa itp. (Nowicka, Łodziński 2001:133).
Stąd zgoda na małżeństwo z przedstawicielem innej rasy to niewątpliwie
poważny sprawdzian otwartości i tolerancji, w którym reprezentujący postawy ksenofobiczne polscy imigranci otrzymują najniższe noty.

Uzasadnienia postaw niechęci wobec innych nacji są bardzo różnorodne
i nie odbiegają zapewne od tych, jakie przywołują rasiści pod każdą szero-
kością geograficzną. Niektóre wydają się brzmieć bardzo racjonalnie. Jedna
z imigrantek w następujący sposób tłumaczy powody, dla których ogranicza kontakty swoich dzieci z dziećmi rodziców pochodzących z innych kultur (nieuchronność tych kontaktów wiąże przy tym ze swoim wciąż niskim
usytuowaniem na drabinie społecznej mimo upływu kilkunastu lat spędzonych w Kanadzie):

> Już minusy, które się bardzo rzucają w oczy, to jest to pomieszanie tych spo-
> łeczeństw, to nam bardzo dokucza. Bo jak my jesteśmy na jakimś poziomie [...],
> może nie takim bardzo niskim, ale w sumie na takim [...] w sumie robotniczym,
> normalnym poziomie ludzi – ciągle musimy mieć do czynienia z tymi innymi
> ludźmi, z inną kulturą, i nam często to dokucza. Wiesz, zdarza mi się, że mówię
> mojemu synowi: wiesz, nie wolno ci się bawić z tamtymi dziećmi, z tamtymi, bo
> są takie czy takie. I to... to jest prawda, dlatego, że ja tych dzieci nie znam, może
> te dzieci są dobre, może ci rodzice są też dobrzy, ale oni są całkiem inni, dla nich
> co innego ma wartość, co innego nie. Ja ich nie rozumiem. Jak moje dziecko idzie
> i mówi: ja idę się z Jasiem bawić albo z Basią, to ja wiem, że on może i co on tam
> mniej więcej będzie robił, ja wiem, co ta mama do niego powie. Ja wiem, że jak
> on był u Basi czy u Jasia w domu i mama częstowała jego jakąś pomidorową,
> to on będzie zdrowy. Ale jak był u jakiegoś Johna i tam jadł jakąś chińską zupę,
> którą mama ugotowała, to ja nie wiem, czy jego brzuch nie będzie bolał od tego,

rozumiesz. I to, to nam przeszkadza. Nie pozwalamy. [...] dziecko od samego początku, jest takie malutkie, jest uczone, że jeżeli nawet gdzieś pójdzie czy ktoś
go częstuje jakimś jedzeniem, to nie może, nie ma takiego zwyczaju. Nawet jak
dzieci przychodziły tu do nas bawić się, chociaż rzadko to bywa, to nigdy nie
częstuję ich żadnym jedzeniem, żeby nie było później tak, że mama przyjdzie
i będzie miała pretensje, że boli go brzuch, nie. (W4/K/41/1988)

Za innymi uzasadnieniami stoją bardziej rozbudowane racjonalizacje:

> Widzi pani, to społeczeństwo zmienia się w bardzo dynamiczny sposób
> [...] i zmienia się w sposób zdecydowanie negatywny. W zdecydowanie nega-
> tywny. My, Polacy, jesteśmy trochę rasistami, ale z drugiej strony rasizm można
> pojmować w sposób i negatywny, i pozytywny. Negatywny rasista to jest taki,
> który drugiemu człowiekowi chce źle zrobić, prawda, to jest rasista negatyw-
> ny. Ale jest też [...] mówię, to jest moje takie [...] przemyślenie sprawy, rasista
> pozytywny, to jest taki, który ma bardzo krytyczne podejście do innych nacji.
> (W7/M/49/1986/W)

Charakterystyczne dla badanych reprezentujących tego typu postawy
jest przyjmowanie perspektywy gospodarzy w społeczeństwie, w którym
do niedawna sami byli gośćmi. Obserwują oni z niepokojem zmianę oblicza
etnicznego Kanady, mającej coraz mniej wspólnego z wciąż jeszcze białym
społeczeństwem, do którego imigrowali na początku lat 80. XX wieku. Krytykują politykę wielokulturowości, napływ przedstawicieli innych ras, choć
tak naprawdę wielu „kolorowych" Kanadyjczyków mieszka tu znacznie dłużej niż oni sami. Czują się zagrożeni w swoich chrześcijańskich, katolickich
tradycjach; mają uczucie, że wkrótce znajdą się w mniejszości. U osób tych
tak chętnie przywoływana przez innych różnica mentalności w stosunku do
Anglosasów okazuje się nieistotna – ważne jest wspólne, zagrożone dziedzictwo europejskie. Ze smutkiem obserwują w związku z tym zmierzch
„prawdziwej Kanady", do której przyjeżdżali kilkanaście czy kilkadziesiąt
lat temu, Kanady, w której dominowała „kultura białego człowieka" i „nor-
malne, chrześcijańskie tradycje".

Postawy tego rodzaju ignorują oczywiście fakt, iż w tej „prawdziwej" Kanadzie nieco wcześniej ci sami imigranci z Polski byliby niemile widziani,
podobnie jak Polacy przyjeżdżający do Kanady na przełomie wieku XIX i XX
oraz po II wojnie światowej, którym na ulicy zwracano uwagę, aby mówili
po angielsku, a nie po polsku (zob. rozdział drugi). Za postawami tymi kryje
się ponadto wizja narodu jako homogenicznej wspólnoty kulturowej, rodziny, w której to, co odmienne, stanowi zagrożenie i powinno być trzyma-
ne na dystans. Niepokój ten przebija z poniższej wypowiedzi:

> [...] są takie dzielnice w Kanadzie tutaj, jeszcze kilkanaście lat temu nie było cze-
> goś takiego, ale porozmawiałabyś z normalnymi Kanadyjczykami [sic!], to ci to

powiedzą, nie, że takie okolice są, które są bardzo niebezpieczne, rozumiesz, takie getta się robią. Sami kolorowi, Pakistańczycy, czarni [...]. I ja np. twierdzę, że nie sprawdzi się takie coś, jak się próbuje wprowadzić w Kanadzie, taki model wielokulturowości, wiesz, że na to potrzeba setek lat, wiesz, musi się to wszystko przemieszać. Że jednak ludzie uciekają do swoich – Chińczycy do Chińczyków, biali do białych, czarni do czarnych, że ten proces taki, wiesz, [...] mieszania, jeśli przebiega, to bardzo, bardzo powoli. Wiesz, no, ludzie, którzy, no, chcą, żeby ich dzieci odniosły jakiś sukces w życiu, wyprowadzają się gdzieś w takie miejsca, żeby ich dzieci chodziły do szkół, gdzie są tylko biali, rozumiesz, o co chodzi? Jeśli już miesza się, to już dzieci z tych rodzin najuboższych, wiesz, najbiedniejszych, co nie pracują rodzice, na welfrze są, nikt się tymi dziećmi nie interesuje, one na ulicy są [...]. Dlatego, wiesz, się np. martwię tym, że do Polski tylu emigrantów przyjeżdża z Indii, z Pakistanu [...], że w Polsce się próbuje taki lansować model Polaka-Europejczyka otwartego na świat, a to wszystko bzdura jest, to doprowadzi do katastrofy [...]. Kraj to jest tak jak rodzina: weź, otwórz drzwi swojego domu, masz dom i wpuść do tego domu ludzi, którzy nie są twoimi bliskimi, rozumiesz, co się stanie? Ta rodzina zostanie rozbita. I to samo będzie z tym społeczeństwem. (W1/M/43/1988/Ś)

Życie w wieloetnicznym społeczeństwie Toronto prowadzi do zmian świadomości, niekoniecznie sprzyja jednak rozwojowi postaw otwartych. Dla jednych jest okazją do wzbogacenia własnych poglądów na świat, do poznawania innych, uczenia się ich obyczajów i bolączek, a co za tym idzie – sposobów współżycia. Pod różnicami kulturowymi odnajdują z przedstawicielami innych ras i kultur głębszy język, który umożliwia porozumienie ponad tymi podziałami. Podobieństwo pochodzenia społecznego, doświadczeń życiowych i charakteru tworzy wspólną płaszczyznę porozumienia, którą trudno często odnaleźć z przedstawicielami własnej kultury w przypadkach, gdy cechy te są odmienne.

Inni, po krótszej lub dłuższej styczności z odmiennymi nacjami, wracają chętnie do własnego grona, w którym nie trzeba się wysilać, komunikacja i wzajemne kontakty są łatwiejsze, a normy i zasady postępowania niezagrożone w swojej oczywistości. Postawy te – choć nie musi im towarzyszyć niechęć i deprecjonująca ocena innych nacji – z tymi niechętnymi łączy tendencja do separowania się i unikania kontaktów.

Trudno stwierdzić jednoznacznie, które postawy wobec członków innych ras i kultur dominują w zbiorowości polskich imigrantów w Toronto[6]. Pewne przesłanki wydają się wskazywać, że natężenie postaw ksenofobicznych oraz skłonność do separowania się od wieloetnicznego kanadyjskiego

---

[6] Wśród badanych postawy afirmujące wielokulturowość wyrażała spontanicznie więcej niż co dziesiąta osoba (9 osób). Mniej więcej tyle samo osób (12) było negatywnie nastawionych do przedstawicieli innych ras, a w najlepszym wypadku wypowiadały się na ich temat w sposób ambiwalentny.

społeczeństwa są znaczne. Świadczą o tym np. napomknienia badanych o różnicach zdań między nimi a ich dorastającymi w Kanadzie dziećmi na temat przedstawicieli innych ras, powszechne wśród polskich imigrantów posyłanie dzieci do katolickich szkół, które są „mniej kolorowe", znane pośrednikom nieruchomości preferencje dotyczące miejsca zamieszkania czy ostracyzm, jaki spotyka imigrantki, które wiążą się z mężczyznami innych ras, np. Hindusami czy Pakistańczykami.

Bez względu na powszechność tego typu postaw niechęć i wrogość międzykulturowa to duże wyzwanie w społeczeństwie miasta, w którym ponad jedną trzecią mieszkańców stanowią członkowie mniejszości rasowych i ich liczba będzie nadal wzrastać, a według prognoz w 2017 roku będą stanowić nawet połowę mieszkańców (Bélanger, Malenfant 2005:21). Występowanie tego rodzaju postaw skłania także do postawienia pytania o losy drugiego pokolenia, wychowywanego w niechęci do osób reprezentujących inne rasy.

6.6. Typologia imigrantów

Na podstawie obserwacji procesów integracji społecznej wśród badanych wyróżnić można kilka charakterystycznych typów osób. Kryterium proponowanej typologii jest przede wszystkim charakter kontaktów społecznych oraz postawy imigrantów wobec członków społeczeństwa kraju osiedlenia. Jak ukazano wyżej, postawy te wnoszą istotną modyfikację do przebiegu procesów adaptacji niezależnie od jakichkolwiek obiektywnych uwarunkowań. Rozciągają się jednak nie tylko na sferę stosunków międzyludzkich; zwykle powiązane są ze stosunkiem do własnej kultury i kultury otoczenia. Towarzyszy im określony stopień satysfakcji z życia w Kanadzie i, ogólnie, poziom przystosowania w wymiarze psychologicznym, a także specyficzne podejście do podtrzymywania więzi z krajem pochodzenia.

Mając na uwadze, że spektrum możliwych postaw jest w istocie bardzo duże, można zatem wyróżnić następujące typy.

Życie na „polskiej wyspie"

Istnieje pewna grupa imigrantów, która ma bardzo ograniczoną styczność ze środowiskiem anglojęzycznym oraz z imigrantami innych narodowości. Żyjąc w Kanadzie, w istocie imigranci ci żyją niczym na wyspie. Ich integracja społeczna przebiega wśród osób o tym samym pochodzeniu etnicznym nie tylko w sferze prywatnej, lecz rozciąga się na sferę kontaktów społecznych także w sferze publicznej. Wspólne pochodzenie etniczne jest np. podstawą tworzenia różnego rodzaju stowarzyszeń, klubów czy organizacji skupionych wokół zainteresowań czy sposobów spędzania wolnego czasu. Imigranci zainteresowani np. żeglarstwem nie włączają się z reguły w dzia-łalność kanadyjskich klubów tego rodzaju, tylko tworzą swoje własne, al-ternatywne. Podobnie dzieje się w innych sferach aktywności.

Procesom integracji społecznej według powyższego wzoru towarzyszy zwykle korzystanie przede wszystkim z kultury polskiej (za pośrednictwem mass mediów) lub kultury polskiej zbiorowości w Toronto, a czasem tak-że jej współtworzenie. Procesy akulturacji są bardzo płytkie – znajomość kanadyjskiego społeczeństwa jest ograniczona, wybiórcza, oparta często na powierzchownych obserwacjach i stereotypach. Nierzadko zdarza się, że imigranci, żyjąc wyłącznie sprawami kraju pochodzenia i obracając się głównie w kręgu polskich znajomych, nie znają w ogóle języka angielskie-go. W Toronto są polskie media (prasa, radio, telewizja), lekarze, dentyści, prawnicy, agencje turystyczne, nawet banki i urzędy pocztowe. Praktycznie w każdej dziedzinie życia dostępne są polskie usługi. Jak ukazano w roz-dziale siódmym, znajomość angielskiego bywa w związku z tym wśród imigrantów bardzo słaba. Ich stosunek do kraju osiedlenia jest czysto in-strumentalny – jest to przede wszystkim miejsce zarobkowania. Poza pracą następuje powrót do rzeczywistości, którą tworzy wszystko to, co polskie: polscy znajomi, polskie media, polskie produkty i usługi[7].

Więzi z Polską mogą być u omawianego typu imigrantów silne, chociaż niekoniecznie. Z racji odległości, kosztów podróży itp. czynników związ-ki z rodzinnym krajem ulegają z czasem nieuchronnemu osłabieniu. Po-wszechna dostępność i niskie koszty środków komunikacji, takich jak tele-fon czy Internet, sprawiają jednak, że część imigrantów może żyć tak, jakby z Polski nie wyjechała, podobnie jak cytowany niżej dziennikarz jednej z polonijnych gazet:

> Tak, że jestem może tu nietypowym przykładem emigranta, który właściwie [...], ja mówię, **śmieję się, że właściwie w tej chwili to ja jestem ciałem tu, ale tak na dobrą sprawę z Polski nie wyjechałem**. Ta możliwość komunika-cji, Internet, tanie w tej chwili telefony [...], teraz są tak tanie, że po prostu mogę sobie pozwolić [...] nawet przy moich niewielkich dochodach na godzinną poga-wędkę z kimkolwiek w Polsce, i to nie raz na pół roku, tylko dzwonię do Polski tyle, ile potrzebuję, i tyle rozmawiam, ile potrzebuję. Nie myśląc o tym, Boże, ile ja zapłacę. Także ta komunikacja dzięki tym ułatwieniom [...] oczywiście, że [...] **można powicdzicć: nic wyjechałem z Polski.** (W41/M/48/1986/W) [wyróżnienia M.K.-A.]

---

[7] Jeden z badanych zauważył nawet, że po przyjściu z pracy do domu woli obejrzeć wiadomości z Polski, bo wciąż większe znaczenie ma dlań tamtejsza rzeczywistość. Wynika to także z tego, iż – jego zdaniem – na kanadyjską nie ma zbyt wielkiego wpływu.

Imigrant ten jest tak dobrze zorientowany w sprawach Polski, że zdarza się, iż jego mieszkający w Polsce brat prosi go o komentarz na temat bieżących spraw politycznych. Częściowo wynika to oczywiście ze specyfiki jego pracy, pokazuje jednak dobrze, jak blisko można być związanym z krajem pochodzenia bez wyjeżdżania z Kanady, co osobom zainteresowanym takimi kontaktami umożliwia m.in. rozwój środków komunikacji.

Wbrew swojemu przekonaniu mężczyzna ów nie jest tak bardzo nietypowym przykładem imigranta, gdyż w istocie wielu żyje w podobny sposób. Oto charakterystyczny fragment innej wypowiedzi, w której jeden z badanych uzasadnia, dlaczego rzadko odwiedza rodzinny kraj:

[...] wiesz, nie mam takiej bezpośredniej tęsknoty, żeby tam jeździć np. konkretnie i często dlatego, że tej Polski jest tutaj tak [dużo] [...] znam ludzi, którzy jeżdżą co roku, wiesz, mnie to po prostu aż tak nie ciągnie, wolę jeździć po świecie. W Polsce mieszkałem ponad 30 lat i znam ją dość dobrze, więc [...] nie wykluczam, że jak kiedyś bym pojechał, to znowu na kilka miesięcy, bo wtedy to ma więcej sensu, ale wolę jeździć po różnych miejscach świata, bo to jest bardziej dla mnie w tej chwili atrakcyjne i interesujące. [...] nie ma tej potrzeby wyjeżdżania do Polski, **Polska do nas często przyjeżdża**, chociażby te sztuki teatralne różnego rodzaju, wiesz, czy filmy czy sportowe wydarzenia [...] sponsorujemy wiele tych wydarzeń kulturalnych. (W13/M/46/1988/W) [wyróżnienie M.K.-A.]

Jak zauważa, Polska jest nieustannie obecna w Kanadzie nie tylko w postaci symbolicznej, w formie, jaką nadają jej żyjący tu polscy imigranci, przefiltrowana przez ich kanadyjskie doświadczenia – w kulturze, w życiu prywatnym i zorganizowanym, ale również fizycznie, bezpośrednio, dzięki odwiedzinom nie tylko znajomych i członków rodziny, ale także częstym wizytom i występom artystów oraz innych osób publicznych z Polski.

Orientacji na własną grupę etniczną – w różnych, wymienionych wyżej wymiarach – towarzyszyć może pozytywny lub negatywny stosunek do kanadyjskiego społeczeństwa i kultury. Charakterystyczne dla tego drugiego podejścia jest posługiwanie się stereotypowymi opiniami o Kanadyjczykach, których określa się mianem „Kanadole", a także duży krytycyzm wobec ich dorobku, sposobu organizacji społeczeństwa i kultury. Kontakty zawodowe z nimi traktowane są w kategoriach przymusu, a przebywanie w polskim gronie jako „odpoczynek od tego wszystkiego". Kanadyjczycy określani są np. jako ludzie „niemyślący" czy wręcz „głupi", zainteresowani głównie sportem itp., Polska zaś jest „bardziej intelektualna", a „ludzie lepiej wykształceni". Jedna z badanych kobiet stwierdziła np., że z Polakami można porozmawiać o religii, polityce czy dzieciach, a Kanadyjczycy ożywiają się tylko, gdy rozmowa schodzi na sport (hokej), „[...] zaśpiewać z nimi nie można, historii nie mają, religia to jest drażliwy temat, polityką się nie interesują" (W9/K/40/1991/W). Zdegustowana wspomina, że podczas ostatniego spotkania w kanadyjskim gronie jedyny temat, który wzbudził ich zainteresowanie, stanowił seks. „Jedna rozwiedziona, druga też, ktoś z drugim mężem – co to za ludzie są? Dla mnie rodzina to jest *number one*".

Studium przypadku 1

Podejście to wyraża jednak najpełniej postawa 49-letniej Polki, która przyjechała do Kanady z mężem w 1980 roku, z Anglii, gdzie oboje udali się zarobić na wakacje. Po trudach pierwszego okresu pobytu, łączenia pracy w fabryce z nauką, mąż nostryfikował dyplom i zaczął pracę jako inżynier. B. założyła natomiast własne przedsiębiorstwo, dochodząc do małej sieci sklepów, z której ostatecznie zrezygnowała, nie mogąc pogodzić pracy z wychowywaniem dwójki (obecnie studiujących) dzieci i prowadzeniem domu. W Kanadzie uczyła się najpierw angielskiego, potem rozpoczęła kursy na kierunku biznes i administracja, których jednak z podobnych powodów nie ukończyła. Obecnie zajmuje się prowadzeniem już tylko jednego sklepu, mąż, inżynier, jest natomiast „na posadzie", dzięki czemu zabezpieczają się wzajemnie finansowo – dochody ze sklepu są wyższe, jednak mniej pewne z powodu dużej konkurencji, wynagrodzenie męża jest zaś niższe, jednak praca pewniejsza i połączona z różnymi dodatkowymi świadczeniami (opieka medyczna dla członków rodziny itp.). Swoją sytuację materialną B. ocenia jako dobrą, „[...] aczkolwiek mogłoby być lepiej". W innym momencie stwierdza: „[...] mam dom, cztery samochody, ale nie o to chodzi". W Kanadzie podoba jej się jedynie przyroda (która jednak wszędzie jest piękna) i czystość, którą docenia się, wracając z innych części świata. Kanadę uważa za kraj „tragiczny". Rzekomy humanitaryzm Kanady jest pozorny, w istocie Kanadyjczycy są pełni wyższości wobec imigrantów i niechętni ich przyjmowaniu. Z postawami takimi można spotkać się np. w biurach imigracyjnych, których urzędniczki co prawda spokojnym głosem, mówią jednak petentom same nieprzyjemne rzeczy. Kanadyjczycy – których B. określa mianem „Kanadole" – to ludzie prymitywni i postępujący według schematów: „To nie są ludzie, to są maszyny, to są zwierzęta, którymi można kierować jak [...] automatami". W innym miejscu używa epitetów: „szuje, świnie". Ma okazję obserwować ich w sklepie, w którym pracuje, oraz w trakcie imprez organizowanych w pracy męża, na których „wypada być". Imprezy takie są jednak męczarnią, wymagają „przestawienia się na ich poziom". Dlatego też kontakty z Kanadyjczykami B. stara się zminimalizować, ograniczając grono znajomych do polskich imigrantów o podobnej opinii na temat Kanady i jej mieszkańców[8].

---

[8] Warto w tym miejscu przypomnieć, że pierwsze pokolenie imigrantów ma z reguły niewielką szansę na styczność z Kanadyjczykami z wyższych warstw społecznych i kontaktuje się

Do Polski jeździ raz lub dwa razy w roku i posyła tam też dzieci. Uważa za swój sukces, że udało jej się nauczyć syna i córkę miłości do „swojego kraju, czyli Polski", chociaż urodziły się i wychowywały w Kanadzie. W ich pokojach wiszą na ścianach polskie flagi, a na samochodach przytwierdzone są naklejki z polskim godłem. Jak sama przyznaje, jej dzieci są nieco zdezorientowane co do swojej narodowości. Przytacza w tym miejscu anegdotę:

> [...] a jak kiedyś śmiesznie moja córka wypełniała jakiś kwestionariusz i było napisane obywatelstwo, *nationality*, ona wpisała *Polish*, ja mówię: ty nie jesteś *Polish*, ty musisz wpisać *Canadian* [śmiech]. „Ja jestem *Polish*, ja nie wpiszę *Canadian!*" No, ja mówię, to ci nic nie załatwią, dziecko, jak ty tak napiszesz. Także moim dużym osiągnięciem jest to, że nauczyłam moje dzieci kochać swój kraj, czyli Polskę, a dodatkowo ten, bo oni są bardzo już tacy... zdezorientowani, bo jak to, krajem moim jest ten, co się urodziłam, a ja wolę tamten, tamten jest mój, a ten jest drugim.

Sama uważa Polskę za swój dom. Do Kanady, jak przyznaje, przyjechała po paszport, podobnie jak inni Polacy z jej pokolenia. Paszport, z którym można podróżować i zwiedzać świat. Z perspektywy czasu uważa, że w Polsce niczego jej nie brakowało – miała mieszkanie, pracę (w przedsiębiorstwie zajmującym się handlem zagranicznym), tysiąc znajomych, samochód (obecny w trakcie wywiadu brat, który przyjechał na wizytę, zauważa co prawda, że „samochód to może dużo powiedziane" – był to mały fiat). Nie chciałaby jednak wrócić na stałe do Polski:

> Jak będę miała pieniądze, jak wygram w totolotka to tak. No, ale bez pieniędzy tam jechać to po co? Jak bezrobocie jest, nie ma co robić i co, pojechać i to, co się tutaj zdobyło, sprzedać i żeby okradli?

Ma poczucie życia w zawieszeniu i jest przekonana, że nigdzie już nie będzie jej dobrze.

W tej charakterystyce odnaleźć można praktycznie wszystkie cechy wyróżniające omawiany typ imigrantów: instrumentalne podejście do kanadyjskiego państwa przy jednoczesnej niskiej jego ocenie, opartej jednak na wybiórczej wiedzy lub nawet jej braku; częste używanie negatywnych sądów wartościujących, najpełniej wyrażonych w pejoratywnym określeniu „Kanadole", wynikające prawdopodobnie przynajmniej w pewnym stopniu ze styczności z wąską grupą przedstawicieli kanadyjskiego społeczeństwa; ograniczanie kontaktów społecznych do grona polskich znajomych; wyłącznie polską tożsamość narodową; idealizowanie wszystkiego, co polskie;

(także w pracy) z reguły z osobami z niższych warstw oraz innymi imigrantami znajdującymi się w podobnej sytuacji (zob. też dalsza część rozdziału). Kontekst ten warto uwzględnić, interpretując wypowiedzi takie jak w omawianym typie integracji.

przekonanie, że „u nas" wiele rzeczy jest lepszych. To podejście do polskości nie jest pozbawione jednak pewnej ambiwalencji – wszak istniały przyczyny opuszczenia rodzinnego kraju, istnieją też nadal okoliczności powstrzymujące przed powrotem (takie jak obawa przed przestępczością itp.). Być może u podstaw tego rodzaju podejścia leżą zatem kompleksy i poczucie niższości.

Integracja w ramach własnej grupy etnicznej nie musi być jednak, jak ukazano, związana z negatywnymi postawami wobec członków społeczeństwa kraju osiedlenia. Dowodzi tego przedstawiony niżej przypadek innej polskiej imigrantki.

Studium przypadku 2

A., 43-letnia kobieta, przyjechała do Kanady wraz z mężem z Niemiec w 1984 roku, z jego inicjatywy – sama, blisko związana z rodziną, nie chciała wyjeżdżać. Mąż szybko znalazł pracę, co zapewniło elementarne poczucie stabilizacji. Sama A., po krótkim epizodzie ciężkiej pracy w fabryce, pracuje do dzisiaj na pół etatu jako pomoc dietetyczki w szpitalu. Praca zawodowa pozostawała jednak zawsze na marginesie aktywności życiowej – nigdy nie lubiła także wyuczonego i wykonywanego w Polsce dwa lata przed wyjazdem zawodu (pracowała w banku). W Kanadzie zajęła się głównie prowadzeniem domu i wychowywaniem dzieci, co stanowi, jej zdaniem, „podwójny wysiłek na emigracji". Chodzi tu przede wszystkim o przekazywanie polskości. Polacy, zdaniem A., mimo swojej liczebności są w Kanadzie mało widoczni; w związku z tym ma nadzieję, że do zwiększenia ich znaczenia w tym kraju przyczynią się jej dzieci. Wyznaczyła sobie samej rolę swoistej strażniczki polskości: posyła dzieci do polskich szkół, dba, by mówiły w domu po polsku i były przywiązane do polskiej tradycji. Kiedy buntują się przeciw temu, mówiąc, że są już Kanadyjczykami, zwraca im uwagę: „Ja mówię: ty jesteś *Polish-Canadian. You must be proud of Polish*".

Jak zauważa, nigdy nie starała się wejść w środowisko kanadyjskie i tak pozostało do tej pory. Od początku z powodu ogromnej tęsknoty stwarzała sobie w Kanadzie „małą Polskę".

> [...] bardzo tęskniłam [...] stwarzałam sobie wszystko takie, żeby polskie. Polską parafię znaleźliśmy i takie wszystko to, co mogłam [...] może tak jakoś śmiesznie, bo Ontario Place sobie wyobrażałam, że to są warszawskie Łazienki, tak już na siłę [...] mam rodzinę bardzo bliską w Bydgoszczy, więc też tam jakiś kawałek zauważałam, jakieś sosny, gdzie rodzina mieszkała, to już wygląda tak jak w Bydgoszczy; tak że wszystko na siłę podciągałam pod polskość.

W Polsce była od wyjazdu cztery razy, na częstsze wizyty nie pozwalały jej obowiązki zawodowe i ograniczone możliwości finansowe. W Kanadzie jednak, odkąd stało się to możliwe, nieustannie odwiedzał ich ktoś z rodziny – rodzice pomagający w wychowywaniu dzieci, rodzeństwo, znajomi. Wszyscy przyjaciele w Kanadzie są Polakami, z reguły poznanymi w pierwszym okresie imigracji – kontakty z Kanadyjczykami zarówno A., jak i jej męża ograniczają się do pracy. Do tych ostatnich ma jednak pozytywny stosunek – eliminuje z grona swoich znajomych osoby, które mówią o Kanadyjczykach „Kanadole", co świadczy jej zdaniem o braku szacunku dla drugiego człowieka. Docenia otwartość Kanady na imigrantów, pomoc, której doświadczyli w pierwszym okresie pobytu. Sama ze swoją rodziną żyje jednak w „polonijnym światku", co przychodzi łatwo i naturalnie. W miarę możliwości bierze udział w imprezach, podczas których występują przyjeżdżający z Polski artyści; od czasu do czasu czyta sprowadzane z Polski gazety; przyjmuje gości z kraju; co roku spędza z bliskimi czas na kempingu w tym samym gronie polskich znajomych. Naukę języka angielskiego, który wciąż nie jest na zbyt dobrym poziomie, traktuje trochę po macoszemu. Choć podoba jej się w Polsce, nie potrafi się już odnaleźć w trakcie wizyt w kraju, zwłaszcza po śmierci ojca, w którym, jak mówi, „straciła wielkiego przyjaciela". Jest pogodzona ze swoją emigracją i zadowolona z życia.

W warstwie behawioralnej typ integracji omówiony na przykładzie tego przypadku polskiej imigrantki bliski jest opisanemu wcześniej. Charakterystyczna jest dlań separacja od kanadyjskiego społeczeństwa i kultury, życie życiem własnej grupy etnicznej, któremu towarzyszy stopniowe osłabianie więzi z Polską. Różni go jedynie postawa wobec Kanady, która została zaakceptowana jako drugi dom. Zauważalne jest także bardzo powolne przenikanie elementu kanadyjskiego do tożsamości. W przeciwieństwie do przypadku reprezentowanego przez wcześniejszy typ ów kanadyjski element ma szansę na rozwinięcie się u kolejnego pokolenia.

Orientacja na „trzecią siłę" kanadyjskiego społeczeństwa

Z uwagi na charakter przebiegu procesów integracji społecznej szczególny typ osób stanowią imigranci reprezentujący otwarte postawy wobec wielokulturowości. Uprawnione wydaje się twierdzenie, że ich integracja przebiega w kierunku „trzeciej siły" kanadyjskiego społeczeństwa. Środowisko społeczne tych imigrantów jest zróżnicowane – mogą być wśród nich zarówno osoby polskiego pochodzenia, jak i Kanadyjczycy oraz imigranci innych narodowości. Kryterium doboru znajomych w następujący sposób opisuje jedna z imigrantek:

> Akurat moja rodzina... weszliśmy w to życie kanadyjskie tak, że jest nam zupełnie obojętne, czy naszym przyjacielem będzie, powiedzmy, czarny z Jamajki, czy naszym przyjacielem będzie Polak, bo traktujemy ich równo. (W84/K/1990/Ś)

W istocie selekcja kręgu znajomych odbywa się nie na podstawie pochodzenia etnicznego, lecz wspólnoty poglądów i sposobu myślenia, u podłoża której leży zwykle podobne pochodzenie społeczne, z tej samej klasy lub warstwy społeczeństwa. Ponieważ imigranci pierwszego pokolenia mają niewielką szansę na styczność z Kanadyjczykami z wyższych warstw społecznych i pracują zwykle z osobami z niższych warstw oraz z innymi imigrantami znajdującymi się w podobnej sytuacji, w praktyce grono ich bliższych znajomych tworzą zwykle ci ostatni.

Kryterium etniczne traci na znaczeniu także jako podstawa stowarzyszania się. Dążenie do realizacji własnych zainteresowań i ambicji odbywa się często poza środowiskiem własnej grupy etnicznej, która pozostaje na uboczu głównego nurtu życia społecznego i podlega własnym prawom asymilacji. Dobrym przykładem jest tutaj jeden z imigrantów, polityk, przed wyjazdem z Polski związany z opozycją demokratyczną, który w Kanadzie zapisał się do partii konserwatywnej (przychodząc z propozycją zaangażowania się w jej inicjatywy) i działał przez wiele lat w szeregach tej partii, startując nawet w wyborach. Zdecydował się nie wiązać np. z Kongresem Polonii Kanadyjskiej, ponieważ nie odpowiadał mu profil ideologiczny tej organizacji. Zapewne zdawał sobie także sprawę, że możliwości kariery są dlań w tym środowisku ograniczone, nie tylko z powodu jego hermetyczności.

Jeśli chodzi o procesy akulturacji, imigranci reprezentujący ten typ dążą aktywnie do poznania i zrozumienia kanadyjskiej kultury. Poznanie nie oznacza bezkrytycznej akceptacji – z niektórymi jej elementami mogą się zgadzać, inne odrzucać, ich poglądy oparte są jednak na wiedzy, a nie na stereotypach. Z uwagi na charakter swojego środowiska społecznego, które tworzą z reguły przede wszystkim inni imigranci, osoby te mają także okazję poznać imigrantów z innych kultur i narodowości. Jest to szansa na zrozumienie różnic i nauczenia się sposobów współżycia z innymi. Związane z tym doświadczenia ilustrują wypowiedzi dwóch polskich imigrantek:

W każdym bądź razie moim marzeniem było zawsze wplecenie się w to, wrośnięcie i bycie, po to tu przyjechałam, żeby żyć w tym kraju w pełni i być tu w tym związaniu [...]. [znajomi] Z całego świata, to są ludzie z całego świata, wiesz, ja się kieruję głównie sercem i duszą, a nie językiem czy kolorem skóry czy, wiesz, przynależnością etniczną [...]. Wiesz, na pewno jest dużo... dużo ciekawych sytuacji, czasami musisz trochę pomyśleć, ponieważ przyjeżdżamy z różnych kultur, i wiesz... ja do niedawna np. miałam tutaj przyjaciela, muzułmanina, Araba, który prowadził księgarnię z książkami związanymi z islamem, wiesz, to był bardzo uduchowiony człowiek [...] bardzo dużo z nim rozmawiałam, bardzo dużo, lubiłam tam wchodzić, chociaż sama jestem chrześcijanką i [...] chrześcijanką i wolnomyślicielką. Jestem związana z protestanckim kościołem, a on był, wiesz, zupełnie [...] wiesz, związany bardzo mocno z islamem, tym niemniej mieliśmy wspólny język, ten bardzo głęboki język, który, wiesz,

pozwalał nam się skomunikować. Natomiast trzeba też nauczyć się respektować cudze innych ludzi kulturowe, wiesz... szukam polskich słów [śmiech],
zwyczaje. Wiesz, jeżeli cokolwiek od niego kupowałam, jakiś olejek pachnący
czy krem czy coś i płaciłam mu za to, musiałam uważać, żeby nie dotknąć jego
ręki, bo jemu nie wolno było, wiesz, podać ręki czy dotknąć kobiety, obcej, on
ma żonę, ma dzieci, ale nie wolno mu było obcej kobiety dotknąć. Także to była
taka... bardzo przedziwna sytuacja, że wrzucałam mu pieniądze na rękę, a on
resztę mi później rzucał na moją rękę. (W32/K/45/1989/nW)

> To jest najbardziej fascynujące i pod tym względem ja się bardzo cieszę, że tra-
> fiłam na takie wielokulturowe miejsce, że właściwie poznawałam i Wietnamczy-
> ków, i Filipińczyków, i Hindusów, byli Niemcy, byli Węgrzy, byli Rosjanie. Rosjan
> to znaliśmy jeszcze stamtąd, ale i tutaj też [...]. To tak, to kontakty bardzo ważne,
> bardzo, ja wiem w tej chwili np., jak rozmawiać z Grekiem, bo to jest zupełnie inna
> niż słowiańska mentalność; wiem, jak rozmawiać z Żydem, z typowym, ortodok-
> syjnym, wiem, co mu przeszkadza, co go boli, co nie. Mamy zresztą Żydów przyja-
> ciół, to są polscy Żydzi, jest ich tutaj dużo, yyy... wydaje mi się, że tak, to ścieranie
> się kultur, to ścieranie się mentalności, to ścieranie się obyczajów, to to, co mi się
> wydaje, że wzbogaca nas samych, prawda. (W70/K/48/1984/W)

Imigranci reprezentujący ten typ integracji nie zrywają więzi z Polską,
są jednak zorientowani na przyszłość, którą widzą dla siebie jednoznacznie i z wyboru w Kanadzie. Mogą angażować się okazjonalnie w rodzinnym
kraju (nawiązując np. więzi o charakterze ekonomicznym), jednak podstawowym miejscem ich funkcjonowania pozostaje Kanada. Uważają siebie
w Polsce za obserwatorów i unikają życia na dwóch kontynentach, które
prowadzi do zaniedbywania więzi z krajem osiedlenia. Zachowując życzliwy stosunek do kraju imigracji i własnego pochodzenia etnicznego, roz-
wijają podwójną tożsamość – uważają się jednocześnie za Polaków i za Kanadyjczyków, lub wręcz wyłącznie za Kanadyjczyków, tak samo jak Szkoci,
Chińczycy, Hindusi czy inni imigranci w Kanadzie.

Warto zauważyć na marginesie, że pozytywnemu stosunkowi do własnego pochodzenia etnicznego, który występuje u omawianego typu imigrantów, niekoniecznie towarzyszy pozytywny stosunek do środowiska polskich imigrantów w Kanadzie. Reprezentowana przez nie wersja polskości
otoczona bywa pewną ambiwalencją. Postawy, z którymi można spotkać się
w kręgach polskich imigrantów (np. ksenofobia, rasizm czy antysemityzm),
sprawiają, że część imigrantów dystansuje się wyraźnie wobec bycia „typowym Polakiem/Polką", akcentując u siebie cechy przeciwne do tych postaw.

Orientacja na „białą Kanadę"

Podczas gdy wielu osobom bliżej jest do „trzeciej siły" w kanadyjskim społeczeństwie, inni starają się wyjść poza nią, jak wspomniany wyżej polityk.

Zdają sobie sprawę, że szanse awansu społecznego poza głównym nurtem życia społecznego są ograniczone, poszukują zatem możliwości zaistnienia w kręgach anglosaskich, które z reguły pozostają jednak dla nich zamknięte. Wśród imigrantów tych, zorientowanych jednoznacznie na życie w społeczeństwie kanadyjskim, wyróżniają się osoby, które odrzucają wielokulturowość Kanady. Charakterystyczne jest dla nich utożsamianie się z białą większością społeczeństwa i krytyczny stosunek do polityki imigracyjnej, która sprzyja napływowi imigrantów różnych ras. Ludzie ci uważają, że Kanada przestaje być w rezultacie „naszym światem", którym powinna pozostać, i reprezentują ukazane postawy ksenofobiczne. Charakterystyczny jest dla nich także brak satysfakcji z życia w zmieniającej się Kanadzie.

Uwagi końcowe

Podsumowując uwagi na temat procesów integracji społecznej w pierwszym pokoleniu imigrantów z Polski z lat 80. XX wieku, należy podkreślić wyraźną tendencję do integracji w gronie osób o tym samym pochodzeniu etnicznym. Kryterium etniczne jawi się jako najistotniejszy czynnik kształtujący te procesy w pierwszym okresie po imigracji i utrzymujący swoje znaczenie także na kolejnych etapach adaptacji społecznej. Warto przytoczyć w tym miejscu jeszcze jedną wypowiedź:

> [...] ja poznałam sporo znajomych poprzez moich kuzynów, którzy się obracają tylko i wyłącznie w środowisku polskim, ale potem, jak się przeniosłam do Toronto, doszłam do wniosku, że to nie są moi znajomi. Zresztą tutaj jest tak, że [...] **jak się mieszka w obcym kraju, więc jak się pozna jakichś Polaków, to się utrzymuje kontakty z osobami, z którymi w Polsce nigdy by się nie utrzymywało kontaktów. Więc utrzymuje się kontakty dlatego, że są też Polakami.** (W71/K/47/1984/Ś) [wyróżnienie M.K.-A.]

Na ukazany kierunek procesów integracji wpływają z jednej strony uwarunkowania związane z sytuacją imigrantów w społeczeństwie kanadyjskim: ich względnie niskim statusem społecznym, poczuciem obcości i dystansu kulturowego itp. Podobieństwo kulturowe sprawia np., że polskim imigrantom zdecydowanie najbliżej jest do innych przybyszów pochodzących z regionu Europy Środkowo-Wschodniej, a nawet Południowo-Wschodniej (z Bałkanów) – to spośród nich wywodzą się najczęściej ich niepolscy znajomi[9].

Faktyczna separacja jest jednak także rezultatem postaw samych imigrantów, które prowadzą do izolacji i zamykaniu się we własnym gronie.

---

[9] Tego rodzaju procesy nie są zresztą niczym wyjątkowym i w pewnym stopniu analogiczne zaobserwowano np. w badaniach nad asymilacją małżeńską wśród Azjatów w Stanach Zjednoczonych (Qian, Blair, Ruf 2001).

Sporą część Polaków charakteryzuje niechęć połączona z poczuciem wyższości i pogardą, zarówno wobec Kanadyjczyków urodzonych w Kanadzie, jak i imigrantów z innych nacji. Duża kompletność instytucjonalna polskich imigrantów w Toronto umożliwia jednocześnie ograniczenie kontaktów z nie-Polakami do minimum.

7 | Zmiany kultury

Biorąc pod uwagę silną skłonność imigrantów do integracji społecznej w ramach własnej grupy etnicznej (uwarunkowaną zarówno czynnikami oddziałującymi po stronie samych imigrantów, jak i po stronie społeczeństwa przyjmującego), należałoby oczekiwać takiej samej tendencji w sferze kultury. Faktycznie wymiar integracji społecznej oraz akulturacji pozostają blisko powiązane (jak ukazano w typologii przedstawionej w rozdziale szóstym), a ciążenie w kierunku kultury własnej zbiorowości etnicznej wśród polskich imigrantów jest zauważalne dla postronnego obserwatora. Większość z nich przykłada dużą wagę do pielęgnowania polskich tradycji świątecznych czy przekazywania polskości (głównie języka) młodemu pokoleniu. Część osób uczestniczy – zazwyczaj w charakterze odbiorców – w licznych imprezach i wydarzeniach kulturalnych zogniskowanych wokół własnego pochodzenia etnicznego. Polskość imigrantów przejawia się jednak również w sprawach codziennych, takich jak gusta kulinarne czy estetyczne (np. w sposobie ubierania się czy wystroju wnętrz mieszkań i domów).

Zmiany w sferze kultury mają jednak złożony charakter i przebiegają w znacznym stopniu w sposób nieświadomy dla samych zainteresowanych. Bez względu na siłę swoich intencji do zachowania własnego dziedzictwa kulturowego imigranci podlegają oddziaływaniu społeczeństwa, w którym żyją i którego od pewnego czasu są częścią. Przejmują kanadyjskie wartości i wzory zachowań, a przynajmniej wybrane ich elementy, w takiej postaci, w jakiej są przez nich widziane i interpretowane. Procesy te (przemiany kultury imigrantów), począwszy od klasycznej pracy Williama I. Thomasa i Floriana Znanieckiego (1976 [1918–1920]), były opisywane w kategoriach wyłaniania się nowej jakości. Imigranci przywożą z sobą normy, wartości i wzory zachowań, które zostają skonfrontowane z obowiązującymi w nowym otoczeniu społeczno-kulturowym, ulegając stopieniu w odmienne jakościowo cechy, niepodobne ani do kultury kraju osiedlenia, ani do kultury kraju emigracji.

7.1. Kultura kanadyjska

Pisanie o procesach akulturacji w społeczeństwie, jakim jest Kanada, na samym wstępie odnosi do kwestii wątpliwości wokół pojęcia kanadyjskiej kultury. Kanada długo znajdowała się pod wpływem nie tylko politycznym, ale także kulturowym Wielkiej Brytanii. Brytyjskie instytucje i wartości były wysoko cenione w wielu dziedzinach życia. W Kanadzie, w przeciwieństwie do sytuacji panującej w Stanach Zjednoczonych, nie widziano potrzeby zastępowania brytyjskości nowo tworzonymi wzorami kanadyjskimi. H. Kubiak (1975) pisze, że w Stanach Zjednoczonych powstawały instytucje nieobciążone europejską tradycją, które odegrały podstawową rolę w procesach tzw. asymilacji kierowanej, zmierzającej do wytworzenia, popularyzowania i utrwalania spójnego systemu wzorów, kultury i wartości (chodzi tu głównie o szkoły, zakłady pracy, armię, instytucje życia publicznego, parafie i sąsiedztwo). W rezultacie wspomnianych procesów doszło do powstania narodu amerykańskiego.

W związku ze specyfiką przebiegu procesów narodotwórczych w Kanadzie uważa się, że w kraju tym, w przeciwieństwie do jego południowego sąsiada, nigdy nie wytworzył się spójny, oryginalny system wartości i wzorów (Kijewska-Trembecka 1994:62). W rezultacie powszechnie wiadomo dziś, co oznacza bycie Amerykaninem, natomiast odpowiedź na pytanie o to, co stanowi o istocie kanadyjskości, nie jest już tak oczywista. Dostrzegają ten fakt także polscy imigranci. Zdaniem wielu z nich Kanada jest krajem bez przeszłości, krajem, którego historii nauczyć można się w jeden wieczór. Postrzegana jest jako państwo nudne i uporządkowane, w którym nic ciekawego się nie dzieje, w przeciwieństwie do jego południowego sąsiada. Brak mu nie tylko żywotności, ale także oryginalności – w sposobie organizacji społeczeństwa i kulturze widoczne na każdym kroku są wpływy brytyjskie, a w codziennym życiu wszechobecne są amerykańskie marki i oferta kultury masowej.

Tego rodzaju wypowiedzi, z jakimi spotkać można się wśród polskich imigrantów, wydają się świadczyć o tym, iż rozumieją oni kulturę w sposób charakterystyczny dla kontynentu europejskiego: jako system znaczeń i wartości przypisany określonej wspólnocie narodowej w znaczeniu etnicznym (gr. *ethnos* – całość złączona wspólnotą pochodzenia lub wiarą w istnienie takiej wspólnoty), w przeciwieństwie do koncepcji demotycznej (gr. *demos*, łac. *populus* – całość polityczna), dominującej w narodach--państwach o rodowodzie imigracyjno-osadniczym (Kubiak 1999:215). Tymczasem etniczne rozumienie narodu, charakterystyczne dla wspólnot walczących o zjednoczenie, o własne państwo lub jego odzyskanie, nie znajduje odpowiednika na gruncie kanadyjskim, w państwie stosunkowo młodym, założonym przez imigrantów z Europy, które jest wspólnotą polityczną (z bliższym polskiemu pojęciem narodu spotkać można się w Quebecu; Breton, Kwaśniewicz 1990:104). Kanada nie ma rozbudowanej mitologii, bohaterów i symboliki narodowej, które w wyobrażeniach ukształtowanych na gruncie europejskim stanowią istotę i podstawę narodowej kultury

(Sojka 2003:205). Flagę kanadyjską w jej obecnym kształcie wprowadzono w 1965 roku, oficjalny hymn *O Canada* w 1980. W życiu publicznym nadal obecnych jest wiele symboli nawiązujących do przeszłości Kanady jako brytyjskiej kolonii. Trudno także wskazać jednoznacznie spójny system wartości, który mógłby stanowić podstawę kultury kanadyjskiej.

Choć zdaniem badaczy nie można mówić o kulturze kanadyjskiej, istnieją specyficzne cechy osobowości Kanadyjczyków, które nazywają charakterem kanadyjskim (*the Canadian character*). M. Kijewska-Trembecka (1994:134, 1996) mówi w tym kontekście o etosie kanadyjskim (termin „etos" zaczerpnięty został przez nią z rozważań M. Ossowskiej), czyli pewnej cesze osobowości Kanadyjczyków, która sprawia, że mają tendencję do reagowania w swoich zachowaniach w określony sposób. Swoistym antywzorem – negatywnym punktem odniesienia – są przy tym Amerykanie, do których stosunek jest w Kanadzie dość niechętny (Bellan 2006). Wspomniana badaczka pisze:

> Centralnym pojęciem kanadyjskiego etosu jest poczucie podporządkowania się ładowi społecznemu, a kodeks postępowania wynikający z niego zakłada poszanowanie prawa i porządku, respekt w stosunku do instytucji i działań państwa, przedkładanie interesów grupowych nad indywidualne. Podstawę tak rozumianego etosu kanadyjskiego stanowią trzy pojęcia: przetrwania (*survival*), świadomości zbiorowej (*the garrison mentality*) i poczucia kolonialności. Wzmocnieniem tego etosu jest silnie nań oddziaływujący antywzór Amerykanina (Kijewska-Trembecka 1994:134).

Fundament etosu kanadyjskiego – filozofia przetrwania – narzucony został przez warunki naturalne. Dla pierwszych osadników oznaczał po prostu możliwość fizycznego przeżycia dzięki znalezieniu dogodnego terenu do osiedlenia, dla późniejszych – przeżycie katastrof przyrody i kryzysów ekonomicznych. Dla frankofonów *survivance* oznaczało utrzymanie własnej tożsamości w kraju zdominowanym przez Brytyjczyków, dla Anglosasów – oparcie się naporowi Amerykanów. W filozofii tej nie ma zwycięzców i zwyciężonych, najważniejsze jest samo przeżycie. Jest ona podstawą innego niż w Stanach Zjednoczonych stosunku do środowiska, które nie było bezwzględnie zdobywane, ale było równym, a często mocniejszym partnerem, którego prawa należało respektować.

Poczucie świadomości zbiorowej, którą Kanadyjczyk N. Frye określił mianem „mentalności garnizonu" (*the garrison mentality*) (Sojka 2003:208), wypływa z filozofii przetrwania. Podstawową jej wartością jest zabezpieczenie interesu grupowego przez przestrzeganie wewnątrzgrupowej dyscypliny, która stanowi podstawę przetrwania. Indywidualizm jest tu więc wartością drugorzędną, a liczą się: poszanowanie prawa, autorytet władzy, przywiązanie do tradycji i konserwatyzm. Podobnie jak w przypadku filozofii przetrwania, także poczucie świadomości zbiorowej narzuciły w Kanadzie warunki naturalne – ten typ mentalności pojawia się u ludzi z dużym poczuciem zagrożenia zewnętrznego.

Ostatnia wreszcie cecha kanadyjskiego etosu to silne poczucie zależności od zewnętrznych, mocniejszych centrów, na które wpłynęła wieloletnia zależność od metropolii oraz silny wpływ brytyjskich instytucji i systemów wartości na życie społeczne Kanady. Różne typy zachowań Kanadyjczyków cechuje natomiast kierowanie się poczuciem respektu i szacunku wobec prawa, wiara w państwo, które działa dla dobra obywateli i ma w znacznej części tych działań ich poparcie. Jednym z najważniejszych kanadyjskich symboli jest policjant.

Według Kijewskiej-Trembeckiej (1994:139) fenomen etosu kanadyjskiego jest jedynym elementem kultury kanadyjskiej, który można zdecydowanie wyodrębnić jako oryginalny jej składnik i który można nazwać. W dziedzinie kultury masowej Kanada pozostaje ponadto mimo dużej niechęci do Amerykanów pod silnym wpływem południowego sąsiada z racji powiązań gospodarczych oraz bliskości geograficznej, większym niż inne kraje na świecie[1].

Poczucie kanadyjskiej tożsamości narodowej skomplikowała dodatkowo polityka wielokulturowości. Promowane wcześniej pojęcie dwukulturowości, mitu Kanady jako kraju dwóch narodów (*two solitudes*: Quebec i Kanada angielska), zastąpione zostało pojęciem mozaiki kulturowej, a później kalejdoskopu, podkreślających obecność i udział wielu grup kulturowych i językowych w kształtowaniu kanadyjskiego społeczeństwa i kultury. Obecnie każdą ze społeczności tworzących kanadyjskie społeczeństwo – Kanadyjczyków angielsko- i francuskojęzycznych, Pierwsze Narody (*First Nations*) oraz różnorodne zbiorowości imigrantów – charakteryzują cał-

---

[1] Nie kwestionując przytoczonych ustaleń badaczy, warto zauważyć, że mimo wpływów Stanów Zjednoczonych oraz braku własnej kultury w znaczeniu, do jakiego jesteśmy przyzwyczajeni na gruncie europejskim, Kanada posiada oryginalną kulturę wyższą. Z kraju tego pochodzi wielu wybitnych intelektualistów i ludzi sztuki. Wydaje się, że niewielu imigrantów jest tego świadomych, a ich krytyczne uwagi o kanadyjskiej kulturze dowodzą, że pozostają przeważnie odbiorcami wyłącznie zamerykanizowanej kultury masowej. Tymczasem to z Kanady pochodzi jeden z najznakomitszych pianistów Glenn Gould, socjolog Marshall MacLuhan czy guru alterglobalistów Naomi Klein, a także wielu znanych pisarzy, ludzi teatru, kina czy malarstwa. Pomimo dużego wpływu południowego sąsiada ich twórczość ma wiele oryginalnych, niezależnych cech (Bradecki 2003; Skrzypczak 2003; Sojka 2003). Wydaje się, choć teza ta wymagałaby dogłębnej analizy, że twórczość Kanadyjczyków, która w mniejszym stopniu niż Europejczyków obciążona jest narodową historią i mitologią, nosi bardziej uniwersalne rysy i podejmuje globalne, dotyczące całej ludzkości problemy. Przywilejem stosunkowo młodego społeczeństwa, zamieszkującego rozległy, korzystnie położony pod względem geograficznym kraj, jest brak martyrologii oparty na własnych doświadczeniach, duża jest za to wrażliwość na kwestie praw człowieka i problemy ogólnoludzkie.

kowicie odmienne stanowiska w stosunku do pojęcia kanadyjskości oraz swojego miejsca w granicach kraju (zwraca na to uwagę krytyk literacki E.D. Blodget w eseju *Five-Part Invention: A History of Literary History in Canada*, który omawia Sojka 2003:211).

Należy w tym miejscu zauważyć, że pewna nieokreśloność kanadyjskiej kultury wywiera bez wątpienia wpływ na procesy akulturacji, ale przede wszystkim na identyfikację imigrantów z Kanadą i przeobrażenia ich tożsamości (o tych drugich zagadnieniach traktuje szerzej kolejny rozdział). Bez względu jednak na związane z kulturą Kanady kontrowersje dla socjologa oczywiste jest stwierdzenie, że każde społeczeństwo ma specyficzne dla siebie normy i wzory zachowań, niezależnie od tego, jak uboga jest jego symbolika i mitologia narodowa. Kanadyjskie wartości, wzory zachowania i obyczaje różnią się pod wieloma względami od polskich. Obserwując życie polskich imigrantów, można dostrzec i nazwać te różnice, pokazać, co i w jakim zakresie przejmują z czasem, mieszkając w Kanadzie oraz często nie uświadamiając sobie nawet procesów akulturacji będących ich udziałem.

7.2. Język i symbole kulturowe

Jednym z najistotniejszych wskaźników akulturacji jest znajomość języka kraju osiedlenia. W bardziej zaawansowanym jej stadium język ten staje są także preferowanym językiem w kontaktach z bliskimi. Ogólnie poziom znajomości angielskiego wydaje się wśród polskich imigrantów dość niski. Badania przeprowadzone w 1998 roku przez kanadyjski urząd statystyczny (Statistics Canada) na zlecenie rządu Ontario nad umiejętnością pisania i czytania po angielsku wśród zamieszkujących prowincję imigrantów wykazały, że aż 62% imigrantów z Polski nie osiąga podstawowego poziomu, pozwalającego na funkcjonowanie w społeczeństwie (*Literacy Profile...* 2000). Dotyczy to w porównywalnym stopniu imigrantów w młodszych, jak i w starszych grupach wiekowych (58% w wieku 16–45 lat, 69% w wieku 46–69 lat). Chociaż wszystkich imigrantów w prowincji Ontario cechuje ogólnie niski poziom umiejętności czytania i pisania w języku angielskim (67% w stosunku do 41% wśród Kanadyjczyków), a wskaźniki dla imigrantów z Polski są i tak jednymi z najniższych[2], nie zmienia to faktu, że więcej niż co drugi Polak mieszkający w Toronto, Hamilton, Ottawie i kilku innych większych

---

[2] Najgorzej wypadli w badaniach imigranci z Włoch i Portugalii, należący także do najgorzej wykształconych zbiorowości – ponad 80% z nich, zwłaszcza w starszych grupach wieku, nie osiąga podstawowego poziomu umiejętności czytania i pisania w języku nowej ojczyzny. Od imigrantów z Polski lepsi są natomiast tylko imigranci z Chin – odsetek osób nieumiejących czytać i pisać po angielsku wynosi wśród nich 58%.

miastach Ontario nie potrafi wypełnić formularza po angielsku, zrozumieć map i tabel, odczytać rozkładu jazdy, a także obliczyć wysokości napiwku czy raty kredytu[3].

Na spowolnienie procesów akulturacji wśród polskich imigrantów w sferze językowej wskazują także dane na temat przekazywania języka młodemu pokoleniu. Według spisu powszechnego z 2001 wśród osób powyżej 15 roku życia, urodzonych w Kanadzie i których oboje rodzice są imigrantami, jedynie ok. 32% używa w domu języka ojczystego rodziców. Dla dzieci polskich imigrantów odsetek ten wynosi 40% (Turcotte 2006:24). Choć jest to wskaźnik niższy niż w przypadku kilku innych grup etnicznych (najczęściej młodemu pokoleniu przekazywany jest język arabski [58%], ukraiński [57%] i grecki [52%]), sytuuje polskich imigrantów powyżej kanadyjskiej średniej.

Można przypuszczać, że jedna z przyczyn tego stanu rzeczy tkwi we wspomnianej wcześniej stosunkowo słabej znajomości angielskiego wśród polskich imigrantów[4]. Nie znając go dobrze, przykładają dużą wagę do tego, aby dzieci mówiły w zrozumiałym dla nich języku ojczystym. Dla większości polskich imigrantów angielski pozostaje na zawsze mniej lub bardziej powierzchownie przyswojonym językiem. Wiele osób nigdy nie jest w stanie osiągnąć głębszych poziomów jego znajomości, polegających np. na zdolności do rozumienia żartów czy różnego rodzaju odniesień kulturowych, co wymaga bardzo dobrej znajomości kanadyjskiego społeczeństwa i jego kultury. Jedna z polskich imigrantek mówi np. o przewadze, jaką mają jej córki urodzone i wychowane w Kanadzie, które są w stanie rozpoznać nie tylko różnego rodzaju aluzje ukryte w języku, ale także ważne symbole i postacie kanadyjskiej kultury:

> [...] one już wiedzą, wiedzą, na czym to wszystko polega w tym kraju. My się dopiero uczymy. Ja dzięki temu, że urodziłam tutaj drugie dziecko, na tyle głęboko siedzę w kulturze, że znam [...] to się *nursery rhymes* nazywają, wierszyki dla małych dzieci. To jest śmieszne, mój mąż [...] czasami w rozmowie albo w artykule w jakiejś gazecie jest fragment jakiegoś wierszyka, który ja łapię natychmiast, a mój mąż już nie, bo mój mąż nie chodził z moją córką na zajęcia do przedszkola i on nie zna tych wierszyków. Ja wyłapuję takie drobiazgi. To moje córki to mają. I jednak w rozmowie z inteligentnymi ludźmi [...] oni mogą rozmawiać i my nie wiemy dokładnie o czym, właśnie dlatego, że oni powiedzą, nie

---

[3] Przytoczone dane dotyczą oczywiście wszystkich imigrantów z Polski bez względu na rok przyjazdu do Kanady.

[4] W świetle przytoczonych wcześniej wyników badań teza ta wydaje się uzasadniona w odniesieniu do większości imigrantów, warto jednak zauważyć, że w przypadku niektórych imigrantów bardzo dobrze znających język angielski nacisk na uczenie dzieci języka polskiego może być m.in. wyrazem świadomej strategii uczynienia ich dwujęzycznymi.

wiem... swojego *Konrada Wallenroda*, i wiedzą, o co chodzi; jedno słowo i wiadomo, o co chodzi, a my nie, tak że [...] one to będą miały[5]. (W44/K/44/1990/W)

Jak pokazują prowadzone w Stanach Zjednoczonych i Kanadzie badania
Pawła Boskiego (1991), imigranci pierwszego pokolenia oczywiście także
poznają symbole kulturowe kraju osiedlenia (składające się na tzw. tożsamość kryterialną), które w miarę upływu życia w tym kraju stają się dla
nich coraz ważniejsze. Mieszkający w Kanadzie Polacy rozpoznają nazwiska wybitnych kanadyjskich sportowców, zwłaszcza hokeistów, których
osiągnięciami pasjonuje się większość Kanadyjczyków; znają postacie życia
politycznego i kultury masowej. W pierwszym pokoleniu zawsze silniejsza
jest jednak tożsamość kryterialna związana z krajem pochodzenia, nabywana w trakcie procesu kulturalizacji – uzyskiwania wiedzy na temat symboli
kulturowych i poznawania tzw. kultury wyższej dzięki formalnemu kształ-
ceniu oraz własnemu uczestnictwu w kulturze symbolicznej i związanych
z nią wydarzeniach (Kłoskowska 1985, 1990). Polacy są z reguły zbyt krótko w Kanadzie, aby zetknąć się z instytucjami istotnymi dla akulturacji, takimi jak szkoła. Jeśli obracają się ponadto przede wszystkim we własnym
gronie, mają ograniczoną styczność z kanadyjską kulturą. Dopiero po upły-
wie kilkudziesięciu lat zamieszkiwania w kraju imigracji symbole z nim
związane mają szansę uzyskać przewagę, jak miało to miejsce w przypadku
imigrantów z okresu powojennego w Kanadzie, badanych przez Boskiego.

7.3. Święta, uroczystości, style życia

Polscy imigranci w Kanadzie pozostają przywiązani nie tylko do języka, ale
także do własnych tradycji kulturowych. Przywiązanie to sprowadza się
bardzo często do pielęgnowania tradycji związanych ze świętami, szczególnie ze świętami Bożego Narodzenia. Związane z nimi obrzędy i uroczystości mają niejednokrotnie jeszcze bardziej tradycyjny charakter niż w przypadku Polaków pozostałych w kraju. W tradycyjny sposób obchodzony jest
także dzień Wszystkich Świętych, konkurujący z mającym miejsce w tym
samym czasie kanadyjskim Halloween. Obchodzone są też różnego rodzaju
świeckie uroczystości, nieznane w Kanadzie, takie jak imieniny.

Przywiązanie do rodzimej kultury ujawnia się najsilniej w przełomowych momentach w życiu imigrantów, z których prawdopodobnie najważniejszym jest urodzenie się dziecka. Fakt ten uświadamia znaczenie

---

[5] Cytat ten wskazuje także pośrednio na różnice w tempie akulturacji w zależności od płci – kobiety z racji swoich tradycyjnie im przypisanych ról opiekuńczych mają często szansę szybciej
i głębiej poznać kulturę kraju osiedlenia za pośrednictwem dzieci. Potwierdzają to również
inne badania (Jones-Correa 1998).

własnego pochodzenia i rodzi niejednokrotnie chęć zachowania polskiego dziedzictwa kulturowego wśród młodego pokolenia. Dochodzi wówczas do swoistego uaktywnienia się etniczności – imigranci zaczynają interesować się życiem kulturalnym polskiej zbiorowości w Toronto, a nawet sami stają się bardziej aktywni w polonijnym środowisku. Dbają o to, aby dzieci mówiły po polsku (zapisywane są w tym celu do sobotnich szkół języka polskiego), aby były świadome własnego pochodzenia, także historii rodziny. Dzieci wysyłane są na wakacje do Polski, a rolę swoistych strażników polskości przejmują często babcie i dziadkowie.

Mieszkając w Kanadzie, polscy imigranci przejmują jednak z czasem także różnego rodzaju tradycje kanadyjskie. Należą do nich Święto Dziękczynienia, w trakcie którego pieczony jest indyk, czy *baby shower* – przyjęcie urządzane na kilka miesięcy przed urodzeniem dziecka, w trakcie którego przyszli rodzice obdarowywani są prezentami. Zdarza się, że imigranci uczestniczą także – przynajmniej w charakterze obserwatorów – w różnego rodzaju kanadyjskich świętach państwowych, takich jak Canada Day (upamiętniającym utworzenie federacji kanadyjskiej w 1867) czy Victoria Day (obchodzonym także w innych krajach Wspólnoty Brytyjskiej dla uczczenia urodzin królowej Wiktorii oraz królowej będącej obecnie u władzy), które mają bardzo widowiskowy charakter. W tym przypadku, podobnie jak w wielu innych, dzieci pełnią rolę swoistych przewodników po kanadyjskiej kulturze. Poddane oddziaływaniu znacznie szerszego niż ma to miejsce w przypadku pierwszego pokolenia imigrantów spektrum instytucji asymilujących, poznają ją w większym stopniu niż rodzice. Szczególną rolę pełni tutaj szkoła, w której przebiega ich socjalizacja wtórna. Dzieci stają się zatem „ekspertami kulturowymi" dla swoich rodziców, wprowadzając ich niejako w tajniki kanadyjskiej kultury[6]. Często właśnie ze względu na dzieci imigranci uczestniczą w różnego rodzaju imprezach i wydarzeniach kulturalnych, czasem także tych związanych z tradycjami innych grup etnicznych.

[...] wiesz, tutaj te święta wyglądają troszeczkę inaczej, np. Victoria Day. Victoria Day to strzelamy [śmiech], strzelamy fajerwerki, wszyscy w moim sąsiedztwie [...] strzelają, to my też strzelamy, wiesz, bo moje dziecko lubi i wszyscy mamy dużo fanu. Czy uczestniczymy tak personalnie, no nie. Wolimy wtedy spędzać w ciszy, ponieważ mój mąż, jak powiedziałam ci, dużo pracuje i uwielbia ciszę, spokój; wyjechać za miasto wtedy niż iść na jakąś tam paradę, choć [...] z ciekawości byliśmy już na tych wszystkich paradach i tych tradycjach, jak np. [...] parady świętego Mikołaja, ale to tylko dla dziecka. Albo jest tutaj przed

---

[6] Według definicji, którą proponują Halik, Nowicka i Połeć (2006:9, 21), ekspert kulturowy to osoba, która ze względu na swoją pozycję w grupie lub pełnione funkcje ma większą od innych przedstawicieli danej społeczności czy społeczeństwa wiedzę na temat interesującego badacza problemu.

Wielkanocą jest droga krzyżowa, to znaczy Ukrzyżowanie Chrystusa; to jest w portugalskiej dzielnicy, też to po prostu z ciekawości. (W2/K/50/1985/W)

Poza sferą świąt i uroczystości zmiany w kulturze imigrantów zachodzą w dziedzinie codziennych zachowań oraz stylów życia. Jak zauważają sami imigranci, a także liderzy zbiorowości, Polacy w Kanadzie stają się bardziej uprzejmi i życzliwi w codziennych stosunkach międzyludzkich. Przejmują zwyczaj wymiany grzecznościowych pozdrowień z obcymi osobami spotykanymi w windzie czy podczas spaceru; częściej się uśmiechają do innych. Choć wiele osób ma zastrzeżenia do sąsiedzkich rytuałów w postaci zwyczajowych pytań „Jak się masz?", ich zdaniem powierzchownych, wymienianych między ludźmi, którzy nie znają się i nie interesują sobą nawzajem, z czasem przejmują te zachowania, tworzące ogólną, odczuwaną także przez nich samych atmosferę życzliwości, kontrastującą z brutalizacją życia codziennego w PRL-u.

Z kanadyjskiej kultury Polacy przejmują ponadto amerykańskie w swym duchu idee samorealizacji i rozwoju po adolescencji – możliwość rozwoju osobistego, uczenia się nowych rzeczy i rozwijania umiejętności niezależnie od wieku przytaczana jest jako jedna z największych zalet życia w Kanadzie. Ponadto po okresie budowania swojej pozycji materialnej i zawodowej w kanadyjskim społeczeństwie, okupionego licznymi poświęceniami i trudami, imigranci odkrywają często drugą młodość: podróżują po świecie, uprawiają różnego rodzaju sporty, cieszą się życiem. Przychodzi bowiem moment, kiedy chcą skorzystać z tego, co zostało z dużym trudem wypracowane.

[...] lubię się uczyć czegoś, czego nie wiedziałam, np. w czasie studiów brałam kurs astronomii. Więc to mi się podoba, że nikt mnie nigdy nie pyta, a po co mi to potrzebne, do czego mi to będzie. Tylko – zapisujesz się na jogę? OK, to to jest fajne. Wszyscy moi znajomi [...], których zostawiłam w Polsce, oni zaczęli pracę i nigdy nie myślą o czymś takim jak zapisanie się na jakiś kurs, gdzieś i po coś, bo mają rodziny i domy i dzieci, i takie bardzo unormowane życie, więc to mi się w Kanadzie podoba [kobieta jest matką dwójki dzieci]. (W99/K/38/1990/W)

7.4. Polscy imigranci a kanadyjski etos

Zarysowane we wcześniejszych akapitach zmiany kultury imigrantów dotyczą jej najbardziej widocznych, obserwowalnych na pierwszy rzut oka aspektów, tradycyjnie analizowanych w badaniach nad akulturacją. Poprzestanie na sferze języka, symboli kulturowych czy świąt byłoby jednak bardzo powierzchownym potraktowaniem tematu. Niezwykle interesujące w kontekście procesów akulturacji jest obserwowanie na płaszczyźnie indywidualnej, w życiu poszczególnych osób, konfrontacji systemów norm i wartości wyniesionych z kraju pochodzenia z napotkanymi w społeczeństwie przyjmującym.

Sfer takiej konfrontacji jest wiele. Jedną z nich jest stosunek do prawa i porządku społecznego. Polscy imigranci bez trudu dostrzegają elementy kanadyjskiego etosu, np. praworządność, nadrzędność interesu grupowego w wielu dziedzinach życia i związaną z tym ingerencję państwa w życie społeczne. Co jednak interesujące, jego akceptacja zwykle nie przychodzi im łatwo. Zwłaszcza surowość prawa i jego ścisłe egzekwowanie otoczone są pewną ambiwalencją. Polacy cenią bezpieczeństwo, z którym wiąże się życie w Kanadzie i które uznać można za jedną z konsekwencji wspomnianego etosu (Toronto jest jednym z najbezpieczniejszych miast w Ameryce Północnej). Zarazem wśród wad życia w Kanadzie polscy imigranci często na pierwszym miejscu wymieniają nadmierne przywiązanie do prawa i porządku. Obwarowanie życia społecznego różnego rodzaju przepisami spotyka się z bardzo negatywnymi ocenami Polaków. Chodzi tu przede wszystkim o różnego rodzaju przepisy stojące na straży stosunków dobrosąsiedzkich, takie jak zakaz hałasowania (także przez zwierzęta) i parkowania samochodów ciężarowych w dzielnicach mieszkalnych czy nawet spacerowania bez celu w miejscach publicznych. Ich naruszanie prowadzi na wniosek sąsiadów do interwencji policji. Choć przepisy te stoją na straży publicznego porządku, chroniąc jednostki przed ingerencją ze strony innych, i przyczyniają do odczuwanego – także przez imigrantów – poczucia bezpieczeństwa, polscy imigranci nie zawsze są w stanie to docenić. Postrzegają natomiast Kanadyjczyków jako osoby postępujące według ustalonych zasad czy schematów, które nie zawsze są do końca słuszne czy uzasadnione.

Możliwe, że kanadyjska praworządność jawi się w negatywnym świetle, ponieważ interpretowana jest przez pryzmat doświadczeń pokoleniowych związanych z życiem w społeczeństwie komunistycznym. Ingerencja państwa w wiele dziedzin życia społecznego musi źle się kojarzyć osobom, które doświadczyły życia w autorytarnym państwie, gdzie każda dziedzina życia obwarowana była ścisłymi zakazami i nakazami. Postawy polskich imigrantów wobec kanadyjskiego prawa i porządku społecznego mogą być jednak związane z ogólnie niskim poziomem kultury obywatelskiej w tej zbiorowości, który znajduje odzwierciedlenie w niskich wskaźnikach frekwencji wyborczej.

7.5. Wzory życia rodzinnego

Obok sfery życia publicznego obszarem zderzenia odmiennych wartości i norm jest sfera życia prywatnego. Chodzi tu zwłaszcza o wzory życia rodzinnego, m.in. rolę i pozycję w rodzinie poszczególnych jej członków, kobiet i mężczyzn, relacje między małżonkami oraz rodzicami i dziećmi, a także definicję pokrewieństwa (Foner 1997). Zmiany kultury, jakie dotykały w tej dziedzinie badaną zbiorowość polskich imigrantów, były znacznie głębsze od omawianych wcześniej. Aby zrozumieć ich źródła, konieczne jest spojrzenie w przeszłość, zarówno na okoliczności towarzyszące migracji, jak i sytuację w Polsce.

Jak wspomniano, emigracja z Polski w latach 80. XX wieku miała w znacznej mierze charakter rodzinny. Emigrujące rodziny poddane były różnorodnym presjom, z których część związana była z okolicznościami towarzyszącymi wyjazdowi z Polski i imigracji do Kanady. Chodzi tu przede wszystkim o długi czas, jaki upływał od momentu emigracji jednego członka rodziny (często był nim mężczyzna) do chwili dołączenia pozostałych, sponsorowanych przezeń osób, zwykle narzeczonej lub żony i ewentualnie dzieci. Długa procedura rozpatrywania wniosków sprawiała, że proces łączenia rodzin mógł trwać nawet do trzech lat (przeciętnie około dwóch). Niektórzy zawierali w tym czasie nowe związki w Kanadzie z osobami znajdującymi się w podobnej sytuacji. Rodziny rozpadały się więc, zanim doszło do ich połączenia[7].

W samej Kanadzie oddziaływało szereg presji, które prowadziły do zmiany wzorów życia rodzinnego. Jedne z bardziej istotnych dotyczyły statusu i roli w rodzinie poszczególnych jej członków, zwłaszcza kobiet i mężczyzn. Polacy wywodzili się z kraju o tradycyjnym modelu relacji w rodzinie, z podporządkowaną rolą kobiety i dzieci. Nie bez znaczenia dla jego powszechności był wiejski rodowód polskiego społeczeństwa (Gałęski 1965; Szczepański 1964, 1973; Wasilewski 1986). Wzory życia rodzinnego w powojennej Polsce ukształtowane zostały w dużej mierze pod wpływem chłopskich tradycji, z jego patriarchalnym modelem rodziny, oraz intensywnej, selektywnej modernizacji przeprowadzonej przez komunistyczne władze. Z jednej strony, forsowna industrializacja i modernizacja podważały tradycyjny układ relacji w małżeństwie, wypychając kobiety na rynek pracy. Jednak z drugiej strony sposób organizacji sfery publicznej, niedowład instytucjonalny i niedorozwój sfery usług, która mogłaby wspierać rodzinę w realizacji jej funkcji opiekuńczych, a także panująca sytuacja ekonomiczna, prowadziły do tradycjonalizacji wielu aspektów życia rodzinnego (Giza-Poleszczuk 1996). W krytycznym okresie lat 80. dotkliwy kryzys gospodarczy oraz zapóźnienie cywilizacyjne Polski prowadziły do ograniczania wydatków na usługi i wspomnianej w jednym z poprzednich rozdziałów renaturalizacji spożycia (powrotu do zaspokajania potrzeb rodziny przez pracę własną: robienie przetworów, samodzielne naprawy, uprawę ogródków działkowych). Sprawiało to, że

---

[7] Zdarzało się także, że kobieta sponsorowana przez męża dowiadywała się już po wylądowaniu na lotnisku w Toronto, że znalazł sobie nową partnerkę i musi sobie radzić sama.

rodzina była niezwykle pracochłonna (Bojar 1991). Z kolei wydłużanie się czasu pracy zarobkowej (zwłaszcza z powodu podejmowania prac zleconych, chałupniczych) oraz dezorganizacja instytucjonalna (kolejki w sklepach, wielogodzinne oczekiwanie na załatwienie spraw w urzędach) prowadziły do ogromnej czasochłonności życia rodzinnego.

Konsekwencje tych procesów ponosiły przede wszystkim kobiety, które były najbardziej obciążone obowiązkami domowymi i dla których czas wolny kurczył się do bardzo niewielkich rozmiarów. Tradycyjna rola kobiet zgodna była z nakazami patriarchalnej kultury, która od dzieciństwa przygotowywała je w procesie socjalizacji do służenia rodzinie czy też, bardziej ogólnie, do służenia innym. Badacze stylów życia w Polsce w latach 80. zwracali np. uwagę na olbrzymią zmianę, do jakiej w sytuacji kobiety prowadziło małżeństwo: porzucania przez nie własnych marzeń i planów oraz koncentracji na życiu rodzinnym, na sprawach innych (Tarkowska 1988:265–269).

Z opisanym dziedzictwem kulturowym Polacy imigrowali do Kanady, w której jednak tego rodzaju wzory życia rodzinnego bardzo często nie dały się utrzymać. Miało na to wpływ wiele czynników o charakterze ekonomicznym, strukturalnym i kulturowym (Foner 1997:969–971).

Poszukując sposobów na przezwyciężenie degradacji zawodowej, imigrujący starali się zorientować w sytuacji panującej na kanadyjskim rynku pracy z punktu widzenia posiadanego profilu wykształcenia. W nowych warunkach niektóre posiadane przez nich zawody okazywały się bardziej przydatne i lepiej płatne niż inne. Dlatego często przyjmowaną przez małżeństwa strategią było inwestowanie w kształcenie i powrót do zawodu tej osoby, której profesja była bardziej ceniona na kanadyjskim rynku pracy. Mogło to oznaczać odwrócenie tradycyjnych ról w rodzinie, rezygnację z dominującego w polskim społeczeństwie modelu, w którym mężczyzna był głównym żywicielem rodziny, a ewentualna kariera zawodowa kobiety była podporządkowana potrzebom i opiece nad pozostałymi jej członkami. W nowych warunkach to kariera zawodowa kobiety mogła wysunąć się na pierwszy plan, a całe życie rodziny zostać jej podporządkowane. Podczas gdy partner, by utrzymać oboje (i ewentualnie dzieci), wykonywał wszelkie dostępne, zwykle proste prace za najniższe wynagrodzenie, niejednokrotnie kończąc jedną i udając się do drugiej, kobieta przygotowywała się do kolejnych egzaminów, które miały umożliwić powrót do zawodu (w ewentualnej opiece nad dziećmi korzystając z pomocy znajomych, a w miarę możliwości także partnera).

Mężczyźni nie zawsze jednak zgadzali się na rezygnację z tradycyjnego podziału ról w rodzinie i niechętnie patrzyli na pracę kobiet, nawet jeśli ich własne zarobki nie wystarczały na utrzymanie rodziny. Brak akceptacji dla pracy kobiet w sytuacjach, w których podejmowały ją w wyniku indywidualnej determinacji lub presji ekonomicznej (a także w przypadku rozbudzonych, rosnących w miarę upływu czasu zamieszkiwania w Kanadzie aspiracji konsumpcyjnych), stawał się zarzewiem konfliktów w małżeństwie. Konflikt wokół pełnionych ról stanowił tutaj dodatkowy element presji na rodzinę – obok tych towarzyszących samemu procesowi migracyjnemu i procesom adaptacji w społeczeństwie kanadyjskim – i mógł prowadzić do rozpadu związków[8]. Posiadanie własnych, rosnących z czasem dochodów stawało się zalążkiem rosnącej niezależności kobiet i punktem wyjścia do odrzucenia przez nie patriarchalnych układów rodzinnych.

Z pracy uzyskiwano wyższe zarobki, w miarę upływu czasu zwiększał się standard życia, wzrastała zamożność. Mogło się zdarzyć, że kobiety zarabiały więcej od mężczyzn, co wielu mężczyzn odbierało jako bolesny cios w ich pozycję w związku. Oczekiwali oni dodatkowo, że mimo rosnącej zamożności ich żony nadal będą zajmowały się domem i wykonywały wiele pracochłonnych czynności związanych z prowadzeniem gospodarstwa domowego (prały, sprzątały, gotowały itp.), podczas gdy wiele z tych usług można było po prostu kupić na rynku. Kilka spośród badanych kobiet wspomina o konfliktach, jakie wybuchały, gdy odmawiały wykonywania tych czynności, których kupowanie traktowane było przez ich partnerów jako marnowanie pieniędzy („no bo przecież ma od tego żonę"). Z podobnym sprzeciwem spotykało się wynajmowanie opiekunek do dzieci, które godziło w męskie wyobrażenie o opiekuńczej roli kobiet i znaczeniu matki w wychowaniu. Potrzeby tej ostatniej nie były przy tym brane pod uwagę, a funkcję kobiety streszczało trafnie sformułowanie: służba rodzinie.

Interesująca jest w tym kontekście relacja jednej z imigrantek, która stwierdza wręcz, że Polki w Kanadzie chcą być same, ponieważ

> Polacy nie są dobrzy mężowie – chcą, żeby żona ugotowała, uprasowała itp., a tutaj każdy ma sprzątaczkę. Kanadyjczyk nie umie uprasować, to idzie do *dry-cleaner's*, a Polak awanturuje się, że to strata pieniędzy, bo przecież on ma żonę. (W94/K/39/1988/Ś)

Cytowana imigrantka podaje te okoliczności jako powód rozstania się z mężem, a także jako powód rozpadu związków z Polakami swoich koleżanek, z których wiele związało się z mężczyznami innych narodowości.

> Tutaj Polki są super dziewczyny, zaradne, samodzielne. Wiele zobaczyło po przyjeździe, że z jednej pensji nie da się żyć tak, jakby się chciało, i poszło do

---

[8] Wśród badanych imigrantów z lat 80. rozpadu swojego związku w warunkach imigracyjnych doświadczyło 10 kobiet i 11 mężczyzn. Zjawisko to, postrzegane przez badanych polskich imigrantów jako jeden z najpoważniejszych problemów polskiej zbiorowości w Toronto, dotyka wielu grup etnicznych w warunkach imigracyjnych i bywa m.in. konsekwencją rosnącej autonomii kobiet (zob. np. Jones-Correa 1998:339; Slany 2006).

pracy, zaczęło dobrze zarabiać, odnosić sukcesy i przynosić do domu większe pieniądze niż mężczyźni – a on tu oczekuje, że ona będzie na drugi etat pracowała.

Innym czynnikiem sprzyjającym podważeniu tradycyjnych ról kobiet i mężczyzn było oddziaływanie odmiennych wartości kulturowych przekazywanych przez mass media i inne instytucje społeczeństwa przyjmującego, a także obserwacje z codziennego życia Kanadyjczyków. Dotyczy to w pierwszym rzędzie bardziej egalitarnych relacji w małżeństwie. Kanadyjskie kobiety charakteryzuje np. jeden z najwyższych na świecie wskaźnik uczestnictwa w rynku pracy, wzrastający z czasem (dla osób w wieku 25– –54 lat 94% dla mężczyzn i 70% dla kobiet w 1986 roku, w 2005 odpowiednio już 91% i 81%; Marshall 2006:7), i znaczny udział mężczyzn w pracach domowych. Życie rodzinne w tym kraju charakteryzowały ponadto już w latach 80. XX wieku zaawansowane procesy dywersyfikacji, charakterystyczne dla społeczeństw ponowoczesnych (Slany 2002b). Chodzi tu przede wszystkim o różnorodność form małżeństwa i rodziny, przejawiającą się m.in. znaczną liczbą rodzin rekonstruowanych i związków homoseksualnych, a także o powszechność rozwodów i związków nieformalnych (*Changing Conjugal Life...*, 2002). Zjawiska te stawały się dla imigrujących w latach 80. Polaków zauważalne i uderzały jako odmienne od tych, do których przyzwyczajeni byli w rodzinnym kraju. Większy nacisk na indywidualność i szczęście pojedynczego człowieka zderzał się z poczuciem znaczenia kolektywu czy wspólnoty. Idee autonomii chętnie przejmowały jednak kobiety, dla których sposób funkcjonowania ich związków był w dużym stopniu niezadowalający, a związane z tym problemy przyczyniły się wręcz do podjęcia decyzji o emigracji. Wyjazd jednak nie tylko nie rozwiązał problemów, ale je pogłębił, prowadząc do rozpadu małżeństwa i przynosząc tym samym nieoczekiwany sposób rozwiązania małżeńskich trudności.

Oddziaływanie społeczeństwa przyjmującego na zmianę wzorów życia rodzinnego imigrujących przejawiało się także pośrednio, przez zwalczanie różnorodnych jego patologii, takich jak przemoc w rodzinie. Kanadyjskie prawo ściga je z niezwykłą surowością. Wszelkie formy nadużyć spotykają się z surowymi sankcjami, a ofiarom świadczona jest kompleksowa pomoc psychologiczna. Także w przypadku rozwodu zarówno kobietom, jak i ich małoletnim dzieciom dostępne są różnego rodzaju świadczenia i inne formy wsparcia. W tym kontekście jedna z badanych zauważyła, że „[...] w Kanadzie prawo stoi po stronie kobiety". System zasiłków stwarza podstawy do niezależności ekonomicznej i umożliwia odejście od partnera bez obaw o możliwość zapewnienia środków do życia. Choć ingerencja prawa w życie rodzinne bywa bardzo negatywnie oceniana przez badanych (zob. niżej), faktem jest, że w odniesieniu do kobiet przyczyniała się do wzrostu ich autonomii.

7.6. Wzory wychowawcze

W kontekście analizy przemian wzorów życia rodzinnego, a także uwag o jego patologiach, warto zwrócić uwagę na kwestię zmian modeli wychowania. Tu również, podobnie jak w przypadku ról kobiet i mężczyzn, konieczne jest spojrzenie w przeszłość.

Jedną z cech wyróżniających systemu wychowania w Polsce w okresie powojennym był silny infantocentryzm i przenoszenie na dzieci przez dorosłych ich własnych, niespełnionych ambicji. Sprzyjał temu niewątpliwie naznaczony walką o przetrwanie system komunistyczny. W obliczu trudności, jakie napotykali rodzice na drodze do samorealizacji, dzieci przejmowały funkcje reprezentacyjne rodziny (Bojar 1991). Dla wielu rodzin były one jedynym źródłem prestiżu i satysfakcji życiowej oraz głównym obiektem inwestycji.

Z drugiej strony, polski system wychowania charakteryzował silny autorytaryzm i negowanie indywidualności dziecka, mające – zdaniem badaczy – swe źródło we wspomnianym wcześniej chłopskim rodowodzie społeczeństwa. Model wychowawczy pełen był wzorów zachowań agresywnych – cechował go przede wszystkim nadzór i kontrola oraz powszechne stosowanie kar fizycznych jako środka wychowawczego. Charakterystyczna była dlań także nierówność praw do wyrażania emocji – jak zauważali badacze polskich rodzin w latach 80., dzieciom nie przysługiwało prawo do złego humoru, zdenerwowania czy zmęczenia (Bojar 1991:98)[9].

Ten sposób wychowania zderzał się w przypadku Polaków imigrujących do Kanady z podejściem bardziej egalitarnym, w którym człowiek otaczany jest szacunkiem od momentu urodzenia, a przemoc wobec członków rodziny (w tym dzieci) jest surowo karana przez prawo. Polacy tego podejścia nie byli często w stanie zaakceptować, np. z oburzeniem opowiadają o odbieraniu im prawa do używania wobec dzieci fizycznej przemocy – „podstawowego argumentu wychowawczego". Za ilustrację niech posłużą fragmenty dwóch wypowiedzi:

> I to, że rodzice, znaczy my, przyzwyczajeni do sposobu życia i sposobu wychowania w Polsce, naraz odbiera nam się **podstawowe argumenty w wychowaniu dzieci, tj. np. użycie siły czy klapsa** czy jakaś [...] kłótnia z dzieckiem może się skończyć tym, że dziecko dzwoni na, wiesz, [...] odpowiedni numer i przyjeżdża policja i wyprowadza rodzica w kajdankach bez pytania, bez sprawdzania, czy jest to prawda, czy nie. (W5/M/46/1992/W) [wyróżnienie M.K.-A.]

---

[9] Na trwałość autorytarnego modelu wychowania wskazuje obecnie także chociażby stosunek Polaków do kar fizycznych, choć poparcie dla nich w sondażach systematycznie maleje (Falkowska 2001; Roguska 2008).

Tutaj się dziecko trzepnie w pysk za to, że pyskuje, to się idzie do więzienia na 9 miesięcy. Taki to jest kraj. Kraj, który trzyma za buzię, że tak powiem, wszystkich, uśmiechając się do ciebie, nie. (W22/K/49/1980/W)

Z bardzo negatywnymi ocenami wielu imigrantów spotyka się także kanadyjski system edukacji. Osoby wykonujące zawód nauczyciela krytykują relacje między nauczycielem a uczniem, brak karności i posłuszeństwa oraz szacunku dla wychowawcy. System edukacji, w Polsce będący pod wieloma względami sprzymierzeńcem represyjnego systemu wychowania, w Kanadzie stoi przede wszystkim na straży praw ucznia i jego rozwoju. Ważniejsze niż kształtowanie szacunku dla autorytetów jest budowanie z nim relacji, pomoc w rozwijaniu własnych talentów i poczucia własnej wartości. Większy nacisk niż na karanie niedociągnięć czy braków kładzie się na nagradzanie dobrych wyników. W systemie tym większą wagę przykłada się także do samodzielności, kreatywności i rozwoju indywidualnych zainteresowań niż do mechanicznego przyswajania wiedzy o charakterze encyklopedycznym.

Kanadyjskie wzory wychowawcze prawdopodobnie w większym stopniu przejmują osoby, które imigrowały w młodszym wieku. Zwykle przynajmniej część ich edukacji przebiegała w Kanadzie i miały większą możliwość zetknięcia się z tymi wzorami i doświadczenia odmiennego podejścia do ucznia. Osoby takie często przejmują to podejście w relacjach z własnymi dziećmi, które wychowują w bardziej egalitarny sposób. Mówi o tym cytowana niżej kobieta, pracująca w charakterze pomocy nauczycielki w szkole prowadzonej przez inną polską imigrantkę. W wypowiedzi tej uwidacznia się także odczuwana przez imigrantów w Kanadzie wolność od presji środowiska, zwłaszcza rodziców i krewnych, które stoi na straży określonych wzorów wychowawczych.

My w Polsce byliśmy zupełnie inaczej wychowani. [...] ja mam siostrę w Polsce, która jest ode mnie trzy lata młodsza. Jej sposób wychowania jest identyczny, jak ja pamiętam, w dzieciństwie, jak ja byłam wychowana. Tu jest inaczej. Ja tu się czuję bardziej wolna, bardziej. [...] nie wiem dlaczego, może dlatego, że nikt mi się nie wtrąca, jestem przyzwyczajona do mieszkania sama. Teraz mam rodziców, którzy do mnie przyjeżdżają bardzo często, co rok. Bardzo często mam, że ktoś do mnie przyjeżdża z Polski teraz. I myślę, że [...] jak mi siostra czasami narzeka z Polski, jak tam się rodzice do tego wtrącają, ja mówię, ach, przesadzasz, bo ja za nimi tęsknię, ja zupełnie inaczej ich widzę, niż ona ich widzi. Ale wydaje mi się, że po prostu [...] tu wszystko są moje decyzje i nikt mną nie kieruje, tam jest jednak duży wpływ otoczenia dookoła. Tu nic nikogo nie interesuje, w jakiś sposób, jak wyglądasz, co robisz. Ja się czuję tutaj bardziej wolna. Ale ja nie mówię już o żadną polityczną sytuację, mówię jako personalnego człowieka.

Po drugie, wychowanie moich dzieci, ja robię tak, jak chcę, jak ja czuję. Nie ma na mnie środowisko wpływu, z zewnątrz, ja mogę sobie eksper[ymentować] [...], bo to są moje dzieci. Więc ja robię różnego typu eksperyment, znaczy, to nie są jakieś straszne eksperymenty, jeżeli chodzi o wychowawcze [...] zawsze ich wysłucham, mogą mnie skrytykować, mają respekt do mnie, znaczy, między sobą mamy [...]. A jak przyjeżdża moja siostra, jest zupełnie inaczej, ona jest tym bossem, ona jest ten pan i władca i jej się trzeba słuchać. A ja wprowadziłam inny sposób po prostu. No nie wiem, zobaczymy, który, wiesz, to dopiero się okaże w przyszłości, bo jeszcze dzieci są małe, jak to wygląda. (W54/K/35/1989/Ś)

Powyższa wypowiedź pokazuje, że szansa na zmianę modelu wychowania (a także innych elementów kultury) pojawia się w drugim pokoleniu imigrantów. Warto jednocześnie dodać, że zmiana taka jest możliwa, jeśli pierwsze pokolenie jest wystarczająco głęboko zanurzone w kulturze kraju osiedlenia, żeby poznać oraz przejąć nowe wzory zachowań i leżące u ich podłoża wartości. Cytowana imigrantka, aby mogła pracować jako nauczycielka, musiała przejść odpowiednie kursy przygotowawcze w ramach kanadyjskiego systemu szkolnictwa. Dzięki temu miała szansę przynajmniej w teorii poznać model kształcenia i wychowania funkcjonujący w Kanadzie. Do jego zastosowania w stosunku do własnych dzieci przyczyniło się niewątpliwie to, że emigrowała, mając 18 lat, w okresie wczesnej dorosłości i dużej otwartości na nowe idee.

Uwagi końcowe

Biorąc pod uwagę niezwykłą złożoność omawianej problematyki, w rozdziale tym zasygnalizowano jedynie niektóre sfery kultury imigrantów podlegające zmianie w warunkach kraju osiedlenia. Procesy akulturacji wśród polskich imigrantów z lat 80. polegają w znacznej mierze na elementarnym przystosowaniu, w trakcie którego do uznawanych norm i wartości przenikają powoli pewne elementy kultury otoczenia. Jest to prawidłowość charakterystyczna dla pierwszego pokolnia imigrantów. Istnieją jednocześnie przesłanki wskazujące na spowolnienie procesów akulturacji wśród polskich imigrantów. Dotyczy to np. przejmowania języka angielskiego i przekazywania języka polskiego kolejnemu pokoleniu, ale także głębszych warstw kultury: stosunku do kanadyjskiego etosu, wzorów wychowania i kształcenia, a także bardziej egalitarnych relacji w rodzinie[10].

---

[10] Do innych interesujących aspektów kultury podlegających zmianie w warunkach imigracyjnych należy zaliczyć np. zmiany języka polskiego. Charakterystyczne jest tu posługiwanie się spolszczonym angielskim słownictwem, czego licznych przykładów dostarczają cytowane w pracy wypowiedzi imigrantów ("piczesy" zamiast "brzoskwinie", "kotidż" zamiast "domek letniskowy", "fan" zamiast "radość" itp.), a także sposób wymowy polskich słów z naciskiem

W indywidualnych przypadkach emigracja oraz zetknięcie z odmienną kulturą prowadzić mogą do zasadniczych zmian w życiu jednostek. Przy sprzyjających okolicznościach, do których należą zarówno właściwości społeczne i kulturowe otoczenia, jak i indywidualne cechy poszczególnych jednostek, dojść może do radykalnych przewartościowań w życiu migrujących. Zmiana dotyka wówczas głębokich treści kulturowych oraz prowadzi do przeobrażeń w obrazie własnej osoby i podejściu do rzeczywistości[11].

---

na ostatnią sylabę, w sposób charakterystyczny dla kanadyjskiej odmiany angielskiego. Zagadnienie przeobrażeń języka posiada obszerną literaturę przedmiotu (zob. np. Dubisz 1997; Miodunka 1990; Schlottmann 1995; Sękowska 1994; Szlifersztejn 1981; Szydłowska--Ceglowa 1988).

[11] Przypadki takich zmian opisuję w innym miejscu (Krywult 2008).

8 | *Miss, you have an accent*
Poczucie przynależności w społeczeństwie kanadyjskim i psychologiczny wymiar procesów adaptacji

Pytanie o wymiar identyfikacji imigrantów z krajem imigracji sprowadza się w dużym stopniu do pytania o poczucie przynależności do tego kraju. Czy imigranci czują się częścią społeczeństwa, do którego przyjechali kilkanaście–kilkadziesiąt lat temu? Czy mają poczucie, że są akceptowani, i czy wiążą z Kanadą swoją przyszłość? Aby odpowiedzieć na te pytania, warto pamiętać, że poczucie przynależności (lub jego brak) rodzi się w określonym kontekście, jakim jest struktura społeczna, w której członkowie różnorodnych grup etnicznych zajmują określone miejsce. Istniejąca struktura możliwości warunkuje dostęp do społecznie cenionych dóbr, takich jak władza, bogactwo i prestiż. Owe zewnętrzne uwarunkowania kształtują także subiektywne poczucie przynależności lub poczucie pozostawania kimś obcym.

8.1. Akcent i kolor skóry a poczucie przynależności

> Ale wie pani, ja muszę być [...] ja jestem na egzaminie każdego dnia, bo [...] nie zapomnę kilku pierwszych lekcji, kiedy zaczęłam tam jakieś wierszyki z dziećmi, piosenki i wyrecytowałam tekst w rytmie i chciałam naprowadzić dzieci, że to było w rytmie, że to nie była taka mowa zwyczajna, jak się mówi, tylko że to było... że jest beat, że jest rytm, i zapytałam się, no, to powiedziałam wierszyk, co dzieci zauważyły? Podniosła się mała rączka: *Miss, you have an accent.* Pani ma akcent. To dzieci zauważyły. Czyli ja muszę przeskoczyć ten akcent, ja muszę być tak dobra, żeby ten akcent się nie liczył, bo on zawsze będzie, on jest słyszalny. Każdy z nas, emigrantów tutaj przybyłych, nawet jeśli mówi płynnie, bezbłędnie, idiomatycznie i świetnie, to ma ten akcent. (Fragment wywiadu z polską imigrantką, nauczycielką muzyki w kanadyjskiej szkole, W77/K/52/1981/W)

W kanadyjskim społeczeństwie przebiegają charakterystyczne linie podziału, które wpływają w istotny sposób na poczucie przynależności i identyfikacji z tym społeczeństwem. Oddzielają one „prawdziwych" Kanadyjczyków od obcych – imigrantów. Podział ten uwidacznia się na płaszczyźnie stosunków międzyludzkich w codziennym życiu, ale także w relacjach na poziomie makrospołecznym. Znajduje odzwierciedlenie w strukturze możliwości warunkującej dostęp do społecznie cenionych dóbr.

Pierwszą z tych linii demarkacyjnych jest akcent. Niezależnie od tego, ile wysiłku wkładają imigranci w naukę języka angielskiego, nie są w stanie pozbyć się charakterystycznego akcentu. Język wyuczony w okresie dojrzewania i później, w wieku dorosłym, różni się zawsze pod względem sposobu wymowy od swojego pierwowzoru i wskazuje bezbłędnie na obce pochodzenie. W trakcie codziennej wymiany zdań z mieszkańcami Toronto w sklepach, instytucjach i urzędach wszechobecne jest pytanie: „Skąd jesteś?" – częsta reakcja na odmienny akcent u rozmówcy[1]. Pytanie to nieustannie przypomina imigrantom o ich obcym pochodzeniu, będąc źródłem poczucia inności. Chociaż od imigracji do Kanady mogło upłynąć wiele lat, podczas których kraj pochodzenia przestał być miejscem, z którym się identyfikują, to w miejscu osiedlenia wciąż przypomina się im, że są obcy.

Od poczucia inności blisko do poczucia, że jest się kimś gorszym, mniej doskonałym niż inni. Stąd zapewne tak wiele wysiłku, jaki wkładają imigranci – tak jak cytowana na wstępie rozdziału Polka – w udowodnienie, że mimo swojego akcentu są równie dobrzy jak Kanadyjczycy, że ciężko pracują i praca ta przynosi efekty, które niejako usprawiedliwiają ich obecność w Kanadzie. Bez względu jednak na te starania faktem jest, że podział na osoby mówiące z akcentem i bez – Kanadyjczyków urodzonych w Kanadzie i imigrantów – znajduje odzwierciedlenie w wynikach obu grup na rynku pracy. Jak pokazują badania, ci drudzy znajdują się w stosunkowo upośledzonej pozycji ekonomicznej – często mniej zarabiają (z wyjątkiem osób pracujących w etnicznych enklawach; Pendakur, Pendakur 2002), ich umiejętności i kwalifikacje mają mniejszą wartość na rynku pracy, częściej doświadczają ubóstwa (zob. np. Baker, Benjamin 1994; Chiswick, Miller 1988; Liu, Kerr 2003; Meng 1987; Picot, Sweetman 2005). Z drugiej strony, znaczny kapitał, bez względu na to, czy zgromadzony w Kanadzie, czy przywieziony przez imigrantów z kraju pochodzenia, nie jest w stanie pokonać bariery w dostępie do kanadyjskich elit. Najlepszym przykładem byli

---

[1] Inna reakcja to dystans czy rezerwa, a także mniej lub bardziej ostentacyjnie okazywane przez Kanadyjczyków zniecierpliwienie w reakcji na obcą wymowę u rozmówców. To także jedyna – obok trudności w nostryfikowaniu dyplomów – forma dyskryminacji, o jakiej wspominają badani Polacy.

tu imigranci z Hongkongu przyjeżdżający do Kanady z dużymi fortunami w przededniu przejęcia tego państwa przez Chiny (Wang, Lo 2005). W kanadyjskim społeczeństwie imigrantom wyznaczone jest ściśle określone miejsce na drabinie społecznej i po osiągnięciu pewnego pułapu możliwości niezwykle trudno jest im wspiąć się na wyższe szczeble.

Wśród imigrantów wyróżniają się członkowie mniejszości rasowych (visible minorities). Imigrantów z Azji czy z Ameryki Środkowej i Południowej charakteryzują np. wyższe wskaźniki ubóstwa (około trzy razy wyższe niż średnia krajowa; Kazemipur, Halli 2001:1144). Osiągają oni także niższe zarobki niż biali (Li 2000:8). Członkowie mniejszości rasowych w największym stopniu odczuwają okresy dekoniunktury – to na nich najbardziej odbił się kryzys gospodarczy na początku lat 90. XX wieku, kiedy odnotowano niższe wskaźniki zatrudnienia w odniesieniu do mężczyzn oraz wyższe wskaźniki bezrobocia w stosunku do białych Kanadyjczyków (Tran 2004:9–10). Działo się tak mimo lepszego poziomu wykształcenia imigrantów należących do visible minorities[2]. W ich przypadku wyższy poziom edukacji niekoniecznie prowadzi do lepszej pracy i wyższych dochodów, a nieraz dzieje się wręcz odwrotnie (Badets, Howatson-Leo 1999; Zong 2004). Napotykają oni także większe bariery, podejmując własną działalność gospodarczą (Lo, Teixeira, Truelove 2002).

Jako jedną z przyczyn stosunkowo niekorzystnej sytuacji osób należących do mniejszości rasowych na rynku pracy wskazuje się przypadki dyskryminacji i niesprawiedliwego traktowania. W badaniach Ethnic Diversity Survey opublikowanych w 2003 roku ok. 20% respondentów należących do visible minorities w wieku powyżej 15 lat przyznało, że w trakcie ostatnich pięciu lat doświadczyło dyskryminacji lub niesprawiedliwego traktowania z powodu swojej przynależności etnicznej, kultury, rasy, języka, akcentu lub wyznania. Przypadki takie miały najczęściej miejsce w miejscu pracy lub w trakcie starań o pracę lub awans (Ethnic Diversity Survey... 2003, za: Tran 2004:11). Różne badania wskazują ponadto, że mimo pozytywnej opinii, jaką cieszy się Kanada jako atrakcyjny kraj dla imigrantów, także tutaj istnieje rasizm, choć jest on mniej widoczny niż w innych krajach i kryje się pod powłoką życia publicznego (Model, Lin 2002:1085). Pretekstem do dyskryminującego traktowania bywa język: brak płynności w posługiwaniu się

---

[2] Na przykład według danych spisu powszechnego z 2001 r., mimo że mężczyźni należący do mniejszości rasowych, którzy imigrowali do Kanady w latach 90., częściej niż Kanadyjczycy posiadali wykształcenie uniwersyteckie, wyższe były wśród nich wskaźniki bezrobocia niż wśród białych Kanadyjczyków (9,9% w stosunku do 6,3%). Wskaźniki te były jednak stosunkowo niższe lub na podobnym poziomie wśród osób, które imigrowały wcześniej, natomiast w 1981 r. niedawni imigranci należący do visible minorities byli rzadziej bezrobotni od białych (Tran 2004:9–10).

angielskim, mówienie z akcentem lub odchylenia od standardowej wersji języka (Li 2001b:25).

Rasa wydaje się zatem stanowić kolejną linię demarkacyjną oddzielającą w Kanadzie „swoich" od „obcych". Pomimo praktykowanej tu od pewnego czasu polityki pozytywnej dyskryminacji, a także wielu innych inicjatyw mających na celu wyrównywanie szans oraz walkę z rasizmem, pozostaje faktem, że sytuacja społeczna „kolorowych" jest wciąż mniej korzystna niż białych, a w kulturowym konstrukcie Kanadyjczyka nie ma miejsca dla osób o ciemnym kolorze skóry.

W eseju *„Where Are You Really From?"* czarnoskóra Kanadyjka Adrienne Shadd (2001) opisuje swoje doświadczenia z rozmów z białymi Kanadyjczykami, a także z „kolorowymi" imigrantami w Kanadzie. Ze strony rozmówców pada zwykle pytanie: „Skąd pochodzisz?", na które odpowiada zgodnie z prawdą: z Kanady. Ta odpowiedź nie zadowala jednak jej interlokutorów – zadają kolejne pytania: „Ale w jakim kraju się urodziłaś?", „Skąd pochodzą twoi rodzice?", i zaczynają reagować irytacją, gdy wciąż pada ta sama odpowiedź. Tymczasem Adrienne Shadd urodziła się faktycznie w Kanadzie, podobnie jak jej rodzice oraz dziadkowie i pradziadkowie, którzy przywędrowali tu w XVII wieku jako abolicjoniści, uciekając przed niewolnictwem i rasową opresją w Stanach Zjednoczonych. Jest Kanadyjką w piątym pokoleniu; dorastała w osadzie założonej przez byłych amerykańskich niewolników w North Buxton, w południowo-zachodnim Ontario. Tymczasem za uparcie powtarzanym pytaniem o pochodzenie wydaje się kryć założenie, iż prawdziwym Kanadyjczykiem może być tylko biały człowiek.

Dane przeprowadzanych w Kanadzie co pięć lat spisów powszechnych zdają się sugerować, że tożsamość kanadyjska jest ściśle związana przede wszystkim z francuskim i brytyjskim dziedzictwem kulturowym. W latach 1986–2001 systematycznie wzrastała liczba osób podających kanadyjskie pochodzenie etniczne zarówno jako jedyne, jak i jako jedno z wielu (odpowiednio z 0,3 do 22,8% oraz z 0,2 do 16,6%)[3] (Thomas 2005:4–6). W tym samym okresie liczba osób deklarujących pochodzenie francuskie zmniejszyła się o ok. 3,4 mln, a pochodzenie angielskie o 3,3 mln osób, co odpowiadałoby 6,7 mln deklarującym w 2001 roku swoje pochodzenie jako wyłącznie kanadyjskie. Co interesujące, inne grupy długo obecne w Kanadzie: osoby pochodzenia irlandzkiego, szkockiego, niemieckiego czy ukraińskiego, wciąż

---

[3] Co prawda do pewnego stopnia odpowiedzialny za ten wzrost jest prawdopodobnie sposób sformułowania pytania w spisach powszechnych. Na przykład w 1981 r. wprowadzono możliwość wskazania kilku krajów pochodzenia, a w 1996 – ze względu na to, że poprzednio było często deklarowane – dołączono pochodzenie kanadyjskie na liście przykładów (Thomas 2005:3).

podają pochodzenie ze starego kraju, choć coraz więcej osób deklaruje pochodzenie kanadyjskie jako drugie. Jak można się spodziewać, najrzadziej deklarują kanadyjskość członkowie mniejszości rasowych, z których większość to niedawni imigranci, a także osoby o wyznaniu innym niż chrześcijańskie lub żydowskie, częściej także osoby w młodszych grupach wieku oraz osoby francuskojęzyczne i mieszkańcy Quebecu – częstotliwość deklaracji pokrywa się tutaj terytorialnie z kolejnością zasiedlania Kanady.

8.2. Identyfikacja z Kanadą wśród polskich imigrantów

Polscy imigranci z lat 80. są zbyt krótko w Kanadzie, aby móc uważać się za Kanadyjczyków. Dzięki polityce wielokulturowości mogą jednak swobodnie pielęgnować swoją kulturę, co ma niebagatelne znaczenie zwłaszcza w zestawieniu z doświadczeniami wcześniejszych fal polskiej imigracji w Kanadzie. Polityka wielokulturowości sprzyja też, jak zobaczymy dalej, poczuciu przynależności i satysfakcji z życia w Kanadzie.

Identyfikacji z Kanadą wśród polskich imigrantów wydaje się sprzyjać wiele obiektywnych wskaźników. Pod wieloma względami znajdują się w lepszej sytuacji niż wielu innych imigrantów, zwłaszcza należących do mniejszości rasowych. Przede wszystkim są na pierwszy rzut oka nieodróżnialni od innych białych, dzięki czemu nie dotyczą ich – jakkolwiek subtelne – przejawy rasizmu[4]. Także w wynikach analiz rynku pracy lokują się wśród innych białych grup etnicznych tuż za Kanadyjczykami. W hierarchii społecznej Kanady znajdują się wyżej od wielu niedawnych imigrantów pochodzących głównie z kontynentu azjatyckiego. Polacy, podobnie jak inni imigranci z Europy, mają np. wyższe zarobki niż imigranci z Azji i Ameryki Południowej (Pendakur, Pendakur 2002:159).

Wszystkie te okoliczności nie zmieniają jednak faktu, że wyższe szczeble drabiny społecznej pozostają poza ich zasięgiem. Podzielają pod tym względem los wszystkich imigrantów, bez względu na pochodzenic akcent stanowi barierę w dostępie do najwyższych pozycji społecznych. Ten swoisty deficyt, jakim jest posługiwanie się językiem angielskim z akcentem, daje o sobie znać także w życiu codziennym. Wystarczy bowiem krótka wymiana zdań, aby sprowokować pytanie: „Skąd jesteś?", które, wywołując

---

[4] W formie komentarza czy anegdoty przytoczyć można w tym miejscu odpowiedź jednego z badanych na pytanie, czy Polacy wyróżniają się w Kanadzie na tle innych grup etnicznych: „Są źle ostrzyżeni, mają wąsy i noszą torby przez ramię, w której trzymają paszport. [...] moja wykrywalność Polaków jest 99%. Jeszcze 10 lat temu były wytarte dżinsy z Turcji, stanowiły niewątpliwy element, dlatego ja uważałem, że Polacy są tzw. *visible minority*". (W89/M/50/1982/W)

konieczność jednoznacznej identyfikacji etnicznej, nieustannie uświadamia, że jest się innym, że nie pochodzi się „stąd"; konieczność identyfikacji z krajem pochodzenia, który tymczasem w miarę upływu lat staje się coraz mniej zrozumiały, coraz bardziej odległy, a co za tym idzie – z którym identyfikacja staje się problematyczna.

Polscy imigranci podzielają wraz z innymi imigrantami status gości w Kanadzie. Czują się inni, także kulturowo, chociaż nie zawsze są w stanie jasno określić, na czym ich inność polega. Bez względu zresztą na konkretne uwarunkowania miejsca i czasu stan taki wydaje się nieodłączny od kondycji emigracyjnej. Uczucie obcości i bycia kimś „spoza" towarzyszy imigrantom na różnych szerokościach geograficznych. W rezultacie na skutek oddziaływania zarówno specyficznie kanadyjskich, jak i uniwersalnych czynników imigrantom trudno poczuć się w obcym dla nich kraju „jak u siebie".

W Kanadzie, która wprawdzie chętnie przyjmuje imigrantów różnych narodowości, w której jednak zajmują oni ściśle określone miejsce w strukturze społecznej, występują także uwarunkowania sprzyjające silnej identyfikacji z tym krajem i satysfakcji z życia w nim. Można domniemywać, że niektóre spośród tych uwarunkowań odnoszą się do wszystkich imigrantów w tym kraju. Inne ograniczają się natomiast do imigrantów z Polski, a także uchodźców z innych krajów, i dochodzą do głosu zwłaszcza na tle doświadczeń wyniesionych z państw autorytarnych, jakim była Polska do końca lat 80. XX wieku.

8.3. Nieokreśloność kanadyjskiej kultury i dylematy tożsamości

Jednym z czynników, który z pozoru wydaje się utrudniać, na dłuższą metę sprzyja jednak identyfikowaniu się imigrantów z Kanadą jako wspólnotą polityczną, jest zasygnalizowana we wcześniejszym rozdziale nieokreśloność kanadyjskiej kultury. Pod pewnymi względami zatem trudność w zdefiniowaniu, co stanowi o istocie kanadyjskości i kogo tak naprawdę można nazwać Kanadyjczykiem, prowadzić może u imigrantów do poczucia pewnego zagubienia. Związane z tym dylematy i wątpliwości są doskonale widoczne w poniższej wypowiedzi jednej z polskich imigrantek:

> [...] ja do tej pory nie wiem, kto to jest Kanadyjczyk. Czy Kanadyjczyk to jest taki, który tutaj się urodził, nie wiem, ile pokoleń do tyłu, cztery? Może pięć. Ostatnio poznałam taką. [...] ona jest teraz moją bardzo dobrą koleżanką, to jest chyba czwarte pokolenie urodzone tutaj i jeszcze jej babcia, jakaś prababcia była Indianką z jakiegoś tam plemienia. No, to tak mi się wydaje – o, typowa Kanadyjka, nareszcie. A tak nie wiem, no, czy ktoś, kto przyjechał tutaj i ma nazwisko jakieś

czeskie np., ja teraz pracuję z takim też Kanadyjczykiem, ale on przyjechał tutaj i wspomina cały czas, jak to ojciec mówił mu, jak to było w Czechach. On ma nazwisko czeskie. Je do tej pory jakieś knedliki. [...] ja nie wiem, czy on jest Kanadyjczykiem, czy to jest typowy Kanadyjczyk, czy może ja jestem typowym Kanadyjczykiem, ponieważ tutaj się nie urodziłam? Czy może typowymi Kanadyjczykami będą moje córki, które się tutaj urodziły i chodziły do szkoły, ale np. nie wiedzą, co to jest [...] nie znają potraw Święta Dziękczynienia albo nie biegają z flagą na Canada Day, więc nie wiem. W Kanadzie flaga powstała w 67 roku, hymn się śpiewa, nie wiem od którego [...] konstytucja chyba od 81 roku, więc ja nie wiem, kto to jest Kanadyjczyk, czy ten, kto jeździ kajakiem albo canoe? Nie wiem [...], po prostu nie wiem. (W99/K/38/1990/W)

Powyższa wypowiedź ilustruje przede wszystkim niejasności wokół definicji kanadyjskości. Niejasności te w połączeniu ze świadomością stosunkowo krótkiej historii Kanady i imigracyjnego rodowodu jej społeczeństwa prowadzą wręcz do przekonania, że typowy Kanadyjczyk to ktoś, kto jest imigrantem[5]. Jeśli wziąć jednak pod uwagę doświadczenia wszystkich badanych, okazuje się, że sytuacja ta stanowi – jak zobaczymy dalej – dogodną płaszczyznę, na której budowane jest poczucie przynależności.

8.4. Imigracyjny rodowód społeczeństwa kanadyjskiego

Imigracyjny rodowód społeczeństwa kanadyjskiego to najważniejszy czynnik, który w odczuciu samych imigrantów niejako legitymizuje ich obecność w Kanadzie. „Wszyscy jesteśmy emigrantami z wyjątkiem Indian" – to wypowiadane przez polskich imigrantów przekonanie wyrasta ze świadomości, że kraj ten utworzony został przez imigrantów z Europy i że praktycznie tylko ludność autochtoniczna może rościć sobie pretensje do zajmowanego przezeń terytorium. Poniżej przytoczona została charakterystyczna wypowiedź w tym duchu:

[...] tu wszyscy są emigrantami, to jest ta różnica, że w tym kraju wszyscy są emigrantami, nawet ci, którzy poczuwają się do tego, że są wielogeneracyjnymi [...], lokalnymi mieszkańcami nimi nie są. I nawet tacy nie mogą zadzierać nosa tak, jak zadzierają to w Anglii czy w Niemczech, gdziekolwiek indziej, gdzie tak naprawdę miejsca dla Polaków nie ma, chyba że zgodzą się na to, że będą obywatelami

---

[5] Nieokreśloność kanadyjskiej kultury wpływa także na stosunek do własnego pochodzenia etnicznego. Interesujący w tym kontekście jest przypadek innej imigrantki. Jej początkowy dystans do polskiego środowiska i własnego pochodzenia etnicznego ustąpił z czasem miejsca obserwacji, że każda grupa etniczna trzyma się własnych zwyczajów, dla których brak w Kanadzie alternatywy. Spostrzeżenie to doprowadziło do przekonania, że „[...] jeśli nie dadzą córce własnej kultury, to nie będzie miała żadnej". (W44/K/44/1990/W)

drugiej kategorii. Tu jest się obywatelem takiej kategorii jak każdej innej, jeżeli komuś się to nie podoba, to można go natychmiast wyprostować. (W28/M/47/1989/W)

Świadomość imigracyjnego rodowodu społeczeństwa sprzyja poczuciu, że jest się obywatelem na równych prawach z członkami innych nacji zamieszkujących w Kanadzie. Poczucie to ujawnia się zwłaszcza w kontekście doświadczeń w krajach europejskich, w których polscy imigranci przebywali przed przyjazdem do Kanady. Mieszkając kilka miesięcy, a czasem kilka lat w państwach o wielowiekowej historii, w dużym stopniu homogenicznych pod względem narodowościowym i silnie nacjonalistycznych, czuli się outsiderami, a niekiedy doświadczyli także dyskryminacji. W Kanadzie większość nie zetknęła się z żadnymi jej przejawami, z wyjątkiem sporadycznych żartów w rodzaju *Polish jokes*, które jednak spotykały się z negatywną reakcją innych świadków. Podczas gdy mówienie w latach 80. po polsku na ulicach miast niemieckich, austriackich czy francuskich ściągało uwagę otoczenia i nieprzychylne spojrzenia ich mieszkańców, w wieloetnicznym Toronto od początku nikogo nie dziwiło i było rzeczą powszechną. Co więcej, nawet mówienie po angielsku z akcentem wydawało się z pozoru czymś zwyczajnym. Jak zauważyło kilku badanych, pochodzący z Quebecu premier Kanady (1993–2003) Jean Chrétien też mówił po angielsku z akcentem.

Dla poczucia bycia akceptowanym bez względu na pochodzenie etniczne kluczowe znaczenie ma niewątpliwie polityka wielokulturowości. Za jedną z największych zalet mieszkania w Kanadzie polscy imigranci uznają to, że można mieszkać w tym kraju, a jednocześnie pozostawać przywiązanym do własnych tradycji i „czuć się w duszy Polakiem". Polityka wielokulturowości, która podkreśla korzyści z różnorodności kulturowej i wkład poszczególnych grup etnicznych w budowanie kanadyjskiego państwa, sprzyja poczuciu, że jest się akceptowanym nawet mimo mówienia po angielsku z obcym akcentem. Choć polityka ta, zdaniem krytyków, przysłania nierówności strukturalne (zob. np. Mooers 2005), z których zdaje sobie sprawę także część imigrantów, to na płaszczyźnie ideologicznej tworzy klimat tolerancji i aprobaty dla wszystkich, bez względu na pochodzenie etniczne. Doceniają to zwłaszcza osoby, dla których pierwszym przystankiem emigracyjnym w latach 80. były kraje Europy Zachodniej.

Polscy imigranci czują się dobrze w Kanadzie nie tylko ze względu na poczucie akceptacji dla swojego pochodzenia etnicznego. Wiele cech tego kraju czyni go w ich oczach niezwykle atrakcyjnym miejscem do życia („najlepszy kraj do życia", cytując słowa jednego z badanych). Choć poczucie stabilizacji osiągnęli nie tak dawno temu, po wielu latach intensywnej pracy, i z reguły są świadomi, że dopiero ich dzieci będą miały równe szanse z innymi Kanadyjczykami, to pozytywne strony życia w Kanadzie przeważają na ogół w ich wypowiedziach nad negatywnymi, sprzyjając poczuciu przynależności i satysfakcji z życia w tym kraju.

8.5. A jednak „Święta Ziemia"?
Obraz Kanady w oczach imigrantów

Na obraz Kanady w oczach imigrantów – i na ich satysfakcję z życia w tym kraju – należy patrzeć przez pryzmat doświadczeń w komunistycznej Polsce, którą opuszczali w okresie największego nasilenia kryzysu na początku lat 80. i w trakcie kolejnych lat tej dekady, kiedy reżim komunistyczny chylił się ku upadkowi. Jak przedstawiono w rozdziale czwartym, pierwsze wrażenia po przyjeździe bywały bardzo negatywne, a trudności początkowego okresu adaptacji skłaniały często do myślenia o jak najszybszym powrocie do Polski. Z czasem jednak imigranci zaczynali doceniać pozytywne cechy życia w Kanadzie. Cechy te uwidaczniały się zwłaszcza w kontraście z doświadczeniami wyniesionymi z autorytarnego, pełnego absurdów państwa, w którym Polacy przeżyli większą część życia i które opuszczali często wtedy, gdy życie stawało się trudne do zniesienia.

Z wypowiedzi imigrantów, którzy przyjechali w charakterze uchodźców i byli sponsorowani przez rząd kanadyjski, przebija przede wszystkim wdzięczność wobec kraju, który przyjął ich i udzielił im bardzo dużej pomocy w zaadaptowaniu się do życia w nowej ojczyźnie. Imigranci uzyskali znaczną pomoc materialną, mieszkanie, środki na podstawowe wydatki, a czasem nawet na przelot samolotem do Kanady. Choć te i inne świadczenia miały zwykle charakter pożyczki, którą musieli później zwracać, stanowiły one niewielką część ich późniejszych dochodów; pomagały nadto oswoić się z nowym otoczeniem i przezwyciężyć szok kulturowy. Istotne znaczenie miały tu zwłaszcza finansowane przez rząd lekcje języka angielskiego, które umożliwiały pokonanie bariery komunikacyjnej[6].

W Kanadzie polscy imigranci odnaleźli poczucie wolności i możliwości kształtowania własnego losu, których brakowało im w rodzinnym kraju.

---

[6] Jeden z badanych stwierdził nawet, ze przez to, iz Kanada dała tak wiele zarówno jemu, jak i jego rodzinie, czuje się w takim samym stopniu Polakiem, jak i Kanadyjczykiem („100% Polak i 100% Kanadyjczyk"). Wypowiedź ta wydaje się sugerować, że uczucie wdzięczności sprzyja poczuciu identyfikacji. Potwierdzają to badania nad skłonnością do przyjmowania obywatelstwa wśród ogółu imigrantów w Kanadzie, uznawanej za wskaźnik identyfikacji z krajem osiedlenia. Imigranci z Portugalii mieszkający w Toronto, których badała I. Bloemraad (2002), powoływali się na pozytywne przyjęcie w Kanadzie jako na jeden z czynników, który skłonił ich do szybkiej naturalizacji.

Świadomość tego, że życie zależy nie od urzędników, polityków czy jakichkolwiek instytucji publicznych, ale od własnych wyborów i planów, od własnej wytrwałości w dążeniu do celu, że ośrodek kontroli ich życia nie znajduje się na zewnątrz, ale w ich własnych rękach – przychodziła niczym objawienie. W kraju tym zachwyciła ich także „normalność" codziennego życia i jego przewidywalność. Jedna z imigrantek kontrastuje np. swoje doświadczenia z komunikacją publiczną w rodzinnym Krakowie, gdzie czekała kilkadziesiąt minut na przyjazd tramwaju, z którego wysiadała potem z poobrywanymi guzikami od płaszcza z powodu zatłoczenia, z punktualnością autobusów w Toronto, jeżdżących zgodnie z rozkładem jazdy. Z kolei kontakty z różnego rodzaju urzędami nie są traumatyczne, jak to bywało w Polsce, gdzie trudno było cokolwiek załatwić. Przeciwnie, urzędnicy są życzliwi i nastawieni, aby pomóc, a nie odwrotnie, choć niektóre sfery życia – zdaniem polskich imigrantów – otoczone są nadmierną liczbą biurokratycznych regulacji.

Owa „normalność" życia dotyczy jednak nie tylko codziennych spraw, ale odnosi się do funkcjonowania całego systemu społeczno-politycznego. System ten zdaniem imigrantów cechuje brak korupcji, przejrzystość regulacji prawnych i stabilność. Wiele osób jest przekonanych, że przez najbliższe kilkadziesiąt lat nie będą miały miejsce żadne procesy o charakterze rewolucyjnym – przyszłość jest zatem całkowicie przewidywalna. Podobne obserwacje odnoszą się do systemu ekonomicznego. Wydatki można zaplanować na najbliższe kilka lat, w przeciwieństwie do komunistycznej Polski, gdzie – jak wspomina jeden z imigrantów – z dnia na dzień ogłoszono kiedyś podwyżkę cen o 30–40%. Brak jest utrudnień w prowadzeniu działalności gospodarczej, a założenie własnego przedsiębiorstwa nie wymaga wielu formalności oraz kosztuje niewiele czasu i pieniędzy. Wszystko to sprzyja poczuciu, że państwo istnieje dla obywateli, nie zaś odwrotnie. Jeden z polskich imigrantów mówi:

> [...] natomiast pierwszorzędną rzeczą jest taka jakaś atmosfera, którą ja tu czuję [...], życzliwości, o, tak bym to określił, nie przyjaźni, ale generalnie, że jest to system stworzony na to, żeby nam ułatwić życie, żeby nam pomóc, a nie odwrotnie, żeby nam utrudnić. (W41/M/48/1986)

Pomoc państwa dotyczy także spraw materialnych. Wielu Polaków skorzystało w trakcie swojej kariery zawodowej z rozbudowanego systemu świadczeń, np. zasiłków dla bezrobotnych czy z kursów dokształcających, których koszty pokrywane były przynajmniej częściowo przez rząd; osoby o niskim dochodzie mogły liczyć na uzyskanie subsydiowanego mieszkania, czy niskooprocentowanej pożyczki na studia. Te i inne formy wsparcia stanowiły nieocenioną pomoc dla imigrantów, biorąc pod uwagę trudności pierwszego okresu adaptacji.

Doskonała opieka socjalna stwarza poczucie bezpieczeństwa i eliminuje obawy o to, co stanie się w przypadku utraty pracy (o co zresztą w Kanadzie nietrudno):

> [...] nie trzeba martwić się o to, że człowiek nie będzie miał pieniędzy na lekarstwa, nie będzie miał pieniędzy na leczenie się, że zawsze państwo będzie chroniło, że jest zasiłek dla tych, co nie mają pracy, że nikt nikogo na bruk nie wyrzuci itd., itd., bo zawsze jest ta opieka państwa. (W30/M/35/1989/Ś)

W Kanadzie doskonale uchwycona wydaje się równowaga między kapitalizmem a państwem opiekuńczym. W rezultacie nie ma tu takich kontrastów społecznych, jak np. w Stanach Zjednoczonych. Bardzo dobrze działa także system ochrony zdrowia. Ubezpieczenie medyczne opłacane jest przez państwo, w przeciwieństwie do Stanów Zjednoczonych. Choć imigranci narzekają na wysokie podatki, korzystają powszechnie z finansowanych z nich świadczeń, opieki medycznej na wysokim poziomie, a także zadbanych bibliotek publicznych, parków itp.

W wypowiedziach wielu osób na plan pierwszy wysuwa się przede wszystkim poczucie bezpieczeństwa, z jakim wiąże się życie w Kanadzie. Sprzyja temu niewątpliwie system zabezpieczeń społecznych, ale także – w najbardziej podstawowym wymiarze – niski poziom przestępczości. Toronto jest jednym z najbezpieczniejszych miast w Kanadzie; rzadko zdarzają się tu kradzieże czy włamania. Mieszkańcy północnej części kraju nie zamykają drzwi do swoich domów; także w samym Toronto proste zatrzaski pełnią rolę zamków do drzwi, a samochody stoją przed domem otwarte. Wszystko to tworzy atmosferę spokoju i bezpieczeństwa, mówiąc słowami jednego z imigrantów: „nie ma tego strachu".

Brak lęku o stan posiadania związany jest niewątpliwie z ogólną zamożnością kanadyjskiego społeczeństwa, w której po kilku lub kilkunastu latach pobytu zaczynają partycypować także imigranci. Obok różnych cech systemu społeczno-politycznego i gospodarki jedną z najważniejszych, wpływających na odczuwany przez polskich imigrantów komfort życia w Kanadzie, jest bowiem wysoki standard życia i względna łatwość jego osiągnięcia. Dążenie do awansu materialnego było zresztą jednym z istotnych, jeśli nie głównym powodem wyjazdu z Polski. Chociaż w przypadku wielu imigrantów wykonywana obecnie praca nie odpowiada kwalifikacjom i ambicjom, dochody osiągane nawet w niewymagających dużych umiejętności zajęciach pozwalają na prowadzenie komfortowego życia. Mówiąc słowami badanych: „[...] życie codzienne nie jest problemem". Względnie łatwo można zapewnić sobie mieszkanie i jego wyposażenie, przedmioty codziennego użytku, samochód. Wydatki na wakacje za granicą czy własne zainteresowania nie stanowią dużego obciążenia dla domowych budżetów; co istotne, dotyczy to także osób o przeciętnym poziomie zarobków. Warto jednak nadmienić na marginesie, że w znacznym stopniu ów komfort materialny umożliwia powszechna dostępność tanich kredytów (jedna z imigrantek mówi: „[...] żyje się wygodnie, ale oszczędzić jest trudno").

Dla wielu polskich imigrantów charakterystyczne stało się zauroczenie materialną stroną życia w Kanadzie. Nie powinno to dziwić, biorąc pod uwagę, że mowa o ludziach pochodzących z kraju, w którym kilka godzin stało się w kolejce po podstawowe artykuły żywnościowe, a na wiele innych rzeczy mało kogo było stać. Stąd zapewne tak duża waga przykładana w Kanadzie do aspektów ekonomicznych. Podejście do tych spraw wśród polskich imigrantów doskonale charakteryzuje kobieta, która do Kanady przyjechała już w połowie lat 90., aby dołączyć do przebywającego tu od dłuższego czasu męża:

> Kanadyjczycy, może oni... jak to ci powiedzieć, nie przywiązują dużej wagi do tego, że oni coś mają. Oni mają, ale dla nich to jest takie – bo oni mieli od samego początku, OK, tacy typowi Kanadyjczycy, co np. z trzeciego, z czwartego czy nawet z drugiego pokolenia mieszkają tu w Kanadzie, dla nich mieć np. samochód czy taki właśnie poziom życia, jaki ja mam, to dla nich jest normalnością, prawda. Jeżeli ktoś [...] np. chwali się, nie chwali się, ale mówi, że ja to mam, to mam, a w Polsce bym nie miał, ja tak podejrzewam, z tego co ja rozmawiałam, to dla nich takie: co ja opowiadam za głupoty, prawda, bo to dla nich jest takie po prostu normalne, a dla nas nie jest normalne, nie. Kanadyjczycy, tacy prości Kanadyjczycy, tacy np., to oni po prostu żyją tak bardziej na luzie, nie, oni [...] nie przywiązują, mi się tak wydaje, uwagi do spraw materialnych, bo oni po prostu to mają. (W3/K/35/1995/Ś)

Negatywne strony życia w Kanadzie

Obraz Kanady, jaki rysuje się w wypowiedziach polskich imigrantów, nie jest malowany wyłącznie w jasnych barwach. Do wielu cech kraju osiedlenia podchodzą krytycznie, co dotyczy także osób ogólnie entuzjastycznie doń nastawionych. Jeden z takich aspektów związany jest ze sposobem organizacji życia społecznego i gospodarczego charakterystycznego dla wysoko rozwiniętych krajów zachodnich, do których należy Kanada. Podobnie jak w przypadku cech pozytywnych, także cechy negatywne kraju osiedlenia widziane są często przez polskich imigrantów przez pryzmat doświadczeń w Polsce. W obrazie Kanady w oczach polskich imigrantów znaleźć można ponadto odzwierciedlenie ich sytuacji jako imigrantów oraz pozycji zajmowanej w kanadyjskim społeczeństwie.

Wśród negatywnych cech kraju osiedlenia polscy imigranci zwracają przede wszystkim uwagę na długi czas pracy i szybkie tempo życia. Dotyczy to zwłaszcza osób na stanowiskach kierowniczych oraz właścicieli prywatnych firm. Pomimo dobrego systemu zabezpieczeń społecznych życie gospodarcze cechuje duża zmienność i niepewność zatrudnienia. Pracę można stracić niemal z dnia na dzień, czego doświadczyło wiele osób. Zdarzają się masowe zwolnienia z pracy, które uświadamiają, że nie zawsze należy wiązać swoją przyszłość z jedną firmą, lecz trzeba być przygotowanym na zmianę pracodawcy. Sytuacja ta stanowi oczywiście ostry kontrast z doświadczeniami wyniesionymi z komunistycznej Polski, gdzie pracownicy często przez wiele lat związani byli z jednym zakładem pracy.

W pracy spędza się wiele godzin, co pozostawia niewiele czasu na życie towarzyskie i rodzinne. Jak pokazują prowadzone w Kanadzie badania General Social Survey z 1998 roku, liczba Kanadyjczyków spędzających w pracy 10 i więcej godzin dziennie w stosunku do 1986 wydłużyła się w 2005 z 17% do 25% (Turcotte 2007:5). Można domniemywać, że imigrantów dotyczy to w większym stopniu niż osób urodzonych w Kanadzie z uwagi na przebieg procesów ich integracji z rynkiem pracy. Dodatkową, związaną z pracą presję stanowi ponadto konieczność spłaty kredytów zaciąganych na zakup domów, samochodów i innych dóbr. Wielu polskich imigrantów widzi w tym manipulację społeczeństwem, któremu „pokazuje się wciąż nowe zabawki", zmuszając do nieustannej, wytężonej pracy, aby utrzymać poziom życia zgodny z propagowanym standardem.

Szybkie tempo życia i długi czas pracy prowadzą do redukcji czasu spędzanego z rodziną i przyjaciółmi. Dane dla całej Kanady pokazują dość przygnębiający obraz społeczeństwa, które prowadzi niezwykle konsumpcyjny tryb życia i doświadcza coraz większej samotności. Dotyczy to wszystkich bez względu na poziom zamożności. Czas spędzany z rodziną coraz bardziej się kurczy (z 4,2 godz. dziennie w 1986 roku do 3,4 godz. w 2005) (Turcotte 2007:2). Podobny trend dotyczy czasu spędzanego z przyjaciółmi (odpowiednio 44 min i 19 min). Wydłużeniu ulega natomiast czas spędzany samotnie (z 2,2 godz. do 2,9 godz. dziennie). Ponadto Kanadyjczycy spędzają średnio 6 godz. tygodniowo na zakupach i mniej niż 2 godz., bawiąc się ze swoimi dziećmi (Amerykanie odpowiednio 6 godz. oraz 40 min; Williams 2002:10), co prowadzi do osłabienia więzi rodzinnych (Daly 2000).

Styl życia w Kanadzie, na który wskazują ogólnospołeczne badania, jest także udziałem polskich imigrantów. W Kanadzie brakuje im silnych i bliskich kontaktów międzyludzkich, do których przyzwyczajeni byli w Polsce. W zatomizowanym społeczeństwie czują się wyobcowani i samotni; mają wrażenie, że – mówiąc słowami jednego z badanych – „[...] każdy żyje swoim życiem, w swojej takiej samotności". Przyczyniają się do tego także duże odległości i częste przeprowadzki, wpływające na osłabienie więzi ze znajomymi. Samotność imigrantów związana jest nadto z wyrwaniem z sieci społecznych sprzed emigracji (o czym była wielokrotnie mowa), a także z pozycją w społeczeństwie kanadyjskim, która – rodząc przede wszystkim poczucie

„społecznego niedowartościowania" czy upośledzenia – utrudnia także nawiązanie znaczących więzi z Kanadyjczykami[7].

Być może właśnie w kontekście doświadczenia słabości więzi międzyludzkich w Kanadzie należy widzieć także wyrażaną przez wielu imigrantów tęsknotę za europejskością. Często spotkać można się z opinią, że kraj ten jest mniej uduchowiony („spirytualny"), mniej intelektualny. Brakuje tu atmosfery europejskich ulic i kawiarni. Chociaż styl życia w Kanadzie i na kontynencie północnoamerykańskim w ogóle różni się od stylu życia w Europie, wiele jego elementów odnaleźć można także w Toronto. Wymaga to jednak wyjścia poza środowisko własnej grupy etnicznej, do którego ogranicza się społeczne funkcjonowanie wielu polskich imigrantów.

Psychologiczny wymiar procesów adaptacji – satysfakcja z życia w Kanadzie a doświadczenie bycia emigrantem

Pomimo przewijających się w badanej próbie wypowiedzi wskazujących na wymienione negatywne aspekty życia w Kanadzie przytłaczającą większość badanych osób zaliczyć można do zadowolonych z życia w niej. 52 osoby wyrażały satysfakcję z życia w Kanadzie i/lub z decyzji o emigracji (gdyż te dwa aspekty nie muszą pokrywać się z sobą). Dodatkowo 9 osób można zaliczyć do entuzjastów Kanady, tak bardzo pozytywne były ich wypowiedzi na temat tego kraju i życia w nim. Z grupy osób zadowolonych należy jednak wyodrębnić mniej więcej jedną trzecią, które lepiej opisuje określenie „pogodzeni" lub „neutralni", a które wydawały się dystansować od emocji związanych z emigracją i osiedleniem w Kanadzie, podkreślały natomiast powody, dla których nie widziały swojej przyszłości poza tym krajem. Imigranci ci przeważnie podjęli decyzję o wyjeździe ze względu na dzieci i przede wszystkim z przekonania o zwiększeniu w ten sposób ich perspektyw życiowych czerpały swoją satysfakcję. Równie liczne były w tej grupie osoby bardzo negatywnie nastawione do Polski – przez kontrast z rodzinnym krajem Kanada jawiła się w pozytywnym świetle.

Jedynie 11 imigrantów przejawiało cechy nieprzystosowania w wymiarze psychologicznym, podkreślając niemal wyłącznie negatywne aspekty życia w Kanadzie. Dwóch badanych mężczyzn, którzy imigrowali w wieku 16 i 18 lat z matkami, kontrastowało np. życie w tym kraju z życiem

---

[7] Warto zauważyć w tym miejscu, że tak dotkliwie doświadczana przez imigrantów samotność ma także swoje dobre strony. Należy do nich przede wszystkim respekt dla prywatności i brak wtrącania się ludzi w cudze życie, brak „wzroku sąsiada na swoich plecach" czy „mniej zaglądania w garnek". Docenia to np. jedna z imigrantek, która rozstała się z mężem i nie ma poczucia bycia ocenianą przez otoczenie w Kanadzie, co spotyka ją jednak ze strony rodziny pozostałej w Polsce.

w innych kulturach (meksykańskiej i francuskiej), które cechuje bardziej ciepły i otwarty charakter stosunków międzyludzkich. W innych przypadkach natomiast brak satysfakcji z życia w Kanadzie należy raczej przypisać różnego rodzaju wydarzeniom towarzyszącym migracji. Na przykład jedna z badanych kobiet wydawała się pogrążona w depresji spowodowanej niepowodzeniem swojego małżeństwa, podobnie jak mężczyzna, którego związek rozpadł się w Kanadzie. Zły stan psychiczny jeszcze innego mężczyzny związany był z przymusowym charakterem jego wyjazdu z Polski (był uchodźcą politycznym) i niezdolnością do przezwyciężenia szoku kulturowego. Pozostałe osoby wydawały się przytłoczone tęsknotą, żyjąc w swego rodzaju psychicznym zawieszeniu.

Dane na temat satysfakcji badanych z życia w Kanadzie należy oczywiście interpretować bardzo ostrożnie. Ignorują one przypadki osób, które nie zdołały przystosować się do życia w Kanadzie i po krótszym lub dłuższym okresie pobytu wróciły do Polski. W opowieściach imigrantów przewija się wątek znajomych i przyjaciół, którzy podjęli tego rodzaju decyzję. Z kolei także wypowiedzi badanych wyrażających satysfakcję z życia w Kanadzie ujawniają po wnikliwej analizie swoje drugie dno. Tak więc, z jednej strony, są zadowoleni, z drugiej zaś wspominają, że woleliby mieć to samo co w Kanadzie, ale w Polsce. W ich wypowiedziach silny jest wątek satysfakcji, jednocześnie jednak coś w Polsce kupują lub planują kupić (dom, mieszkanie lub inną nieruchomość), gdyż mają zamiar wrócić na emeryturę; mają poczucie sukcesu, ale są zarazem przytłoczeni trudnościami związanymi z adaptacją ekonomiczną; mówią o psychicznym wyczerpaniu emigracją. W innych przypadkach zadowolenie przyćmiewa tęsknota i troska o pozbawionych opieki rodziców w Polsce.

Tego rodzaju wypowiedzi wskazują pośrednio na stan, który dotyczy wielu imigrantów i wydaje się nieodłącznie związany z migracją. Zagadnienie to posiada bogatą literaturę przedmiotu. Przeżycia towarzyszące migracji i osiedleniu w kraju przyjmującym były wielokrotnie opisywane w literaturze socjologicznej. Zwykle mowa była w tym kontekście o poczuciu rozdwojenia, balansowania między dwoma układami odniesienia, który tworzą kraj pochodzenia oraz kraj przyjmujący. W klasycznej koncepcji Roberta Parka dylematy psychologiczne imigrantów opisuje pojęcie człowieka marginesu, istniejącego na pograniczu dwóch odmiennych kultur, niebędącego jednak w pełni członkiem żadnej z nich (Park 1928, za: Osipowicz 2001:383; Zhou 1997:976). Człowiek marginesu balansuje na krawędzi dwóch światów: do jednego w miarę upływu czasu czuje coraz mniejszą przynależność, do drugiego natomiast bardzo trudno mu się dostać. Migracja prowadzi do poczucia wykorzenienia i utraty miejsca, gdzie można czuć się „jak u siebie", do utraty poczucia przynależności, choć oświadczenie to może różnić się w zależności od kontekstu miejsca i czasu.

Wątek wyobcowania, zagubienia czy wykorzenienia przewija się w twórczości pisarzy i artystów polsko-kanadyjskich. Pojawia się tu doświadczenie samotności i rozdarcia, poczucie zagubienia w nowym języku i rzeczywistości, jak w autobiograficznej powieści Evy Hoffman *Zagubione w przekładzie* (1995). Podobnego rodzaju uczucia dokumentuje twórczość polsko-kanadyjskiej artystki Kingi Arayi. Odnaleźć je można w dziełach artystów z różnych rejonów świata i okresów historycznych.

Badani imigranci używają różnych słów na określenie sytuacji, w jakiej się znajdują: „rozdwojenie", „zawieszenie", „bycie między – *in-between*". Żyją w stanie swoistego rozdwojenia, zawieszeni między krajem pochodzenia, do którego tęsknią, a który z czasem staje się jednak dla nich coraz bardziej obcy i mniej zrozumiały, a krajem osiedlenia, w który stopniowo wrastają, jednak rzadko czują się w nim jak w domu. Oto charakterystyczne wypowiedzi opisujące tę sytuację:

> Emigrant to jest człowiek chory, to jest człowiek chory, to już nie jest normalne społeczeństwo emigrantów. Tego nikt nie zrozumie, dopiero ten [...] jak się wyjedzie, jak się samemu przez to wszystko przejdzie. To jest taka choroba, z której się nikt już nie wyleczy, bo tu niedobrze, a tam już źle. I człowiek taki [...] to jest przykre strasznie, jak by mnie ktoś drugi raz kazał emigrować, wiedząc to, co teraz wiem, to bym nigdy w życiu. (W22/K/49/1980/W)

> Ja myślę, że [...] czy jestem zadowolona z decyzji o wyjeździe? No chyba tak, tak jak mówię, ja jestem [...] zawsze jest [...] u mnie zawsze to będzie – jedną nogą w Polsce, jedną nogą tutaj. Pewnie gdybym się miała dzisiaj spakować, tutaj wszystko [...], z kolei pojechałabym do Polski, bym pewnie myślała o tutejszym życiu, tak jak mówię. [...] to jest chyba taki los emigranta. (W53/K/39/1990/W)

> Ja myślę, że ktoś, kto wyjechał na emigrację, gdzieś mieszkał, nigdzie mu nie będzie dobrze. Bo będąc tutaj, zawsze będę tęskniła za Polską, wrócę tam, będzie mi czegoś brakowało, bo mieszkałam już tyle lat tutaj. (W54/K/35/1989/Ś)

> [...] wie pani, to jest na zasadzie takiej, że jak się już raz gdzieś ruszy, jak już się ten okres najgorszy przejdzie, to później człowiek stwierdza, że tak na dobrą sprawę to może żyć wszędzie. (W20/M/39/1990/W)

Jak sugerują powyższe wypowiedzi, doświadczenie wykorzenienia może rodzić zarówno negatywne, jak i pozytywne odczucia. W tym pierwszym przypadku imigranci, czując się Innymi zarówno w Polsce, jak i w Kanadzie, doznają uczucia swoistej bezdomności, braku przynależności gdziekolwiek lub poczucia rozdarcia, na które wskazuje chociażby wypowiedź jednego z Polaków, iż jego „[...] serce jest tam, a pieniądze są tu". Z kolei pozytywne przeżycie wykorzenienia, zwłaszcza (ale niekoniecznie) połączone z sukcesem adaptacji w różnych wymiarach (głównie ekonomicznym), prowadzi do „świadomości kosmopolity" – przekonania, że tak naprawdę wszędzie można ułożyć sobie życie, że domem jest cały świat[8]. Przekonanie to oparte jest na obiektywnych czynnikach, przede wszystkim na posiadaniu zasobów, które dają tym imigrantom wolność wyboru (w tym wyboru miejsca zamieszkania).

---

[8] Przypadek tego typu osób przywodzi na myśl refleksje A. Richmonda (1994, 2002) na temat imigrantów proaktywnych oraz uwagi Z. Baumana na temat wolności wyboru jako głównego czynnika stratyfikującego we współczesnym świecie (za: Bokszański 2005:257).

9 | Więzi z Polską

Stale obecnym w życiu większości imigrantów układem odniesienia jest kraj, z którego wyemigrowali. Tam upłynęła znaczna część ich życia, tam pozostawili członków dalszej, a nieraz także bliższej rodziny, przyjaciół i znajomych. Czasem mają mieszkania lub inne nieruchomości w kraju pochodzenia; zdarza się, że w sprzyjających okolicznościach próbują nawet zaistnieć na arenie politycznej, jak pokazuje chociażby słynny przypadek mieszkającego w Toronto kanadyjskiego biznesmena polskiego pochodzenia Stana Tymińskiego, który w wyborach prezydenckich w Polsce w 1990 roku przeszedł do drugiej tury wyborów i rywalizował z Lechem Wałęsą.

W przypadku polskich imigrantów z lat 80. XX wieku w Kanadzie istotny wpływ na charakter ich powiązań z krajem pochodzenia miała panująca w Polsce sytuacja polityczna. Upadek systemu komunistycznego oraz będące jego konsekwencją otwarcie granic pod koniec lat 80. wpłynęły w znaczący sposób na zmianę natężenia i charakteru zaangażowania imigrantów w rodzinnym kraju. Na zaangażowanie to oddziaływało jednocześnie wiele innych uwarunkowań, do których należała przede wszystkim duża odległość od Kanady i związane z tym koszty podróży, uniemożliwiające swobodne przemieszczanie się między obydwoma krajami, a także postęp w dziedzinie środków telekomunikacji oraz charakterystyczna i w dużej mierze uniwersalna dynamika rozwoju powiązań imigrantów z krajami ich pochodzenia.

9.1. Ewolucja w czasie

Analizując kanadyjskie losy imigrantów z Polski z lat 80., trzeba sobie uzmysłowić, że aż do 1989 roku, do upadku komunizmu, nie mogli oni *de facto* odwiedzić kraju, gdyż oznaczałoby to zamknięcie sobie możliwości powrotu. Pozostawał kontakt listowny lub telefoniczny, wówczas jeszcze nie tak łatwy jak obecnie. Odcięcie od pozostałych w kraju bliskich i znajomych przeżywane było niezwykle boleśnie oraz pogłębiało trudności w przystosowaniu w wymiarze psychologicznym. Jedna z imigrantek, która znalazła się w Kanadzie na krótko przed wprowadzeniem stanu wojennego w Polsce, w następujący sposób wspomina ów dramatyczny pierwszy okres pobytu:

> [...] tęsknota też, no ogromna; człowiek pisał listy do domu i grochy kapały na papier, i ja takie wysyłałam, takie dokumenty [śmiech] pełne właśnie żalu, tęsknoty. Bo człowiek był ściśnięty, wiedział, że nie może pojechać, to był też [...] to był dramat, te 80. lata i, powiedzmy, wcześniej przede mną, może pani słyszała od innych ludzi, że myśmy byli tutaj jak w klatce, człowiek wyjechał i podjął tę decyzję, że może nie zobaczyć rodziny. Że telefon do Polski to było wydarzenie, bo trzeba było zamawiać międzynarodową rozmowę, na którą się czekało cztery godziny, potem tu dzwonili, że jest rozmowa, połowę nie słychać, człowiek krzyczał do słuchawki i nie wiedział już, co powiedział, a co zapomniał, sumy niebotyczne były za te telefony, nikogo nie było stać. Więc jak to się porówna z czasami dzisiejszymi, gdzie każdy ma komórkę czy telefon, tik, tik, wykręcasz, o każdej porze dnia i nocy, i minuta w moim planie, który akurat mam na telefonie, kosztuje 19 centów do Polski, to jest nie do porównania. (W77/K/52/1981/W)

W warunkach ograniczonych możliwości kontaktu z rodzinnym krajem ich namiastką był kontakt z kulturą osiadłej w Toronto zbiorowości polskich imigrantów z poprzednich fal. Kontakt ten w indywidualnych przypadkach mógł łagodzić skutki szoku kulturowego, jaki stawał się udziałem większości niedawnych przybyszów. W sytuacji doświadczania tęsknoty i nostalgii za bliskimi pozostałymi w kraju, przy jednoczesnej świadomości, że brak szans na szybki powrót do Polski (nikt nie spodziewał się, że system komunistyczny wkrótce upadnie), jakikolwiek przejaw polskości zyskiwał wielką wartość sentymentalną[1].

Aż do upadku komunizmu pod koniec lat 80. zainteresowanie tym, co działo się w Polsce, pozostawało pod silnym wpływem panującej sytuacji politycznej. Część mieszkających w Toronto polskich imigrantów angażowała się na miejscu w różnego rodzaju działania na rzecz rodzinnego kraju. Były one widoczne np. w okresie wprowadzenia stanu wojennego w Polsce. Urządzano wówczas demonstracje przeciwko władzom i akcje pomocy na rzecz działaczy opozycyjnych i ludności w Polsce. W ramach akcji Help for Poland Fund: Food and Medicines przekazano do Polski żywność i leki o wartości prawie 5,5 mln dolarów kanadyjskich (Reczyńska 2006:27–29). W latach 80. działała także Grupa „Solidarność i Niepodległość", utworzona przez niedawnych imigrantów domagających się wydania zgody na wyjazd z Polski członkom ich najbliższej rodziny. Organizowali oni niekonwencjonalne protesty: strajki głodowe i demonstracje przed, a nawet na

---

[1] Część z tych uwag odnosi się także do osób, które imigrowały do Kanady już po upadku komunizmu w Polsce, zgodnie z oficjalnym wymogiem nie mogły jednak przez trzy lata (do momentu uzyskania obywatelstwa) opuścić terytorium Kanady.

terenie polskich konsulatów. Do czasu zniesienia stanu wojennego odbywały się także marsze uliczne i demonstracje przed polskimi oraz sowieckimi placówkami dyplomatycznymi w Ottawie, Montrealu i Toronto.

9.2. Formy kontaktów

Wraz z upadkiem komunizmu pod koniec lat 80. granice otwarły się; można było swobodnie przyjeżdżać do Polski i z niej wyjeżdżać. Wielu imigrantów wykorzystało natychmiast tę sytuację, aby odwiedzić bliskich i znajomych. Niejednokrotnie podczas tych pierwszych od wielu lat wizyt w rodzinnym kraju zapadała ostateczna decyzja o pozostaniu na stałe w Kanadzie, gdy okazywało się, że imigrantom, którzy dotychczas żyli tęsknotą i oczekiwaniem na powrót, idealizując przy tym Polskę, trudno było znowu się w niej odnaleźć.

W miarę upływu lat więzi z rodzinnym krajem stawały się łatwiejsze przede wszystkim w wyniku rewolucji technologicznej. Choć pozostała świadomość, że obydwa kraje dzieli ocean, postęp techniczny znacznie skrócił poczucie odległości między nimi. Kontakty stały się łatwiejsze, a przede wszystkim mniej kosztowne, co wpływa w istotny sposób na ich intensywność. Zwiększyła się także różnorodność dróg komunikacji i ich dostępność.

Telefony i mass media

Kontakty polskich imigrantów z rodzinnym krajem ograniczają się zazwyczaj do sfery prywatnej i obejmują przede wszystkim rozmowy telefoniczne oraz kontakty za pośrednictwem Internetu z rodziną i znajomymi. Od czasów, o których wspomina cytowana wcześniej imigrantka, rozmowy telefoniczne stały się bardzo tanie. Za pięć dolarów kanadyjskich (ok. 15 zł) można kupić kartę telefoniczną umożliwiającą ponad dwie godziny rozmowy z Polską. Wiele osób ma abonament telefoniczny, w ramach którego minuta rozmowy kosztuje kilka do kilkunastu centów; powszechnie dostępny jest Internet.

Mass media (Internet, telewizja satelitarna) są dla polskich imigrantów głównym źródłem informacji społecznych i politycznych z rodzinnego kraju. W Toronto kupić można też praktycznie wszystkie gazety i czasopisma wydawane w Polsce. Informacje o tym, co dzieje się w Polsce, zamieszczają wydawane w Toronto gazety polonijne, w znacznej mierze przedrukowujące wiadomości z polskich serwisów informacyjnych, takich jak PAP, program w języku polskim emitowany przez dwie godziny w tygodniu w publicznej telewizji i stacje radiowe.

Wizyty

Powszechną formą bezpośrednich kontaktów są okresowe wizyty w Polsce, mające miejsce zwykle w czasie wakacji, czasem w okolicach świąt kościelnych lub rodzinnych. Dla osób, które pozostają bardzo blisko związane z rodzinnym krajem, wyjazdy te stanowią formę zdobycia wiedzy, której brakuje w Kanadzie. Z pierwszej ręki można dowiedzieć się wówczas, co tak naprawdę dzieje się w społeczeństwie, o którym docierająca do Kanady wiedza jest z konieczności nieco zniekształcona, przefiltrowana przez środki masowego przekazu.

Wizyty w Polsce mają jednak znaczenie przede wszystkim osobiste, służą umacnianiu kontaktów z pozostałą w kraju rodziną i przyjaciółmi. Jeśli imigranci nie mogą sami wyjechać, podejmują starania, aby bliscy odwiedzili ich w Kanadzie. Marzeniem wielu jest sprowadzenie na stałe rodziców i rodzeństwa. Sprowadzenie na stałe członków rodziny traktowane jest często w kategoriach życiowego sukcesu i jest przedmiotem zazdrości znajomych. W momencie, kiedy tak się stanie, nie ma już właściwie do czego wracać i związki, przynajmniej te fizyczne, urywają się. Rodzice, będący już w podeszłym wieku, nie zawsze skłonni są jednak „dać się wyrwać z korzeniami" i „przesadzić" na grunt odmiennego społeczeństwa. Pozostają zatem okresowe wizyty, które służą także odciążeniu w opiece nad dziećmi[2].

Jeden z istotnych powodów częstych wyjazdów do Polski związany jest z dziećmi. Wysyłanie ich do Polski na wakacje, aby nie straciły kontaktu z szerszą rodziną, to dla wielu bardzo ważny, jeden z podstawowych elementów utrzymywania więzi z Polską. Jeśli pozwalają na to finanse, wyjazdy takie mają miejsce nawet co roku. Prawdopodobnie najważniejszą funkcją tych wizyt jest podtrzymywanie ciągłości kulturowej. Inspiratorami odwiedzin w kraju emigracji bywają rodzice imigrantów, odgrywający rolę „strażników polskości". Pilnują oni, aby dzieci były przywożone do Polski oraz mówiły po polsku, co jest często warunkiem komunikacji ze starszym pokoleniem. Wysyłanie dzieci na wakacje do Polski jest jednym z elementów działań zmierzających do zachowania polskości u młodego pokolenia, przeciwdziałania nieuchronnym procesom asymilacji. Imigranci chcą stworzyć w ten sposób okazję do ćwiczenia zdolności do posługiwania się językiem polskim przez dzieci, traktowanego także jako część kapitału

---

[2] Wiele osób starszych ma zarówno obywatelstwo polskie, jak i kanadyjskie oraz mieszka (często w zależności od potrzeb dzieci) okresowo w Polsce bądź Kanadzie. Z innych badań wynika, iż osoby takie pełnią wiele funkcji usługowo-konsumpcyjnych na rzecz swoich dzieci oraz wychowują wnuki, co świadczy o przenoszeniu silnych w Polsce funkcji instytucjonalnych rodziny oraz charakterystycznych wzorów życia rodzinnego na grunt kanadyjski (Slany 2002a:158).

kulturowego, który może okazać się przydatny w przyszłości. Dodatkowy język to w końcu większa możliwość porozumienia się; jeszcze jeden kraj, gdzie można czuć się jak w domu. To także większe możliwości życiowe – studiowania czy nawet znalezienia pracy[3]. Imigranci dążą do tego, aby dzieci miały kolejne miejsce, w którym – podobnie jak oni sami – będą czuć się dobrze, „jak u siebie", i znajdować nowe możliwości życiowe.

> Staram się jak najbardziej utrzymywać kontakty z Polonią [...] z Polską, żeby moja mała również [...], bo chcę pokazać jej te korzenie, skąd ja się wywodzę, żeby ona pewne rzeczy zrozumiała. I zawsze mówię jej w sposób pozytywny na temat Polski, zawsze daję jej obraz pozytywny. Bo zauważyłam, że dużo dzieci tutaj później dorastających jakoś wstydzi się, wstydzi się być Polakiem, a ja chcę, żeby ona się nie wstydziła, żeby było przeciwnie, żeby ona była dumna z tego, że jest Polką. I ja to też zawsze podkreślam w kanadyjskim środowisku, że *I'm from Poland*. (W16/K/42/1987/Ś)

> Także pieniądze się rozmywają między innymi z tego powodu, że ja jeżdżę stosunkowo często do Polski. Jak przyjechaliśmy tutaj, to jeździliśmy regularnie właściwie co roku na wakacje z moim synem, bo ja miałam właśnie luźniejszą pracę, a chciałam z kolei, żeby on nie wyrósł na takiego zupełnego Amerykanina, tylko żeby miał kontakt z Polską, i to taki dosłowny, to znaczy nie tylko z językiem polskim, tylko... tylko żeby miał pojęcie, jak to wygląda, jak wygląda życie i żeby był wrośnięty [...] na pewno nie będzie tak samo jak tu, ale częściowo, bo mi się wydaje, że mimo że sobie wybrałam Kanadę na kraj, w którym mieszkam, to jednak to, co jest dobrego w Polsce, to jest, i dlaczego oni mają tego nie wiedzieć. Dlatego mój syn [...] zresztą obydwoje moje dzieci mówią po polsku dość dobrze. I [...] przynajmniej literatura dziecinna i historia są całkiem OK; także jeździłam często do Polski, teraz może troszeczkę rzadziej. Jak moja córka się urodziła, to troszeczkę rzadziej, teraz jeszcze gorzej jest z czasem i z pieniędzmi, ale [...] się staram. (W29/K/43/1991/W)

Częste wizyty lub jedynie dążenie do nich w przypadku ograniczeń finansowych stanowią wyraz silnego emocjonalnego związania z krajem, który pozostaje tą „właściwą" pierwszą ojczyzną. Mimo iż odwiedziny w Polsce są nadal dość kosztowną wyprawą, wielu imigrantów jeździ tam co trzy-
-cztery lata, a czasem częściej. Nie pozostaje to bez wpływu na ich sytuację w Kanadzie. Częste wyjazdy, podobnie jak wysyłanie przekazów pieniężnych dla rodziny pozostałej w kraju, spowalniają budowanie pozycji zawodowej i osiąganie materialnej stabilizacji w Kanadzie. Choć wielu imigrantów zdaje sobie z tego sprawę, tęsknota za Polską i niemożność przystosowania

---

[3] Zdarza się, że dzieci są wysyłane na studia do Polski, co podyktowane bywa także względami praktycznymi, np. tym, że łatwiej dostać się na studia (np. medyczne) w Polsce niż w Kanadzie.

się do życia w nowym miejscu okazują się silniejsze od względów finansowych[4]. Częste odwiedziny w kraju pochodzenia, spowalniając procesy adaptacji w Kanadzie, stanowią z drugiej strony przejaw braku przystosowania w wymiarze psychologicznym, są wyrazem niezdecydowania co do miejsca, w którym chciałoby się ostatecznie osiąść. Zależność jest tu zatem dwustronna. W miarę upływu czasu niezdecydowanie to pogłębia się, Polska staje się coraz bardziej obca i odległa, a Kanada pozostaje jedynie miejscem zarobkowania. W skrajnych przypadkach sytuacja taka prowadzić może do opisywanych w literaturze polonijnej przykładów osób, które „zawisły" nad oceanem. Spędzają od lat pół roku w Polsce, pół roku w Kanadzie, i nie są w stanie podjąć ostatecznej decyzji o zamieszkaniu na stałe.

„Zawieszeni". Studium przypadku

Biografia 43-letniego mechanika pochodzącego z południowej Polski to przykład biografii „zawieszonej", oscylującej między krajem pochodzenia a Kanadą. Z jego słów wyłania się historia życia pod znakiem (do pewnego

---

[4] Dobitnie świadczy o tym wypowiedź jednego z imigrantów, który z perspektywy czasu widzi okres swojego pobytu w Kanadzie, kiedy często jeździł do Polski, gdy otworzyła się już możliwość wyjazdów pod koniec lat 80., za zmarnowany z punktu widzenia budowania swojej pozycji materialnej i zawodowej w Kanadzie. Tęsknota za Polską była jednak silniejsza od względów ekonomicznych. W wypowiedzi tej pojawia się także powracający w wielu wywiadach wątek rozczarowania Polską, który utwierdza badanych w poczuciu słuszności ich decyzji o wyjeździe: „[...] **ja wówczas żyłem powrotami, ja się nie widziałem na stałe w Kanadzie. Absolutnie. W związku z czym to był taki czas, który ja trochę uważam za zmarnowany z obecnej perspektywy, jak patrzę, dlatego, że można było w tym czasie zrobić zdecydowanie więcej, ale taka depresja imigracyjna mnie przygnębiała.** Wprawdzie wówczas poznałem obecną moją żonę, no i to był 87 rok, dostałem paszport konsularny już, ona mi mówi tak: to jedź na parę miesięcy, zobacz, czy ewentualnie jesteś w stanie tam się zaakceptować ponownie do życia, dlatego, że wielu mówiło, że chcesz się wyleczyć z Polski, to pojedź na wizytę. No to ja sobie pojechałem na taką wizytę, która trwała siedem miesięcy. Przepuściło się trochę pieniążków, bądź co bądź ciężko zarobionych, w Polsce się jeszcze poszalało, bo to był ostatni okres, kiedy ten dolar [...] jak się miało dolara i poszło do knajpy, to jeszcze kilku przy okazji szczęśliwych było, nie [śmiech]. No, i jak wróciłem do Kanady, to już tak jak papież miałem ochotę uklęknąć i po prostu stwierdziłem, że już Polska chyba nie jest dla mnie. Ale to nie oznacza, że ja się od Polski odwróciłem, bo ja już teraz za dwa tygodnie lecę znowu, to będzie mój szesnasty wyjazd do Polski [...]. Ta decyzja o ostatecznym pozostaniu tutaj to [...] nie wyszła z faktu, że tu se inaczej życie można ułożyć, tylko [...] najpierw nie mogłem wyjechać, a potem już widziałem, że jakoś [...] nie szłyby tam zaskoczyć. To jest takie głupie uczucie. I to spowodowało, że w pewnym momencie trzeba było sobie postawić: albo tu, albo tam, no, nie można w rozdwojeniu żyć, bo się nic nie zrobi wtedy, prawda. No i wtedy już postawiłem zdecydowanie tutaj, bo tu jednak jakieś perspektywy były inne, a już ponadto ta możliwość wyjazdów się otworzyła, w związku z czym ta... ta gorycz już została osłodzona, prawda, za każdym razem". (W34/M/50/1980/W) [wyróżnienie M.K.-A.]

stopnia) niefortunnych przypadków i nietrafionych wyborów – od wyboru szkoły średniej (a tym samym profilu wykształcenia), przez wybory w życiu osobistym, po samą decyzję o emigracji. Mężczyzna wyjechał z Polski do Grecji w 1988 roku na fali powszechnej „mody wyjazdowej", jak sam przyznaje, bez żadnych większych planów. Cztery lata spędzone w Grecji wspomina jako wspaniały okres w swoim życiu, kiedy czuł się fantastycznie i był szczęśliwy, żyjąc w kraju o jednej kulturze i religii. Do Kanady wyjechał też na fali powszechnego „owczego pędu" w okresie, gdy przebywający w Grecji Polacy składali papiery na wyjazd do Stanów Zjednoczonych: „Ameryka, wiesz, takim była magnesem, wszystkich przyciągała". W tym okresie Stany Zjednoczone nie przyjmowały już uchodźców z Polski, znalazł się jednak „lewy sponsor", który pomógł w przyjeździe do Kanady. Imigrant przyjechał tu za pożyczone pieniądze, z planami zarobienia na przyjazd do Kanady poznanej w Grecji dziewczyny i malutkiej córeczki. Po wylądowaniu na lotnisku w Toronto kontrast z życiem w Grecji nie mógł być bardziej uderzający:

> I pierwszą noc, jak tu przyjechałem, zobaczyłem, jak wygląda Mississauga, Toronto, popłakałem się, przyznaję się. Jak bym miał wtedy możliwość, to bym wsiadł w samolot i bym wrócił do tej Grecji z powrotem. Byłem załamany tym, że np. że się Polacy tutaj – bardzo dobrzy koledzy, potem się okazało, pomogli mi – ale pamiętam, że wrócili akurat z zakupów i się kłócili o centy, tam, wiesz, za papier toaletowy, za to, za tamto. W Grecji było inaczej, wiesz, ci Polacy nie bawili się w takie drobiazgi, nie. Była grupa znajomych, których tam miałem, którzy, wiesz, do tej pory tam są; po prostu gościliśmy się, pomagaliśmy sobie, tak bezinteresownie. A tutaj ktoś pojechał do sklepu i wydał na paliwo dolara, i to się dzieliło na cztery osoby, nie. Chodzi o to, że to było dla mnie takie załamujące, nie. Okazało się potem, że to takie zdrowe jest, wiesz, żeby się rozliczać ze wszystkiego, ale byłem załamany. Wiesz, jak przyjechałem, było ciężko o pracę, okropnie było. (W1/M/43/1992/Ś)

Od początku pobytu w Kanadzie wykonywał bardzo wiele prac, początkowo zupełnie niezwiązanych z wyuczonym w Polsce zawodem mechanika: w piekarniach, na farmach tytoniowych, przy rozwożeniu pizzy. Część zarobionych pieniędzy wysyłał cały czas partnerce i córce, które wróciły w międzyczasie do Polski. Po około trzech latach znalazł pracę w swoim zawodzie, często jednak zmieniał miejsca pracy i pracodawców, którzy niechętnie patrzyli na jego bardzo częste przerwy w pracy spowodowane odwiedzinami w Polsce.

> Powiem ci, że ja też dużo prac zmieniałem, nie; dlatego, że ponieważ jeździłem do Polski często, więc wiesz, szef mnie puścił raz w roku, nie, no bo myślał, że ja pojadę raz i nie będę jeździł. Ale ponieważ za pół roku znowu chciałem jechać, więc on mówi: Stan, słuchaj, ja potrzebuję człowieka, nie, przecież nie

mogę czekać na ciebie przez kilka miesięcy w roku, bo ty do Polski jeździsz. I pracowałem tam wiesz rok, półtora, ponieważ jak trzeci raz już pojechałem, cierpliwość się skończyła, wiesz, no i musiałem, jak wracałem, szukać następnej pracy.

W trakcie jedenastoletniego pobytu na emigracji w Kanadzie był w Polsce kilkanaście razy, czasem dwa razy w roku. Jego życie w Kanadzie to w dużym stopniu nieustanne przemieszczanie się między Polską i Kanadą. Wyjazdy, pomoc rodzinie, która w międzyczasie się rozpadła, a także rodzicom, siostrze i szwagrowi, pochłaniały dużą część ciężko zarobionych pieniędzy. W rezultacie sytuacja finansowa nie przedstawia się dzisiaj zbyt korzystnie, a pogarszają ją kłopoty ze zdrowiem. Zarówno była żona, jak i inni członkowie rodziny wydają się jednak nieświadomi sytuacji, w jakiej znajduje się mężczyzna. Być może on sam nie przyznaje się do niej otwarcie, być może zbyt silne jest wyobrażenie o emigrantach jako o ludziach sukcesu, aby żyjący w Polsce bliscy byli w stanie przyjąć te fakty do wiadomości.

> [...] i jak np. dzisiaj nawet dzwonię do swojej córki, rozmawiam z jej mamą, jej mama ma taki [...] chociaż była ze mną na emigracji w Grecji, wie, jak jest, ona ma takie [...] np. zmieniła teraz mieszkanie, bo kupiła własnościowe już, nie, to mówi: weź, mi np. daj tyle na to czy tamto. Jej się wydaje, że ja idę sobie do maszyny, biorę tyle, ile potrzebuję, ale ona nie wie, że ja nieraz miałem takie tu miesiące, że np. miałem np. wyrwanego zęba u chirurga pod narkozą – 1200 dolarów, samochód mi się zepsuł – naprawa 600 dolarów, jeszcze musiałem z konta brać, z karty kredytowej, żeby pokryć, bo wydałem więcej, niż zarobiłem. Że odłożyć tutaj kilkaset dolarów miesięcznie, 100 czy 200 czy 300, to czasami jest rzeczą niemożliwą. A wyślij do Polski tam 900 czy 1000 – nie doceniają tego po prostu.

W momencie przeprowadzania wywiadu mężczyzna ten był w Kanadzie jedenasty rok, nadal jednak nie nauczył się dobrze języka. Z początku nie było takiej potrzeby, ponieważ pracował przeważnie dla Polaków w polskich zakładach. Także inni pracodawcy (Macedończycy, Serbowie) mówili bardzo dobrze po polsku. „Nawet Chińczycy, zdawało się, ten polski znali, wiesz, wszyscy mówili po polsku. Robiłem zakupy w polskich sklepach". Wchłonięty przez etniczne getto, zasymilował się do jego niższej wartości i pozostał w niej do dziś. Dopiero kilka lat temu, po zatrudnieniu w kanadyjskiej firmie, zaczął uczyć się intensywniej angielskiego, chodzi do wieczorowej szkoły z niedawnymi imigrantami. Naukę wymusza także presja w pracy na posługiwanie się wyłącznie angielskim; nawet z pracującym w tym samym zakładzie Polakiem rozmawiają po angielsku: „[...] pracuje ze mną jeden Polak, ale nie próbujemy nawet mówić po polsku, bo po prostu od razu nam każdy zwróci uwagę, nie: *English, English!*".

Gdyby spróbować usytuować tego imigranta w strukturze społecznej polskiej grupy etnicznej, zapewne mieściłby się bliżej dolnego jej szczebla. Dla niego samego jednak punktem odniesienia są, z jednej strony, ci, którzy stoją jeszcze niżej w etnicznej hierarchii: drobni pijaczkowie, kombinatorzy, prości robotnicy, wynajmujący nadal w kilku, tak jak kilkanaście lat temu, mieszkania w blokach przy Lakeshore Avenue, żyjący „na materacu". Z drugiej strony, punkt odniesienia stanowią znajomi, którzy powoli dorabiają się, wyprowadzają z bloków do domów na przedmieściach. Jego emigracja, widziana z tej perspektywy, wydaje się porażką nie tylko ekonomiczną, ale także osobistą. Złą sytuację materialną respondenta pogłębia bowiem samotność – wszystkie jego związki w Kanadzie rozpadły się. Samotność – wielkomiejska plaga, w szczególny sposób dotycząca jednak imigrantów – przyczynia się do nie najlepszej kondycji psychicznej:

> A ja nie jestem [...] muszę ci powiedzieć, ja po prostu sam się czuję fatalnie, wiesz, psychicznie, można powiedzieć: wysiadam momen... bardzo szybko. [...] Mam tu znajomych, którzy są sami i sobie świetnie radzą, i nie chcą mieć dziewczyny, wiesz, albo od czasu do czasu gdzieś tam, wiesz [...] także... psychicznie są silni, wiesz. A ja wiem, ile mnie takie znajomości nieraz kosztowały czy takie rozstania, ale jest to warte. [...] Chciałbym tu kogoś znaleźć, wiesz, interesującego, żeby być razem, bo nie nadaję się do życia w samotności.

Imigrant ten żyje głównie tym, co związane jest z Polską – codziennie ogląda telewizję, czyta informacje w Internecie, kibicuje polskim drużynom sportowym. Z perspektywy czasu uważa, że w Polsce czuł się dobrze, prowadził aktywne życie, był szczęśliwy. Mówi: „Uważam, że to jest wielkie nieszczęście, że musimy emigrować, tutaj np., wiesz, budować w obcych miejscach, gdzieś". Chociaż ceni to, co dała mu Kanada, twierdzi, że gdyby w Polsce było lepiej, wróciłby. Jest jednak przerażony panującą w rodzinnym kraju sytuacją społeczną i polityczną, która – obserwowana za pośrednictwem środków masowego przekazu (głównie przez Internet, lekturę serwisów informacyjnych, gazet itp.) – rysuje się niezwykle ponuro. Polska wydaje się krajem skorumpowanym i niebezpiecznym, pełnym nieuczciwości i przestępczości (mężczyzna ten podziela tym samym obraz Polski, z jakim spotkać można się u wielu polskich imigrantów). Nie zaadaptował się do życia w Kanadzie, a jednocześnie nie widzi powrotu do Polski z powodu braku perspektyw dla siebie. Mówi: „Co ja bym tam robił?".

9.3. Dynamika więzi i obraz Polski w oczach polskich imigrantów

Bez względu na intensywność więzi z Polską, zwłaszcza na częstotliwość wizyt, przechodzą one charakterystyczną ewolucję w czasie. Początkowe dążenie do jak najczęstszych kontaktów słabnie w miarę upływu czasu zamieszkiwania w Kanadzie. Dla części imigrantów jest to wyraz świadomej decyzji, aby skoncentrować się na teraźniejszości, przestać patrzeć wstecz i żyć w rozdwojeniu, które utrudnia adaptację. W większości jednak przypadków proces ten zachodzi w sposób w dużej mierze nieuświadomiony. Rzeczywistość kanadyjska coraz bardziej absorbuje imigrantów, a polska coraz bardziej się od nich oddala. Z czasem mimo negatywnych postaw dominujących w początkowym okresie pobytu zaczynają doceniać pozytywne strony życia w Kanadzie, poznawać ją i jej kulturę; w największym stopniu sprzyja temu procesowi posiadanie dzieci, które są dla rodziców bardzo silnym łącznikiem ze społeczeństwem i kulturą kraju imigracji. Tymczasem Polska staje się coraz bardziej obca i mniej zrozumiała. Tęsknota za krajem pochodzenia jest tęsknotą za miejscami, które imigranci opuścili kilkanaście–kilkadziesiąt lat wcześniej i które od tego czasu radykalnie się zmieniły. Jest to tęsknota za bezpowrotnie utraconą „ojczyzną prywatną" (Ossowski 1967:217), za miejscami, w których upłynęło dzieciństwo i młodość, za pierwszymi przyjaźniami, sympatiami itp. Okresowe wizyty w rodzinnym kraju uświadamiają, że rzeczywistości tej nie można już odnaleźć. Znajome dawniej miejsca wydają się obce i oglądane są z perspektywy turystów czy gości. Imigranci mają problemy z odnalezieniem się w polskich realiach, począwszy od tak podstawowych, jak aspekty codziennego życia (np. umiejętność posłużenia się telefonem w budce telefonicznej), po różne elementy polskiego społeczeństwa i kultury, które uderzają swoją obcością, czasem drażnią, a czasem wywołują lęk i niepokój. Polscy imigranci rozpoznają też z reguły jedynie wybrane nazwiska postaci polskiego życia publicznego. Chociaż są przekonani, że łatwiej byłoby im przystosować się teraz do życia w Polsce niż wcześniej do życia w Kanadzie (chociażby z racji znajomości języka), najczęściej wykluczają możliwość powrotu, który byłby dla nich kolejną emigracją. W wypowiedziach niektórych badanych zwraca ponadto uwagę bardzo negatywny obraz rodzinnego kraju. Wydaje się, że kształtuje się on głównie na podstawie informacji, których dostarczają mass media, zarówno polonijne, jak i te sprowadzane z Polski oraz Internet. Pewne zjawiska, do pewnego stopnia niewidoczne lub oswojone przez polskie społeczeństwo, jeżeli są oglądane zza oceanu, ulegają uwypukleniu i wyostrzeniu. Stanowią zarazem jeden z czynników powstrzymujących przed rozważaniem możliwości powrotu.

Polska jawi się w oczach imigrantów jako kraj pełen ogromnej korupcji i przestępczości, źle rządzony i okradany przez swoich polityków[5]. Wielu

---

[5] Niektórzy doświadczyli na sobie patologicznych zjawisk życia społecznego, starając się nawiązać więzi ekonomiczne z Polską. Kilku imigrantów wspomina, że kiedy próbowali zainwestować w rodzinnym kraju na pewnym etapie pobytu w Kanadzie, zostali oszukani przez swoich polskich wspólników lub stykali się z wszechobecną korupcją.

imigrantów jest przekonanych, że brakuje tu perspektyw zarówno dla ludzi młodych, jak i dla nich samych (gdyby zdecydowali się kiedyś wrócić), co przypomina trochę sytuację z okresu, kiedy sami emigrowali. Dostrzegają problemy społeczne, takie jak bezrobocie czy różnego rodzaju patologie; brak zaufania do funkcjonowania systemu społeczno-politycznego w różnych jego wymiarach, poczucia przewidywalności tego, co się zdarzy[6]. Nade wszystko dominuje jednak poczucie braku zrozumienia dla tego, co dzieje się w rodzinnym kraju.

Ów brak zrozumienia dla polskich realiów dochodzi do głosu zwłaszcza w czasie wizyt w Polsce. Imigranci nie do końca rozumieją zachodzące tu procesy i tutejszą rzeczywistość, a pobyt trwa z reguły zbyt krótko, by zacząć na powrót orientować się w bieżącej sytuacji. Przyzwyczajeni do życia w Kanadzie, odbierają wiele zjawisk bardzo negatywnie. Oczywiście zdarzają się oceny pozytywne, zwłaszcza wśród osób częściej odwiedzających rodzinny kraj. Jednak bez względu na wydźwięk emocjonalny obraz rodzinnego kraju malowany jest przez osoby, które patrzą nań z dystansu, z perspektywy turystów. Jest to w gruncie rzeczy obcy kraj, do którego powrót byłby kolejną emigracją[7].

9.4. Inne formy więzi. Zaangażowanie reaktywne

Obok więzi w sferze prywatnej zaangażowanie imigrantów w Polsce może wykraczać poza kontakty osobiste i obejmować także inne ich formy, również te dotyczące szeroko rozumianej sfery publicznej. Imigranci angażują się np. powszechnie w akcje pomocy charytatywnej na rzecz domów dziecka i osób potrzebujących, a także w okresach klęsk żywiołowych w rodzinnym kraju (jak w czasie powodzi w Polsce w 1997). Niektórzy uczestniczą w organizacjach, które promują więzi społeczne i kulturowe z krajem pochodzenia (takich jak stowarzyszenia osób pochodzących z określonego miasta), czy w organizacjach charytatywnych działających na rzecz kraju emigracji, wysyłających pieniądze w celu finansowania różnych podejmowanych tam przedsięwzięć itp. Zauważalna jest także aktywność społeczno--religijna na rzecz Polski (np. Radio Maryja ma licznych słuchaczy w To-

---

[6] Charakterystyczna jest tu wypowiedź jednej z imigrantek, która stwierdza: „Ja wiem, że ja mogę umrzeć, ale jeszcze mnie do szpitala zawiozą [w Kanadzie]. A tam nigdy nie wiem, co i jak". (W62/K/52/1983/Ś)

[7] Wiele osób przeżywa to bardzo boleśnie i dlatego uważają, że emigracja pozbawiła ich istotnej części siebie. Niektórzy imigranci zdają sobie przy tym sprawę z paradoksu, jakim jest to, że tęsknią za Polską, którą opuścili w akcie sprzeciwu wobec ówczesnej rzeczywistości społeczno-politycznej i gospodarczej, a nie potrafią się odnaleźć we współczesnej, wolnej Polsce, o której zawsze marzyli.

ronto i Mississaudze). W Toronto działają politycy polskiego pochodzenia, którzy usiłują odgrywać rolę łączników między zbiorowością polskich imigrantów a społeczeństwem kanadyjskim i Polską. Artyści, którzy zdobyli popularność w środowisku polskich imigrantów, dążą do zaistnienia także w Polsce.

Zaangażowanie w kraju pochodzenia bywa formą rekompensaty dla osób, których pozycja społeczna uległa obniżeniu (w stosunku do sytuacji w Polsce) w kanadyjskim społeczeństwie. Z powodów obszernie przedyskutowanych we wcześniejszych rozdziałach część imigrantów nie znajduje w Kanadzie ujścia dla swoich ambicji zawodowych. Z kolei aktywność w środowisku polskich imigrantów w Toronto także bywa dla nich niewystarczająca, a ponadto napotykają przeszkody w postaci animozji na tle pokoleniowym. W tych okolicznościach wielu z nich zwraca się w kierunku kraju pochodzenia i tam próbuje budować swój prestiż społeczny. Przykład takiej sytuacji przedstawiony został poniżej.

Transnarodowość reaktywna. Studium przypadku

Przykładem zaangażowania w Polsce, będącego reakcją na degradację społeczną w kraju imigracji, jest biografia 56-letniego prawnika, który przyjechał do Kanady w 1990 roku z żoną i dwojgiem dzieci tuż po Okrągłym Stole, po ośmiu miesiącach spędzonych w Szwajcarii, korzystając z udogodnień dla uchodźców politycznych z początku lat 80. W Polsce pracował jako sędzia; przeszedł wszystkie szczeble kariery zawodowej i był wysoko postawionym pracownikiem w Ministerstwie Sprawiedliwości. Był także zaangażowany w działalność naukową, pracował jako wykładowca akademicki, publikował książki. Pierwszą propozycję pozostania na Zachodzie, którą otrzymał podczas wyjazdu w 1972 roku, odrzucił, wierząc w pomyślny rozwój kraju, idący w znacznie lepszym kierunku niż Europa Zachodnia. Ostatecznie jednak podjął decyzję o emigracji już u progu transformacji systemowej. Jako powód wyjazdu podaje zniechęcenie i psychiczne wykończenie systemem, w którym żył i w którym, jak mówi, próbował wprowadzać zmiany. Przeobrażenia społeczno-polityczne zachodzące w 1989 roku jedynie przyspieszyły tę decyzję, którą postrzega dzisiaj, z perspektywy 14 lat pobytu w Kanadzie i w świetle informacji docierających z Polski, jako jedyną słuszną:

> [...] i później następuje pierwsza przemiana po „okrągłym stoliku". I orientuję się natychmiast, jaka kategoria ludzi dochodzi do [...] stanowisk, do władzy. Najgorszy element, można powiedzieć. Ci, którzy stanęli na stołki i wrzeszczeli najgłośniej, i wtedy już po prostu zrezygnowałem. Ponadto nałożył się na to również fakt, że ja byłem uznany za banitę, to znaczy po moich publikacjach,

mojej działalności, nie wolno mi było być w Warszawie. [...] Mimo że trochę za późno to zrobiłem, wyjechałem bez języka angielskiego, niemniej uznałem, że gdybym nawet miał tu pod mostem mieszkać, to po prostu dłużej nie mogę, po prostu [...]. To dotykało mnie też zdrowotnie, ja po prostu się wykańczałem psychicznie tymi faktami. Zresztą dzisiaj, po obserwacji, co się dzieje w Polsce, jestem przekonany, że dokonałem słusznego wyboru, bo prawdopodobnie bym się zagryzł, jak to można powiedzieć, w Polsce. Tego, czego nauczałem, etyki itd., jest w tej chwili już kompletnie na dnie. Kiedy ja słyszę o nadużyciach wymiaru sprawiedliwości, o przewlekłości tak potwornej postępowania [...]. Na przykład kilka dni temu znowuż panią prokurator z jakimiś gangsterami widziano. (W67/M/56/1990/W)

Na decyzję o wyjeździe wpłynęła także presja żony, której cała bliska rodzina (brat i matka) była już w Kanadzie, a która w podobny sposób postrzegała sytuację w Polsce.

Brak znajomości języka wyznaczał od początku ograniczone możliwości zawodowe. Stąd też pierwszy okres w Kanadzie był czasem intensywnej nauki angielskiego. Warto zauważyć, że przyjazd tego mężczyzny nastąpił w nie tak młodym już wieku (miał prawie 40 lat), co, jak sam zauważa, nie ułatwiało nauki. Dyplomy z Polski zostały uznane przez odpowiednie kanadyjskie instytucje (uniwersytet w Ottawie), jednak ze względu na odmienność systemu prawa bez możliwości wykonywania zawodu prawnika[8]. Uzyskanie wymaganej do tego licencji wymagałoby podjęcia regularnych studiów (co prawda nie od początku, lecz od poziomu odpowiednika polskiego licencjatu), na co imigrant ten nie mógł sobie pozwolić, mając na utrzymaniu rodzinę. Pracował więc m.in. jako tłumacz polskiego i rosyjskiego na lotnisku. Wkrótce po przyjeździe został zatrudniony w areszcie imigracyjnym, gdzie pracuje do dzisiaj i jest strażnikiem.

W przypadku tego mężczyzny degradacja zawodowa jest wyjątkowo uderzająca. Z osoby wysoko postawionej w hierarchii zawodowej i społecznej w kraju pochodzenia stał się zwykłym pracownikiem, raczej bliżej dolnego szczebla drabiny zawodowej. Imigrant ten nie skorzystał przy tym z alternatywnej drogi, jaką wybiera wielu prawników, tzn. pracy w *paralegal services*, która polega na doradzaniu m.in. w sprawach imigracyjnych, głównie osobom pochodzącym z tego samego kraju, i nie wymaga posiadania licencji prawniczej. Jako przyczynę podaje niedostateczną wciąż znajomość języka i związane z tym opory moralne przed świadczeniem w nie wystarczającym stopniu profesjonalnych usług. Daje tu o sobie znać brak

---

[8] Prawo takie uzyskują niemal automatycznie (lub po krótkich kursach) jedynie prawnicy pochodzący z krajów, gdzie również panuje system *common law*, a więc Wielkiej Brytanii, Indii, Izraela (zob. rozdział piąty).

podstawowego kapitału kulturowego w warunkach imigracyjnych, jaką jest znajomość języka kraju osiedlenia.

Natomiast [...] ja, wykładając etykę, nigdy bym sobie nie pozwolił na to, co robią w tej chwili Chińczycy czy inni counselorzy, którzy jak przyjdą do mnie, do aresztu imigracyjnego, ledwo mówią po angielsku. A oni ze śmiałością pełną biorą od ludzi pieniądze, niby im pomagając w ich problemach. Sami ledwo obracając się w tych problemach. To samo spotkałem wielu Polaków. Niektórzy mnie pytają, dlaczego właśnie akurat, no, nie mając licencji prawnika, nie możesz być counselorem, takim właśnie *paralegal*. Po prostu, no, człowiek ma pewien kościec i [...] nie mogąc w sposób maksymalny pomóc tym ludziom, z którymi [...] miałbym pomóc jeszcze za pieniądze; po prostu omijam takie możliwości. Mam szereg telefonów po moich publikacjach prasowych, ludzie dzwonią do mnie, że chcieliby, żebym im pomógł. Pomagam im przez telefon głównie, kiedy potrzebują jakiejś porady, i kieruję do odpowiednich osób, które znam. Czy to właśnie *paralegal* czy adwokatów, gdzie wiem, który jest, powiedzmy, takiej specjalności. Sam takich rzeczy się nie podejmuję, po prostu uważam, że... że nie można szkodzić. Pierwsza zasada tak jak lekarska: nie szkodź, a niestety wielu tak to robi.

Zawodowe niezrealizowanie się zalicza się u niego zdecydowanie do minusów emigracji, z czego jednak – jak twierdzi – zdawał sobie sprawę jeszcze przed wyjazdem i z czym udało mu się pogodzić. Pozostaje mimo to poczucie pewnej frustracji i upośledzenia w stosunku do innych grup etnicznych, jego zdaniem niesłusznie uprzywilejowanych.

Weźmy powiedzmy Hindusów, weźmy Żydów, ja nie przypuszczam, że prawo izraelskie czy system prawny jest tożsame jak system kanadyjski. A oni mają ułatwiony, powiedzmy, start. I to trochę, no... trochę boli, że człowiek, pochodząc z kraju chyba cywilizowanego, gdzie mamy Uniwersytet Jagielloński z historią ponad 600 lat, a tutaj wychodzą z uczelni, która ma 30–40 lat i, powiedzmy, puszą się swoimi stanowiskami, pozycją itd. To na pewno trochę, trochę boli, że tak jest, niemniej trzeba się z tym pogodzić, jak mówił Hegel, powiedzmy, wolność to jest rozumienie konieczności. Nawet swoim więźniom mówię, jak rozumiesz, że zawiniłeś i tu się znalazłeś, to wtedy jesteś wolny, bo tylko musisz myśleć, jak się uwolnić. Natomiast jeśli ty rozpamiętujesz krzywdę swoją cały czas, to wtedy wpadniesz w stres. Tak, że [...] trzeba sobie uświadomić po prostu możliwości [...] tak musi być, koniec.

Charakterystyczne dla tego imigranta jest to, że poczucie zawodowego upośledzenia i wynikającej stąd frustracji prowadzi u niego do nieustannego poszukiwania możliwości działania i niezwykłej aktywności społecznej, zarówno w środowisku polskich imigrantów, jak i w kontaktach z Polską. Już na samym początku pobytu, ucząc się języka, pracował jednocześnie społecznie w instytucji wysyłającej do Polski nauczycieli języka angielskiego, którzy w tym okresie masowo zastępowali nauczycieli rosyjskiego w polskich szkołach i na których było tam w związku z tym duże zapotrzebowanie. Obecnie pisze artykuły do polonijnych gazet i uczy w polskiej szkole przy konsulacie. Zna problemy środowiska polskich imigrantów w Kanadzie, angażuje się aktywnie w ich badanie i poszukiwanie prób rozwiązania (np. problemu alkoholizmu wśród polonijnej młodzieży czy scalenia emerytur imigrantów), jest związany z kilkoma organizacjami. Z przeprowadzonego wywiadu wyłania się obraz człowieka żywo zainteresowanego otaczającą rzeczywistością i stale poszukującego w niej coraz to nowych dla siebie możliwości działania. Wiąże się to także z nieustannym dążeniem do kontaktów z Polską. Samodzielne studia nad kanadyjskim systemem sprawiedliwości zaowocowały np. napisaniem książki na ten temat (w momencie przeprowadzania wywiadu poszukiwał dla niej wydawcy). Swoje artykuły i opracowania wysyła kolegom z uczelni, na której wykładał w Polsce, do wykorzystania na wykładach. Utrzymuje ciągły kontakt z Towarzystwem Wolnej Wszechnicy Polskiej, gdzie działał przed wyjazdem; bywa zapraszany na odczyty do Polski. Jeździ do kraju co 3–4 lata; wspomina mimochodem o powiązaniach biznesowych. Jednak także w dziedzinie kontaktów z Polską odczuwa niedosyt, kontakty te napotykają bowiem różnego rodzaju bariery. Trudności w komunikacji przez Internet spowalniają np. habilitację na podstawie napisanej książki.

> Znowu napotyka na pewne bariery, nie będąc w Polsce, nie mogę tego popychać. Co wysyłam im Internet, to nie odczytują tego. Bardzo słabe jest nasycenie na uczelniach nawet Internetem, profesura nie posługuje się, asystenci już może bardziej, ale profesura listy pisze ręcznie itd., a to dla mnie za wolno jest, żeby komunikować się, tak że gdzieś tam od roku leży ta moja praca gdzieś, może u recenzentów, nie wiem u kogo. Prawie się przestałem interesować tym, bo mi to nic nie da, ja tylko mogę koszty ponieść w związku z tym, że muszę wyjechać, muszę coś zrobić [...]. Chcieli, przygotowałem, wysłałem. Chcecie z tego skorzystać – skorzystajcie.

Ma poczucie, że Polska nie wykorzystuje wiedzy, którą posiadają powracający do niej imigranci. Tymczasem jest przekonany, że dzięki znajomości innego systemu, w którym obecnie żyje, mógłby podzielić się z krajem ojczystym cenną wiedzą, która umożliwiałaby usprawnienie funkcjonowania systemu wymiaru sprawiedliwości.

> Natomiast tu chyba trzeba mieć pewien niedosyt, że polska strona nie wykorzystuje trochę doświadczeń, z którymi przyjeżdżają imigranci z innych krajów. Zresztą to nie tylko moje spostrzeżenie. Kilku kolegów, którzy wrócili do Polski, mówią po prostu: najpierw jest pewna zawiść, później jest pewne pokazanie, co ty się będziesz mądrzył tu. Trzeba się bardzo mocno starać, żeby przebić się przez

to, pokazać, że jest się lepszym. Na przykład taki kolega, radca prawny, wrócił do tego, mówi, to dopiero jak założył system internetowy informacyjny, jak pokazał, że za pięć minut daje ekspertyzę, bo ma kontakt przez Internet z, powiedzmy, z orzecznictwem Sądu Najwyższego, coś takiego, to dopiero wtedy jakby osiadł w tym środowisku, dopiero został dostrzeżony, a wcześniej był, powiedzmy, lekceważony trochę, tak że... nie wiem... wydaje mi się, że trochę za mało strona polska wykorzystuje doświadczenia właśnie imigrantów zdobyte. Oczywiście wielu wraca, robi tam kariery, zajmuje się, ale chciałoby się, żeby to było w większym stopniu.

I w innym miejscu:

> [...] te moje doświadczenia, powiedzmy, w trudnych kontaktach ze środowiskiem polskim w Polsce, uświadamiają mi, że [...] nie poszukuje się tam, powiedzmy, ekspertów czy kogoś, kto [...] mógłby poprawić.

Warto zauważyć, że chociaż intensywne więzi z Polską interpretować można jako próbę rekompensaty społecznej degradacji w Kanadzie, więziom tym nie towarzyszy negatywny obraz kraju imigracji, jak można by się spodziewać zgodnie z sugestiami autorów koncepcji reaktywnego zaangażowania w więzi ponadnarodowe (Itsigsohn, Saucedo 2002). Przeciwnie, Kanada postrzegana jest dość pozytywnie i właśnie nabyte w niej doświadczenia mężczyzna chciałby przekazać Polsce. Okazuje się jednak, że w rodzinnym kraju cieszą się one niewielkim zainteresowaniem, dlatego też jedynie do pewnego stopnia imigrantowi, o którym mowa, udaje się zredukować uczucie frustracji spowodowane niezrealizowaniem ambicji społecznych i zawodowych.

9.5. Więzi a zasoby

Istnieje grono osób, których związki z Polską pozostają bardzo bliskie. Dotyczy to zwłaszcza przedsiębiorców. Wielu z nich na pewnym etapie działalności w Kanadzie zwraca się w kierunku rodzinnego kraju. Dla części polsko-kanadyjskich przedsiębiorstw kontakty z Polską stanowią rację bytu. Dotyczy to np. firm wykorzystujących popyt na sprowadzane z Polski towary i zajmujących się ich importem. Inni próbują zaistnieć na polskim rynku. Imigranci zakładają tam np. lokalne firmy lub nabywają nieruchomości. Czasem próbują wykorzystać wiedzę zdobytą na kontynencie amerykańskim, np. budując domy tzw. metodą kanadyjską.

Wydaje się, że przedsiębiorców zaangażowanych w więzi ekonomiczne z Polską jest niewielu[9] w stosunku do większości imigrantów, co potwier-

---

[9] Wśród badanych związki o charakterze biznesowym lub zawodowym z krajem pochodzenia utrzymywało sześć osób.

działoby wnioski z innych badań (zob. Portes 2003). Ich aktywność jest jednak zauważalna i wydaje się wzrastać na przestrzeni lat. Za dowód posłużyć może działalność Canada-Poland Chamber of Commerce of Toronto, organizacji stawiającej sobie za cel promowanie i rozwój inwestycji oraz współpracy biznesowej między Polską i Kanadą (Canada-Poland Chamber of Commerce 2004). Więzi ekonomiczne z Polską stanowią alternatywną formę mobilności w obliczu barier na kanadyjskim rynku pracy. Dochodząc do pułapu możliwości w Kanadzie, bardziej przedsiębiorczy spośród nich sięgają po zasoby związane z własnym pochodzeniem etnicznym, takie jak znajomość języka czy znajomość z kolegami-biznesmenami z Polski.

Transnarodowość uzależniona od zasobów
Studium przypadku

Przykładem zaangażowania uzależnionego od zasobów (według typologii Itsigsohn, Saucedo 2002) jest życiorys 44-letniego przedsiębiorcy, właściciela jednej z większych polskich firm budowlanych w aglomeracji Toronto. Przed emigracją z Polski w 1987 roku, czyli, jak mówi, „w pierwszym życiu", był spełnionym dentystą. Pracował także jako asystent na Akademii Medycznej; wyjeżdżając, był w trakcie pisania doktoratu. Jako powód emigracji podaje motywy „raczej poszukiwawcze". Odgrywały tutaj rolę częściowo motywy ekonomiczne – podobało mu się życie na Zachodzie, które znał, wyjeżdżając często jeszcze w czasie studiów do pracy na budowach w Niemczech. Kolejny powód związany był z pracą na uczelni – Polska, odseparowana od Zachodu żelazną kurtyną, pozostawała także w dużym stopniu na uboczu najnowszej myśli naukowej. Dochodziło do sytuacji, w których okazywało się, że przeprowadzone badania zostały już wcześniej przez kogoś zrobione, co przypominało „odkrywanie Ameryki".

> Także w pewnym sensie dla mnie nie było to przyjemnością robić coś, pseudonaukową działalność prowadzić, badania, które i tak, i tak już dawno były zrobione i dokonane na Zachodzie, opisane dokładnie, tak że nie widziałem sensu powielania, robienia tej samej pracy. (W43/M/44/1990/W)

Przed przyjazdem do Kanady w 1990 mieszkał z żoną przez 2,5 roku w Niemczech, gdzie urodziło mu się dziecko. Pracował tam początkowo na budowie, a następnie jako technik dentystyczny oraz pomocniczy lekarz dentysta w gabinecie koleżanki, gdzie leczył głównie polskich pacjentów. O wyjeździe z Niemiec przesądziła niepewność co do dalszego rozwoju wydarzeń po europejskiej aksamitnej rewolucji w 1989 roku. Zachodzące wypadki przypominały do złudzenia sytuację z 1981 – bał się, że po okresie chwilowej wolności nastąpi jej utrata i pogorszenie sytuacji. W związku z tym za wcześnie było na powrót do Polski, a w samych jednoczących się Niemczech przyszłość także wydawała się niepewna i skłaniała do poszukiwania innych opcji. Znajdujący się już w Kanadzie kolega pomógł w przyjeździe. Dzięki jego pomocy oraz dzięki sponsorstwu kościelnemu mężczyzna znalazł się w 1990 roku wraz z rodziną w Toronto.

Po pobycie w Niemczech Kanada stanowiła zupełnie „inny świat". Przyjechali z pewną kwotą pieniędzy, co ułatwiło adaptację w Kanadzie, uderzały jednak inne normy, inny sposób zorganizowania społeczeństwa. Wspomina:

> Same zachowania, podejścia do życia, podejście ludzi, do problemów np. zupełnie inaczej się tu podchodzi; inaczej się bierze to życie tutaj, jak się brało w Europie. Niestety, Europa jest bardziej luźna pod tym względem, tu praktycznie liczy się praca i nic więcej.

Pomimo braku znajomości języka imigrant ten odmówił ponownego „płacenia frycowego", czyli zaczynania od najprostszych fizycznych prac, co jest typowym losem imigrantów.

> [...] mnie tutaj od razu mówiono, że każdy musi swoje frycowe zapłacić, w nawiasie, w związku z czym mówiono mi, że ja to powinienem zacząć od rozwożenia pizzy, być *pizza driver*, bo tu praktycznie każdy przez to przechodził, w związku z czym ja to powinienem robić. Więc ja w ten sposób powiedziałem, że dla mnie to jest bez sensu, dlatego że ja już swoje frycowe przeszedłem, powiedzmy, w Niemczech [...] poza tym mam zawód i mam kilka zawodów, w związku z czym nie widzę najmniejszego problemu, żebym pracował w tym zawodzie.

Wydaje się, że mężczyzna ten nie miał typowego dla imigrantów z Polski problemu, jakim jest brak wiary we własne umiejętności oraz siły przebicia, czego nie należy jednak mylić z cieszącymi się złą sławą „kombinatorstwem" czy „cwaniactwem". Postawy takie zdarzały się nierzadko wśród imigrantów z lat 80., stanowiąc swoiste dziedzictwo komunizmu. Charakteryzowało je wyszukiwanie różnych pozaprawnych dróg w dążeniu do osiągnięcia materialnych korzyści, do dorobienia się, wykorzystywanie rozbudowanego w Kanadzie systemu świadczeń i zabezpieczeń społecznych, w omawianym przypadku przedsiębiorcy widać natomiast przede wszystkim wytrwałe dążenie do zawodowego zrealizowania się bez prób nadużywania systemu. Od początku podjął starania powrotu do zawodu, przeszkodę stanowił jednak brak znajomości języka. Kolega, który znał język angielski, pomógł mu i umówił na rozmowę w sprawie pracy w laboratorium, gdzie badany już sam dał sobie radę, pokazując swoje, prawdopodobnie wybitne, umiejętności, i został natychmiast zatrudniony. Pracując jako technik dentystyczny, rozpoczął jednocześnie przygotowania do egzaminów licencyjnych w celu powrotu do stomatologii, w międzyczasie założył jednak za namową innego znajomego firmę budowlaną. Okres rozkręcania biznesu okazał się dłuższy, niż można się było spodziewać na początku. W rezultacie do dzisiaj nie uzyskał licencji na wykonywanie zawodu dentysty w Kanadzie, co jest zresztą procesem niezwykle czasochłonnym i kosztownym. Osiągnął natomiast spory sukces w obranej dziedzinie działalności: jest obecnie właścicielem jednej z większych polskich firm budowlanych w Toronto, a także przedsiębiorstwa zaopatrującego i właścicielem sporego kompleksu budynków, które wynajmuje różnym firmom. Od kilku lat ma już poczucie stabilizacji w Kanadzie i po pierwszych latach ciężkiej pracy wydaje się znajdować już na etapie odcinania kuponów. Znajduje przy tym możliwości realizowania się także w zawodzie dentysty. W Kanadzie, aby utrzymać „władzę w palcach", bezinteresownie leczy przyjaciół w gabinecie znajomej dentystki. Wykonuje zawód także podczas wizyt w Polsce, gdzie jest właścicielem kilku gabinetów dentystycznych w rodzinnym mieście, do którego przyjeżdża przynajmniej trzy razy w roku. Polska pozostaje miejscem, do którego nieustannie wraca i z którą pozostaje silnie związany. Mówi:

> Bardziej mnie interesuje, co się w Polsce dzieje, w związku z czym dostęp do wszelkiego rodzaju TVN 24, Polsat, TV Polonia. Bardziej nawet wolę, wracając do domu, sobie obejrzeć wiadomości, co tam się dzieje, tam się żyje [...] jednak w dalszym ciągu się żyje tamtymi realiami. A tutaj, no... może dlatego nie interesuję się tym, że myślę, że [...] ja jako ja nie miałbym zbyt wielkiego wpływu na to wszystko, tak że nie zamierzam się pchać w jakieś tam urzędy.

W wypowiedzi tej dochodzi do głosu poczucie pewnego społecznego upośledzenia charakterystyczne dla imigrantów, skłaniające do poszukiwania alternatywnych dróg rozwoju i różnych form rekompensaty. Jedną z takich dróg są właśnie intensywne kontakty z Polską, jak w przypadku tego mężczyzny, który znajduje tam ujście części swoich ambicji zawodowych. Jednocześnie dzięki zamożności jest *par excellence* mieszkańcem „ponadnarodowej przestrzeni społecznej", aby przywołać termin, którym posługują się autorzy z nurtu badań nad transnarodowymi formami zaangażowania imigrantów (np. Faist 2004). Przestrzeń tę tworzą Kanada i Polska, ale w pewnym sensie – przynajmniej w wymiarze subiektywnym – także cały świat. Wspomniany imigrant raczej nie rozważa powrotu do Polski:

> [...] ale... tak generalnie, ja to traktuję, jakbym był, powiedzmy, [...] mieszkał w Olsztynie, rodzice we Wrocławiu. Bo praktycznie, szczerze mówiąc, w tej chwili jest to kwestia 12 godzin. Podróży. Jak jest dobrze wszystko poustawiane, 12 godzin. Siedzę w domu u siebie we Wrocławiu i popijam herbatkę albo kawkę. Tak, że to jest, coraz bliżej się robi.

Mimo iż pozostaje świadomość przebywania za wielką wodą, daleko od rodzinnego domu i związana z tym odżywająca od czasu do czasu tęsknota, Kanada jest już w tym momencie pierwszym domem:

> Praktycznie Kanada jest w tej chwili domem dla mnie. [...] Czy tym ostatecznym? Nie wiem. Może z racji tej, że praktycznie w życiu zaczynałem trzy razy życie, bo raz w Polsce po ślubie, co prawda bardzo krótko, czyli po skończeniu studiów, później druga część, drugi etap to były Niemcy, no i trzeci etap tutaj. [...] I muszę powiedzieć, że nie czuję jakichś takich powiązań, że och, tutaj, koniec. Nie, równie dobrze mogę jeszcze gdzieś w swoim życiu gdzie indziej.

Z wypowiedzi tej przebija również charakterystyczny dla imigrantów efekt uboczny imigracji: poczucie psychicznego zawieszenia, bycia pomiędzy. Zazwyczaj jest to uczucie bycia między Kanadą a Polską. Jednak w omawianym przypadku jest to raczej poczucie bycia ponad – ponad krajami, systemami, któremu towarzyszy przekonanie, że wszędzie można ułożyć sobie życie przy odpowiednim stosunku do tego, co w danej chwili się robi:

> Ja równie dobrze czuję się tutaj i równie dobrze czułbym się tam [w Polsce]. Tam bym sobie też poradził. Tak, że nie mam [...] praktycznie bardziej to, co mi się wydaje i [...] był kiedyś taki, powiedzmy, żeby to źle nie było zrozumiane, ale obraz światowego człowieka, czyli zawieszone gdzieś tam, ponad wszelkimi systemami, prawda, to się mówiło o Europejczyku, czyli różnica między Niemcem a Polakiem czy Francuzem, że my jesteśmy Europejczykami, praktycznie nie ma żadnej różnicy. Poniekąd coś takiego też [...]. Ja, praktycznie znając to życie tutaj, znając życie polskie, znając realia niemieckie, praktycznie uważam, że mógłbym wszędzie na świecie mieszkać w tej chwili i ważne, żeby tylko było coś, co można ciekawego robić i co [...] daje satysfakcję. Tu jest w tej chwili zabawa w budownictwo [śmiech]. Poniekąd zabawa, do pewnego stopnia, to znaczy, no, bardzo realna zabawa i poważna zabawa, ale życie chyba powinno być takie, żeby mieć troszeczkę tego... tej przyjemności z takiego działania, zobaczyć, a jak zrobię tak, to będzie tak, a jak tak, to tak. Tak, że mnie to sprawia przyjemność, to nie jest [...] ja nie traktuję pracy tylko [...] może dlatego potrafię po kilkanaście godzin dziennie spędzać ten czas, nie traktuję tego jako przymus, bo ja muszę pójść, bo ja muszę rodzinę utrzymać, bo ja jestem ten, który utrzymuje, nie, po prostu ja mam przyjemność w tym wszystkim. Nie jest to jakieś tam pójście, odwalenie na 8 godzin pracy i powrót.

Przedstawiona biografia imigranta to przykład jednej z tych osób, dla których intensywne zaangażowanie w rodzinnym kraju stało się możliwe po pokonaniu bariery, jaką stanowią dla większości niewystarczające zasoby. Zaangażowanie to uaktywnia się w chwili, gdy imigranci osiągną pułap możliwości w Kanadzie. Różnorodne powiązania w Polsce stanowią wówczas formę zasobu, po który sięga się, aby dać ujście części niezrealizowanych ambicji finansowych, a także – jak w powyższym przypadku –

ambicji zawodowych. Imigrant ów jest przykładem osoby, której posiadane zasoby umożliwiają w dużym stopniu nieskrępowane przemieszczanie się między państwami świata. Dla osób tych, jak pisał Richmond (1994, 2002), świat jest coraz bardziej pozbawiony granic – są to migranci cieszący się dużym stopniem autonomii, którzy dzięki rozwojowi środków transportu przemieszczają się bez przeszkód między różnymi krajami na kuli ziemskiej. Osiągnięta w Kanadzie pozycja zawodowa i materialna doprowadziła do wytworzenia poczucia wolności oraz psychicznego poczucia komfortu płynącego z braku przymusu pracy dla przeżycia, a dzięki posiadaniu kanadyjskiego paszportu – otwarcia granic.

Uwagi końcowe

Więzi z krajem pochodzenia przyjmują w przypadku polskich imigrantów w Kanadzie bardzo różną postać. Dotyczą sfery prywatnej, jak i różnych form zaangażowania w sferze publicznej. Są to zarówno więzi o charakterze ekonomicznym, jak i społeczno-kulturowym, politycznym czy religijnym. Łatwość i powszechna dostępność różnych form kontaktów z Polską łagodzą nostalgię i tęsknotę za nią. Prawdopodobnie przyczyniają się także do osłabienia znaczenia kultury zbiorowości polskich imigrantów na miejscu, w Kanadzie, i do mniejszego udziału w różnego typu imprezach i uroczystościach organizowanych w ramach polskiej grupy etnicznej.

Podtrzymywanie więzi z krajem pochodzenia wynika w przypadku większości imigrantów z motywów sentymentalnych i ma charakter prywatny, ograniczony do najbliższej rodziny i przyjaciół. Chęć odnowienia więzi ujawnia się także silnie w różnych przełomowych momentach życia, takich jak urodzenie się dziecka, rozwód lub śmierć kogoś bliskiego czy utrata pracy.

Dla części osób pochodzenie etniczne i związane z nim różnego typu uwikłania w Polsce stanowią formę ukrytego zasobu, który jest mobilizowany w specyficznych okolicznościach. Do okoliczności tych należy przede wszystkim osiągnięcie pewnego pułapu możliwości w kraju osiedlenia, które skłania do poszukiwania alternatywnych dróg mobilności społecznej i zawodowej. Dotyczy to zwłaszcza więzi ekonomicznych i politycznych. Rekompensowanie sobie przez imigrantów stosunkowo upośledzonej pod względem społecznym pozycji w Kanadzie może przejawiać się jednak również w próbach zaistnienia w Polsce w wymiarze społeczno-kulturowym.

10 | Imigracja do Kanady z Polski w latach 80. XX wieku. Podsumowanie

Masowemu exodusowi z Polski w latach 80. XX wieku, odbywającemu się na tle dramatycznej momentami sytuacji społeczno-ekonomicznej i politycznej, towarzyszyły nadzieje na zbudowanie lepszego życia na Zachodzie. Pierwszym przystankiem dla wielu spośród tych migrantów, którzy znaleźli się ostatecznie w Kanadzie, były różne kraje europejskie, gdzie zdarzało im się spędzić nawet kilka lat w oczekiwaniu na legalizację pobytu lub poszukiwaniu dalszych możliwości migracji. Część spośród tych osób doświadczyła trudnych warunków życia w obozach dla uchodźców, problemów związanych z nielegalną pracą i niechętnym nastawieniem społeczeństw krajów przejściowych. Perspektywa legalnej emigracji i pobytu w Kanadzie jawiła się w tym kontekście jako długo oczekiwane rozwiązanie ich niepewnej sytuacji.

Nie dla wszystkich jednak Kanada okazała się upragnioną „Świętą Ziemią", a na faktyczne polepszenie warunków życia przyszło większości poczekać co najmniej kilka lat. Przede wszystkim jednak zetknięcie z odmiennym środowiskiem geograficznym i sposobem organizacji życia społecznego charakterystycznym dla kontynentu północnoamerykańskiego okazało się dla wielu osób szokiem, który przywodzi wręcz na myśl doświadczenia przedstawicieli przedwojennych fal polskiej imigracji do Kanady. Z doświadczeniem kilku dekad życia w systemie socjalistycznym Polacy nie byli przygotowani do życia w kapitalizmie. Mimo iż migrowali w dobie rozwoju środków masowego przekazu, mieli przeważnie niewielką wiedzę o warunkach panujących w kraju docelowym, tym bardziej że dostęp do wiedzy o świecie nieskażonej państwową propagandą był w komunistycznej Polsce ograniczony. Decyzje migracyjne podejmowane były ponadto niejednokrotnie bez głębszej refleksji, pod wpływem presji i ogólnej gorączki migracyjnej panującej w Polsce w latach 80. Pobyt w krajach pośrednich dodatkowo pogłębiał doświadczany przez imigrantów szok adaptacyjny w pierwszym okresie pobytu w Kanadzie – na tle doświadczeń z państw europejskich Kanada jawiła się jako „inny Zachód", pozbawiony historii i estetyki.

Trudności adaptacyjne związane były w pierwszej kolejności z brakiem kapitału społecznego, który tylko do pewnego stopnia rekompensowały więzi z innymi migrantami, nawiązywane często jeszcze w krajach europejskich. Przyjeżdżając do Kanady, Polacy znajdowali się poza strukturą społeczną i funkcjonowali w swoistej próżni społecznej. Analiza sytuacji społecznej imigrantów w punkcie wyjścia, tzn. w okresie tuż po osiedleniu w kraju imigracji, stanowi klucz do zrozumienia przebiegu procesów ich adaptacji w Kanadzie w różnych jego wymiarach. Dotyczy to zarówno ich adaptacji ekonomicznej, jak i integracji społecznej. Sytuacja wyrwania z kręgów społecznych, których byli częścią w Polsce, zmuszała ich do rekonstruowania zerwanych więzi rodzinnych i towarzyskich. Powstałe w pierwszym okresie społeczne więzi solidarności i wsparcia wyznaczały kierunek integracji społecznej przede wszystkim w ramach własnej grupy etnicznej. Bariery w dostępie do miejsc pracy w ramach głównego nurtu rynku pracy (połączone z deficytem wymaganych umiejętności) skłaniały natomiast do wejścia na drogę samozatrudnienia, a tym samym kariery w ramach gospodarki etnicznej.

Ogólnie rzecz ujmując, włączanie polskich imigrantów do instytucji ekonomicznych, politycznych i społecznych oraz kultury społeczeństwa kraju osiedlenia dokonywało się zatem przede wszystkim w ramach enklawy etnicznej (tzw. *adhesive assimilation*) (Morawska 2004:1375). Ponadto do sytuacji części osób ma zastosowanie teza o asymilacji segmentowej (*segmented assimiliation theory*) (Morawska 2009; Zhou 1997), wskazująca na asymilację imigrantów na kontynencie północnoamerykańskim w ramach różnych klas i warstw tego społeczeństwa: klasy średniej lub wyższej klasy niższej (tzw. asymilacja w górę hierarchii społecznej), klasy niższej lub podklasy (asymilacja w dół). Rosnącej asymilacji towarzyszy jednocześnie utrzymywanie mniej lub bardziej intensywnych więzi z krajem pochodzenia. Niejednokrotnie żyjąc w jednym społeczeństwie, imigranci uczestniczą zarazem w życiu politycznym, społecznym i ekonomicznym kraju, z którego się wywodzą.

10.1. Przebieg adaptacji ekonomicznej

Obok braku kapitału społecznego w postaci powiązań i kontaktów na rynku pracy, umożliwiającego podjęcie pracy odpowiadającej wykształceniu i kwalifikacjom polskich imigrantów, do podstawowych uwarunkowań przebiegu karier zawodowych po stronie społeczeństwa przyjmującego należały przede wszystkim bariery w dostępie do bardziej prestiżowych zawodów w postaci rygorystycznych systemów akredytacji. W przypadku imigrantów z lat 80. dodatkowym czynnikiem utrudniającym adaptację ekonomiczną była ich cecha kolektywna, związana z socjalizacją w społeczeństwie socjalistycznym, jaką była nieznajomość kapitalistycznych reguł gry, zasad funkcjonowania rynku, a także różnego rodzaju przyzwyczajenia wyniesione z odmiennego ustroju społecznego i gospodarczego. Okolicznością w istotny sposób determinującą szanse imigrantów na rynku pracy był także moment przyjazdu – na początku lat 80., a następnie 90. miała miejsce w Kanadzie recesja gospodarcza.

Degradacja zawodowa stawała się normatywną ścieżką kariery zawodowej, zwłaszcza w warunkach braku podstawowego kapitału kulturowego, jakim była znajomość języka angielskiego. Polscy imigranci posiadali jednak inne zasoby, np. w postaci znajomości języków krajów, w których przebywali wcześniej, co w wielokulturowym społeczeństwie Toronto otwierało przed nimi alternatywne drogi mobilności przez środowiska innych grup etnicznych. Jedną z nich była także kariera w rosnącej na przestrzeni lat zbiorowości polskich imigrantów z lat 80. w Toronto i wytworzonej przez nich gospodarki etnicznej. Analiza wypowiedzi imigrantów, którzy wybrali ostatecznie drogę samozatrudnienia, wydaje się jednocześnie potwierdzać ustalenia z innych badań wskazujących, iż w społeczeństwie kanadyjskim założenie własnego przedsiębiorstwa bazującego na klienteli pochodzącej z tego samego kraju lub regionu świata stanowi dla imigrantów alternatywną drogę mobilności społecznej w obliczu trudności z asymilacją z rynkiem pracy, wynikających bądź to z dyskryminacji na tym rynku, bądź z deficytu umiejętności samych imigrantów (np. nieprzekładalności ich kwalifikacji zawodowych), bądź też – prawdopodobnie najczęściej – z obydwu tych czynników jednocześnie.

Opublikowane przez kanadyjskich badaczy analizy zarobków imigrantów żyjących w enklawach etnicznych dowodzą, że imigranci znajdujący sie w takiej sytuacji mają wyższe dochody od osób znających angielski i próbujących funkcjonować na kanadyjskim rynku pracy, co przemawia za tezą o korzystnym wpływie enklaw na asymilację z rynkiem pracy[1]. Dzięki licznej obecności rodaków możliwe jest prowadzenie działalności gospodarczej mimo braku kapitału społecznego ułatwiającego funkcjonowanie na kanadyjskim rynku pracy (wykorzystywane są za to więzi etniczne), a także mimo słabej znajomości języka angielskiego i braku formalnego uznania dla

---

[1] Wskazują na to np. analizy związku między osiągnięciami ekonomicznymi (wysokością zarobków) a posługiwaniem się językiem mniejszości (Pendakur, Pendakur 2002). Bycie osobą posługującą się językiem nieoficjalnym (innym niż angielski lub francuski) wiąże się z niższymi zarobkami: osoby, które mówią zarówno w języku większości, jak i w języku mniejszości (a więc imigranci), zarabiają mniej niż osoby mówiące tylko w języku większości. Z drugiej strony, jeśli w danym mieście istnieje duża zbiorowość etniczna (osoby mówiące tym samym językiem i pochodzące z tego samego kraju), zarobki imigrantów są większe. Nie wszystkie badania przynoszą jednak jednoznaczne rezultaty (zob. np. Fong, Ooka 2002; Li 2001a; Majka, Multan 2002; Zhou 2004).

posiadanych kwalifikacji. Tezy te znajdują potwierdzenie w odniesieniu do badanej zbiorowości polskich imigrantów z lat 80. Stanowią oni jako całość dobrze usytuowaną pod względem ekonomicznym zbiorowość, która doświadczyła pod tym względem znacznego awansu na przestrzeni lat.

Do pewnego stopnia funkcję podobną do samozatrudnienia pełnią więzi z krajem pochodzenia. Otwierają one alternatywną drogę mobilności dla co bardziej przedsiębiorczych imigrantów, którzy napotykają bariery na kanadyjskim rynku pracy. Z kolei dla innych osób pochodzenie etniczne oraz związana z tym możliwość podtrzymywania więzi z Polską stanowią cenny zasób pozwalający na rekompensowanie degradacji społecznej doświadczanej w Kanadzie. Nawiązując do znanej typologii migracji powrotnych Cerasego (1974), można powiedzieć, że okresowe powroty tych migrantów do rodzinnego kraju mają charakter innowacyjny[2], ponieważ dążą oni do wykorzystania w Polsce wiedzy, doświadczenia i umiejętności nabytych w Kanadzie. Opisane w poprzednich rozdziałach przypadki pokazują jednak, że próby nawiązania kontaktów zawodowych czy biznesowych w kraju pochodzenia nie zawsze kończą się powodzeniem z powodów leżących zarówno po stronie samych migrantów (takich jak nieadekwatność posiadanych doświadczeń w nowych warunkach społecznych i ustrojowych), jak i z powodu specyficznych uwarunkowań w Polsce (ograniczeń instytucjonalnych, prawnych, przypadków oszukiwania przez polskich wspólników itp.).

10.2. Integracja społeczna

Przebieg procesów integracji społecznej badanej zbiorowości zdeterminowany był w znacznej mierze przez okoliczności towarzyszące migracji, na początku XXI wieku pozostawał natomiast pod wpływem sytuacji w kraju imigracji, zwłaszcza postaw osiadłej populacji oraz postaw samych imigrantów.

W Kanadzie, która stwarza imigrantom o różnym pochodzeniu etnicznym stosunkowo korzystne warunki do życia i zachowania własnego dziedzictwa kulturowego, najbardziej zauważalna jest orientacja na własne pochodzenie etniczne. Jest ona charakterystyczna dla imigrantów pochodzących z wielu różnych krajów. Integracja w ramach własnej grupy etnicznej wydaje się najbardziej powszechną, niejako naturalną drogą integracji w pierwszym

---

[2] Pozostałe typy faktycznych powrotów, wyróżnione przez autora na podstawie zachowań migracyjnych Włochów, którzy w latach 60. XX wieku wracali ze Stanów Zjednoczonych, to: powroty z powodu porażki (*return of failure*), z powodów zachowawczych (*return of conservatism*) oraz powroty na emeryturę (*return of retirement*).

pokoleniu imigrantów. Kontakty z innymi imigrantami o tym samym pochodzeniu etnicznym przychodzą najłatwiej.

Podobne zjawiska można zaobserwować także w odniesieniu do polskich imigrantów w Kanadzie. Procesy ich integracji społecznej zachodzą wśród osób tego samego pochodzenia; co więcej, integracja ta zachodzi przeważnie w prywatnych kręgach, gdyż zaangażowanie w działalność różnego rodzaju organizacji jest wśród badanych niewielkie, podobnie jak inne formy aktywności na forum publicznym. Tendencji do zamykania się we własnym gronie towarzyszyć może niechęć do przedstawicieli innych ras i narodowości, separowanie się od wieloetnicznego społeczeństwa kanadyjskiego. Warto zauważyć, że postawy niechęci czy wręcz wrogości wobec przedstawicieli innych kultur, bez względu na to, jak bardzo są rozpowszechnione[3], to niezwykle problematyczna kwestia w mieście takim jak Toronto, w którym wzajemne obcowanie przedstawicieli różnych ras i narodowości jest codziennością.

10.3. Procesy akulturacji

Ciążenie w kierunku własnego pochodzenia etnicznego zauważalne jest także w sferze kultury. Choć w sposób nieuchronny zmienia się ona w warunkach imigracyjnych, istnieją dane wskazujące na spowolnienie procesów akulturacji wśród polskich imigrantów. Dotyczy to np. przejmowania języka angielskiego i przekazywania języka polskiego kolejnemu pokoleniu, ale także głębszych warstw kultury: stosunku do kanadyjskiego etosu, wzorów wychowania i kształcenia, a także bardziej egalitarnych relacji w rodzinie.

Obok czynników oddziałujących po stronie imigrantów w społeczeństwie kanadyjskim do najważniejszych uwarunkowań procesów akulturacji należą pewne cechy tego społeczeństwa, które sprawiają, że stanowi ono bardzo specyficzny dla ich przebiegu kontekst. Decyduje o tym nie tylko polityka wielokulturowości, która umożliwia i aktywnie wspiera podtrzymywanie przez imigrantów własnego dziedzictwa kulturowego, ale także szczególne cechy kultury kanadyjskiej związane przede wszystkim z tym, iż Kanada jest wspólnotą polityczną, a nie kulturową.

Polityka wielokulturowości sprzyja niewątpliwie przywiązaniu do własnej kultury wśród imigrantów. Bez względu na zarzuty, jakie można wysunąć pod jej adresem, nie do przecenienia pozostaje jej znaczenie symboliczne –

---

[3] Warto jeszcze raz podkreślić w tym miejscu, że ze względu na specyfikę przyjętych w badaniach metod i technik badawczych (o charakterze jakościowym) nie można stwierdzić, w jakim stopniu rozpowszechnione są wspomniane postawy.

dowartościowanie roli imigrantów, w tym obecnych tu od lat potomków Polaków, w budowaniu kanadyjskiego państwa. Chociaż ewolucję postaw społeczeństwa cechuje własna dynamika, niekoniecznie zgodna ze zmianami na poziomie polityki federalnej, pozostaje faktem, że przyjazdowi imigrantów z Polski z lat 80. i późniejszych towarzyszył całkowicie odmienny klimat społeczny niż ten, z którym stykały się wcześniejsze fale polskiej imigracji w Kanadzie. Na tle doświadczeń w krajach europejskich, gdzie wcześniej przebywali, bardzo cenna okazuje się możliwość pielęgnowania własnego dziedzictwa. Kanada jawi się w tym kontekście jako kraj, w którym „można być sobą", w sensie zachowywania przywiązania do własnej przeszłości; przeszłość ta otoczona jest szacunkiem i akceptacją.

10.4. Identyfikacja i satysfakcja

Sfera oficjalnych deklaracji i pozytywnej atmosfery wokół imigracji a zagadnienie struktury możliwości istniejących w społeczeństwie to oczywiście dwie, w dużym stopniu odrębne kwestie. W rzeczywistości identyfikujący imigrantów w Kanadzie akcent oraz kolor skóry stanowią podstawowe linie podziału, jakie przebiegają w kanadyjskim społeczeństwie. Są to swoiste linie demarkacyjne oddzielające tych, którzy są częścią głównego nurtu życia społecznego, od tych, którzy pozostają najczęściej poza nim; znajdują odzwierciedlenie w wynikach na rynku pracy, kształtują także poczucie przynależności.

W kanadyjskim społeczeństwie istnieją jednak także czynniki, które sprzyjają poczuciu identyfikacji z tym krajem, bez względu na rzeczywistą sytuację społeczną i ekonomiczną imigrantów. Najważniejszym z nich jest przede wszystkim imigracyjny rodowód kanadyjskiego społeczeństwa. Świadomość tego legitymizuje w oczach samych imigrantów ich obecność w Kanadzie i leży u podstaw poczucia przynależności, a nawet posiadania równych szans z samymi Kanadyjczykami.

Do identyfikacji z Kanadą przyczynia się także uczucie wdzięczności, jakie odczuwa wielu imigrantów wobec państwa, które okazało im olbrzymią pomoc w procesach adaptacji. Wdzięczność ta sprzyja satysfakcji z życia, które w kontraście z doświadczeniami wyniesionymi z komunistycznej Polski jawi się jako łatwe, pozbawione utrudnień, z jakimi wiązało się życie w ojczystym kraju.

10.5. Imigranci z lat 80. XX wieku na tle poprzednich fal polskiej imigracji w Kanadzie

Wiele cech emigracji z Polski do Kanady w latach 80. XX wieku upodabnia ją do klasycznych migracji osiedleńczych z przełomu XIX i XX wieku (według klasyfikacji warszawskiego Ośrodka Badań nad Migracjami[4]; Jaźwińska 2002). Na podobieństwo to składa się m.in. głębokość doświadczanego przez migrujących szoku kulturowego, spowodowanego olbrzymim dystansem kulturowym i cywilizacyjnym między Kanadą i Polską pod rządami komunistycznymi, a także ograniczoną do 1989 roku możliwością kontaktu z krajem przez wyjeżdżających (także z powodu mniej zaawansowanego jeszcze wówczas poziomu rozwoju środków transportu i telekomunikacji). W odniesieniu do badanej zbiorowości migracja oznaczała zerwanie więzi społecznych ze środowiskiem lokalnym, z członkami dalszej, a czasem także bliższej rodziny. Wymagała przestawienia się na całkowicie odmienny system wartości. Prowadziła także na ogół do całkowitej zmiany sytuacji zawodowej. Wiązała się z koniecznością przekwalifikowania się oraz podjęcia pracy niezgodnej z wykształceniem i umiejętnościami. Oznaczała wejście na nowy, całkowicie odmienny rynek pracy i strukturę uwarstwienia zawodów.

Podstawowa różnica sprowadza się jednak do znacznie większej niezależności migrujących od kolektywizmu zbiorowości imigranckiej i indywidualizmu w przebiegu procesów przystosowania do warunków kraju osiedlenia. Wprawdzie zależność od pomocy innych imigrantów i tworzonych przez nich organizacji była znaczna w pierwszym okresie pobytu, ale była nieporównywalna z ich znaczeniem dla imigrantów wcześniejszych fal. Polacy przyjeżdżający do Kanady w latach 80. i na początku lat 90. mogli liczyć na różnorodne formy pomocy ze strony kanadyjskiego państwa; część korzysta z tej pomocy do dzisiaj. Kanadyjski „przemysł osadniczy" – rozbudowany system wspierania integracji imigrantów ze społeczeństwem, z którego słynie obecnie Kanada – funkcjonował bowiem doskonale już na początku lat 80. Polscy imigranci byli z czasem wchłaniani przez kanadyjski rynek pracy, a w miarę wzrostu zamożności następowało także znaczne ich rozproszenie przestrzenne. Obecnie istnieje wiele instytucji jednoczących zbiorowość polskich imigrantów w aglomeracji Toronto (np. różnego typu organizacje, a także Kościół katolicki), które mają jednak znaczenie nieporównywalnie mniejsze niż dla wcześniejszych fal polskiej imigracji w Kanadzie.

---

[4] Pozostałe typy migracji to m.in. migracje kontraktowe/czasowe migracje legalne oraz migracje niepełne.

Uwagi końcowe

Na podstawie przeprowadzonych oraz przywoływanych w książce badań, w ramach podsumowania przedstawionych tutaj refleksji zaproponować można następujące wnioski, które powinny podlegać weryfikacji w trakcie badań o charakterze ilościowym.

Polscy imigranci w Kanadzie, którzy przybyli do tego kraju w latach 80. XX wieku i na przełomie kolejnej dekady, pozostają na początku XXI wieku zbiorowością dość płytko zakorzenioną w kanadyjskim społeczeństwie. Dotyczy to praktycznie wszystkich wymiarów ich adaptacji. Jeśli chodzi o wymiar kulturowy (akulturację), chociaż przejmują szereg elementów kultury otoczenia, to sposób ich życia i myślenia zawiera wiele cech charakterystycznych dla kultury kraju, z którego wyemigrowali. Ich wiedza na temat kraju osiedlenia jest z reguły powierzchowna, nie do końca rozumieją zachodzące w nim procesy i sami także nie są rozumiani przez Kanadyjczyków. Daje tu o sobie znać bariera sposobu myślenia, związana z socjalizacją w innym otoczeniu kulturowym i odmiennością przeżyć pokoleniowych (dorastanie w ustroju komunistycznym). Na najbardziej kluczowym poziomie przeszkodę dla uczestnictwa w kanadyjskim życiu społecznym i kulturze stanowi niedostateczna znajomość języka angielskiego, którego wielu imigrantów nie jest w stanie opanować w wystarczająco dobrym stopniu.

Z deficytem kompetencji kulturowych wiąże się ograniczenie do kręgu polskich znajomych i przyjaciół oraz tworzenie stowarzyszeń na bazie pochodzenia etnicznego. Podobnie jak w przypadku procesów akulturacji, również tutaj podobieństwo mentalności, a także doświadczeń w kraju pochodzenia i w kraju osiedlenia, w połączeniu z wieloma innymi czynnikami – wśród których istotną rolę odgrywają postawy samych imigrantów – separują ich od reszty społeczeństwa. Jak można wnioskować z wypowiedzi badanych (choć mogą być one projekcją ich własnych postaw), podobne procesy mają miejsce także w obrębie innych grup etnicznych, żyjących w dużej mierze obok siebie, we własnych środowiskach. Miejscem spotkania jest świat pracy i różnego rodzaju usług, gdzie stosunki międzyetniczne są na ogół poprawne; na straży tej poprawności stoi zresztą kanadyjskie prawo.

W kontekście przedstawionej analizy procesów adaptacji imigrantów bardzo ciekawy temat na przyszłość stanowią losy drugiego pokolenia – dzieci Polaków imigrujących do Kanady w latach 80. i na początku lat 90.[5] Z wypowiedzi badanych można wywnioskować, że występują tutaj dwie

---

[5] Asymilacja drugiego pokolenia imigrantów stanowi od lat jeden z głównych przedmiotów zainteresowania badaczy imigracji na kontynent północnoamerykański, zob. np. Arias (2001), Boyd (2002), Cahan, Davis, Straub (2001), Esser (2004), Farley, Alba (2002), Ono (2002), Perlmann, Waldinger (1996), Tandon (1978).

skrajne sytuacje, między którymi rozciąga się spektrum różnorodnych postaw. Z jednej strony znajdują się dzieci wychowywane w poczuciu wyższości i pogardzie dla Kanadyjczyków i wszystkiego, co kanadyjskie. Rodzice zapisują je do polskich szkół i klubów sportowych, chodzą z nimi na msze w polskich kościołach, pilnują, by bawiły się z dziećmi innych Polaków. W rodzinnych domach młode pokolenie słucha niekończących się rozmów o sprawach rodzinnego kraju rodziców, o tym, jak było w Polsce. Rezultatem bywają rozterki na temat własnej tożsamości u dzieci, poczucie bycia Polakiem, mimo iż socjalizacja wtórna przebiega już całkowicie w Kanadzie, a w Polsce spędza się tak naprawdę bardzo niewiele czasu. Przeciwieństwem alienacji w Kanadzie jest zerwanie z polskością, co oznacza *de facto* alienację od rodziców. Wbrew staraniom rodziców dzieci odżegnują się od bycia Polakami i deklarują jednoznacznie, że są Kanadyjczykami. Odmawiają mówienia po polsku, a niekiedy wręcz wstydzą się polskiego pochodzenia.

Nasuwa się oczywiście pytanie: Z czego wynikają tego rodzaju postawy występujące w młodym pokoleniu? Czy ta druga postawa to wyraz sprzeciwu i próba odcięcia się od pokolenia rodziców reprezentujących zachowania i poglądy odrzucane w kanadyjskim społeczeństwie? Ich przykładem mogłyby być rasistowskie postawy, które reprezentuje wielu polskich imigrantów, trudne do zaakceptowania w społeczeństwie, w którym od małego uczy się tolerancji, a na rysunkach w podręcznikach szkolnych dzieci białe i czarne, tak samo jak pełnosprawne i niepełnosprawne, bawią się razem. (Niektórzy polscy imigranci wspominają, że poglądy ich samych i ich dzieci na temat osób różnych ras zdecydowanie różnią się od siebie). Dzieci socjalizowane w kanadyjskich szkołach przeżywają dysonans, dostrzegając różnice między światem, w który zaczynają wchodzić, a światem rodziców, żyjących emocjonalnie i kulturowo na innym kontynencie. Być może opowiedzenie się za którymś z nich związane będzie ze strukturą możliwości napotykaną w społeczeństwie kanadyjskim – jeśli doświadczą barier w Kanadzie, zwrócą się w stronę kulturowego dziedzictwa swoich rodziców.

Trudno jednoznacznie stwierdzić, w jakim stopniu za powierzchowność procesów integracji społecznej oraz akulturacji w badanej zbiorowości odpowiedzialna jest polityka integracyjna Kanady. Z całą pewnością sprzyja ona satysfakcji i identyfikacji z kanadyjskim społeczeństwem obok innych jego cech, takich jak imigracyjny charakter i związana z tym łatwość wytwarzania się poczucia przynależności. Wiele wskazuje na to, iż na adaptację w ramach własnej grupy etnicznej bardziej niż polityka wielokulturowości wpływają ograniczenia strukturalne, postawy społeczeństwa kanadyjskiego oraz samych imigrantów.

ANEKSY

Aneks 1. | Pytania wywiadu

Podstawową techniką zastosowaną w badaniach był wywiad swobodny, zwany także pogłębionym wywiadem etnograficznym (według typologii Lutyńskiego wywiad swobodny ze standaryzowaną listą poszukiwanych informacji) (Konecki 2000:169). Przed jego przeprowadzeniem sporządzona została następująca lista informacji.

1. Czas i okoliczności przyjazdu. Sytuacja w Polsce w momencie wyjazdu (zawodowa, materialna, rodzinna, osobista). Przyczyny i przebieg emigracji.
2. Początkowy okres pobytu w Kanadzie – doświadczenia, wrażenia.
3. Wykonywane zawody – ich charakter, długość i miejsce pracy itp.
4. Wykształcenie zdobywane w Kanadzie.
5. Sytuacja materialna, mieszkaniowa.
6. Środowisko przyjaciół i znajomych (ich przynależność etniczna), życie towarzyskie.
7. Uczestnictwo w życiu polonijnym i poza grupą etniczną (aktywność społeczna i kulturalna).
8. Pielęgnowanie tradycji.
9. Stosunek do własnej grupy etnicznej, jej kultury i społeczeństwa przyjmującego.
10. Perspektywy dzieci, postrzeganie ich szans na tle własnych doświadczeń.
11. Więzi z Polską (wyjazdy, ewentualność powrotu).

Do każdej z wyróżnionych grup zagadnień skonstruowane zostały pytania, które były jednak niejednokrotnie modyfikowane w zależności od respondenta (dopytywanie, prośby o sprecyzowanie) w celu zrealizowania celów projektu.

Pytania wywiadu

1. Kiedy przyjechał/a Pan/i do Kanady (rok)?
2. Jak wyglądała sytuacja w Polsce w momencie wyjazdu (materialna, rodzinna)?
3. Jakie były przyczyny wyjazdu?

4. Czy przyjazd nastąpił bezpośrednio do Kanady, czy przez kraje pośrednie? Jeśli przez kraje pośrednie, czym zajmował/a się Pan/i w tych krajach?
5. Czy miał/a tu Pan/i jakichś znajomych, przyjaciół?
6. Jak wyglądały początki w Kanadzie (wrażenia, odczucia, pierwsze kroki)?
7. Czym zajmował/a się Pan/i od początku pobytu w Kanadzie do dzisiaj (wykonywane prace)? Czy pracował/a Pan/i z Polakami, z Kanadyjczykami?
8. Czy kształcił/a się Pan/i w trakcie pobytu w Kanadzie (jakie szkoły, kursy)?
9. Czy przeprowadzał/a się Pan/i w trakcie pobytu? Gdzie mieszkał Pan/i?
10. Proszę opisać środowisko swoich znajomych, przyjaciół. Jaką jego część stanowią Polacy, a jaką Kanadyjczycy i inne narodowości?
11. Czy utrzymuje Pan/i kontakty z Kanadyjczykami oraz innymi imigrantami (zawodowe, towarzyskie)?
12. Czy bierze Pan/i udział w życiu polonijnym? Czy jest Pan/i związany/a z jakimiś organizacjami polskich imigrantów?
13. Jakie są największe problemy polskich imigrantów w Kanadzie?
14. Czym zajmuje się Pan/i poza pracą? Jak spędza Pan/i wolny czas?
15. Jakie są pozytywne i negatywne strony życia w Kanadzie z Pana/i perspektywy? Co się tu Panu/i podoba, a co nie?
16. Czy jest Pan/i zadowolona ze swojej sytuacji materialnej, poziomu życia?
17. Czy przywiązuje Pan/i wagę do pielęgnowania polskich tradycji? Jakich?
18. Czy utrzymuje Pan/i więzi z Polską (rodzinne, biznesowe, inne)? Czy interesuje się Pan/i tym, co się tam dzieje?
19. Czy rozważa Pan/i powrót do Polski na stałe ewentualnie wyjazd do innego kraju?
20. Czy uważa Pan/i, że Pana/i dzieci będą miały większe szanse w Kanadzie niż Pan/i?
21. Proszę o podsumowanie pobytu w Kanadzie (co udało się zrealizować, co nie; czy jest Pan/i zadowolony/a z decyzji o wyjeździe i z życia w Kanadzie).

Wywiady były nagrywane na dyktafon, a po przeprowadzeniu badań dokonana została ich transkrypcja. W jednym przypadku badana osoba nie zgodziła się na nagrywanie, w innym natomiast z powodu niesprawności sprzętu wywiad był spisywany przez autorkę na bieżąco. W trzech przypadkach wywiady przeprowadzone zostały nie z pojedynczymi osobami, lecz z małżeństwami.

Aneks 2. | Profil społeczno-demograficzny badanych

Większość spośród badanych 72 emigrantów z lat 80. XX wieku opuściła Polskę pod koniec dekady (w latach 1987–1989). Spora liczba osób wyjechała także w 1981 roku, tuż przed wprowadzeniem stanu wojennego. Rozkład liczebny badanych emigrujących w kolejnych latach odzwierciedla ogólne tendencje wyjazdowe z Polski tego okresu – stopniowe nasilenie wyjazdów po krótkiej przerwie spowodowanej restrykcjami będącymi następstwem wydarzeń 13 grudnia 1981 roku (zob. tabela 7 i wykres 3). Tuż po wprowadzeniu stanu wojennego wyjeżdżali praktycznie tylko opozycjoniści, zmuszani do tego przez komunistyczne władze; w kolejnych latach liczba wyjazdów stopniowo wzrastała. Część osób emigrowała najpierw do któregoś z krajów zachodnioeuropejskich i przed udaniem się do Kanady przebywała w znajdujących się tam obozach dla uchodźców. Niektórzy znajdowali się w Europie Zachodniej w momencie ogłoszenia stanu wojennego i dlatego postanawiali tam pozostać. Po jakimś czasie (od kilku miesięcy do nawet kilku lat) emigranci udawali się do Kanady. Z uwagi na to opóźnienie ich ukazany w tabeli 7 rozkład ze względu na rok wyjazdu z Polski i rok przyjazdu do Kanady różnią się od siebie.

Wśród 72 badanych imigrantów znalazło się 30 osób, które przyjechały bezpośrednio z Polski do Kanady. Dla pozostałych krajami pośrednimi były odpowiednio: Niemcy (16 osób), Austria i Anglia (po 6), Włochy (5), Grecja (3), Francja i Stany Zjednoczone (po 2), Szwecja i Norwegia (po 1). W rezultacie część osób, które wyjechały jeszcze w latach 80., do Kanady trafiła dopiero na początku kolejnej dekady. W momencie przeprowadzania wywiadu wszyscy badani spędzili w Kanadzie co najmniej kilkanaście lat (od 11 do 25 lat).

Wykres 3. Liczba Polaków imigrujących do Kanady w latach 1980–2006*

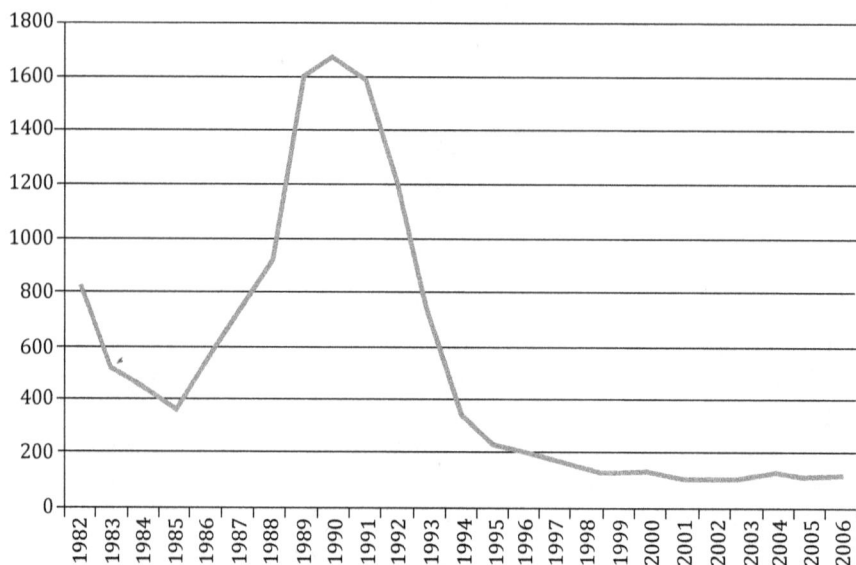

* Liczba imigrantów według ostatniego kraju stałego zamieszkania.

Źródło: opracowanie własne na podstawie: *Census of Population*, 1996, 2001.

Tabela 7. Rozkład liczebny badanych imigrantów z lat 80. XX wieku ze względu na rok wyjazdu z Polski i przyjazdu do Kanady

Rok	Liczba osób wyjeżdżających z Polski	Liczba osób przyjeżdżających do Kanady
1977	1	–
1978	–	1
1979	2	–
1980	2	3
1981	12	7
1982	1	4
1983	3	3
1984	4	5
1985	4	3
1986	5	5
1987	8	2
1988	16	7
1989	14	18
1990	–	9
1991	–	2
1992	–	3
Ogółem	72	72

Zdecydowana większość badanych opuszczała Polskę w środkowym okresie wieku dorosłego (25–34 lata), często jeszcze przed ukończeniem 30 roku życia (48 osób) (zob. tabela 8). Osoby te zwykle niedawno skończyły studia i miały za sobą kilka lat doświadczenia zawodowego. Większość znajdowała się w pierwszej fazie formowania rodziny – miały partnerów, czasem także dziecko (przynajmniej jedno) i emigrowały z całą rodziną, choć ze względu na utrudnienia ze strony komunistycznych władz emigracja miała charakter stadialny – najpierw emigrowała jedna osoba, później dołączał partner lub partnerka z dziećmi (więcej na temat okoliczności wyjazdu zob. rozdział czwarty). Część (17 osób) emigrowała samodzielnie. Spora liczba osób (15) znajdowała się w momencie wyjazdu w fazie wczesnej dorosłości (18–24 lata), jeszcze przed lub tuż po skończeniu szkoły, ale przed zdobyciem jakiegokolwiek doświadczenia zawodowego. Wśród badanych znalazły się także dwie osoby wyjeżdżające w wieku 16 lat z jednym z rodziców oraz jedna osoba emigrująca w wieku 60 lat.

Tabela 8. Wiek badanych imigrantów z lat 80. XX wieku w momencie emigracji

Wiek	Liczba osób
Poniżej 18 lat	2
18–24 lata	15
25–34 lata	48
35–54 lata	6
55 i więcej	1

Większość osób (40) ukończyła w Polsce studia wyższe, w tym jedna miała tytuł doktora, a druga była w trakcie pisania doktoratu. Część zaczynała dopiero studia lub nie zdążyła ich ukończyć; pozostali mieli przeważnie średnie wykształcenie ogólne/techniczne lub skończyli jakiś rodzaj szkoły pomaturalnej. Pod względem poziomu wykształcenia badani stanowili więc swoistą elitę, co odzwierciedla jednak powszechną w latach 80. tendencję wyjazdową wśród osób o wysokim poziomie wykształcenia oraz profil społeczno--demograficzny ogółu imigrujących do Kanady (zob. przypis 1).

Tabela 9. Poziom wykształcenia badanych imigrantów z lat 80. XX wieku
w momencie emigracji

Wykształcenie	Liczba osób
Zawodowe	1
Średnie	18
Pomaturalne	7
Zaczęte wyższe	1
Niepełne wyższe	5
Wyższe	40

Jeśli chodzi o profil wykształcenia i zawodów wykonywanych w Polsce, badani reprezentują bardzo szerokie spektrum pod tym względem. Wśród badanych znalazły się osoby reprezentujące zawody medyczne (lekarze, stomatolodzy, farmaceuci, pielęgniarki), a także weterynarze; poza tym kilku prawników, inżynierów, architektów i ekonomistów oraz osoby wykonujące zawody artystyczne (aktorzy i muzycy). Kilka osób miało wykształcenie ogólne i humanistyczne oraz pracowało przed wyjazdem z Polski w charakterze lektorów, psychologów, bibliotekarzy, nauczycieli i pracowników biurowych. Niektórzy pracowali na stanowiskach kierowniczych, w tym kilka osób w centralach handlu zagranicznego lub podobnych instytucjach. Wśród badanych znaleźli się także reprezentanci tzw. prywatnej inicjatywy – osoby prowadzące własne, niewielkie przedsiębiorstwa w Polsce (np. firmy usługowe, zakłady naprawcze), funkcjonujące wówczas w niszach rynku zdominowanego przez państwowe firmy[1].

W samym Toronto mieszkało 28 osób, w Mississaudze (mieście-sypialni, przylegającym do Toronto) 28, w Etobicoke (które leży między dwoma poprzednimi) 8, w Brampton 3, a 1 osoba poza Toronto (związana była jednak z miastem przez pracę). O 4 osobach nie uzyskano informacji co do miejsca zamieszkania. Liczebność badanych pod względem miejsca zamieszkania odzwierciedla zatem charakterystyczną dla całej zbiorowości polskich imigrantów w aglomeracji Toronto koncentrację przestrzenną, ograniczoną w dużym stopniu do samego Toronto i Mississaugi (zob. tabela 2 we Wprowadzeniu).

Imigranci z lat 90. XX wieku

Większość osób emigrujących w latach 90. wyjeżdżała z Polski na początku dekady i udawała się bezpośrednio do Kanady – są to najczęściej osoby, które dołączały do znajdującego się już w Kanadzie członka rodziny lub przyjeżdżały w odwiedziny do krewnych bądź znajomych i zdecydowały się pozostać w Kanadzie (miały taką możliwość z uwagi na obowiązujące aż do końca 1991 roku przepisy ułatwiające imigrację z Polski). W próbie znalazło się 18 takich osób. Inni, zwykle po zgromadzeniu odpowiedniego kapitału w trakcie nielegalnej pracy w którymś z europejskich krajów (3 osoby w Grecji i 1 w Szwajcarii),

---

[1] Wśród ogółu imigrujących do Kanady w latach 80. najwięcej było imigrantów reprezentujących najsilniejszy sektor gospodarki w poprzednim ustroju, tzn. przemysł i budownictwo (sektor drugi). W latach 1980–1988 ich udział wynosił 30% (26,2% w latach 1989–1996). Na drugim miejscu znajdowali się przedstawiciele kadr wysoko wykwalifikowanych związanych z sektorem nauki i informacji oraz z usługami – 48% ogółu imigrujących (31% w latach 1989–1996) (Slany 2002a:159, 173).

emigrowali następnie do Kanady w ramach tzw. klasy ekonomicznej (musieli mieć określone środki finansowe oraz podlegali ocenie systemu punktowego, w ramach którego brane są pod uwagę m.in. poziom wykształcenia i posiadane doświadczenie zawodowe potencjalnych imigrantów).

Tabela 10. Rozkład liczebny imigrantów z lat 90. XX wieku ze względu na rok wyjazdu z Polski i przyjazdu do Kanady

Rok	Liczba osób wyjeżdżających z Polski	Liczba osób przyjeżdżających do Kanady
1990	8	7
1991	2	1
1992	5	4
1993	1	1
1994	–	1
1995	4	5
1996	1	1
1997	–	1
1998	1	1
Ogółem	22	22

Także w tej grupie większość osób legitymowała się wyższym wykształceniem i emigrowała w okresie wczesnej lub środkowej dorosłości. Wśród badanych znaleźli się: krawcowa, weterynarz, aktorka (po studium lalkarskim), dwóch absolwentów studiów ekonomicznych, student historii, dwóch prawników, anglistka (asystentka na uniwersytecie), dentystka, geolog, lektorka angielskiego, kucharz, dwie pielęgniarki, a także pracownicy biurowi.

Tabela 11. Poziom wykształcenia imigrantów z lat 90. XX wieku w momencie emigracji

Wykształcenie	Liczba osób
Zawodowe	2
Średnie	4
Pomaturalne	3
Zaczęte wyższe	1
Niepełne wyższe	1
Wyższe	11

Tabela 12. Wiek imigrantów z lat 90. XX wieku w momencie emigracji

Wiek	Liczba osób
Poniżej 18 lat	2
18–24 lata	8
25–34 lata	7
35–54 lata	5
55 i więcej	–

Podobnie jak w przypadku imigrantów z lat 80. XX wieku, większość osób w grupie wyjeżdżających w latach 90. mieszkała w Toronto lub Mississaudze (odpowiednio 10 i 7). Kolejne 3 osoby mieszkały w Etobicoke, 1 poza Toronto, a o 1 nie uzyskano informacji dotyczącej miejsca zamieszkania.

Aneks 3. | Osoby polskiego pochodzenia w Kanadzie – rozmieszczenie przestrzenne w poszczególnych prowincjach Kanady i w Toronto

Mapa 1. Rozmieszczenie przestrzenne osób polskiego pochodzenia[2]
w poszczególnych prowincjach Kanady, 2001

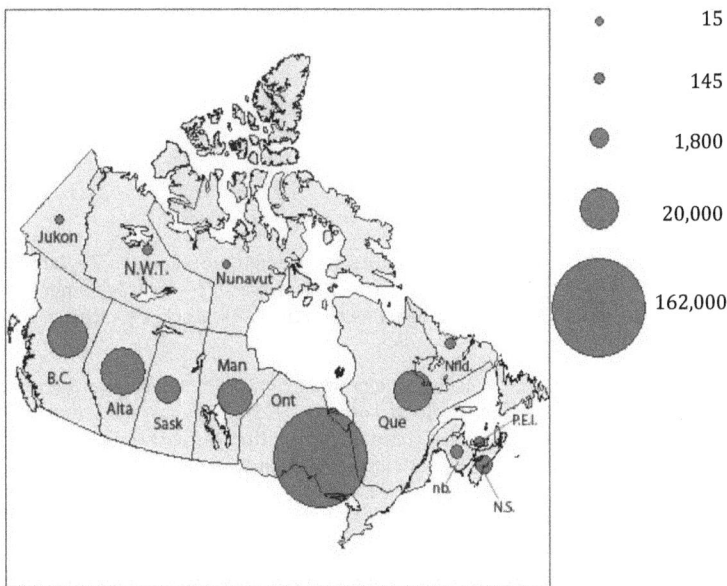

15

145

1,800

20,000

162,000

Jukon

N.W.T.

Nunavut

B.C.

Alta

Sask

Man

Ont

Que

Nfld.

P.E.I.

n.b.

N.S.

* Znaczenie skrótów: Nfld. – Nowa Fundlandia, P.E.I. (Prince Edward Island) – Wyspa Księcia Edwarda, N.S. – Nowa Szkocja, N.B. – Nowy Brunszwik, Que. – Quebec, Ont. – Ontario, Man. – Manitoba, Sask. – Saskatchewan, Alta. – Alberta, B.C. (British Columbia) – Kolumbia Brytyjska, N.W.T. (North-Western Territories) – Terytoria Północno-Wschodnie.

Źródło: Statistics Canada. *2001 Citizenship, Immigration, Birthplace, Generation Status, Ethnic Origin, Visible Minorities and Aboriginal Peoples*, Toronto 2001 (mapa); *2001 Census of Population (Provinces, Census Divisions, Municipalities)* (baza danych), http://estat.statcan.ca/cgi-win/cnsmcgi. exe?Lang=E&ESTATFile=EStat\English\SC_RR-eng.htm [dostęp 4.11.2008].

---

[2] Osoby wskazujące polskie pochodzenie jako jedyne (*single responses*).

Mapa 2. Rozmieszczenie przestrzenne osób polskiego pochodzenia[3]
w Toronto, 2001

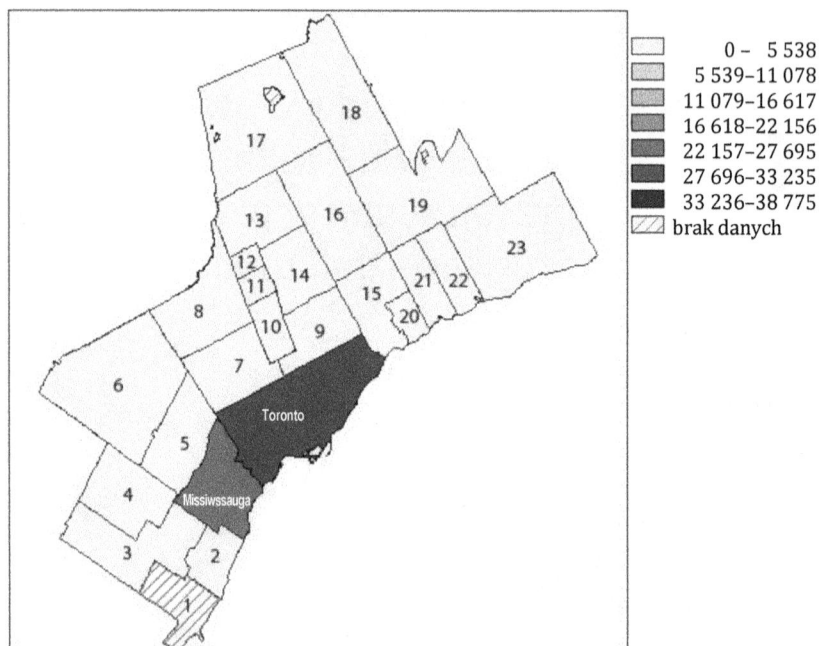

1 – Burlington, 2 – Oakville, 3 – Milton, 4 – Halton Hills, 5 – Brampton, 6 – Caledon, 7 – Vaughan, 8 – King, 9 – Markham, 10 – Richmond Hill, 11 – Aurora, 12 – Newmarket, 13 – East Gwillimbury, 14 – Whitchurch-Stouffville, 15 – Pickering, 16 – Uxbridge, 17 – Georgina, 18 – Brock, 19 – Scugog, 20 – Ajax, 21 – Whitby, 22 – Oshawa, 23 – Clarington

Źródło: Statistics Canada. *2001 Citizenship, Immigration, Birthplace, Generation Status, Ethnic Origin, Visible Minorities and Aboriginal Peoples*, Toronto 2001 (mapa); *2001 Census of Population (Provinces, Census Divisions, Municipalities)* (baza danych), http://estat.statcan.ca/cgi-win/cnsmcgi.exe?Lang=E&ESTATFile=EStat\English\SC_RR-eng.htm [dostęp 4.11.2008].

[3] Osoby wskazujące polskie pochodzenie jako jedyne (*single responses*).

Bibliografia

Abbott, Michael G. Beach, Charles M. 1993. Immigrant Earnings Differentials and Birth-Year Effects for Men in Canada: Post-War-1972. *The Canadian Journal of Economics*, 26(3), s. 505–524.

Alba, Richard. Nee, Victor. 1997. Rethinking Assimilation Theory for a New Era of Immigration. *International Migration Review*, 31(4), s. 826–887.

Albański, Łukasz. 2013. *Spory wokół imigracji. Polscy i niemieccy imigranci w Winnipeg*. Kraków: Impuls.

Anderson, Alan B. Frideres, James S. 1981. *Ethnicity in Canada. Theoretical Perspectives*. Toronto: Butterworths.

Annual Report on the Operation of the Canadian Multiculturalism Act 2006–2007. 2007. Ottawa, Department of Canadian Heritage, www.pch.gc.ca [dostęp 12.03.2008].

Annual Report to Parliament on Immigration 2007. 2007. Citizenship and Immigration Canada, Minister of Public Works and Government Services Canada, www.cic.gc.ca [dostęp 5.12.2007].

Arias, Elisabeth. 2001. Changes in Nuptiality Patterns among Cuban Americans: Evidence of Cultural and Structural Assimilation? *International Migration Review*, 35(2), s. 525–556.

Babiński, Grzegorz. 1977. *Lokalna społeczność polonijna w Stanach Zjednoczonych Ameryki w procesie przemian*. Wrocław: Zakład Narodowy im. Ossolińskich.

Babiński, Grzegorz (red.). 1988. *Studia nad organizacjami polonijnymi w Ameryce Północnej*. Wrocław: Zakład Narodowy im. Ossolińskich.

Babiński, Grzegorz. 2002. Współcześni emigranci polscy w USA. Przystosowanie na poziomie społeczności lokalnej. Wallington wczoraj i dzisiaj – 25 lat przemian polonijnej zbiorowości. *W*: Klimaszewski Bolesław (red.). *Emigracja z Polski po 1989 roku*. Kraków: Grell, s. 219–240.

Babiński, Grzegorz. 2009. *Polonia w USA na tle przemian amerykańskiej etniczności*. Kraków: Oficyna Wydawnicza AFM.

Badets, Jane. Howatson-Leo, Linda. 1999. Recent Immigrants in the Workforce. *Canadian Social Trends*, 52, s. 16–23, http://dsp-psd.tpsgc.gc.ca/Collection-R/Statcan/11-008-XIE/0049811-008-XIE.pdf [dostęp 12.03.2008].

Baker, Michael. Benjamin, Dwayne. 1994. The Performance of Immigrants in the Canadian Labor Market. *Journal of Labor Economics*, 12(3), s. 369–405.

Balakrishnan, T.R. Maxim, Paul. 2005. *Residential Segregation and Socioeconomic Integration of Visible Minorities in Canada*. IUSSP Conference, July 23 2005, Tours, France.

Bassler, Gerhard P. 2006. *Germans*. The Canadian Encyclopedia, The Historica Foundation Canada, www.thecanadianencyclopedia.com [dostęp 29.06.2007].

Bauböck, Rainer. 2003. Towards a Political Theory of Migrant Transnationalism. *International Migration Review*, 37(3), s. 700–723.

Bauer, Thomas K. Lofstrom, Magnus. Zimmermann, Klaus F. 2000. *Immigration Policy, Assimilation of Immigrants and Natives' Sentiments towards Immigrants: Evidence from 12 OECD-Countries.* IZA Discussion Paper No. 187, ftp://repec.iza.org/RePEc/Discussionpaper/dp187.pdf [dostęp 05.12.2006].

Bélanger, Alain. Malenfant, Eric Caron. 2005. Ethnocultural Diversity in Canada: Prospects for 2017. *Canadian Social Trends*, 79, s. 18–21, http://dsp-psd.tpsgc.gc.ca/Collection-R/Statcan/11-008-XIE/0030511-008-XIE.pdf [dostęp 12.03.2008].

Bellan, Ruben C. 2006. *Foreign Investment.* The Canadian Encyclopedia, Historica Foundation of Canada, www.thecanadianencyclopedia.com [dostęp 27.06.2007].

Bernstein, Basil. 1980. Socjolingwistyka a społeczne problemy kształcenia. *W*: Głowiński Michał (red.). *Język i społeczeństwo.* Warszawa: Czytelnik.

Bloemraad, Irene. 2002. The North American Naturalization Gap: An Institutional Approach to Citizenship Acquisition in the United States and Canada – Research Note. *International Migration Review*, 36(1), s. 193–228.

Bloom, David E. Grenier, Gilles. Gunderson, Morley. 1994. The Changing Labor Market Position of Canadian Immigrants. Cambridge, MA: National Bureau of Economic Research, NBER Working Paper Series, *Working Paper*, 4672, www.nber.org/papers/w4672.pdf [dostęp 5.12.2006].

Bojar, Hanna. 1991. Rodzina i życie rodzinne. *W*: Marody Mirosława (red.). *Co nam zostało z tych lat... Społeczeństwo polskie u progu zmiany systemowej.* Londyn: Aneks, s. 28–54.

Bokszański, Zbigniew. 2005. *Tożsamości zbiorowe.* Warszawa: WN PWN.

Borowski, Gustaw. 1986. Opinie o systemie politycznym i gospodarczym. *Biuletyn CBOS*, 1–2, s. 85–101.

Boski, Paweł. 1991. Studia nad tożsamością narodową Polaków w kraju i na emigracji: zmiany w składnikach kryterialnych i korelatywnych. *Kultura i Społeczeństwo*, 4, s. 139–152.

Borzyszkowski, Józef. 2004. *O Kaszubach w Kanadzie. Kaszubsko-kanadyjskie losy i dziedzictwo kultury.* Gdańsk – Elbląg: Instytut Kaszubski w Gdańsku – Elbląska Uczelnia Humanistyczno-Ekonomiczna.

Boyd, Monica. 2002. Educational Attainments of Immigrant Offspring: Success or Segmented Assimilation? *International Migration Review*, 36(4), s. 1037–1060.

Boyd, Monica. Schellenberg, Grant. 2007. Re-accreditation and the Occupations of Immigrant Doctors and Engineers. *Canadian Social Trends*, 84, s. 2–8, www.statcan.ca/bsolc/english/bsolc?catno=11-008-X200700410312 [dostęp 5.12.2006].

Boyd, Monica. Vickers, Michael. 2000. 100 Years of Immigration in Canada. *Canadian Social Trends*, 58, s. 2–13, http://dsp-psd.tpsgc.gc.ca/Collection-R/Statcan/11-008-XIE/0020011-008-XIE.pdf [dostęp 5.12.2006].

Bradecki, Tadeusz. 2003. Kanada, teatr. *W*: Bucholtz Mirosława (red.). *Obraz Kanady w Polsce.* Toruń: Adam Marszałek, s. 333–345.

Branach-Kallas Anna. 2003. Kanada w oczach polskiego środowiska akademickiego. *W*: Bucholtz Mirosława (red.). *Obraz Kanady w Polsce.* Toruń: Adam Marszałek, s. 290–300.

Breton, Raymond. 1964. Institutional Completeness of Ethnic Communities and the Personal Relations of Immigrants. *The American Journal of Sociology*, 70(2), s. 193–205.

Breton Raymond, Kwaśniewicz Władysław. 1990. Ethnic Groups, Regions and Nationalism in the Formation of Canadian and Polish Society. W: Breton Raymond, Houle Gilles, Caldwell Gary, Mokrzycki Edmund, Wnuk-Lipiński Edmund (red.). *National Survival in Dependent Societies. Social Change in Canada and Poland*. Ottawa: Carleton University Press, s. 101–135.

Brożek, Andrzej. 1977. *Polonia amerykańska 1854–1939*. Warszawa: Interpress.

Brożek, Andrzej. 1980. Polonia amerykańska w czasie drugiej wojny światowej. *Miesięcznik Literacki*, 10.

Brożek, Andrzej. 1984. Polityka imigracyjna w państwach docelowych emigracji polskiej (1850–1939). W: Pilch Andrzej (red.). *Emigracja z ziem polskich w czasach nowożytnych i najnowszych (XVIII–XX w.)*. Warszawa: PWN, s. 120–140.

Cahan, Sorel. Davis, Daniel. Straub, Rachel. 2001. Age at Immigration and Scholastic Achievement in School-Age Children: Is There a Vulnerable Age? – Research Note. *International Migration Review*, 35(2), s. 587–595.

Canada-Poland Chamber of Commerce. 2004. Toronto, www.canada-poland.com [dostęp 3.01.2007].

Canada's Ethnocultural Mosaic, 2006 Census. 2008. Catalogue No. 97–562-X. Ottawa: Statistics Canada.

Canada's Ethnocultural Portrait: The Changing Mosaic. 2001. Ottawa: Statistics Canada, www12.statcan.ca/english/census01/products/analytic/companion/etoimm/canada.cfm [dostęp 3.01.2007, 11.06.2006].

Canada's Immigration Law. August 2002. Ottawa: Citizenship and Immigration Canada, www.cic.gc.ca/english/pub/index-2.html#statistics [dostęp 12.03.2008].

Census of Population. 1996, 2001. Ottawa: Statistics Canada, www.statcan.ca [dostęp 5.12.2006].

Cerase, Francesco P. 1974. Expectations and Reality. A Case Study of Return Migration from the United States to Southern Italy. *Journal of International Migration Review*, 28(1), s. 245–62.

Changing Conjugal Life in Canada. 2002. Ottawa: Statistics Canada – Catalogue No. 89–576-XIE, http://dsp-psd.tpsgc.gc.ca/Collection/Statcan/89-576-X/89-576-XIE2001001.pdf [dostęp 5.12.2006].

Chiswick, Barry. Miller, Paul 1988. Earnings in Canada: The Roles of Immigrant Generation, French Ethnicity and Language. W: Schultz Paul T. (red.). *Research in Population Economics*, Vol. 6. Greenwich, CT: JAI Press, s. 183–228.

Chiswick, Barry R. Lee, Yew Liang. Miller, Paul W. 2005. A Longitudinal Analysis of Immigrant Occupational Mobility: A Test of the Immigrant Assimilation Hypothesis. *International Migration Review*, 39(2), s. 332–353.

Chui, Tina. Zietsma, Daniele. 2003. Earnings of Immigrants in the 1990s. *Canadian Social Trends*, 70, s. 24–28, http://dsp-psd.tpsgc.gc.ca/Collection-R/Statcan/11-008-XIE/0020311-008-XIE.pdf [dostęp 5.12.2006].

Chui, Tina. Tran, Kelly. Flanders, John. 2005. Chinese Canadians: Enriching the Cultural Mosaic. *Canadian Social Trends*, 76, s. 24–32, http://dsp-psd.tpsgc.gc.ca/Collection-R/Statcan/11-008-XIE/0040411-008-XIE.pdf [dostęp 5.12.2006].

Chui, Tina. Tran, Kelly. Maheux, Hélène. 2007. *Immigration in Canada: A Portrait of the Foreign-born Population, 2006 Census*. Catalogue No. 97–557–XIE. Ottawa: Statistics Canada.

Cieślińska, Barbara. 1999. Przemiany prestiżu społecznego emigrantów. W: Zamojski Jan (red.). *Migracje 1945–1995*. Migracje i Społeczeństwo, 3. Warszawa: Neriton, s. 147–153.

Clement, Wallace. 2006. *Elites*. The Canadian Encyclopedia, Historica Foundation of Canada, www.thecanadianencyclopedia.com [dostęp 27.06.2007].

Crompton, Susan. 2000. 100 Years of... Health. *Canadian Social Trends*, 59, s. 12–17, http://dsp-psd.tpsgc.gc.ca/Collection-R/Statcan/11-008-XIE/0030011-008-XIE.pdf [dostęp 5.12.2006].

Cujes, Rudolf. 1968. The Involvement of Canadian Slavs in the Co-operative Movement in Canada. W: *Slavs in Canada. Proceedings of the Second National Conference on Canadian Slavs*, June 9–11, 1967, University of Ottawa, Vol. 3. Toronto: Inter-University Committee on Canadian Slavs, s. 151–170.

Culture, Heritage and Recreation. Government-Wide Programs and Services. 2007. Ottawa: Government of Canada, www.culturecanada.gc.ca/multiculturalism.cfm [dostęp 5.12.2010].

Daly, Kerry. 2000. *It Keeps Getting Faster: Changing Patterns of Time in Families*. The Vanier Institute of the Family, www.vifamily.ca [dostęp 28.05.2008].

Dewing, Michael. Leman, Marc. 2006 (1994). *Canadian Multiculturalism*. Parliamentary Information and Research Service: Political and Social Affairs Division, www.parl.gc.ca [dostęp 27.05.2007].

Dobrowolski, Kazimierz. 1973. *Teoria procesów żywiołowych w zarysie*. Kraków: Zakład Narodowy im. Ossolińskich.

Driedger, Leo. Halli, Shiva S. 2000. *Race and Racism. Canada's Challenge*. Montreal: McGill – Queen's University Press.

Dubisz, Stanisław (red.). 1997. *Język polski poza granicami kraju*. Opole: UO.

Duda-Dziewierz, Krystyna. 1938. *Wieś małopolska a emigracja amerykańska. Studium wsi Babica powiatu rzeszowskiego*. Warszawa – Poznań: Polski Instytut Socjologiczny, Biblioteka Socjologiczna, t. 3.

Dunin-Markiewicz, Aleksandra. 1976. Prejudice and Polish Canadian High School Students in Windsor. W: Heydenkorn Benedykt (red.). *Topics on Poles in Canada*. Toronto, Canada: Polish Alliance Press Limited, s. 67–125.

Durocher, René. 2006. *Quiet Revolution*. The Canadian Encyclopedia, Historica Foundation of Canada, www.thecanadianencyclopedia.com [dostęp 29.06.2007].

Eckstein, Susan. Barberia, Lorena. 2002. Grounding Immigrant Generations in History: Cuban Americans and Their Transnational Ties. *International Migration Review*, 36(3), s. 799–837.

Employment Equity Act. 1995. Ottawa: Department of Justice Canada, http://laws.justice.gc.ca/en/E-5.401[dostęp 12.03.2008].

Erdmans, Mary Patrice. 1995. Immigrants and Ethnics: Conflict and Identity in Chicago Polonia. *The Sociological Quarterly*, 36(1), s. 175–195.

Erdmans, Mary Patrice. 1998. *Opposite Poles. Immigrants and Ethnics in Polish Chicago, 1976–1990.* University Park: The Pennsylvania State University Press.

Esser, Hartmut. 2004. Does the "New" Immigration Require a "New" Theory of Intergenerational Integration? *International Migration Review*, 38(3), s. 1126–1159.

Ethnic Origin and Visible Minorities, 2006 Census – Ethnic Origin Reference Guide, 2006 Census, Census Year 2006. 2008, www5.statcan.gc.ca [dostęp 12.03.2015].

Faist, Thomas. 2000. Transnationalization in International Migration: Implications for the Study of Citizenship and Culture. *Ethnic and Racial Studies*, 23(2), s. 189–222.

Faist, Thomas. 2004. Towards a Political Sociology of Transnationalization. The State of the Art in Migration Research. *Arch. Europ. Sociol.*, XLV(3), s. 331–336.

Falkowska, Macieja. 2001. Kary fizyczne w wychowaniu dzieci. *Komunikat CBOS*, 2530, Warszawa.

Farley, Reynolds. Alba, Richard. 2002. The New Second Generation in the United States. *International Migration Review*, 36(3), s. 669–701.

Fihel, Agnieszka. Kaczmarczyk, Paweł. Okólski, Marek. 2006. Labour Mobility in the Enlarged European Union. International Migration from the EU8 Countries. Warszawa: Centre of Migration Research, *Prace Migracyjne*, 14/72.

Fihel, Agnieszka. Piętka, Emilia. 2007. Funkcjonowanie polskich migrantów na brytyjskim rynku pracy. Warszawa: Centre of Migration Research, *Prace Migracyjne*, 23/81.

Fleras, Augie. Elliott, Jean Leonard. 2002. *Engaging Diversity. Multiculturalism in Canada.* Toronto: Nelson Thomson Learning.

Foner, Nancy. 1997. The Immigrant Family: Cultural Legacies and Cultural Changes. *International Migration Review*, 31(4), s. 961–974.

Fong, Eric. Ooka, Emi. 2002. The Social Consequences of Participating in the Ethnic Economy. *International Migration Review*, 36(1), s. 125–146.

Frenette, Marc. Morisette, René. 2005. Will They Ever Converge? Earnings of Immigrant and Canadian-born Workers over the Last Two Decades. *International Migration Review*, 39(39), s. 228–258.

Frideres, James S. 2005. *The Canadian Model of Integration/Citizenship.* Canadian Heritage, www.canadianheritage.gc.ca [dostęp 9.10.2005].

Gałęski, Bogusław. 1965. Przemiany społeczne wsi w Polsce Ludowej. W: Sarapata Adam (red.). *Przemiany społeczne w Polsce Ludowej.* Warszawa: PWN.

Gans, Herbert J. 1997. Toward a Reconciliation of "Assimilation" and "Pluralism": The Interplay of Acculturation and Ethnic Retention. *International Migration Review*, 31(4), s. 875–892.

Giddens, Anthony. 2004. *Socjologia.* Warszawa: WN PWN.

Giza-Poleszczuk, Anna. 1991. Stosunki międzyludzkie i życie zbiorowe. W: Marody Mirosława (red.). *Co nam zostało z tych lat... Społeczeństwo polskie u progu zmiany systemowej.* Londyn: Aneks, s. 69–105.

Giza-Poleszczuk, Anna. 1996. Rodzina i system społeczny. W: Marody Mirosława, Gucwa-Leśny Ewa (red.). *Podstawy życia społecznego w Polsce*. Warszawa: Instytut Studiów Społecznych, s. 174–197.

Glick Schiller, Nina. Basch, Linda. Szanton Blanc, Cristina. 1995. From Immigrant to Transmigrant: Theorizing Transnational Migration. *Anthropological Quarterly*, 68(1), s. 48–63.

Głogowski, Frank. 1985. The Importance of the Polish Alliance of Canada to the Canadian Polonia. W: Heydenkorn Benedykt (red.). *A Community in Transition. The Polish Group in Canada*. Toronto: Canadian Polish Research Institute, s. 97–110.

Goldlust, John. Richmond, Anthony H. 1978. Cognitive and Linguistic Acculturation of Immigrants in Toronto: A Multivariate Analysis. *Ethnic Studies*, 2(1).

Górecki, Brunon. Topińska, Irena. Wiśniewski, Marian. 1984. Dochody i struktura wydatków gospodarstw domowych (hipotezy przemian w latach osiemdziesiątych). W: Siemieńska Renata (red.). *Polskie systemy wartości i modele konsumpcji. Diagnozy – prognozy*. Warszawa: UW, s. 177–239.

Górny, Agata. 1998. Wybrane zagadnienia podejścia jakościowego w badaniach nad migracjami. Warszawa: ISS UW, *Prace Migracyjne*, 20.

Górny, Agata. 2005. Wybrane zagadnienia podejścia jakościowego w badaniach nad migracjami międzynarodowymi. *Przegląd Polonijny*, 3, s. 155–170.

Górny, Agata. Stola, Dariusz. 2001. Akumulacja i wykorzystanie migracyjnego kapitału społecznego. W: Jaźwińska Ewa, Okólski Marek (red.). *Ludzie na huśtawce: migracje między peryferiami Polski i Zachodu*. Warszawa: Scholar, s. 164–188.

Grabowska-Lusińska, Izabela. Okólski, Marek. March 2008. Migracja z Polski po 1 maja 2004 r.: jej intensywność i kierunki geograficzne oraz alokacja migrantów na rynkach pracy krajów Unii Europejskiej. Warszawa: Centre of Migration Research, *Prace Migracyjne*, 33/91.

Grabowski, Jan. 2001a. *Historia Kanady*. Warszawa: Prószyński i S-ka.

Grabowski, Jan. 2001b. Andrzej Wilk. Pierwszy polski osadnik w Kanadzie. *Przegląd Polonijny*, 2, s. 83–90.

Green, Alan G. Green, David A. 1999. The Economic Goals of Canada's Immigration Policy: Past and Present. *Canadian Public Policy – Analyse de Politiques*, XXV(4), s. 425–451, http://ideas.repec.org [dostęp 8.06.2005].

Groniowski, Krzysztof. 1972. *Polska emigracja zarobkowa w Brazylii 1871–1914*. Wrocław: PAN.

Groniowski, Krzysztof. 1979. Główne etapy rozwoju Polonii południowoamerykańskiej. W: Drozdowski Marian M. (red.). *Problemy dziejów Polonii*. Warszawa: PWN.

Grześkowiak, Joanna. 1977. Opinie Anglosasów o polskich emigrantach w Kanadzie (1896–1939). *Przegląd Socjologiczny*, XXIX, s. 45–79.

Grzymała-Moszczyńska, Halina. 2000. *Uchodźcy. Podręcznik dla osób pracujących z uchodźcami*. Kraków: Nomos.

Guarnizo, Luis Eduardo. 2003. The Economics of Transnational Living. *International Migration Review*, 37(3), s. 666–699.

Halik, Teresa. Nowicka, Ewa. 2002. *Wietnamczycy w Polsce. Integracja czy izolacja?* Warszawa: UW.

Halik, Teresa. Nowicka, Ewa. Połeć, Wojciech. 2006. *Dziecko wietnamskie w polskiej szkole. Zmiana kulturowa i strategie przekazu kultury rodzimej w zbiorowości Wietnamczyków w Polsce.* Warszawa: ProLog.

Hamilton, Malcolm. Hirszowicz, Maria. 1995. *Klasy i nierówności społeczne w perspektywie porównawczej.* Warszawa: PAN.

Harrison, Brian. 2000. Passing on the Language: Heritage Language Diversity in Canada. *Canadian Social Trends*, 58, s. 14–19, http://dsp-psd.tpsgc.gc.ca/Collection-R/Statcan/11-008-XIE/0020011-008-XIE.pdf [dostęp 12.03.2008].

Harvey, David. 2006. *Americans.* The Canadian Encyclopedia, Historica Foundation of Canada, www.thecanadianencyclopedia.com [dostęp 23.05.2007].

Harzig, Christiane. 2005. The Migration of Domestic Workers in Global Perspective: Gender, Race and Class in Canadian Recruitment Policies. *Przegląd Polonijny*, 1, s. 143–156.

Heydenkorn, Benedykt (red.). 1975. *Pamiętniki imigrantów polskich w Kanadzie. T. 1. Wybór pamiętników nadesłanych na konkurs Kanadyjsko-Polskiego Instytutu Badawczego w 1972 r.* Toronto: Polish Alliance Press Limited.

Heydenkorn, Benedykt (red.). 1977. *Pamiętniki imigrantów polskich w Kanadzie. T. 2. Wybór pamiętników nadesłanych na konkurs Kanadyjsko-Polskiego Instytutu Badawczego w 1972 r.* Toronto: Polish Alliance Press Limited.

Heydenkorn, Benedykt (red.). 1978. *Pamiętniki imigrantów polskich w Kanadzie. T. 3. Wybór pamiętników nadesłanych na konkurs Kanadyjsko-Polskiego Instytutu Badawczego w 1978 r.* Toronto: Polish Alliance Press Limited.

Heydenkorn, Benedykt (red.). 1984. *Zawiedzeni, rozczarowani, zadowoleni: pamiętniki imigrantów polskich z okresu 1958–1981 (Konkurs Instytutu rozpisany w 1980 r.).* Toronto: Canadian Polish Research Institute.

Heydenkorn, Benedykt. 1985. Post-World War II organizations: Polish Combatants' Association. W: Heydenkorn Benedykt (red.). *A Community in Transition. The Polish Group in Canada.* Toronto: Canadian Polish Research Institute, s. 111–118.

Heydenkorn, Benedykt (red.). 1990. *„Ale i słaby nie zginie": różne oblicza Kanady. Pamiętniki imigrantów polskich 1981–1989.* Toronto: Canadian Polish Research Institute.

Hirschman, Charles. 2004. The Role of Religion in the Origins and Adaptation of Immigrant Groups in the United States. *International Migration Review*, 38(3), s. 1206–1233.

Hoerder, Dirk. 1985. An Introduction to Labor Migration in the Atlantic Economies, 1815–1914 [w:] Hoerder Dirk (red.). *Labor Migration in the Atlantic Economics: The Europeans and North American Working Classes during the Period of Industrialization.* Westport, CT: Greenwood Press, s. 1–31.

Hoffman, Eva. 1995. *Zagubione w przekładzie.* Londyn: Aneks.

Hofstede, Geert. 2000. *Kultury i organizacje. Zaprogramowanie umysłu.* Warszawa: PWE.

Hou, Feng. Picot, Garnett. 2004. Visible Minority Neighbourhoods in Toronto, Montréal, and Vancouver. *Canadian Social Trends*, 72, s. 8–13, http://dsp-psd.tpsgc.gc.ca/Collection-R/Statcan/11-008-XIE/0040311-008-XIE.pdf [dostęp 12.03.2008].

Iglicka, Krystyna. 2008. *Kontrasty migracyjne Polski: wymiar transatlantycki*. Warszawa: Scholar.

Immigration and Ethnocultural Diversity in Canada. National Household Survey 2011. 2013. Catalogue No. 99–010–X2011001. Ottawa: Statistics Canada.

Immigration and Refugee Protection Act. 2001. Government of Canada, Justice Laws Website, http://laws-lois.justice.gc.ca/eng/acts/I-2.5 [dostęp 12.03.2008].

Immigration Statistics. 1980–1991. Ottawa, Minister of Supply and Services Canada, http://epe.lac-bac.gc.ca/100/202/301/immigration_statistics-ef/index.html [dostęp 11.03.2007].

Itzigsohn, José. Saucedo, Silvia Giorguli. 2002. Immigrant Incorporation and Sociocultural Transnationalism. *International Migration Review*, 36(3), s. 766–798.

Janowska, Halina. 1984. Emigracja z Polski w latach 1918–1939. W: Pilch Andrzej (red.). *Emigracja z ziem polskich w czasach nowożytnych i najnowszych (XVIII–-XX w.)*. Warszawa: PWN, s. 326–450.

Jaźwińska, Ewa. Okólski, Marek (red.). 2001. *Ludzie na huśtawce: migracje między peryferiami Polski i Zachodu*. Warszawa: Scholar.

Jaźwińska, Ewa. 2002. Migracje zagraniczne a kariery zawodowe. W: Klimaszewski Bolesław (red.). *Emigracja z Polski po 1989 roku*. Kraków: Grell, s. 72–97.

Jones-Correa, Michael. 1998. Different Paths: Gender, Immigration and Political Participation. *International Migration Review*, 32(2), s. 326–349.

Jost Izabella. 1976. Osadnictwo kaszubskie w środkowym Ontario. W: Kubiak Hieronim, Pilch Andrzej (red.). *Stan i potrzeby badań nad zbiorowościami polonijnymi*. Wrocław: Zakład Narodowy im. Ossolińskich, s. 451–467.

Kantor, Ryszard. 1990. *Między Zaborowem a Chicago: kulturowe konsekwencje istnienia zbiorowości imigrantów z parafii zaborowskiej w Chicago i jej kontaktów z rodzinnymi wsiami*. Wrocław: Zakład Narodowy im. Ossolińskich.

Kazemipur, Abdolmohammed. Halli, Shiva S. 2001. Immigrants and "New Poverty": The Case of Canada. *International Migration Review*, 35(4), s. 1129–1156.

Kelley, Ninette; Trebilcock, Michael. 2000. *The Making of the Mosaic: A History of Canadian Immigration Policy*. Toronto: University of Toronto Press.

Kersten, Krystyna. 1974. Kształtowanie stosunków ludnościowych. W: Ryszka Franciszek (red.). *Polska Ludowa 1944–1950: przemiany społeczne*. Wrocław: Zakład Narodowy im. Ossolińskich, s. 74–176.

Kępińska, Ewa. December 2006. Recent Trends in International Migration. The 2006 SOPEMI Report for Poland. Warszawa: Centre of Migration Research, *Prace Migracyjne*, 15/73.

Kępińska, Ewa. December 2007. Recent Trends in International Migration. The 2007 SOPEMI Report for Poland. Warszawa: Centre of Migration Research, *Prace Migracyjne*, 29/87.

Kijewska-Trembecka, Marta. 1994. Kanada – naród czy wspólnota polityczna: analiza kanadyjskich procesów integracyjnych. *Zeszyty Naukowe UJ*, 1146, *Prace Polonijne*, 19.

Kijewska-Trembecka, Marta. 1996. Kanadyjski etos grupowy, „charakter kanadyjski". *Przegląd Polonijny*, 1, s. 103–108.

Kijewska-Trembecka, Marta. 1999. Problematyka quebecka w polskiej literaturze. *Przegląd Polonijny*, 3, s. 109–112.

Klagge, Britta. Klein-Hitpass, Katrin. Fihel, Agnieszka. Kindler, Marta. Matejko, Ewa. Okólski, Marek. 2007. High-skilled Return Migration and Knowledge-based Economic Development in Regional Perspective. Conceptual Considerations and the Example of Poland. Warszawa: Centre of Migration Research, *Prace Migracyjne*, 19/77.

Kłoskowska, Antonina. 1985. Kulturologiczna analiza biograficzna. *Kultura i Społeczeństwo*, 3, s. 3–29.

Kłoskowska, Antonina. 1990. Kultura narodowa i narodowa identyfikacja: dwoistość funkcji. W: Kłoskowska Antonina (red.). *Oblicza polskości*. Warszawa: UW, s. 5–36.

Kocik, Lucjan. 1990. *Polski farmer w Ameryce*. Wrocław: Zakład Narodowy im. Ossolińskich.

Kogler, Rudolf. Heydenkorn, Benedykt. 1974. Poles in Canada 1971. W: Heydenkorn Benedykt (red.). *Past and Present. Selected Topics on the Polish Group in Canada*. Toronto, Canada: Polish Alliance Press Limited, s. 27–36.

Kogler, Rudolf. 1985. The Poles in Canada: Present and Future. W: Heydenkorn Benedykt (red.). *A Community in Transition. The Polish Group in Canada*. Toronto: Canadian Polish Research Institute, s. 257–281.

Kojder, Apolonja. 1985. Women and the Polish Alliance of Canada. W: Heydenkorn Benedykt (red.). *A Community in Transition. The Polish Group in Canada*. Toronto: Canadian Polish Research Institute, s. 119–204.

Kołodziej, Edward. 1982. *Wychodźstwo zarobkowe z Polski 1918–1939*. Warszawa: KiW.

Kołodziej, Edward. 1988. *Emigracja z ziem polskich i Polonia 1865–1939. Informator o źródłach przechowywanych w centralnych archiwach państwowych w Polsce*. Kraków: UJ.

Kołodziej, Edward. 1991. *Dzieje Polonii w zarysie 1918–1939*. Warszawa: KiW.

Konecki, Krzysztof T. 2000. *Studia z metodologii badań jakościowych. Teoria ugruntowana*. Warszawa: WN PWN.

Kontos, Maria. 2003. Considering the Concept of Entrepreneurial Resources in Ethnic Business: Motivation as Biographical Resource? *International Review of Sociology*, 13(1), s. 183–204.

Kontos, Maria. 2004. Considerations on the Biographical Embeddedness of Ethnic Entrepreneurship. W: Chamberlain Prue, Bornat Joanna, Apitzsch Ursula (red.). *Biographical Methods and Professional Practice. An international perspective*. London: Policy Press, s. 57–72.

Kornai, János. 1985. *Niedobór w gospodarce*. Warszawa: PWE.

Krau, Edgar. 1991. *The Contradictory Immigrant Problem. A Sociopsychological Analysis*. New York: Peter Lang.

Kremarik, Frances. 2000. 100 Years of... Urban Development. *Canadian Social Trends*, 59, s. 18–22, http://dsp-psd.tpsgc.gc.ca/Collection-R/Statcan/11-008-XIE/0030011-008-XIE.pdf [dostęp 12.03.2008].

Kryszak, Janusz. 2003. Pisarze polscy w Kanadzie. *W*: Bucholtz Mirosława (red.). *Obraz Kanady w Polsce.* Toruń: Adam Marszałek, s. 251–266.

Krywult, Małgorzata. 2006. Rola instytucji religijnej w życiu grupy etnicznej – przypadek Polaków w Mississaudze (Kanada). *Przegląd Polonijny*, 4, s. 69–78.

Krywult, Małgorzata. 2008. Znaczenie migracji w życiu człowieka na przykładzie biografii Polek emigrujących do Kanady w latach 80. *W*: Slany Krystyna (red.). *Migracje kobiet. Perspektywa wielowymiarowa.* Kraków: WUJ, s. 293–304.

Krzemiński, Ireneusz. 1984. System społeczny epoki gierkowskiej. *W*: Nowak Stefan (red.). *Społeczeństwo polskie czasu kryzysu.* Warszawa: IS UW, s. 165–208.

Kubiak, Hieronim. 1970. *Polski Narodowy Kościół Katolicki w Stanach Zjednoczonych Ameryki w latach 1897–1965. Jego społeczne uwarunkowania i społeczne funkcje.* Wrocław: Zakład Narodowy im. Ossolińskich.

Kubiak, Hieronim. 1975. *Rodowód narodu amerykańskiego.* Kraków: WL.

Kubiak, Hieronim. Pilch, Andrzej. 1976. *Stan i potrzeby badań nad zbiorowościami polonijnymi.* Wrocław: Zakład Narodowy im. Ossolińskich.

Kubiak, Hieronim. 1976. Proces przystosowania społecznego emigrantów polskich do warunków kulturowych kraju osiedlenia. Podstawowe założenia i konkluzje teoretyczne. *W*: Kubiak Hieronim, Pilch Andrzej (red.). *Stan i potrzeby badań nad zbiorowościami polonijnymi*, Wrocław: Zakład Narodowy im. Ossolińskich, s. 61–73.

Kubiak, Hieronim. 1980. Teoria, ideologia, polityka asymilacji. Szkic problemu. *W*: Kubiak Hieronim, Paluch Andrzej K. (red.). *Założenia teorii asymilacji.* Wrocław: Zakład Narodowy im. Ossolińskich, Biblioteka Polonijna 7, s. 15–25.

Kubiak, Hieronim. Kusielewicz, Eugeniusz. Gromada, Tadeusz (red.). 1988. *Polonia amerykańska. Przeszłość i współczesność.* Wrocław: Zakład Narodowy im. Ossolińskich.

Kubiak, Hieronim. 1997. Wyobrażenia o kraju imigracyjnym. *W*: Slany Krystyna (red.). *Orientacje emigracyjne Polaków.* Kraków: Kwadrat, s. 93–101.

Kubiak, Hieronim. 1999. Przyczynek do sporu o naturę i przyszłość narodu – państwa. *W*: Nowicka Ewa, Chałubiński Mirosław (red.). *Idee a urządzanie świata społecznego.* Warszawa: WN PWN, s. 211–222.

Kula, Marcin (red.). 1983. *Dzieje Polonii w Ameryce Łacińskiej.* Wrocław: Zakład Narodowy im. Ossolińskich.

Kurcz, Zbigniew. Podkański, Wiesław. 1991. Emigracja z Polski po 1980 roku. *W*: Misiak Władysław (red.). *Nowa emigracja i wyjazdy zarobkowe za granicę.* Wrocław: PTS, s. 31–92.

Kurczewski, Jacek. 1985. *Spór i sądy.* Warszawa: IPSiR.

Kwaśniewicz, Władysław. 1990. Kazimierza Dobrowolskiego koncepcja badań historyczno-terenowych. *W*: Włodarek Jan, Ziółkowski Marek (red.). *Metoda biograficzna w socjologii.* Warszawa – Poznań: PWN, s. 159–169.

Kymlicka, Will. 1998. *The Theory and Practice of Canadian Multiculturalism.* Canadian Federation for the Humanities and Social Sciences, www.fedcan.ca [dostęp 23.05.2007].

Leoński, Jacek. 1979. *Zagadnienie migracji w polskiej myśli socjologicznej (do 1939 roku).* Poznań: UAM, Seria Socjologia, 7.

Leś, Barbara. 1981. *Kościół w procesie asymilacji Polonii amerykańskiej. Przemiany funkcji polonijnych instytucji i organizacji religijnych w środowisku Polonii chicagowskiej.* Wrocław: Zakład Narodowy im. Ossolińskich.

Levitt, Peggy. DeWind, Josh. Vertovec, Steven. 2003. International Perspectives on Transnational Migration: An Introduction. *International Migration Review*, 37(3), s. 565–575.

Levitt, Peggy. Glick Schiller, Nina. 2004. Conceptualizing Simultaneity: A Transnational Social Field Perspective on Society. *International Migration Review*, 38(3), s. 1002–1039.

Lewin-Epstein, Noah. Semyonov, Moshe. Kogan, Irena. Wanner, Richard A. 2003. Institutional Structure and Immigrant Integration: A Comparative Study of Immigrants' Labor Market Attainment in Canada and Israel. *International Migration Review*, 37(2), s. 389–420.

Li, Peter S. 2000. *Cultural Diversity in Canada: The Social Construction of Racial Differences.* Research and Statistics Division, Strategic Issues Series rp02–8e.

Li, Peter S. 2001a. Immigrants' Propensity to Self-Employment: Evidence from Canada. *International Migration Review*, 35(4), s. 1106–1128.

Li, Peter S. 2001b. The Market Worth of Immigrants' Educational Credentials. *Canadian Public Policy – Analyse de Politique*, XXVII(1), s. 23–38. http://economics.ca [dostęp 8.12.2006].

Lim, April. Lo, Lucia. Siemiatycki, Myer. Doucet, Michael. 2005. Necomer Services in the Greater Toronto Area: An Exploration of the Range and Funding Sources of Settlement Services. Toronto: Joint Centre of Excellence for Research on Immigration and Settlement, *CERIS Working Paper*, 35, http://ceris.metropolis.net/frameset_e.html [dostęp 12.03.2008].

Linteau, Paul-André. 2006. *Québec since Confederation.* The Canadian Encyclopedia, Historica Foundation of Canada, www.thecanadianencyclopedia.com [dostęp 12.03.2007].

Literacy Profile of Ontario's Immigrants. 2000. Literacy & Basic Skills Section, Workplace Preparation Branch, Ministry of Training, Colleges & Universities, Queen's Pinter for Ontario 2000, www.edu.gov.on.ca [dostęp 18.04.2005].

Liu, Jianye. Kerr, Don. 2003. *Family Change and Economic Well-Being in Canada: The Case of Recent Immigrant Families with Children.* London: University of Western Ontario, www.ssc.uwo.ca/sociology/popstudies/dp/dp03-08.pdf [dostęp 12.03.2008].

Livi-Bacci, Massimo. 2007. *A Concise History of World Population.* Malden, MA: Blackwell Publishing.

Lo, Lucia. Teixeira, Carlos. Truelove, Marie. 2002. Cultural Resources, Ethnic Strategies, and Immigrant Entrepreneurship: A Comparative Study of Five Immigrant Groups in the Toronto CMA. Toronto: Joint Centre of Excellence for Research on Immigration and Settlement, *CERIS Working Paper*, 21, www.ceris.metropolis.net/wp-content/uploads/pdf/research_papers/wp21.pdf [dostęp 18.04.2005].

Lucassen, Jan. Lucassen, Leo (red.). 1997. *Migration, Migration History, History: Old Paradigms, New Perspectives.* Bern: Peter Land.

Lutyńska, Krystyna. 1991. Postrzeganie i wyobrażenia mieszkańców Łodzi o Polakach wyjeżdżających w latach 80. za granicę. W: Misiak Władysław (red.). *Nowa emigracja i wyjazdy zarobkowe za granicę.* Wrocław: PTS, s. 144–169.

Łepkowski, Tadeusz. 1976. Emigrant i członek Polonii (wokół pojęć i kategorii). W: Bobińska Celina (red.). *Mechanizmy polskich migracji zarobkowych.* Warszawa: KiW, s. 205–221.

Łuczak, Czesław. 1984. Przemieszczenia ludności z Polski podczas drugiej wojny światowej. W: Pilch Andrzej (red.). *Emigracja z ziem polskich w czasach nowożytnych i najnowszych (XVIII–XX w.).* Warszawa: PWN, s. 451–483.

Majka, Lorraine. Mullan, Brendan. 2002. Ethnic Communities and Ethnic Organizations Reconsidered: South-East Asians and Eastern Europeans in Chicago. *International Migration,* 40(2), s. 71–90.

Man, Guida. 2004. Gender, Work and Migration: Deskilling Chinese Immigrant Women in Canada. *Women's Studies International Forum,* 27, s. 135–148.

Marody, Mirosława. 1991. Jednostka w systemie realnego socjalizmu. W: Marody Mirosława (red.). *Co nam zostało z tych lat... Społeczeństwo polskie u progu zmiany systemowej.* Londyn: Aneks, s. 220–252.

Marody, Mirosława. Sułek, Antoni (red.). 1987. *Rzeczywistość polska i sposoby radzenia sobie z nią.* Warszawa: IS UW.

Marshall, Katherine. 2006. Converging Gender Roles. *Perspectives on Labour and Income,* Statistics Catalogue No. 75–001–XIE, Vol. 7, No. 7, www.cerforum.org [dostęp 27.05.2008].

Maryański, Andrzej. 1966. *Współczesne wędrówki ludów. Zarys geografii migracji.* Wrocław: Zakład Narodowy im. Ossolińskich.

Matejko, Alexander. Matejko, Joanna. 1975. Polish Peasants in the Canadian Prairies. W: Heydenkorn Benedykt (red.). *From Prairies to Cities. Papers on the Poles in Canada at the VIII World Congress of Sociology.* Toronto, Canada: Polish Alliance Press Limited, s. 9–31.

Mazurkiewicz, Roman. B.d. *Polskie wychodźstwo i osadnictwo w Kanadzie.* Warszawa: Dom Książki Polskiej.

Meng, Ronald. 1987. The Earnings of Canadian Immigrant and Native-Born Males. *Applied Economics,* 19(8), s. 1107–1119.

Milan, Anne. Tran, Kelly. 2004. Blacks in Canada: A Long History. *Canadian Social Trends,* 72, s. 2–7, http://dsp-psd.tpsgc.gc.ca/Collection-R/Statcan/11-008-XIE/0040311-008-XIE.pdf [dostęp 12.03.2008].

Milewski, Maciej. Ruszczak-Żbikowska, Joanna. 2008. Motywacje do wyjazdu, praca, więzi społeczne i plany na przyszłość polskich migrantów przebywających w Wielkiej Brytanii i Irlandii. Warszawa: Centre of Migration Research, *Prace Migracyjne,* 35/93.

Miodunka, Władysław (red.). 1990. *Język polski w świecie: zbiór studiów.* Warszawa – Kraków: PWN.

Miodunka, Władysław (red.). 1996. Badania polonijne w Polsce. W: *Nauka polska w ocenie komitetów naukowych PAN,* t. 4, Warszawa: PAN, s. 3–17.

Miodunka, Władysław T. 1999. Stan badań nad Polonią i Polakami na świecie. *Przegląd Polonijny,* 1, s. 87–104.

Mioduszewska, Marta. 2008. Najnowsze migracje z Polski w świetle danych Badania Aktywności Ekonomicznej Ludności. Warszawa: Centre of Migration Research, *Prace Migracyjne*, 36/94.

Misiak, Władysław. 1991. Polscy pracownicy w „drugiej gospodarce" państw zachodnich. *W*: Misiak Władysław (red.). *Nowa emigracja i wyjazdy zarobkowe za granicę.* Wrocław: PTS, s. 123–143.

Mlynarz, Michal. 2007. "It's Our Patriotic Duty to Help Them": The Socio-Cultural and Economic Impact of the "Solidarity wave" on Canadian and Polish-Canadian Society in the Early 1980[s]. *Past Imperfect*, 13, s. 56–83.

Mocyk, Agnieszka. 2005. *Piekło czy raj? Obraz Brazylii w piśmiennictwie polskim w latach 1864–1939.* Kraków: Universitas.

Model, Suzanne. Lin, Lang. 2002. The Cost of Not Being Christian: Hindus, Sikhs and Muslims in Britain and Canada. *International Migration Review*, 36(4), s. 1061––1092.

Mooers, Colin. 2005. Multiculturalism and Citizenship: Some Theoretical Reflections. Toronto: Joint Centre of Excellence for Research on Immigration and Settlement, *CERIS Working Paper*, 37.

Morawska, Ewa. 1989. Labor Migration of Poles in the Atlantic World Economy, 1880–1914. *Comparative Studies in Society and History*, 31, s. 237–272.

Morawska, Ewa. 1994. In Defense of the Assimilation Model. *Journal of American Ethnic History*, 2(13), s. 76–87.

Morawska, Ewa. 2003. Disciplinary Agendas and Analytic Strategies of Research on Immigrant Transnationalism: Challenges of Interdisciplinary Knowledge. *International Migration Review*, 37(3), s. 611–640.

Morawska, Ewa. 2004. Exploring Diversity in Immigrant Assimilation and Transnationalism: Poles and Russian Jews in Philadelphia. *International Migration Review*, 38(4), s. 1372–1412.

Morawska, Ewa. 2009. Badania nad imigracją/etnicznością w Europie i Stanach Zjednoczonych: analiza porównawcza. *Studia Migracyjne*, 1, s. 7–26.

Mucha, Janusz. 1996. *Codzienność i odświętność. Polonia w South Bend.* Warszawa: Oficyna Naukowa.

Multiculturalism Act. 1988. Ottawa: Canadian Heritage, www.canadianheritage. gc.ca [dostęp 12.03.2008].

Murzynowska, Krystyna. 1972. Polska emigracja zarobkowa przed 1914 r. *W*: Kormanowa Żanna, Łajdus Walenty (red.). *Historia Polski*, t. 3, cz. 2, s. 732–789.

Nałęcz, Tomasz. 1995. 1904–1939. *W*: Tazbir Janusz (red.). *Polska na przestrzeni wieków.* Warszawa: WN PWN, s. 497–620.

Niemyska, M. 1936. *Wychodźcy po powrocie do kraju.* Warszawa: IGS.

Nowak, Stefan. 1984a. *Społeczeństwo polskie czasu kryzysu.* Warszawa: IS UW.

Nowak, Stefan. 1984b. Postawy, wartości i aspiracje społeczeństwa polskiego. Przesłanki do prognozy na tle przemian dotychczasowych. *W*: Siemieńska Renata (red.). *Polskie systemy wartości i modele konsumpcji. Diagnozy – prognozy.* Warszawa: IS UW, s. 13–67.

Nowicka, Ewa. Łodziński, Sławomir. 2001. *U progu otwartego świata. Poczucie polskości i nastawienia Polaków wobec cudzoziemców w latach 1988–1998*. Kraków: Nomos.

Nugent, Walter. 1992. *Crossings: The Great Transatlantic Migrations, 1870–1914*. Bloomington, IN: Indiana University Press.

Okólski, Marek. 1994. Migracje zagraniczne w Polsce w latach 1980–1989. Zarys problematyki badawczej. *Studia Demograficzne*, 3(117), s. 3–59.

Olwig, Karen Fog. 2003. Transnational Socio-Cultural Systems and Ethnographic Research: Views from and Extended Field Site. *International Migration Review*, 37(3), s. 787–811.

Ono, Hiromi. 2002. Assimilation, Ethnic Competition, and Ethnic Identities of U.S.-Born Persons of Mexican Origin. *International Migration Review*, 36(3), s. 726–745.

Ontario. 2007. Toronto Government of Ontario, www.gov.on.ca [dostęp 12.03.2008].

Osipowicz, Dorota. 2001. Marginalizacja społeczna migrantów. *W*: Jaźwińska Ewa, Okólski Marek (red.). *Ludzie na huśtawce: migracje między peryferiami Polski i Zachodu*. Warszawa: Scholar, s. 382–409.

Ossowski, Stanisław. 1967. *Z zagadnień psychologii społecznej. Dzieła*, t. 3. Warszawa: PWN.

Østergaard-Nielsen, Eva. 2003. The Politics of Migrants' Transnational Political Practices. *International Migration Review*, 37(3), s. 760–786.

Paczyńska, Irena. Pilch, Andrzej (red.). 1979. Materiały do bibliografii dziejów emigracji oraz skupisk polonijnych w Ameryce Północnej i Południowej w XIX i XX wieku. Kraków: PWN.

Paleczny, Tadeusz. 1992. *Idea powrotu wśród emigrantów polskich w Brazylii i Argentynie*. Wrocław: Zakład Narodowy im. Ossolińskich.

Parent, Daniel. Worswick, Christopher. 2004. *Immigrant Labour Market Performance and Skilled Immigrant Selection: The International Experience*. Montreal: Project Report 2004RP-07.

Passaris, Constantine. 1998. The Role of Immigration in Canada's Demographic Outlook. *International Migration*, 36(1), s. 93–106.

Pawlowski, Andrew. 1985. A Polish Way to Canadian Art. *W*: Heydenkorn Benedykt (red.). *A Community in Transition. The Polish Group in Canada*. Toronto: Canadian Polish Research Institute, s. 69–96.

Pendakur, Krishna. Pendakur, Ravi. 2002. Language as Both Human Capital and Ethnicity. *International Migration Review*, 36(1), s. 147–177.

Penninx, Rinus. 2004. *Integration of Migrants: Economic, Social Cultural and Political Dimensions*. European Population Forum 2004: Population Challenges and Policy Responses. Background paper for the session on: International Migration: Promoting Management and Integration, www.unece.org [dostęp 12.03.2008].

Perlmann, Joel. Waldinger, Roger. 1996. Second Generation Decline? Children of Immigrants, Past and Present: A Reconsideration. *International Migration Review*, 31(4), s. 893–992.

Peters, Evelyn. 2004. *Three Myths about Aboriginals in Cities*. Ottawa: Canadian Federation for the Humanities and Social Sciences, www.fedcan.ca [dostęp 22.05.2007].

Picot, Garnett. Sweetman, Arthur. 2005. *The Deteriorating Economic Welfare of Immigrants and Possible Causes: Update 2005.* Ottawa: Statistics Canada, www.statcan.ca [dostęp 12.03.2008].

Pilch, Andrzej. 1976. Ogólne prawidłowości emigracji z ziem polskich. Próba typologii i syntezy. *W*: Kubiak Hieronim, Pilch Andrzej (red.). *Stan i potrzeby badań nad zbiorowościami polonijnymi.* Wrocław: Zakład Narodowy im. Ossolińskich, s. 35–49.

Pilch, Andrzej. 1984. Emigracja z ziem zaboru austriackiego (od połowy XIX w. do 1918 r.) *W*: Pilch Andrzej (red.). *Emigracja z ziem polskich w czasach nowożytnych i najnowszych (XVIII–XX w.).* Warszawa: PWN, s. 252–325.

Pilch, Andrzej. Zgórniak, Marian. 1984. Emigracja po drugiej wojnie światowej. *W*: Pilch Andrzej (red.). *Emigracja z ziem polskich w czasach nowożytnych i najnowszych (XVIII–XX w.).* Warszawa: PWN, s. 484–511.

Plewko, Jadwiga. 1995. *Duszpasterstwo Polonii w procesie jej integracji ze społeczeństwem kanadyjskim (1875–1988).* Lublin: RW KUL.

Poleszczuk, Jan. 1991. Praca w systemie gospodarki planowej. *W*: Marody Mirosława (red.). *Co nam zostało z tych lat... Społeczeństwo polskie u progu zmiany systemowej.* Londyn: Aneks, s. 106–131.

Portes, Alejandro. 1997. Immigration Theory for a New Century: Some Problems and Opportunities. *International Migration Review*, 31(4), s. 799–825.

Portes, Alejandro. 2003. Conclusion: Theoretical Convergencies and Empirical Evidence in the Study of Immigrant Transnationalism. *International Migration Review*, 37(3), s. 874–892.

Portes, Alejandro. DeWind, Josh. 2004. A Cross-Atlantic Dialogue: The Progress of Research and Theory in the Study of International Migration. *International Migration Review*, 38(3), s. 828–851.

Praszałowicz, Dorota. 1986. *Amerykańska etniczna szkoła parafialna: Studium porównawcze trzech wybranych odmian instytucji.* Wrocław: Zakład Narodowy im. Ossolińskich, Biblioteka Polonijna, 15.

Praszałowicz, Dorota. Makowski, Krzysztof A. Zięba, Andrzej A. 2004. *Mechanizmy zamorskich migracji łańcuchowych w XIX wieku: Polacy, Niemcy, Żydzi, Rusini. Zarys problemu.* Kraków: Księgarnia Akademicka.

Qadeer, Mohammad A. 2003. Ethnic Segregation in a Multicultural City: The Case of Toronto, Canada. Toronto: Joint Centre of Excellence for Research on Immigration and Settlement, *CERIS Working Paper*, 28, http://ceris.metropolis.net [dostęp 12.03.2008].

Qian, Zhenchao. Blair, Sampson Lee. Ruf, Stacey D. 2001. Asian American Interracial and Interethnic Marriages: Differences by Education and Nativity. *International Migration Review*, 35(2), s. 557–586.

Radecki, Henry. 1976. Cultural Mosaic: A Micro View. *W*: Heydenkorn Benedykt (red.). *Topics on Poles in Canada.* Toronto, Canada: Polish Alliance Press Limited, s. 127–140.

Radecki, Henry. Heydenkorn, Benedykt. 1976. *A Member of a Distinguished Family. The Polish Group in Canada.* Toronto: McClelland and Steward.

Radzik, Tadeusz. 1986. *Polonia amerykańska wobec Polski (1918-1939)*. Lublin: UMCS.

Radziwiłł, Anna. Roszkowski, Wojciech. 1994. *Historia 1945-1990*. Warszawa: WN PWN.

Ratyńska, Barbara (red.). 1971. *Pamiętniki emigrantów. Kanada. Nr 1-16*. Warszawa: KiW.

Reczyńska, Anna. 1986. *Emigracja z Polski do Kanady w okresie międzywojennym*. Wrocław: Zakład Narodowy im. Ossolińskich, Biblioteka Polonijna, 17.

Reczyńska, Anna. 1988. Związek Polaków w Kanadzie. Dzieje i rola w życiu kanadyjskiej Polonii. *W*: Babiński Grzegorz (red.). *Studia nad organizacjami polonijnymi w Ameryce Północnej*. Wrocław: Zakład Narodowy im. Ossolińskich, s. 165-176.

Reczyńska, Anna. 1989. Kanada a problemy polskich uchodźców w okresie drugiej wojny światowej. *Studia Historyczne*, 3.

Reczyńska, Anna. 1994. Początki działalności radykalnych ugrupowań Polonii kanadyjskiej. *Przegląd Polonijny*, 2, s. 84-102.

Reczyńska, Anna. 1996. Obraz Polonii i emigracji w propagandzie PRL. *Przegląd Polonijny* 1, s. 61-74.

Reczyńska, Anna. 1997. *Piętno wojny: Polonia kanadyjska wobec polskich problemów lat 1939-1945*. Kraków: Nomos – UJ.

Reczyńska, Anna. 1998. The First Polish Contacts with Canada and the U.S. A Comparative Analysis. *W*: Easingwood Peter, Gross Konrad, Lutz Hartmut (red.). *Informal Empire? Cultural Relations between Canada the United States and Europe*. Kiel: I&F.

Reczyńska, Anna. 2001. Polska diaspora w Kanadzie. *W*: Walaszek Adam (red.). *Polska diaspora*. Kraków: WL, s. 30-50.

Reczyńska, Anna. 2003. Historia Kanady i Quebecu w publikacjach polskich. *W*: Bucholtz Mirosława (red.). *Obraz Kanady w Polsce*, Toruń: Adam Marszałek, s. 74-97.

Reczyńska, Anna. 2006. Polonia kanadyjska. *W*: *Polacy w Kanadzie. Słownik biograficzny. Kto jest kim w Polonii kanadyjskiej 2006*. Mississauga: Biogram, s. 11-40.

Reczyńska, Anna. Soroka, Tomasz. 2013. Polska emigracja do Kanady na przełomie wieków XX i XXI w kontekście kanadyjskiej polityki imigracyjnej. *Studia Migracyjne – Przegląd Polonijny*, 3, s. 5-18.

Reitz, Jeffrey G. 2002. Host Societies and the Reception of Immigrants: Research Themes, Emerging Theories and Methodological Issues. *International Migration Review*, 36(4), s. 1005-1019.

Richmond, Anthony. 1994. *Global Apartheid. Refugees, Racism and the New World Order*. Toronto, New York, Oxford: Oxford University Press.

Richmond, Anthony H. 2002. Socio-Demographic Aspects of Globalization: Canadian Perspective on Migration. *Special Issue on Migration and Globalization. Canadian Studies in Population*, 29(1), s. 123-149.

Riemann, Gerhard. Schütze, Fritz. 1992. „Trajektoria" jako podstawowa koncepcja teoretyczna w analizach cierpienia i bezładnych procesów społecznych. *Kultura i Społeczeństwo*, 34(2), s. 89-109.

Roguska, Beata. 2008. Społeczne przyzwolenie na bicie dzieci. *Komunikat CBOS*, 2530, Warszawa.

Rokicki, Jarosław. 1992. *Więź społeczna a zmiana kultury: studium dynamiki polskiej zbiorowości etnicznej w USA*. Wrocław: Zakład Narodowy im. Ossolińskich, Biblioteka Polonijna 26.

Rokicki, Jarosław. 2002. *Kolor, pochodzenie, kultura: rasa i grupa etniczna w społeczeństwie Stanów Zjednoczonych Ameryki*. Kraków: Universitas.

Romaniszyn, Krystyna. 1991. *Chłopi polscy w Kanadzie (1896-1939)*. Warszawa: IRWiR PAN.

Romaniszyn, Krystyna. 1994. Polacy w Grecji. *Studia Polonijne*, 16, s. 7-98.

Rumbaut, Rubén G. 1997a. Paradoxes (and Orthodoxes) of Assimilation. *Sociological Perspectives*, 40(3), s. 483-511.

Rumbaut, Rubén G. 1997b. Assimilation and Its Discontents: Between Rhetoric and Reality. *International Migration Review*, 31(4), s. 923-959.

Rumbaut, Rubén G. 1997c. Introduction: Immigration and Incorporation. *Sociological Perspectives*, 40(3), s. 333-338.

Rychard, Andrzej. 1983. Władza i gospodarka - trzy perspektywy teoretyczne. W: Morawski Witold (red.). *Demokracja i gospodarka*. Warszawa: IS UW, s. 23-62.

Rymarczyk, Janusz. 1986. *Migracja siły roboczej do krajów EWG i jej konsekwencje społeczno-gospodarcze*. Poznań: Instytut Zachodni.

Sakson, Barbara. 2001. Źródła pionierskiego łańcucha migracyjnego. W: Jaźwińska Ewa, Okólski Marek (red.). *Ludzie na huśtawce: migracje między peryferiami Polski i Zachodu*. Warszawa: Scholar, s. 206-240.

Sakson, Barbara. 2002. *Wpływ „niewidzialnych" migracji zagranicznych lat osiemdziesiątych na struktury demograficzne Polski*. Warszawa: SGH.

Sakson, Barbara. 2005. Po drugiej stronie oceanu. Nowi emigranci z Polski w metropolii chicagowskiej. Warszawa: Centre of Migration Research, *Working Papers*, 5/63.

Samulski, Józef. 1978, 1982. *Pamiętnik emigranta polskiego w Kanadzie*. Wrocław: Zakład Narodowy im. Ossolińskich.

Schlottmann, Małgorzata. 1995. Wpływ czynników pozajęzykowych na nabywanie języka drugiego (niemieckiego) na przykładzie emigrantów polskich w Niemczech. *Przegląd Polonijny*, 4, s. 41-67.

Schoenfeld, Stuart. 2006. The Canadian Encyclopedia, Historica Foundation of Canada, www.thecanadianencyclopedia.com [dostęp 29.06.2007].

Schütze, Fritz. 1997. Trajektoria cierpienia jako przedmiot badan socjologii interpretatywnej. *Studia Socjologiczne*, 1(144), s. 11-56.

Sękowska, Elżbieta. 1994. *Język zbiorowości polonijnych w krajach anglojęzycznych. Zagadnienia leksykalno-słowotwórcze*. Warszawa: UW.

Shadd, Adrienne. 2001. "Where Are You Really From?" Notes of an "Immigrant" from North Buxton, Ontario. W: James Carl E., Shadd Adrienne (red.). *Talking about Identity. Encounters in Race, Ethnicity and Language*. Toronto, Canada: Between the Lines, s. 10-16.

Siciński, Andrzej. (red.). 1988. *Style życia w miastach polskich (u progu kryzysu)*. Warszawa: IFiS PAN.

Siemieńska, Renata (red.). 1984. *Polskie systemy wartości i modele konsumpcji. Diagnozy – prognozy.* Warszawa: IS UW.

Skrzypczak, Piotr. 2003. Niepodległość filmowej prowincji? O kinematografii kanadyjskiej z polskiej perspektywy. *W*: Bucholtz Mirosława (red.). *Obraz Kanady w Polsce.* Toruń: Adam Marszałek, s. 346–356.

Slany, Krystyna. 1991. Emigracja z Polski w latach osiemdziesiątych do głównych krajów imigracji zamorskiej i kontynentalnej: aspekty demograficzno-społeczne. *W*: Misiak Władysław (red.). *Nowa emigracja i wyjazdy zarobkowe za granicę.* Wrocław: PTS, s. 7–30.

Slany, Krystyna. 1992. Imigranci z krajów Europy Środkowo-Wschodniej w USA i Kanadzie. *Studia Demograficzne*, 3.

Slany, Krystyna. 1995. *Między przymusem a wyborem: kontynentalne i zamorskie emigracje z krajów Europy Środkowo-Wschodniej (1939–1989).* Kraków: UJ, Rozprawy Habilitacyjne, 295.

Slany, Krystyna. 2002a. Imigracja polska w Kanadzie w dekadzie lat dziewięćdziesiątych. *W*: Klimaszewski Bolesław (red.). *Emigracja z Polski po 1989 roku.* Kraków: Grell, s. 151–175.

Slany, Krystyna. 2002b. *Alternatywne formy życia małżeńsko-rodzinnego w ponowoczesnym świecie.* Kraków: Nomos.

Slany, Krystyna. 2006. Trauma codziennego życia: z badań nad migrantkami polskimi w USA i Włoszech. *W*: Flis Andrzej (red.). *Stawanie się społeczeństwa.* Kraków: Universitas, s. 552–585.

Smith, Robert C. 2003a. Migrant Membership as an Instituted Process: Transnationalization, the State and The Extra-Territorial Conduct of Mexican Politics. *International Migration Review*, 37(2), s. 297–343.

Smith, Robert C. 2003b. Diasporic Memberships in Historical Perspective: Comparative Insights from the Mexican, Italian and the Polish Case. *International Migration Review*, 37(3), s. 724–759.

Sojka, Eugenia. 2003. Czy Kanada nadal pachnie żywicą? Literacki obraz Kanady w Polsce. *W*: Bucholtz Mirosława (red.). *Obraz Kanady w Polsce*, Toruń: Adam Marszałek, s. 201–250.

Staniszkis, Jadwiga. 1986. Struktura społeczna w oczach robotników. Próba interpretacji. *W*: Morawski Witold (red.). *Gospodarka i społeczeństwo.* Warszawa: UW, s. 153–156.

Stark, Oded. Fan, Simon C. 2006. A Reluctance to Assimilate. Warszawa: Centre of Migration Research, *Prace Migracyjne*, 11/69.

Stola, Dariusz. 2001. Międzynarodowa mobilność zarobkowa w PRL. *W*: Jaźwińska Ewa, Okólski Marek (red.). *Ludzie na huśtawce. Migracje między peryferiami Polski i Zachodu.* Warszawa: Scholar, s. 62–100.

Stola, Dariusz. 2010. *Kraj bez wyjścia? Migracje z Polski 1949–1989.* Warszawa: IPN.

Sturino, Franc. 2006. *Italians.* The Canadian Encyclopedia, Historica Foundation of Canada, www.thecanadianencyclopedia.com [dostęp 29.06.2007].

Sunahara, Ann. 2006. *Japanese Canadians.* The Canadian Encyclopedia, Historica Foundation of Canada, www.thecanadianencyclopedia.com [dostęp 29.06.2007].

Szawlewski, Mieczysław. 1924. *Wychodźtwo [sic!] polskie w Stanach Zjednoczonych Ameryki.* Lwów: Zakład Narodowy im. Ossolińskich.

Szczepański, Jan. 1964. Przemiany społeczne w Polsce. *Nauka Polska*, 5–6, s. 137–151.

Szczepański, Jan. 1973. *Zmiany społeczeństwa polskiego w procesie uprzemysłowienia.* Warszawa: CRZZ.

Szlifersztejn, Salomea (red.). 1981. *Z badań nad językiem polskim środowisk emigracyjnych.* Wrocław: Zakład Narodowy im. Ossolińskich.

Szulist, Władysław. 1992. *Kaszubi kanadyjscy. Okres pionierski i dzień dzisiejszy.* Gdańsk: Arkun.

Szydłowska-Ceglowa, Barbara. 1988. *Studia językoznawcze nad pamiętnikami emigrantów.* Warszawa – Poznań: PWN – PTPN.

Tandon, Bankey B. 1978. Earning Differentials among Native-Born and Foreign Born Residents of Toronto. *International Migration Review*, 12(3), s. 405–410.

Tarkowska, Elżbieta. 1985. Zróżnicowanie stylów życia w Polsce: pokolenie i płeć. *Kultura i Społeczeństwo*, 2, s. 55–73.

Tarkowska, Elżbieta. 1988. Pokolenie i płeć a zróżnicowanie stylów życia. W: Siciński Andrzej (red.). *Style życia w miastach polskich (u progu kryzysu).* Warszawa: IFiS PAN, s. 245–273.

Tepperman, Lorne. 2006. *Social Mobility.* The Canadian Encyclopedia, Historica Foundation of Canada, www.thecanadianencyclopedia.com [dostęp 11.09.2006].

Thomas, Derrick. 2001. Evolving Family Living Arrangements of Canada's Immigrants. *Canadian Social Trends*, 61, s. 16–22, http://dsp-psd.tpsgc.gc.ca/Collection-R/Statcan/11-008-XIE/0010111-008-XIE.pdf [dostęp 12.03.2008].

Thomas, Derrick. 2005. "I am Canadian". *Canadian Social Trends*, 76, s. 2–7, http://dsp-psd.tpsgc.gc.ca/Collection-R/Statcan/11-008-XIE/0040411-008-XIE.pdf [dostęp 12.03.2008].

Thomas, William I. Znaniecki, Florian. 1976 (1 wyd. ang. 1918–1922). *Chłop polski w Europie i Ameryce.* T. 1–5. Warszawa: LSW.

Tomaszewski, Jerzy. 1976. Czynniki wpływające na migracje zewnętrzne ludności w Polsce 1918–1939. W: Bobińska Celina (red.). *Mechanizmy polskich migracji zarobkowych.* Warszawa: KiW, s. 140–156.

Tran, Kelly. 2004. Visible Minorities in the Labour Force: 20 Years of Change. *Canadian Social Trends*, 73, s. 7–11, http://dsp-psd.tpsgc.gc.ca/Collection-R/Statcan/11-008-XIE/0010411-008-XIE.pdf [dostęp 12.03.2008].

Tran, Kelly. Kaddatz, Jennifer. Allard, Paul. 2005. South Asians in Canada: Unity through Diversity. *Canadian Social Trends*, 78, s. 20–25, http://dsp-psd.tpsgc.gc.ca/Collection-R/Statcan/11-008-XIE/0020511-008-XIE.pdf [dostęp 12.03.2008].

Tran, Kelly. Kustec, Stan. Chui, Tina. 2005. Becoming Canadian: Intent, Process and Outcome. *Canadian Social Trends*, 76, s. 0–13, http://dsp-psd.tpsgc.gc.ca/Collection-R/Statcan/11-008-XIE/0040411-008-XIE.pdf [dostęp 12.03.2008].

Troper, Harold. 2000. History of Immigration to Toronto since the Second World War: From Toronto "the Good" to Toronto "the World in a City". Toronto: Joint Centre of Excellence for Research on Immigration and Settlement, *CERIS Working Paper*, 12, http://ceris.metropolis.net [dostęp 12.03.2008].

Turcotte, Martin. 2006. Passing on the Ancestral Language. *Canadian Social Trends*, 80, s. 20–26, http://dsp-psd.tpsgc.gc.ca/Collection-R/Statcan/11-008-XIE/0040511-008-XIE.pdf [dostęp 12.03.2008].

Turcotte, Martin. 2007. Time Spent with Family during a Typical Workday, 1986 to 2005. *Canadian Social Trends*, 83, s. 2–11, http://dsp-psd.pwgsc.gc.ca/collection_2007/statcan/11-008-X/11-008-XIE2007003.pdf [dostęp 12.03.2008].

Turek, Victor. 1967. *Poles in Manitoba*. Toronto: Polish Research Institute.

Update on Cultural Diversity. 2003. *Canadian Social Trends*, 70, s. 19–23, http://dsp-psd.tpsgc.gc.ca/Collection-R/Statcan/11-008-XIE/0020311-008-XIE.pdf [dostęp 12.03.2008].

Vallee, Frank G. 2006. *Vertical Mosaic*. The Canadian Encyclopedia, Historica Foundation of Canada, www.thecanadianencyclopedia.com/index.cfm?PgNm=TCE&Params=A1ARTA0008342 [dostęp 12.03.2008].

Vertovec, Steven. 2003. Migration and other Modes of Transnationalism: Towards Conceptual Cross-Fertilization. *International Migration Review*, 37(3), s. 641–665.

Wadden, Marie. 2006. Helping the Innu Help Themselves. *Toronto Star*, 18.11, www.thestar.com/printArticle/144902 [dostęp 2.02.2007].

Wadden, Marie. 2006. Where Tragedy Falls off Canada's Map. *Toronto Star*, 18.11, www.thestar.com/printArticle/144903 [dostęp 2.02.2007].

Walaszek, Adam. 1988. *Polscy robotnicy, praca i związki zawodowe w Stanach Zjednoczonych Ameryki, 1880–1922*. Wrocław: Zakład Narodowy im. Ossolińskich.

Walaszek, Adam. 1994. *Światy imigrantów. Tworzenie polonijnego Cleveland, 1880––1930*. Kraków: Nomos.

Walewander, Edward (red.). 1992–1993. *Leksykon geograficzno-historyczny parafii i kościołów polskich w Kanadzie*. Lublin: KUL.

Wang, Shuguang. Lo, Lucia. 2005. Chinese Immigrants in Canada: Their Changing Composition and Economic Performance. *International Migration*, 43(3), s. 35–71.

Wańkowicz, Melchior. 1998 (1 wyd. Nowy Jork 1954). *Tworzywo*. Wrocław: Wyd. Dolnośląskie.

Wasilewski, Jacek. 1986. Społeczeństwo polskie, społeczeństwo chłopskie. *Studia Socjologiczne*, 3, s. 39–56.

Wawrykiewicz, Małgorzata M. 1991. *Polonijne organizacje ubezpieczeniowe w Stanach Zjednoczonych Ameryki w procesie przemian*. Wrocław: Zakład Narodowy im. Ossolińskich.

Weinar, Agnieszka. 2005. Polityka migracyjna Polski w latach 1990–2003 – próba podsumowania. Warszawa: Centrum Stosunków Międzynarodowych, *Raporty i Analizy*, 10/05.

Williams, Cara. 2000. 100 Years of... Income and expenditures. *Canadian Social Trends*, 59, s. 7–11, http://dsp-psd.tpsgc.gc.ca/Collection-R/Statcan/11-008-XIE/0030011-008-XIE.pdf [dostęp 12.03.2008].

Williams, Cara. 2002. Time or Money? How High and Low Income Canadians Spend Their Time. *Canadian Social Trends*, 65, s. 7–11, http://dsp-psd.tpsgc.gc.ca/Collection-R/Statcan/11-008-XIE/0010211-008-XIE.pdf [dostęp 12.03.2008].

Williams, Cara. 2005. The Sandwich Generation. *Canadian Social Trends*, 77, s. 16–21, http://dsp-psd.tpsgc.gc.ca/Collection-R/Statcan/11-008-XIE/0010511-008-XIE. pdf [dostęp 12.03.2008].

Wilmer, Franke. 1997. First Nations in the USA. *W*: Guibernau Montserrat, Rex John (red.). *The Ethnicity Reader. Nationalism, Multiculturalism and Migration*. Cambridge: Polity Press, s. 186–201.

Wołodkowicz, Andrew. 1969. *Polish Contribution to Arts and Sciences in Canada*. Montreal: White Eagle Press.

Zakrzewska-Manterys, Elżbieta. 1995. *Down i zespół wątpliwości. Studium z socjologii cierpienia*. Warszawa: Semper.

Zawistowicz-Adamska, K. 1958. *Społeczność wiejska. Wspomnienia i materiały z badań terenowych. Zaborów 1938–1939*. Warszawa: LSW.

Ząbek, Maciej (red.). 2002. *Między piekłem a rajem: problemy adaptacji kulturowej uchodźców imigrantów w Polsce*. Warszawa: Trio.

Zhou, Min. 1997. Segmented Assimilation: Issues, Controversies, and Recent Research on the New Second Generation. *International Migration Review*, 31(4), s. 975–1008.

Zhou, Min. 2004. Revisiting Ethnic Entrepreneurship: Convergencies, Controversies, and Conceptual Advancements. *International Migration Review*, 38(3), s. 1040–1074.

Zięba, Andrzej A. 1996. Stosunki interetniczne w Kanadzie: Ukraińcy i Polacy w świetle prasy polonijnej, 1918–1939. *Przegląd Polonijny*, 2, s. 35–51.

Zięba, Andrzej A. 1998. *Ukraińcy w Kanadzie wobec Polaków i Polski (1914–1939)*. Kraków: UJ – Księgarnia Akademicka.

Ziółkowska, Aleksandra. 1984. *Dreams and Reality. Polish Canadian Identities*. Toronto: Adam Mickiewicz Foundation in Canada.

Zong, Li. 2004. International Transference of Human Capital and Occupational Attainment of Recent Chinese Professional Immigrants in Canada. *CERIS Working Paper*, WP03–04, http://pcerii.metropolis.net [dostęp 19.05.2007].

Żekoński, Zygmunt. 1984. Przemiany poziomu i struktury konsumpcji a stopień satysfakcji i deprywacji podstawowych potrzeb bytowych. *W*: Nowak Stefan (red.). *Społeczeństwo polskie czasu kryzysu*. Warszawa: IS UW, s. 11–72.

Spis map, tabel i wykresów

Spis map

Spis tabel

Spis wykresów

www.ingramcontent.com/pod-product-compliance
Lightning Source LLC
Chambersburg PA
CBHW071414090426
42737CB00011B/1460